Hans Walter Wolff · Anthropologie des Alten Testaments

HANS WALTER WOLFF

Anthropologie des Alten Testaments

CHR. KAISER VERLAG

© 1973 Chr. Kaiser Verlag München. ISBN 3-459-00848-2
Alle Rechte vorbehalten, auch die des auszugsweisen Nachdrucks, der
fotomechanischen Wiedergabe und der Übersetzung. – Umschlag- und
Einbandentwurf von Christa Manner unter Verwendung eines Elfenbein-
kopfes (mit ägyptischer Perückenfrisur) aus Megiddo, 13. Jh. v. Chr.,
Rockefeller-Museum, Jerusalem. – Satz und Druck: Georg Appl, Wem-
ding. – Bindung: Hans Klotz, Augsburg. – Printed in Germany

VORWORT

Dieses Buch ist im letzten Jahrzehnt herangewachsen. Wie wurden Menschen in dieser Zeit aufgestört! Die Arbeit begann mit einem Mainzer Seminar über die anthropologischen Grundbegriffe, an dem Werner H. Schmidt wesentlich beteiligt war. Eine Heidelberger Vorlesung im Sommersemester 1971 führte zum vorliegenden Aufriß. Damals hat mich Gerhard von Rad – im letzten Semester seines Lebens – zu einer solchen Veröffentlichung ermuntert. Den Gesprächen des unvergeßlichen Lehrers mit mir verdankt der Leser weit mehr, als die Literaturhinweise erkennen lassen. Gastvorlesungen in Süd- und Nordamerika im Frühjahr 1972 und Vortragsreihen in Deutschland leiteten Diskussionen ein, die die Darstellung bereicherten.

Mein Interesse ist durch die Frage bestimmt, wie im Alten Testament der Mensch zur Erkenntnis seiner selbst angeleitet wird. Ich war bemüht, die charakteristischen Texte vorzuführen und keine irgendwie wesentlichen Aussagen zu übergehen. So sollte ein Lesebuch entstehen, das jedem, den anthropologische Probleme beschäftigen, auch ohne fachwissenschaftliche Voraussetzungen den Zugang zu den biblischen Dokumenten eröffnet. Darüber hinaus möchte die Verarbeitung der umfangreichen Spezialliteratur die theologische Forschung im Detail und im Grundsätzlichen fördern. Nicht selten werden die alttestamentlichen Einsichten bis zum Neuen Testament hin verfolgt; doch wird damit eine umfassende biblische

Anthropologie allenfalls vorbereitet; eigentlich bringen diese
Hinweise nur den Wunsch nach einer neutestamentlichen Er-
gänzung und Korrektur zum Ausdruck. Eine systematische
Anthropologie kann jedoch schon durch die Untersuchung des
Alten Testaments in ihren Fragestellungen erweitert, in ihren
Einsichten angeregt und vertieft werden. Zur Eigenart der
meisten biblischen Zeugnisse gehört es, daß sie ihre Leser un-
mittelbar ansprechen. Ich hoffe, mit meiner Darstellung solche
Anstöße zur Selbsterkenntnis des Menschen weniger verdeckt
als aufgezeigt zu haben.

Neben den zahlreichen Gesprächspartnern in Forschung und Lehre schulde
ich meinen Heidelberger Mitarbeitern besonderen Dank: Frau Erika
Leister hat in vorbildlicher Sorgfalt das Manuskript hergestellt und bei
den Korrekturen geholfen. Die Herren Dr. Frank Crüsemann, Christof
Hardmeier, Dr. Rainer Kessler, Michael Benoit und Jürgen Tubach haben
die Entstehung des Buches durch Gespräche und kritische Lektüre der Entwürfe, durch Hilfe bei der Literaturbeschaffung, durch Wortstatistiken,
umsichtige Korrekturen und die Herstellung der Register gefördert. Jedem
einzelnen möchte ich lebhaft danken für seine je besondere, bereitwillige
Unterstützung.
Die verarbeitete Literatur wird in den Fußnoten stark verkürzt ange-
geben; neben den Verfassernamen findet sich meist nur ein einziges Kennwort. Die vollständigen Titel und bibliographischen Angaben findet der
Leser auf Seite 331ff. Damit die wichtigsten anthropologischen Termini
des Hebräischen auch für den, der die Sprache nicht kennt, lesbar werden,
sind sie in Umschrift geboten; in der Regel wird die letzte Silbe betont,
in Ausnahmefällen ist ein Akzent über die Tonsilbe gesetzt. Dem Sprach-
kundigen erlaubt das Transkriptionssystem die genaue Rekonstruktion
des massoretischen Textes.

Alles Wesentliche, Klärende, Vorwärtsweisende verdankt
diese Anthropologie dem alten Buch selbst und dem, den es
bezeugt. Möchte sie darum die Entdeckerfreude am Buch der
Bücher in vielen aufs neue beleben. Denn ich weiß, daß die
Fülle seiner Auskünfte über den Menschen auch in dieser Arbeit nur zu einem Bruchteil ausgeschöpft ist.

Heidelberg, Epiphanias 1973

Hans Walter Wolff

INHALT

III. DES MENSCHEN WELT
Soziologische Anthropologie

EINLEITUNG

1. Wird jede Generation neu aufbrechen, den Menschen zu suchen und zu erkennen? Wohl kann die Aufgabe lange Zeit verdrängt werden, weil die Welt ringsum als Gegenstand der Forschung alle Kräfte zu fordern scheint. Des Menschen Frage nach sich selbst mag dabei mit der Erkundung seiner Vergangenheit und seiner Zukunft beschwichtigt werden. Muß der Mensch erst erkranken, um sich selbst als Gegenstand notwendiger Forschung zu entdecken? Muß eine menschliche Gesellschaft erst äußerste Gefährdungen gewahren, um zu bemerken, daß der gegenwärtige Mensch neben allen anderen Bereichen am wenigsten erforscht ist?

Warum stößt der Fortschritt der Wissenschaften und der Technik nicht nur ins Helle vor, sondern auch in immer neue Dunkelheiten hinein? Warum nimmt der Mißbrauch wissenschaftlicher Erkenntnisse und Methoden nicht nur im Praktizieren von Naturwissenschaft, sondern auch von sogenannter Humanwissenschaft bedrohliche Formen an? Warum arbeiten Forschungen, die doch für den Menschen aufgeboten sind, wie die der Medizin, der Chemie und der Pharmazie, der Soziologie, der Psychologie und der Theologie plötzlich am Menschen vorbei? Problemzwänge, Gewinnchancen, Spezialfragen, Totalpläne, Statistiken, Traditionen verstellen den Blick für den gegenwärtigen Menschen. Und unversehens bricht im Massenkonsum von Instrumenten und Medikamenten, von Utopien und Psychoanalysen ein elementarer Hunger nach

versäumter Anthropologie auf: wer ist das, der Mensch? Wo
ist er zu erkennen im Dickicht kluger Pläne und verirrter
Triebe, unterwegs von jugendlicher Hitze zu eisigem Alter,
zwischen Angriffslust und Unterdrückungsleid? Was weiß er
von seinem Beschaffensein, von seiner Zeit und seinem Ort in
der Welt? Ist dem Menschen in seiner Wissensfülle sein ur-
eigenstes Wesen am Ende das fremdeste geworden?
Unabweisbar ist die Frage, wie die Aufgabe einer verläßlichen
Lehre vom Menschen wissenschaftlich überhaupt lösbar ist.
Denn hier steht der Forscher vor jenem äußersten Grenzfall,
bei dem das Problem der Nichtobjektivierbarkeit schlechterdings nicht zu bewältigen ist. So wenig ein Mensch sich selbst
gegenübertreten und rundum betrachten kann, so wenig ein
Heranwachsender aus sich selbst weiß, wessen Kind er ist, so
gewiß bedarf der Mensch grundsätzlich der Begegnung mit
einem anderen, der ihn erforscht und erklärt. Doch wo ist der
andere, den das Wesen Mensch fragen könnte: wer bin ich?

2. Während und nach der bösen Verkennung des Menschen im
Nationalsozialismus haben einige Forscher diesen anderen neu
im Dialog mit der Bibel angetroffen. Unerhört gründlich und
überzeugend wies Karl Barth[1] auf den Ort hin, an dem der
Mensch sich wahrhaft verstanden wissen und seine eigentliche
Menschlichkeit erkennen könne. Die alttestamentlichen Schriften als Wegbereiter und die neutestamentlichen als Zeugen-
dokumente führen zur Begegnung mit dem Gott, der »in Jesus
vollständig definiert« ist[2]. Die junge Generation beginnt die
Konsequenzen aus Barths Erkenntnissen zu ziehen, in denen
bereits jene Alternative zwischen Theismus und Atheismus,
zwischen Methaphysik und Nihilismus überwunden ist, in der
der Mensch sich selbst überlassen blieb. Dort war Gott bejaht

---

[1] Vgl. vor allem den 1948 erschienenen Band III/2 der Kirchlichen Dogmatik.
[2] Vgl. auch zum folgenden E Jüngel, ... keine Menschenlosigkeit Gottes
..., Zur Theologie Karl Barths zwischen Theismus und Atheismus: EvTh
31 (1971) 376–390.

oder verneint als das »Oben, worin der Mensch nicht vorkommt«[3], die biblischen Zeugen aber kennen »keine Menschenlosigkeit Gottes«. Schon im Alten Testament erweist Jahwe
seine Gottheit eben darin, daß er dem Menschen in Wort und
Tat verbunden ist. So tritt der andere in die menschliche Geschichte ein, der jede Generation neu fragt: »Mensch, wo bist
du?«[4] und vor dem jede Generation neu fragen kann: »Was
ist der Mensch?«[5] »Wer bin ich?«[6].
Karl Barth klagte 1948 bei seinen biblischen Überlegungen zur
Anthropologie: »Die Zeit scheint noch nicht da zu sein, wo
der Dogmatiker sich mit gutem Gewissen und Vertrauen auf
die Ergebnisse seiner alt- und neutestamentlichen Kollegen
beziehen können wird.«[7] Gewiß gab es längst gelehrte Untersuchungen zur biblischen Anthropologie[8]. Überfielen sie für
Barths Verständnis die Fragen der biblischen Zeugen zu sehr
mit ihren eigenen Fragen oder gar Thesen? Die frühen Nach-
kriegsjahre brachten zunächst kleine, äußerlich recht unschein-
bare exegetische Studien[9]. Ihre Autoren hatten den Zeitgenossen vor Augen, für den eine unmenschliche Entartung den
Menschen zum Rätsel gemacht hatte. Auf der Suche nach einem
Maßstab stellten sie sich dem Verbindlichkeitsanspruch der
biblischen und insbesondere der grundlegenden alttestamentlichen Aussagen, ohne ihren geschichtlichen Charakter zu verkennen[10]. Bald folgten umfangreichere Untersuchungen. Sie
gingen den eigentümlichen Grundzügen des alttestamentlichen

---

[3] EBloch, Atheismus im Christentum (1968) 98, dazu EJüngel, a.a.O. 378.
[4] Gn 3₉.
[5] Ps 8₅ Hi 7₁₇.
[6] Ex 3₁₁ 2 S 7₁₈; vgl. Gn 18₂₇.
[7] A.a.O. S. VII.
[8] FDelitzsch, System der biblischen Psychologie (²1861). – JKoeberle,
Natur und Geist nach der Auffassung des Alten Testaments (1901). –
JPedersen, Israel – its Life and Culture I–II (1927).
[9] KGalling, Das Bild vom Menschen in biblischer Sicht: Mainzer Universitäts-Reden 3 (1947). – WEichrodt, Das Menschenverständnis des Alten
Testaments: AThANT 4 (1947). – WZimmerli, Das Menschenbild des
Alten Testaments: TheolEx N. F. 14 (1949).
[10] Vgl. KGalling, a.a.O. 6f.; WZimmerli, a.a.O. 3f.

Denkens über den Menschen nach[11], fragten an Hand der
anthropologischen Grundbegriffe nach der Natur des Menschen[12] oder suchten das leibliche und geistige Bild des Hebräers
und seines Lebenslaufs zu erkennen[13]. Im Zuge allgemein
wachsender Spezialisierung stellten sich dann umfangreiche
Monographien zu Einzelproblemen der Anthropologie ein;
Begriffe wie Seele, Geist, Fleisch und Themen wie der Tod,
das Erlebnis der Einsamkeit oder die Stellung von Mann und
Frau wurden ausführlich behandelt[14].

Die Voraussetzungen zu einer neuen umfassenderen biblischen
Anthropologie scheinen gegeben. Nach ihr wird auch gefragt.
Denn schon müssen sich systematisch-theologische Entwürfe
einer Anthropologie den Problemen gegenwärtiger philoso-
phischer Anthropologie sowie der Psychologie, der Soziologie
und der Politologie stellen[15], ohne daß die gegenwärtigen exe-
getischen Erkenntnisse im Zusammenhang bereitgestellt wären.

3. Wie kann das heute geschehen? Dem Alten Testament liegt
weder eine einheitliche Lehre vom Menschen zugrunde noch
sind wir in der Lage, eine Entwicklung des biblischen Men-
schenbildes nachzuzeichnen. Die Tatsache, daß jedes Einzel-
dokument eine bestimmte Sicht des Menschen voraussetzt,
könnte zu einer eigenen Systematik biblischer Anthropologie
herausfordern. Umgekehrt drängt sich der Wunsch auf, eine
aktuelle Auswahl oder auch die »Gesamtheit der Möglichkei-

---

[11] ARJohnson, The Vitality of the Individual in the Thought of Ancient
Israel (1949).

[12] GPidoux, L'homme dans l'Ancien Testament: Cahiers Théologiques 32
(1953).

[13] LKöhler, Der hebräische Mensch (1953).

[14] Vgl. die in den jeweils ersten Anmerkungen der folgenden §§ genannten Monographien und Aufsätze, auch FMaass, 'ādām 81f.

[15] WPannenberg, Was ist der Mensch? Die Anthropologie der Gegenwart
im Lichte der Theologie (1962). – HRMüller-Schwefe, Der Mensch – das
Experiment Gottes (1966). – HGollwitzer, Krummes Holz – aufrechter
Gang – Zur Frage nach dem Sinn des Lebens (1970). – JMoltmann,
Mensch – Christliche Anthropologie in den Konflikten der Gegenwart:
Themen der Theologie 11 (1971); weitere Literatur dort 171f. (Anm. 14).

ten«[16] gegenwärtigen Fragens an die Quellen heranzutragen. In beiden Fällen würden wir weder der Aufgabe geschichtlicher Interpretation der alten Texte noch der Eindringlichkeit gegenwärtiger Fragen gerecht. Biblische Anthropologie als wissenschaftliche Aufgabe wird ihren Einsatz dort suchen, wo innerhalb der Texte selbst erkennbar nach dem Menschen gefragt wird. Die ganze Weite der Kontexte ist heranzuziehen, um die spezifischen Antworten zu erarbeiten. Es wird sich zeigen, daß die wesentlichen Beiträge Dialog-Charakter tragen und daß der Konsens im Zeugnis über den Menschen bei allem Wandel sprachlicher Formen geistesgeschichtlich erstaunlich ist. Vor allem im Gespräch mit Gott sieht der Mensch sich in Frage gestellt, erforscht und damit viel weniger festgestellt als vielmehr zu Neuem berufen. Der Mensch ist, so wie er ist, alles andere als das Maß aller Dinge.

Damit ist im Methodischen schon ein Grundzug von vornherein ins Auge zu fassen: anthropologische Probleme können hier nicht unter Abblendung von Theologie, sondern nur in voller Offenheit für das Gotteszeugnis der Bibel geklärt werden. In Korrektur einer modischen Anthropologisierung von Theologie wird der Forscher vielmehr aufgeschlossen werden müssen für ein theologisches Begreifen der anthropologischen Phänomene[17]. Er entdeckt die Chance, in den Dialog mit dem anderen einzutreten, ein Dialog, über dem er sein Menschsein zu verstehen beginnt.

4. Im ganzen und im einzelnen wird erst die Erkundung der Texte die Funktion einer biblischen Anthropologie klären. Je mehr es gelingt, die Fragen, Einsichten und Erwartungen der

---

[16] LKöhler, Mensch 2.
[17] GvRad hat schon betont, daß Israels Vorstellungen vom Menschen »nur von der Besonderheit seines Gottesglaubens her zu begreifen« sind (Theol AT II, 369). Vgl. dazu den Entwurf einer christlichen Anthropologie von JMoltmann, Mensch, als »Theologie in Aktion«; schon in der Einleitung kündigt er an, daß »das Buch über ›den Menschen‹ denn insgeheim ein Buch über Gott werden« wird (9; vgl. 33).

Verfasser der alttestamentlichen Schriften zu erkennen, desto
mehr werden sie den heutigen Gefahren verengter Fragestellungen oder der Verfehlung konkreter Probleme wehren
können und dazu beitragen, das wesentlich Menschliche zu
bemerken.

In drei großen Abschnitten hoffen wir, alle wichtigen Antworten auf die bei den biblischen Zeugen selbst aufbrechenden
Fragen nach dem Wesen des Menschen, seiner Lebenszeiten
und seiner Bestimmung in seiner Umwelt aufnehmen zu können. Zunächst werden uns die Aussagen über die Erschaffung
des Menschen anregen, die anthropologischen Grundbegriffe
des Alten Testaments zu untersuchen; sie klären die verschiedenen Aspekte und dominierenden Züge menschlichen Seins.
Die Weisheit sowie Klage- und Danklieder des Psalters sind
von der Frage nach des Menschen Zeit in allen wichtigen
Phasen zwischen Geburt und Tod bewegt. Hinter vielen
Rechtstexten und Prophetensprüchen steht die Frage nach der
eigentlichen Bestimmung des Menschen in seiner Welt.

Auf diesem Weg der Untersuchung sind wir bemüht, uns nicht
von Fragen, die dem Alten Testament selbst fremd sind, leiten
zu lassen. Nur so können zugleich das Verständnis neutestamentlicher Aspekte der Anthropologie gefördert und gegenwärtige anthropologische Entwürfe in ihrem Ansatz und ihrer
Durchführung kritisch befragt werden.

I. DES MENSCHEN SEIN
Anthropologische Sprachlehre

Gegenstand der Untersuchung sind hier die hebräischen Be-
nennungen für die Organe des Menschen, die Glieder seines
Leibes und seine Erscheinung im ganzen. Wir gehen dabei von
den einzelnen Begriffen aus. So erarbeiten wir eine biblisch-
anthropologische Sprachlehre.

Wenn die häufigsten Hauptwörter in der Regel mit »Herz«,
»Seele«, »Fleisch« und »Geist« übersetzt werden, so sind damit folgenschwere Mißverständnisse erzeugt worden. Sie gehen schon auf die altgriechische Übersetzung der Septuaginta
zurück und verführten zu einer dichotomischen oder trichoto-
mischen Anthropologie, in der der Körper und die Seele und
der Geist in Gegensatz zueinander geraten[1]. Es bleibt zu prüfen, wie hier mit der griechischen Sprache eine griechische Phi-
losophie semitisch-biblische Anschauungen überfremdet und
verdrängt hat[2]. Der alttestamentliche Sprachgebrauch muß dazu geklärt werden.

Diese Aufgabe erfordert Einsicht in die semitischen Vor-
stellungs- und Denkvoraussetzungen. Zwei davon haben
grundlegende Bedeutung. Sie seien darum allen speziellen
Betrachtungen vorangestellt.

---

[1] Vgl. z. B. zu der Trennung von Seele und Leib im Tode nach Platons
Phaidon die Ausführungen von EJüngel, Tod 61ff. 68ff.
[2] Vgl. vorläufig JHessen, Platonismus 98ff.; ThBoman, Denken 11ff.;
JBarr, Bibelexegese 15ff.

1. Begriffe wie Herz, Seele, Fleisch, Geist, aber auch Ohr und
Mund, Hand und Arm sind in der hebräischen Dichtung nicht
selten untereinander austauschbar. Im Parallelismus der Glieder können sie wechselweise fast wie Pronomina für den ganzen Menschen stehen (Ps 84₃):

> Meine Seele lechzt, ja sehnt sich
>   nach Jahwes Vorhöfen,
> mein Herz und mein Fleisch
>   jubeln dem lebendigen Gott zu.

Die Varianten deuten in einer zuweilen kaum noch erkenn-
baren Weise verschiedene Aspekte des einen Subjekts an. So
können denn auch die Organe oder Glieder des Menschen
bruchlos von Pronomina abgelöst werden (Prv 21₀f.):

> Die Weisheit wird in dein Herz kommen
>   und die Erkenntnis die Lust deiner Seele sein.
> Die Besonnenheit wird über dir wachen,
>   die Vernunft dich behüten.

In Ps 63₋₅ stehen in Parallele: ich – meine Gebeine – meine
Seele – ich. Mit »*Stereometrie* des Gedankenausdrucks«[3] ist
dieser Sachverhalt treffend gekennzeichnet. »Die Lehrer glauben ihre Gegenstände ... nicht durch die Verwendung sauber
voneinander abgegrenzter Begriffe sachgerechter darstellen zu
können, sondern durch das Gegenteil, nämlich durch die
Nebeneinanderstellung sinnverwandter Wörter.«[4] Dieses stereometrische Denken steckt den Lebensraum des Menschen
durch Nennung charakteristischer Organe ab und umschreibt
so den Menschen als ganzen (Prv 18₁₅):

> Ein verständiges Herz erwirbt Erkenntnis,
>   und das Ohr der Weisen sucht Erkenntnis.

Verschiedene Körperteile umstellen mit ihrer wesentlichen
Funktion den Menschen, der gemeint ist.

---

[3] BLandsberger, Eigenbegrifflichkeit 17; GvRad, Weisheit 42f. Vgl. ferner
»Seele« in Parallele zu »Hals« (Prv 3₂₂) oder »Hand« neben »Kehle«
(Ps 143₆).
[4] GvRad, a.a.O. 75f.

2. So setzt das stereometrische Denken zugleich eine Zusammenschau der Glieder und Organe des menschlichen Leibes mit ihren Fähigkeiten und Tätigkeiten voraus. Es ist das *synthetische* Denken[5], das mit der Nennung eines Körperteils dessen Funktion meint. Ruft der Prophet aus (Jes 52₇):

Wie schön sind auf den Bergen die Füße des Freudenboten!,

so meint er nicht deren graziöse Gestalt, sondern ihre hurtige Bewegung:

Wie schön ist, daß der Bote über die Berge heraneilt!

»Füße« sagt der Hebräer, aber er denkt an das sprunghafte Nahen. In Ri 7₂ kommt der befürchtete Selbstruhm Israels in dem Satz zur Sprache:

Meine Hand hat mir geholfen.

Gemeint ist natürlich das eigene Zupacken, die eigene Kraft. Das Glied und sein wirksames Handeln werden zusammengeschaut. Der Hebräer kann und muß mit einem verhältnismäßig kleinen Wortschatz, mit dem er die Dinge und gerade auch die menschlichen Körperteile benennt, eine Fülle feiner Nuancen zum Ausdruck bringen, indem der Satzzusammenhang die Möglichkeiten, Tätigkeiten, Eigenarten oder Widerfahrnisse des Benannten heraushebt[6].
So wird unsere biblisch-anthropologische Sprachlehre den Bedeutungsreichtum der Wörter, die den Menschen beschreiben, ins Licht zu heben haben. Synthetisch-stereometrisches Denken ist in unsere analytisch-differenzierende Sprache zu übertragen. Es wird sich zeigen, daß die stereotype Übersetzung eines hebräischen Terminus mit dem gleichen Wort das Verständnis in den meisten Fällen notwendig in die Irre führt; sie verfehlt allzu oft die eigentliche Aussage über den Menschen. Die Erschließung der semantischen Weiträumigkeit der anthropolo-

---

[5] KHFahlgren, *ṣedāqā* 126 hat als »synthetisch« zunächst jene Lebensanschauung bezeichnet, die in Religion, Ethik, Volkswirtschaft nicht völlig selbständige Erscheinungen, sondern nur verschiedene Seiten derselben Sache sieht.
[6] Vgl. JKoeberle, Natur und Geist 84ff. 178ff.; JPedersen, Israel 106ff.; ARJohnson, Vitality 1f.

gischen Hauptbegriffe ist hingegen geeignet, einen ersten Zugang zum biblischen Menschenbild freizulegen, da mit den
wesentlichen Organen zugleich kennzeichnende Fähigkeiten
und Eigenarten des Menschen und damit typische Aspekte des
Menschlichen ins Blickfeld treten. Gemeint ist damit in diesem
ersten Teil die »Hominitas als Conditio sine qua non für
Humanitas«[7], d. h. die »Menschhaftigkeit« als Voraussetzung
der »Menschlichkeit« des Menschen[8].

---

[7] HPlessner, Anthropologie 412.
[8] JMoltmann, Mensch 23.

§2

nǎp̄äš – DER BEDÜRFTIGE MENSCH[1]
1. Kehle – 2. Hals – 3. Begehren – 4. Seele – 5. Leben – 6. Person – 7. Pronomen

Mit »Seele« übersetzt die traditionelle deutsche Bibel in der Regel ein Grundwort alttestamentlicher Anthropologie: *nǎp̄äš*. Wie französisch âme und englisch soul geht sie damit zurück auf die häufigste Wiedergabe von *nǎp̄äš* in der griechischen Bibel mit psyché und in der lateinischen mit anima. *nǎp̄äš* erscheint 755 mal im Alten Testament; 600 mal übersetzt die Septuaginta psyché[2]. Diese statistische Differenz kündigt an, daß schon den Alten der Unterschied der Wortbedeutung an nicht wenigen Stellen auffiel. Heute kommen wir zu dem Ergebnis, daß nur in ganz wenigen Texten die Übersetzung »Seele« den Sinn von *nǎp̄äš* trifft.

Dabei ist eine fast definitorische Verwendung des hebräischen Wortes für das Verständnis menschlichen Seins von vornherein nicht zu bestreiten. Der jahwistische Schöpfungsbericht benutzt es so (Gn 2₇):

> Jahwe Gott gestaltete den Menschen aus Staub vom Ackerboden und blies in seine Nase Lebensodem; so wurde der Mensch eine lebendige *nǎp̄äš*.

Was heißt hier *nǎp̄äš* (künftig: *n.*)? Sicher nicht »Seele«. *n.* will zusammengesehen werden mit der gesamten Gestalt des

---

[1] *Literatur:* LDürr, *näpäš*. – JPedersen, Israel 99–259. – JHBecker, Nefesj. – M Seligson, *nps mt*. – GWidengren, Review. – GPidoux, L'homme 10–19. – AMurtonen, Soul. – DLys, Nèphèsh. – WSchmidt, Begriffe 377–382. – ARJohnson, Vitality 2–22. – JScharbert, Fleisch.
[2] KBL 626; nach DLys (119) 757 mal.

Menschen und insbesondere mit seinem Atem; dabei *hat* der
Mensch nicht *n.*, sondern er *ist n.*, er lebt als *n.* Welcher Aspekt
des Menschseins ist damit gesehen? Einstweilen kann uns der
Definitionstext nur auffordern, den Raum des Menschlichen,
den *n.* umstellt, in seiner ganzen Weite zu umschreiten.

Ein Zugang zu der Bedeutungsfülle, die mit dem synthetischen Denken
gegeben ist[3], mag unserem analytischen Verstehen eröffnet werden, wenn
wir fragen, mit welchem Körperteil das mit *n.* bezeichnete menschliche
Sein und Verhalten identifiziert werden kann. Methodisch werden wir bei
der Beobachtung der Texte zu fragen haben, ob der Kontext wirklich auf
ein bestimmtes leibliches Organ schließen läßt; weiter ist dann zu prüfen,
wo die Topik bestimmte Funktionen und Eigenarten des Körperteils heraushebt und wie das Wort schließlich einen bestimmten Aspekt des
Menschseins überhaupt mehr oder weniger deutlich herausstellt. Zu beachten bleibt immer, daß damit unser Weg des Verstehens skizziert ist und
nicht etwa das Modell einer historischen Semasiologie. Die Bedeutungs-
geschichte kann nur spezielle Abwandlungen für eine begrenzte Sprach-
phase herausstellen[4]. Im allgemeinen sieht das stereometrisch-synthetische
Denken ein Körperglied zusammen mit seinen speziellen Tätigkeiten und
Fähigkeiten und diese wiederum sind als Kennzeichen des ganzen Menschen vorgestellt. Es ist also immer festzuhalten, daß der Hebräer ein und
dasselbe Wort spricht, wo wir sehr verschiedenartige Wörter benötigen.
Der jeweilige Textzusammenhang des Vorkommens entscheidet.

1. Wir gehen von der Bildrede Jes 5₁₄ aus:
   Die Unterwelt reißt ihre *näpäš* auf,
   sperrt auf ihr Maul ohne Maß.
Die synonyme Parallele spricht vom Maul; von der *n.* selbst
wird ausgesagt, daß sie weit aufgerissen wird; damit ist eindeutig angezeigt, daß *n.* hier *Schlund, Rachen, Kehle* bedeutet. So kann denn auch Hab 2₅ vom räuberischen Menschen
gesagt werden:
   er reißt seine *näpäš* weit auf wie die Unterwelt
   und ist wie der Tod und wird nie satt.

---

[3] S. o. S. 23.
[4] Der Versuch von DLys, die Texte mit *n.* historisch zu ordnen und so eine
Bedeutungsentwicklung zu erkennen, hat kein nennenswertes Ergebnis
erbracht; neben kleinen Varianten zeigt sich von den ältesten bis zu den
jüngsten literarischen Schichten im Alten Testament eine »polysémie«
(194–196).

n. bezeichnet demnach das *Organ der Nahrungsaufnahme* und
der Sättigung. Die große Dankliturgie Ps 107 spricht in ihrer
ersten Strophe von den »Hungrigen und Durstigen, deren
näp̄äš verschmachtete« (5), und die Jahwe danken sollen (9),

> weil er die ausgetrocknete *näp̄äš* gesättigt
> und die hungrige *näp̄äš* mit Gutem gefüllt hat.

Die Topik im Umkreis von *n.* nennt ihren Hunger und Durst,
ihr Verschmachten und Sattwerden, ihr Austrocknen und Er-
fülltwerden und zeigt damit unzweideutig, daß nicht von der
»Seele«, sondern von der »Kehle« die Rede ist.

> Alles Mühen des Menschen ist für seinen Mund,
> aber die *näp̄äš* wird nicht gefüllt,

sagt Qoh 67. »Mund« in der Parallele und die Aussage vom
Gefülltwerden (vgl. Ps 1079) lassen wieder an die »Kehle«
denken, allerdings als an das immer neu bedürftige und vom
menschlichen Mühen nicht zu befriedigende Organ. Deshalb
lehrt der Prediger (Qoh 69):

> Besser das Schauen der Augen
> als das Schweifen der *näp̄äš*,

wobei die nicht zu stillende Gier der Kehle gemeint ist. Wenn
also mit dem Organ dessen Eigenart zusammengedacht wird,
so scheint es zunächst vor allem die begierige *Bedürftigkeit* zu
sein. Ps 1436 vergleicht die *n.* mit dem lechzenden Land. Jes
298 spricht von einem Hungrigen und einem Durstigen, der zu
essen und zu trinken träumt, aber beim Erwachen ist seine *n.*
leer und trocken; vgl. Jes 326bβ. In seiner *n.* spürt der Mensch,
daß er aus sich selbst nicht leben kann (Prv 103):

> Nicht läßt Jahwe hungern des Gerechten *n.*,
> aber die Gier des Gottlosen stößt er zurück.

Wieder zeigt die Topik deutlich, daß die Kehle gemeint ist,
zugleich aber, daß das Wort für den bedürftigen Menschen
schlechthin steht. Die gesättigte *n.* des Gerechten kann in Antithese zu dem leeren Bauch des Frevlers stehen (Prv 1325). Und
was heißt *reḥab-n.*, wenn sie nach Prv 2825 »Zank erregt«,
während der, »der auf Jahwe traut, gut ernährt wird«? Es ist

doch wohl der »weite Rachen« gemeint, welcher für den Menschen steht, der seinen Bedarf in übermäßiger Habgier decken
will (vgl. Hab 2₅). »Ihr Brot (dient) ihrer *n.*«, d. h. »ihrem
Schlund« (Hos 9₄).

n. als Organ des bedürftigen Menschen zeigt sich auch darin,
daß sie die »schmachtende Kehle« heißt, die Jahwe labt und
sättigt »wie einen bewässerten Garten« (Jer 31₁₂.₂₅). Durst,
Wasser und *n.* gehören oft zusammen (Prv 25₂₅):

  Kühles Wasser für eine durstige Kehle
    ist eine gute Botschaft aus fernem Land.

Vgl. Ps 42₂f. und die »trockene Kehle« in Nu 11₆.
Gerade als Organ, das Hunger und Durst zu spüren hat, ist *n.*
auch der Sitz des Geschmacksinns (Prv 27₇):

  Eine satte *n.* tritt Honig mit Füßen,
    aber einer hungrigen *n.* ist alles Bittre süß.

Natürlich ist die hungrige *n.* (₇b), der alles Bittre süß schmeckt,
die Kehle, mit der Zungenbasis und Gaumen als Geschmacks-
organe zusammengesehen werden. Doch es »tritt« nicht die
»Kehle« (₇a), sondern der Mensch, dessen Verhalten durch
Sattsein der Kehle bestimmt ist. Der durch synthetisches Denken ermöglichte Parallelismus von satter und hungriger *n.*
muß wegen der verschiedenen Aussagen differenziert übersetzt werden: »der satte Mensch« ist der »hungrigen Kehle«
gegenüberzustellen (Prv 16₂₄!).

  Freundliche Reden sind Honig,
    süß für die *n.* und Heilung fürs Gebein.

n. neben Gebein und mit der Empfindung des Süßen sollte
wieder eindeutig auf das Geschmacksorgan hinweisen, und
doch ist im Gleichnis für die »freundlichen Reden« auch schon
der bedürftige Mensch als ganzer im Blick, auf dessen Emp-
findsamkeit und Verwundbarkeit angespielt wird.
Nicht nur Angenehmes, sondern auch Widerliches schmeckt die
*n*⁵. Israel murrt (Nu 21₅b):

---

⁵ Zu Prv 23₇ »Wie 'etwas Gräßliches in der Kehle', so ist er [der Mißgün-
stige ₆], und wie 'Bitteres für den Hals'«; vgl. die Lehre des Amenemope

Kein Brot und kein Wasser gibt es,
 und unsere *n.* empfindet Ekel vor dieser elenden Kost,
wobei *n.* den Menschen hinsichtlich seines Hungers und seines Geschmacksempfindens benennt. Vgl. Sach 11bbβ. Bezeichnend ist es in diesem Zusammenhang, daß, wenn von Jahwes Abscheu gesprochen wird, dann von seiner *n.* gesprochen wird (Prv 6₁₆)⁶.

Nun gilt aber die *n.* nicht nur als Organ der Nahrungsaufnahme, sondern auch der *Atmung.* Bei der Kamelstute in Jer 2₂₄ ist das ganz deutlich:

in der Gier ›ihrer‹⁷ *n.* schnappt sie nach Luft.

Wiederholt wird *nph* = blasen, atmen, keuchen von der *n.* ausgesagt. So keucht die Kehle einer ohnmächtig umsinkenden Mutter schwer (Jer 15₉); der Gottlosen »Hoffnung ist das Aushauchen der *n.*« (Hi 11₂₀), wobei das Organ der Atmung und der Atem selbst zusammengesehen werden; so auch in Hi 41₁₃, wo die *n.* des Krokodils Glühkohlen anfacht⁸. Wenn von der sterbenden Rahel (Gn 35₁₈) gesagt wird, daß ihre *n.* »ausging«, so kann nur an den Atem gedacht werden. In 1 Kö 17₂₁f. kehrt die *n.* in das Kind der Witwe zu Zarpat zurück, von dem 17 berichtet hatte, daß kein Atem (*nešāmā*) mehr in ihm war. Die Kehle steht somit in jener archaischen Anatomie ohne begriffliche Unterscheidung zugleich für die Luftröhre und für die Speiseröhre. So sagt noch unsere volkstümliche Rede: »etwas in die falsche Kehle bekommen«, wenn Nahrung in die Luftröhre gerät. Kommen »Wasserfluten bis

---

Kap. XI (ANET 423a; AOT 42), GWidengren, Review 100f. und BGemser, Sprüche 86f.
⁶ Insgesamt spricht das Alte Testament nur 21 mal von Jahwes *n.* (ARJohnson, Vitality 8¹); wenn Jahwe nach Am 6₈ bei seiner *n.* schwört, so klingt in dieser Wendung wahrscheinlich ein alter Schwurritus mit, bei dem der Schwörende seine Kehle berührte; dazu HWWolff, BK XIV/2, 326; auch in Am 6₈ verbindet sich mit der Rede von Jahwes *n.* sein Abscheu. S. u. S. 47.
⁷ l. *napšāh* c. BHS
⁸ Vgl. den verwandten Zusammenhang von *'ap* für Nase und Schnauben: EJohnson, *'ānap* 375.

zur *n.*«, dann besteht die Gefahr des Ertrinkens (Jon 2₆ Ps 69₂; vgl. Ps 124₄f. und *ṣawwā'r* in Jes 8₈ 30₂₈).

Allein *n.* als Organ der Atmung macht die nur dreimal verbal vorkommende Verwendung der Wurzel *npš* (ni.) verständlich. Von David wird 2 S 16₁₄ erzählt, daß er nach anstrengender Flucht erschöpft war, dann aber am Jordan »aufatmete« (*wajjinnāpēš*), »Atem schöpfte«, »sich erholte«. »Aufatmen« und von der Arbeit ruhen soll nach Ex 23₁₂ der Sohn der Sklavin und der Fremdling an jedem siebenten Tage, wie nach Ex 31₁₇ auch Jahwe nach sechs Tagen der Schöpfung aufhörte und »aufatmete«. Zu erwägen ist, ob die Wurzel *npš* nicht ursprünglich bilitteral war (mit nachträglich vorgesetztem *n* wie vielleicht auch in *nph*) und so als *pš* heftig zischendes Atmen lautmalend darstellte[9].

Auch im Akkadischen heißt *napašu* blasen, schnauben, aufatmen[10], und *napištu* bedeutet in erster Linie die Kehle, und zwar von Menschen wie Tieren, sodann Leben, Lebensgrundlage und Lebewesen[11]; im Ugaritischen heißt *npš* auch wiederholt Rachen, Kehle, Schlund, dann Appetit, Begehren, Gemüt und Lebewesen[12]. Arab. *nafsun* kann ebenso Atem wie Appetit bedeuten, dann Leben, Gemüt und die Person bezeichnen[13]. Die Semasiologie des hebr. *n.* zeigt über diese Andeutungen hinaus breite Parallelen in den verwandten semitischen Sprachen.

JHBecker, *Nefesj* (1942) hat die von LDürr, *näpäš* (1926)[14] vertretene Grundbedeutung »Kehle« bestritten und »Atem« als ältere Grundbedeutung angenommen (ähnlich MSeligson, 1951). Dieser Streit ist wahrscheinlich müßig, da sich für die

---

[9] Vgl. WvSoden, GAG § 73b und WSchmidt, Begriffe 378.
[10] Vgl. WvSoden, AHw 736 und DLys, Nèphèsh 119; zur Sache u. S. 40
[11] AHw 738.
[12] Vgl. JAistleitner, WB 211 mit CHGordon, UT 446 und GWidengren, Review 98ff.
[13] ARJohnson, Vitality 7. 13.
[14] Vgl. vorher schon EDhorme, L'emploi (1923) 18f.; später vor allem ARJohnson, Vitality 4ff.

Semiten in der Kehle Essen, Trinken wie Atmen vollzog; so war sie der Sitz der elementaren Lebensbedürfnisse schlechthin.

2. Neben den reichen Belegen für das Innere des Halses und den darin sich vollziehenden vitalen Vorgängen könnte die seltenere Verwendung von *n.* für den äußeren *Hals* sekundär sein. Wie leicht der Übergang für hebräisches Denken ist, zeigte uns schon die parallele Verwendung von *ṣawwā'r* (Hals) und *n.* in den Wendungen von den bedrohlich ansteigenden Wasserfluten[15]. Ausschließlich an den äußeren Hals denkt Ps 105₁₈:

Sie zwangen in Fesseln seine Füße,
›in‹[16] Eisen kam seine *n.*

Daß dies der Hals und nicht »seine Seele«[17] ist, drängt sich sowohl vom »Eisen« wie von der parallelen Aussage über die Füße her auf. Wenn in Jes 51₂₃ die Peiniger Israels sagen:

Bücke dich, daß wir darüber hinschreiten,

dann ist mit der angeredeten *n.* der Nacken gemeint, zumal die Fortsetzung fordert:

Mache deinen Rücken wie Erde,
wie eine Straße für Wanderer!

In Ps 44₂₆ ist dann auch wohl *n.* der »Hals«, der »in den Staub gebeugt« ist, da daneben »der Leib an der Erde klebt«. Demnach dürfte auch in Ps 119₂₅ *n.* der Hals sein, der am Staube klebt, und also der ganz und gar zu Boden geworfene Mensch, der die Belebung nach Jahwes Wort erfleht.

Was hat man sich unter den »Häusern der *n.*« in der Aufzählung der Schmuckstücke der »Töchter Zions« in Jes 3₂₀ vorzustellen? Sie sind nicht selten nach den Körperteilen benannt, die sie zieren. So wird man noch eher an eine Art Halskrause

---

[15] S. o. S. 29f.
[16] S. BHS.
[17] So noch HJKraus, Psalmen 716.

zu denken haben[18] als an Amulette, die als hohle Gegenstände in Form eines kleinen »Häuschens am Halse« vorzustellen wären[19]. Geschmückt wird, was gefährdet ist. Sollte die Wendung »die *n.* schlagen« (Gn 37₂₁ Dt 19₆.₁₁ Jer 40₁₄f. u. ö.) noch konkreter gemeint sein als »ans Leben gehen«, nämlich »den Hals abschlagen«[20]? Fraglos ist *n.* in Jer 4₁₀ so gemeint:

Das Schwert sitzt uns am Halse.

Sollte das Wort an Maria in Lk 2₃₅

Ein Schwert wird durch deine Seele dringen

in *psyché* einen Semitismus aufbewahren, der auf *n.* = Hals zurückgeht[21]?

Neben dem Schwert gefährdet die Schlinge den Hals. Die Totenbeschwörerin zu Endor fragt Saul (1 S 28₉):

Warum willst du meiner *n.* eine Schlinge legen,
daß ich getötet werde?

Mag *n.* auch als Personalpronomen verstanden worden sein, so läßt hier doch die Bildrede noch im Hintergrund an einen konkreten Körperteil denken. Ähnlich in Ps 124₇:

Unsere *n.* entkam wie ein Vogel
aus dem Netz der Fänger.

Vgl. Prv 18₇b! So zeigt auch *n.* als Hals den Menschen, der als geduckter und gefährdeter ein Hilfsbedürftiger ist.

---

[18] WvSoden, ZAW 53 (1935) 291f.
[19] LDürr, näpäš 268; auch *maḥmal n.* in Ez 24₂₁.₂₅ könnte als das, »was man am Halse trägt«, ein Schmuckstück und Juwel sein; vgl. Prv 3₂₂.
[20] LDürr, a.a.O. 267, der 264 an Enuma eliš IV 31 erinnert, wo Marduk bei seiner Belehnung mit dem Schwert den Befehl erhält: »Geh, der Tiamat schlage den Hals ab!« – *a-lik-ma nap-šá-tu-aš pu-ru-ʿ-ma.* Der Jahwist und das Deuteronomium verwenden *hikkā* mit doppeltem Akk.: jem. hinsichtlich der *n. schlagen* (Gn 37₂₁ Dt 19₆.₁₁), ferner Jer 40₁₄f. wobei *n.* den genauen lebensgefährlichen Ort nennt, an dem der Schlag die Person trifft. Erst die Formulierungen mit einfachem Akk. verstehen *n.* als »Person« bzw. »Leben« (Lv 24₁₇f. und Nu 35₁₁.₁₅.₃₀; dazu u. S. 38); vgl. JScharbert, Fleisch 24.43.64.
[21] Vgl. LDürr 264, auch Ps 22₂₁.

3. Klingt bei der Erwähnung des Körperteils Kehle oder Hals häufig die Sicht des Menschen als des Bedürftigen und Gefährdeten mit, der eben mit seiner *n.* nach Lebensmitteln und Lebensbewahrung lechzt, so kann dann auch bei der Nennung der *n.* solches vitale *Verlangen, Begehren, Trachten* oder *Sehnen* selbst die Vorstellung beherrschen. Das ist eindeutig dort der Fall, wo die *n.* eines Menschen außerhalb seiner eigenen Person liegt. Im Klagelied Ps 35₂₅ zitiert der Beter seine Feinde, die schon von ihm sagen: »Haha! Unsere *n.*!«, und die bald von ihm sagen möchten: »Wir haben ihn verschlungen!« Wenn hier ein Mensch zur *n.* seiner Gegner wurde, so kann er nicht deren Kehle oder Hals, sondern nur deren Begehren oder Verlangen, hier geradezu deren »Genuß« sein, wobei auch an *n.* als Geschmacksorgan²² zurückzudenken ist. Wenn Prv 13₂ᵦ die *n.* der Treubrüchigen als »Gewalttat« definiert, so meint auch hier *n.* nur noch deren Trachten und Begehren. Prv 23₂ belehrt:

Du setzt dir ein Messer an die Kehle,
  wenn du ein *baʿal n.* bist.

Im Zusammenhang ist damit an den »Besitzer von Gier« gedacht, also an den Menschen, dessen Verhalten ganz und gar vom Trieb der Kehle, vom Heißhunger oder vom eßlustigen Appetit bestimmt ist.

Auffallend häufig wird *n.* mit Worten der Wurzel *ʾwh* verbunden, die im pi. und hitp. wünschen, begehren, gelüsten bedeutet. Wenn das Gelüst der *n.* sich auf die Frühfeige (Mi 7₁), auf Essen von Fleisch (Dt 12₁₅.₂₀ 1 S 2₁₆) oder darüber hinaus auf das Trinken von Wein (Dt 14₂₆) bezieht, dann mag noch die Kehle als Sitz des Begehrens mitgemeint sein. Doch wenn das Böse (Prv 21₁₀), das Königtum (2 S 3₂₁ 1 Kö 11₃₇) oder Gott (Jes 26₉) zum Objekt der Wünsche werden oder wenn jedes Objekt fehlt (Prv 13₄.₁₉), dann kennzeichnet *n.* das Verlangen als solches, den menschlichen Wunschtrieb als Subjekt des Begehrens (*ʾwh*). Ähnlich verhält es sich mit der Phrase

---

²² S. o. S. 28.

nś' n., »die *n.* erheben«. Sie mag der Anschauung des Menschen entstammen, der gierig seine Kehle reckt. Diese Vorstellung scheint noch in Hoseas Wort über die Priester (4₈) lebendig zu sein:

> Meines Volkes Sünde essen sie,
> nach ihrer Schuld erheben sie die *n.*

Ist hier an Sünd- und Schuldopfer gedacht, so kann das Erheben der *n.* in Parallele zu »essen« das begehrliche Ausstrekken des Halses veranschaulichen. Aber zumeist bezieht sich die Wendung auf das Verlangen nach Objekten, die nicht im engeren Sinne genießbar sind, wie auf das Land (Jer 22₂₇), auf das Eitle (Ps 24₄), auf Söhne und Töchter (Ez 24₂₅), so daß *nś' n.* in der Regel bedeutet: das Verlangen richten auf, sich sehnen nach. So tritt auch sonst das Organ mit seinen spezifischen Regungen hinter den ganzen Menschen und dessen entsprechendes Verhalten zurück. Von Sichem und Dina heißt es (Gen 34₂f.):

> Er sah sie, nahm sie, legte sich zu ihr, tat ihr Gewalt an und seine *n.* klebte an Dina und er liebte das Mädchen und redete ihr zu.

»Klebt« die *n.* an ihr, so ist es offenbar das heftige Verlangen nach dauerhafter Verbindung. Auch Vaterliebe (Gn 44₃₀) und Freundesliebe (1 S 18₁) wird von der *n.* vollzogen[23].

n. ist in der Regel das noch ungestillte Begehren, das zur Aktion treibt. So ist die merkwürdige Sentenz möglich (Prv 16₂₆):

> Die *n.* des Arbeiters müht sich für ihn,
> denn sein Mund treibt ihn an.

n. ist, parallel zu Mund, die Kehle in Aktion, der Hunger, der zur Arbeit treibt. Dt 23₂₅:

> Wenn du in den Weinberg deines Nächsten kommst, so darfst du Trauben essen entsprechend deiner *n.*, bis du satt bist.

---

[23] Doch vgl. dazu u. S. 46.

Mit der Sättigung ist der *n.* als dem ungestillten Begehren die Grenze gesetzt.

Die *n.* als solche steht für das unbegrenzte Begehren. Wenn einer sich von einer kriegsgefangenen Frau trennen will, dann darf er sie nach Dt 21₁₄ nur entlassen »entsprechend ihrer *n.*« (*lᵉnapšāh*), d. h. ganz nach ihrem freien Wunsch und Willen; ebenso waren die Sklaven nach Jer 34₁₆ freigelassen »nach ihrer *n.*« (*lᵉnapšām*), d. h. nach ihrem eigenen Belieben. Wie geläufig *n.* im Sinne freien Wünschens verwendet wird, zeigt die Phrase: *'im jēš napšᵉkäm*, d. h. »wenn es euch beliebt« (Gn 23₈ 2 Kö 9₁₅).

Doch häufiger noch meint *n.* den Menschen in seinem brennenden Begehren, das dem Lechzen des Verdurstenden entspricht. So dürstet in Ps 42₂f. die *n.*, d. h. das sehnsüchtige Verlangen des Klagenden nach dem lebendigen Gott. Und so schüttet nach 1 S 1₁₅ die kinderlose Hanna ihre *n.*, also ihre ungestillte Sehnsucht, vor Jahwe aus. Die deuteronomische Mahnung, Jahwe mit ganzer *n.* zu lieben (Dt 6₅ u. ö.), besagt demnach, daß der Mensch die ganze Vitalität seiner Wünsche und all sein sehnsüchtiges Begehren in die Liebe zu dem einen Gott Israels hineinnehmen möchte. Vgl. Mk 12₃₀. »Für den Glauben an das Evangelium kämpfen mit einer *psyché*« (Phil 1₂₇) heißt: »in gemeinsamem Streben«.

4. Ein kleiner Schritt führt von der *n.* als spezifischem Organ und Akt des Begehrens zu der erweiterten Bedeutung, bei der *n.* Sitz und Akt auch anderer seelischer Empfindungen und Gemütszustände wird. Ex 23₉ weist Israel an:

Einen Fremden sollst du nicht quälen;
ihr kennt die *n.* des Fremden,
denn Fremde wart ihr im Lande Ägypten.

Hier ist der Ort, an dem wir *n.* erstmalig mit »*Seele*« wiedergeben könnten. Denn es ist nicht nur an die Bedürfnisse und Wünsche des Fremden gedacht, sondern an die ganze Skala seiner Empfindungen, die mit der Fremde und der Gefahr der

Bedrückung in der Abhängigkeit gegeben ist. An die Seele als das Zentralorgan des leidenden Menschen denkt auch Hiob, wenn er seine »Freunde« fragt (Hi 19₂):
    Wie lange wollt ihr meine *n.* quälen?
Die *n.* ist damit auch das typische Organ des Mitgefühls mit dem Bedürftigen (Hi 30₂₅). Als die vor allem leidende Seele und als das gequälte Gemüt ist die *n.* das genaue Subjekt der Klagelieder des Psalters; sie ist erschrocken (6₃), sie verzweifelt und ist unruhig (42₆f.₁₂ 43₅), sie fühlt sich schwach und verzagt (Jon 2₈), sie ist erschöpft und fühlt sich wehrlos (Jer 4₃₁), sie leidet unter Bedrängnissen (Ps 31₈; vgl. Gn 42₂₁), unter Mühsal (Jes 53₁₁). Oft wird von der *n.* gesagt, sie sei »bitter« (*mar*), d. h. verbittert wegen Kinderlosigkeit (1 S 1₁₀), bekümmert wegen Krankheit (2 Kö 4₂₇), empört, weil gekränkt (Ri 18₂₅ 2 S 17₈) oder sonstwie betrübt (Prv 31₆); die Wortwahl »bitter« erinnert wohl an *n.* als Geschmacksorgan (Prv 27₇, s. o. S. 28), aber der Kontext in den eben genannten wie in mehreren ähnlichen Fällen zeigt deutlich an, daß hier die seelische Stimmung gemeint ist.

Auch andere Emotionen werden vornehmlich von der *n.* ausgesagt; sie ist Subjekt des Hasses (2 S 5₈; auch bei Jahwe: Jes 1₁₄), doch ebenso der Liebe (Cant 1₇ 3₁.₂.₃.₄; auch bei Jahwe: Jer 12₇). Die *n.* empfindet Trauer und weint (Jer 13₁₇), aber sie freut sich auch und jubelt über Jahwe (Ps 35₉), wobei zu fragen ist, ob in solchen Fällen der Sitz der seelischen Stimmungen und Gemütswallungen noch zusammengesehen wird mit der Kehle als dem Ort vitaler Bedürfnisse und deren Schluchzen, Hecheln und Jauchzen. Die nicht seltene Wendung vom Kurzwerden (*ḳṣr*) der *n.* (Nu 21₄ Ri 16₁₆; auch von Jahwe: Ri 10₁₆ Sach 11₈) und dann auch von ihrem Langmachen (*'rk* hi. Hi 6₁₁) entstammt sicher der Vorstellung vom kurzen und langen Atem der Kehle, ist aber nun ein solch geläufiger Ausdruck für Ungeduld und Geduld, daß unser Verstehen auch hier das Subjekt *n.* mit Seele wiedergeben muß.

So weit sich auch damit der Bedeutungsgehalt von *n.* ausgedehnt hat, über den Bereich emotionaler seelischer Regungen geht er nicht hinaus; dabei hat sich nicht selten die Erinnerung an das körperliche Organ und seine speziellen Funktionen eingestellt.

5. Diese Erinnerung wird noch deutlicher in einem erheblich ausgedehnten Sektor des Vorkommens von *n.* Bezeichnet die *n.* das Organ der vitalen Bedürfnisse, ohne deren Stillung der Mensch nicht weiterleben kann, so ist für synthetisches Denken ohne weiteres einsichtig, daß *n.* weithin das *Leben* selbst bedeutet. In Prv 8₃₅f. nötigt die Topik zu dieser Übersetzung; die Weisheit spricht:

> Wer mich findet, hat Leben (*ḥajjīm*) gefunden
> und Wohlgefallen erlangt von Jahwe.
> Wer mich verfehlt, vergewaltigt seine *n.*;
> alle, die mich hassen, lieben den Tod (*māwät*).

In der Antithese zur vorangehenden Periode erscheint *n.* exakt synonym zu »Leben«, und in der Parallele zum folgenden Stichos bildet *n.* das Kontrastwort zu »Tod«. In Ps 30₄ heißt es:

> Jahwe, du hast meine *n.* aus der Unterwelt heraufgeführt.

Die synonyme Fortsetzung sagt:

> du hast mich ins Leben gerufen (*ḥijjītanī*)

und bestätigt damit, daß *n.* im Voraufgehenden nicht weniger als das Leben des Beters selbst meint. Auch in Prv 19₈ will keine der früher genannten Bedeutungen passen:

> Wer Verstand erwirbt, liebt seine *n.*,
> wer Einsicht bewahrt, 'findet'²⁴ Gutes.

Ähnlich wie in Prv 8₃₅f. wird die Weisheit auf das Leben selbst als das schlechthin Gute bezogen. Auch in Prv 7₂₃:

> wie ein Vogel zur Schlinge eilt,
> ohne daß er weiß, daß es um seine *n.* geht,

---

²⁴ S. BHK.

meint *n.* nicht mehr den Hals (vgl. 1 S 28₉ Ps 124₇ Prv 18₇),
sondern das Leben, da dieses Gleichnis innerhalb der großen
Warnlehre auch nur dazu dient, zum »Leben« anzuleiten
(7₂ₐ) und vor dem »Tode« zu bewahren (27).

Daß sich die Bedeutung »Leben« im Unterschied zum letzten
Beispiel völlig trennen kann von der Vorstellung des Halses
oder der Kehle, beweist überraschend die Definition in Dt
12₂₃:

> Das Blut, das ist die *n.*

Damit ist nichts anderes als die Identifikation von Blut und
Leben vollzogen, zur Begründung der Vorschrift, daß mit dem
Fleisch nicht auch das Blut, nämlich das Leben, verzehrt wer-
den soll. Lv 17₁₁ formuliert fast noch deutlicher:

> die *n.* des Fleisches, im Blut ist sie.

Ebenso verbindet die Priesterschrift in Gn 9₄f. die *n.* als das
Leben mit dem Blut.

Diese sekundäre Zuordnung der *n.* als des Lebens zum Blut
statt zur Kehle macht einige vom Vorgang des Atmens her
schwer verständliche Wendungen begreiflich, die vom »Aus-
leeren der *n.*« (ʿrh hi. und pi. Ps 141₈ Jes 53₁₂: »zum Tode«!)
wie von einer Flüssigkeit (vgl. Gn 24₂₀) oder vom »Ausschüt-
ten·der *n.*« (špk hitp. Thr 2₁₂: »auf den Schoß ihrer Mütter«
haben die Kinder Jerusalems ihre *n.* ausgeschüttet; vgl. Hi
30₁₆) sprechen.

Schon die Blutdefinition belegte, daß *n.* Leben schlechthin,
das tierische wie das menschliche, meint (Dt 12₂₃ Gn 9₄f.). In
klarer Zuordnung erklärt Lv 24₁₇f.:

> Wenn ein Mann irgendeine *n.* von Menschen erschlägt,
>   muß er mit dem Tode bestraft werden.
> Wer die *n.* von Vieh erschlägt,
>   muß es erstatten.

Beides folgt aus der Grundregel: »*n.* anstatt *n.*« (18b). Das
kann hier nur heißen: Leben tritt für Leben ein, das eigene
bei Tötung eines Menschen, ein lebendes Stück Vieh für ein
erschlagenes Stück Vieh. Schon die ältere Rechtsprechung

kennt diese Bedeutung von »Leben« für *n.* in der Talionsregel[24a], wie das Bundesbuch belegt (Ex 21₂₃f.):

> Wenn ein Unfall geschieht, sollst du geben
> *n.* für *n.*, Auge für Auge, Zahn für Zahn,
> Hand für Hand, Fuß für Fuß.

Auch im militärischen Leben haftet der Wachtposten mit seinem Leben für den Mann, der ihm zur Bewachung übergeben
ist: »deine *n.* für seine *n.*«, wird 1 Kö 20₃₉ verfügt (vgl. 42).
Dt 24₆ ordnet an:

> Nicht soll einer Mühle und Mühlstein pfänden,
> denn er würde die *n.* zum Pfande nehmen.

Wer die Geräte, die zum täglichen Lebensunterhalt unent-
behrlich sind, einem Menschen fortnimmt, der nimmt ihm das
Leben selbst.

Diese Verwendung von *n.* in den gesetzlichen Ordnungen zur
Sicherung des Lebens entspricht einem Gebrauch in weiten
Bereichen der Sprache. Wenn einer um sein oder anderer
Menschen Leben bittet, so bittet er um die *n.*: 2 Kö 1₁₃ Est 7₃
1 Kö 3₁₁; bittet er um den Tod, so sagt er: »Nimm meine *n.*
von mir!« (Jon 4₃; vgl. 1 Kö 19₄). So entstehen feste Phrasen:
»jemandes *n.* suchen« (*biḳḳēš n.*) heißt: jemandem nach dem
Leben trachten (Ex 4₁₉ 1 S 20₁ 22₂₃ 23₁₅ 25₂₉ 2 S 4₈ 16₁₁ 1 Kö
19₁₀.₁₄ Jer 4₃₀ 11₂₁ 38₁₆ Ps 40₁₅); *millēṭ n.*: jemandem das
Leben retten (2 S 19₆ 1 Kö 1₁₂; vgl. Gn 19₁₇ 32₃₁). Wer
knapp dem Tode entronnen ist, hat »seine *n.* als Beute« da-
vongetragen (Jer 21₉ 39₁₈ 45₅). Der Satan weiß (Hi 24):

> Alles, was ein Mensch hat, gibt er für seine *n.*

d. i. für sein Leben. Damit ist das unversehrte, gesunde Leben
gemeint. Gibt Jahwe jedoch Gebein und Fleisch des Hiob in
Satans Hand, so setzt er ihm zugleich die Grenze: »bewahre
seine *n.*«, d. i. sein nacktes Leben. Die nicht seltene Wendung
»seine *n.* in die eigene Hand legen« (*śīm napšō beḳappō*: Ri

---

[24a] Vgl. VWagner, Rechtssätze 4; dagegen denkt JOelsner, Körperteile
13ff. an »Kehle«.

12₃ 1 S 19₅ 28₂₁ Hi 13₁₄; vgl. Ps 119₁₀₉) besagt die Bereitschaft,
sein Leben selbst der Gefahr auszusetzen.

Bei dieser überaus reichen Verwendung von *n.* für Leben
bleibt zu beachten, daß der *n.* nie die Bedeutung eines im Unterschied zum leiblichen Leben unzerstörbaren Daseinskerns
zukommt, der auch getrennt von ihm existieren könnte. Wenn
vom »Ausgang« (Gn 35₁₈) der *n.* aus einem Menschen oder
von ihrer »Rückkehr« (Thr 1₁₁) gesprochen wird, so liegt
dem die konkrete Vorstellung vom Aufhören und Wieder-
einsetzen der Atmung zugrunde, wie wir o. S. 29f. sahen. Führt
Jahwe die *n.* aus der Unterwelt herauf (Ps 30₄ 86₁₃), so ist an
die Rückkehr des ganzen, in seiner Krankheit schon der
Todesmacht ausgesetzten Menschen in das gesunde Leben gedacht[25]. So viel von *n.* als dem Leben gesagt wird, so fehlt
doch jeglicher Lebens- oder Todeskult und damit auch jede
Spekulation über die Schicksale der »Seele« über die Todesgrenze hinaus[26].

Hingegen bekennen Beter, daß die *n.* als das Leben des Menschen in der Verfügungsgewalt und unter der Befreiungsmacht
Jahwes bleibt (Ps 16₁₀):

> Du läßt mein Leben der Unterwelt nicht.

Ps 49₁₆:

> Ja, Gott wird mein Leben lösen
> aus der Unterwelt Gewalt, ja er entreißt mich.

Anschaulich erbittet Abigail für David (1 S 25₂₉):

> Das Leben (*n.*) meines Herrn möge eingebunden sein in den
> Beutel des Lebens (*ṣ°rōr haḥajjīm*) bei Jahwe, deinem Gott.
> Das Leben (*n.*) deiner Feinde aber soll er fortschleudern mit
> der Schleuderpfanne.

Im »Beutel« werden Kostbarkeiten wie Silber aufbewahrt
(Gn 42₃₅ Prv 7₂₀). Der »Beutel des Lebens« schützt vor dem
Verlust der *n.*

---

[25] S. u. S. 167f.
[26] S. u. S. 155ff.

6. Noch einmal tritt ein neuartiger Sinn von *n.* vor uns hin, wenn vorausgesetzt wird, daß der Mensch *n.* ist und nicht, wie bisher, daß ihm *n.* eignet[27]. Die Differenz zeigen uns am klarsten solche Texte, die sich zum Verhältnis von *n.* und Leben (*ḥajjīm*) äußern. Haben wir soeben Sprüche kennengelernt, die *ḥajjīm* und *n.* als Synonyma behandeln (z. B. Prv 8₃₅f. und o. S. 37), so heißt es Prv 3₂₂:

> (... Umsicht und Klugheit)
> sie werden Leben (*ḥajjīm*) sein für deine *n.*
> und Anmut deinem Halse.

Die Übersetzung »Leben« für *n.* ist hier ausgeschlossen, da ihr erst »Leben« zugesprochen wird. *n.* sagt also nicht, was einer hat, sondern wer der ist, dem da Leben (*ḥajjīm*) zukommt: *Person, Individuum, Wesen*[28]. Rechtstexte aus dem Heiligkeitsgesetz verdeutlichen dieses Verständnis. Lv 17₁₀:

> Ein jeder Mann ..., der irgendwelches Blut genießt, (für ihn gilt, daß) ich mein Angesicht richte gegen die *n.*, die das Blut genießt.

Notwendig wird *n.* hier mit »Person« übersetzt[29], wenn auch zu beachten ist, daß die Person hier eben als Essende *n.* heißt (vgl. 17₁₅). Doch häufiger fehlt diese Beziehung. Lv 20₆ spricht von der *n.* als der Person, die sich an Totengeister wendet, 22₄ von einer »unreinen Person«; Lv 23₃₀ heißt es:

> Jede *n.*, die an eben diesem Tage irgendwelche Arbeit tut, diese *n.* will ich aus der Mitte ihres Volkes austilgen.

n. meint so generell die Einzelperson, das Individuum im Gegenüber zum Volksverband; vgl. auch Lv 19₈ 22₃ Nu 5₆ 9₁₃

---

[27] Vgl. JScharbert, Fleisch 23.
[28] Die Parallele *n.* – *gargārōt* (Hals) erinnert daran, daß noch hier in der Bezeichnung des angesprochenen Menschen als Person mit *n.* die Sicht der »Kehle« für den Israeliten durchschimmert. – GGerleman, *ḥjh* 553 betont, daß dem Begriff *ḥajjīm* ein »höherer Grad von Objektivierung innewohnt«, also »ein Besitztum oder richtiger eine Heilsgabe« bezeichnet, während *n.* »als ein inhärentes, leibgebundenes Lebensprinzip betrachtet« wird. Vgl. weiter 555f.
[29] Z. B. von MNoth, ATD 6.

u. ö. Nicht zufällig wird der Israelit *n.* – als die Kehle, die mit Essen und Atmen die Lebensbedürfnisse des je Einzelnen befriedigt, – eben auch als die angemessene Benennung des Einzelwesens angesehen haben.

Damit wird aber auch eine Pluralbildung *nep̄äš̌ót* möglich, wenn eine Mehrzahl von Individuen gemeint ist. Wir finden sie konsequent inmitten der soeben angeführten Rechtstexte in Lv 18₂₉:

> Für jeden, der etwas von diesen Greueltaten tut, gilt, daß die *nep̄äš̌ót*, die so handeln, aus der Mitte ihres Volkes ausgerottet werden sollen.

Wenn Jer 43₆ den Personenkreis aufzählt, der nach Ägypten gebracht wird, dann spricht der Text zuerst speziell von »Männern, Frauen, Kindern und Königstöchtern« und fährt fort: »auch die ganze *nǟp̄äš̌*, die Nebusaradan . . . bei Gedalja . . . gelassen hatte, auch Jeremia und Baruch«. Hier ist *n.* kollektiv für einen ganzen Kreis von Einzelpersonen verwendet, ebenso in Gn 12₅, wo die Priesterschrift aufzählt, was Abram aus Haran nach Kanaan mitnahm: Saraj, Lot, alle Habe und die *n.*, womit hier »das Personal« zusammengefaßt wird. Dieser kollektive Gebrauch von *n.* zeigt sich sehr deutlich in Verbindung mit Zahlenangaben: die Nachkommen der Lea ergeben 33 *n.* (Gn 46₁₅), der Silpa 16 *n.* (₁₈), der Rahel 14 *n.* (₂₂) und der Bilha 7 *n.* (₂₅), alle Nachkommen Jakobs, die nach Ägypten kamen, waren 66 (₂₆) bzw. 70 *n.* (₂₇). Die Übersetzung der Lutherbibel, die auch hier der Septuaginta und der Vulgata folgt, hat dazu geführt, in kirchlichen Statistiken bei Personenzählungen von der »Seelenzahl« zu sprechen.

Dieser kollektive Gebrauch von *n.* wie der des Plurals ist vor allem in der späteren Literatur belegt. Bei 44fachem Vorkommen werden 20 priesterschriftliche Texte gezählt (KBL 626). Wenn Gn 9₅ formuliert:

> euer Blut, nämlich eure *nep̄äš̌ót*,
>> will ich aus der Hand jeden Lebewesens fordern,

so werden damit ausdrücklich die menschlichen Individuen geschützt (vgl. 6). Nach Nu 19₁₈ soll das Reinigungswasser auf das Zelt, »auf alle Gefäße und auf alle *nᵉp̄āšôt*, die darin waren«, gespritzt werden, d. h. ausdrücklich auf alle Einzelpersonen. Ez 13₁₉ unterscheidet *nᵉp̄āšôt*, die nicht sterben sollten, von solchen, die nicht leben sollten.

Diese Aussage deutet eine Ablösung des Begriffs *n.* vom Lebensbegriff an; der Akzent liegt auf dem Einzelwesen als solchem. Damit wird die extreme Möglichkeit verständlich, von einer *n. mēt* (Nu 6₆) zu sprechen. Dabei ist weder an eine »tote Seele« noch an »getötetes Leben« gedacht, sondern eben an eine verstorbene Person, ein totes Individuum, eine Leiche; zu ihr darf sich ein Nasiräer während der ganzen Zeit seines Geweihtseins nicht hinbegeben. Noch auffälliger ist, daß *n.* in Einzelfällen sogar ohne Beifügung von *mēt* (tot) die Leiche einer menschlichen Einzelperson bezeichnen kann (Nu 5₂ 6₁₁; vgl. Nu 19₁₁.₁₃).

Erst diese Möglichkeit, *n.* zu verwenden, zeigt uns, daß die Wendung *nǎp̄äš ḥajjā* kein überflüssiges Beiwort enthält. Die Priesterschrift bezeichnet so Wassertiere (Gn 1₂₀f.; auch Lv 11₁₀.₄₆ Ez 47₉), Landtiere (1₂₄), Tiere überhaupt (Gn 9₁₀.₁₂.₁₅)[30] und Menschen und Tiere zusammen (Gn 9₁₆) als Lebewesen. (Nach Gn 1₃₀ ist die *n. ḥajjā* »in« den Tieren, so daß hier an den Lebensatem zu denken ist).

Im jahwistischen Schöpfungsbericht (Gn 2₇) sahen wir den Menschen ausdrücklich als *n. ḥajjā* definiert; er ist es nicht schon auf Grund seiner Gestaltung aus dem Staub der Ackererde, sondern wird es erst dadurch, daß Jahwe Gott den Lebensatem in seine Nase bläst. Erst die vom Schöpfer bewirkte Atmung macht ihn zu einer lebendigen *n.*, d. h. dann, zu einem Lebewesen, einer lebendigen Person, einem lebendigen Individuum. Unter diesem Aspekt also wird der Mensch hier näher bestimmt. *n. ḥajjā* führt nach dem Gefälle der Aussagen in Gn 2₇ keine differentia specifica zu tierischen Lebe-

---

[30] In Gn 2₁₉ scheint *n. ḥajjā* in diesem Sinne innerhalb des jahwistischen Textes nachgetragen zu sein.

wesen ein; dann wäre die nachträgliche Bestimmung auch des
tierischen Wesens als *n. ḥajjā* in 2₁₉ kaum möglich. Wohl aber
wird der Mensch durch die Begabung mit dem Lebensatem
durch Gott als lebendiges Individuum von der *n. mēt* als einem
leblosen Gebilde oder einem Leichnam unterschieden.

7. Bezeichnet *n.* ohne Beiwort in den aufgeführten Zusammenhängen nicht mehr als die einzelne Person, so kann es
leicht dazu kommen, daß es nur noch die Stelle des *Personal-*
oder *Reflexivpronomens* einnimmt. Die Übergänge sind fließend. Der moderne Mensch wird geneigt sein, den pronömi-
nalen Charakter auch schon dort zu sehen, wo für die Alten
die nominale Füllung noch stark zu hören war. So schwankt
denn auch die heutige Interpretation zwischen 123 und 223
Belegen für die pronominale Bedeutung[31]. Wichtiger als eine
genaue Grenzziehung erscheint mir auch hier die Beachtung
der Eigenart synthetisch-stereometrischer Denkweise, die das
weitgehende Miteinander verschiedener Bedeutungsnuancen in
Rechnung stellt.
Der Jahwist läßt in Gn 12₁₃ Abram zu Saraj sagen:
     Sag doch, du seist meine Schwester, damit es mir (*lī*) deinet-
     wegen gut gehe und durch dich meine *n.* am Leben
     bleibt.
Der Parallelismus der beiden letzten Sätze legt nahe, »meine
n.« als Variante zum Personalpronomen »ich« zu verstehen
(»damit ich durch dich am Leben bleibe«). Wenn wir auch in
aller Regel so übersetzen, sollte doch die Sachdifferenz des
Hebräischen klar bleiben: das Ich wird durch *n.* mit seinem
Personzentrum herausgehoben, um dessen Leben es dem Jahwisten seit der Definition von Gn 2₇ geht[32]. Typisch für die
Bedeutungsschwere *dieses* Pronomens ist der Wechsel mit einfachem pronominalem Suffix oder präformativ bzw. afforma-

---

[31] Vgl. AR Johnson, Vitality 15³.
[32] W Schmidt, Begriffe 381: »*nephesch* ist der Mensch als einzelner, soweit
er auf etwas aus ist«.

tiv gebildetem Verbsubjekt in den Worten Lots beim Jahwisten (Gn 19₁₉f.).

Du hast mir (*'immādî*) große Gunst erwiesen,
mich (meine *n*.!) am Leben zu erhalten;
aber ich kann mich nicht ins Gebirge retten ...;
siehe, diese Stadt da ist nahe ...,
dahin möchte ich mich retten ...,
daß ich (meine *n*.!) am Leben bleibe.

Da, wo vom Leben die Rede ist, tritt als »Pronomen« *n*. auf.
Selbst ein ferner Nachklang der lebensdurstigen Kehle ist
nicht ganz zu überhören. Die Bitte: »Laß mich doch leben!«
heißt hebräisch nicht von ungefähr: »Laß meine *n*. leben!«
(1 Kö 20₃₂). Dementsprechend geht es beim Sterben um die *n*.
So ruft Simeon, als er die Säulen des Philisterhauses einreißt
(Ri 16₃₀):

Möchte ich mit den Philistern sterben!

wobei das Pronomen »ich« wieder »meine *n*.« heißt. Bileam
schließt seinen Spruch (Nu 23₁₀):

Möge ich (meine *n*.) einen Tod der Aufrechten sterben!

n. steht für die Person, deren Leben auf dem Spiele steht. Von
hier aus kann *n*. in der Dichtung fast gleichsinnig in Parallele
zum gewöhnlichen Pronomen stehen (Ps 54₆):

Siehe, Gott hilft mir,
  der Herr als einziger stützt mich (meine *n*.).

Prv 18₇:

Der Mund des Toren ist sein Untergang,
  seine Lippen sind seine Falle (die Falle seiner *n*.).

Und doch bleibt es für das Sprachgespür wichtig, die ganze
Bedeutungsskala von »Hals« (in der Schlinge, s. o. S. 32) bis
»Leben« und »Person« im Sinn zu behalten.
Wie ist es zu erklären, daß in der Erzählung von der Erlistung
des Segens durch Jakob das Subjekt des Segens Isaaks regel-
mäßig seine *n*. ist? Gn 27₄:

... bringe mir (das Wildpret) herein, daß ich esse, damit
meine *n*. dich segne, bevor ich sterbe!

V. 19: »... daß mich deine *n.* segne!«, ebenso 25 und 31.
Nichts in der nachgewiesenen Bedeutungsfülle von *n.* berechtigt, hier an eine besondere Kraft und Begabung der Seele zu denken, wobei sich magische Vorstellungen erhalten haben sollen[33]. Man wird hier viel eher an den einfachen pronominalen Gebrauch zu denken haben; seine Füllung erhält er ausreichend vom Kontext; an allen vier Stellen ist unmittelbar vorher vom Essen des erwünschten Wildprets die Rede und beim ersten Mal unmittelbar nachher von Isaaks Tod. Das segnende Ich Jakobs ist als *n.* die begehrliche und befriedigte Person, die eben noch lebt, aber schon den Tod vor sich hat.

Hiob sagt (16₄):

Auch ich vermöchte wohl wie ihr zu reden,
  wenn ihr für mich hier stündet.

Die Pronomina des letzten Stichos lauten: »eure *n.* statt meiner *n.*«, womit die Lebensnot anklingt. So sollte beim pronominalen Gebrauch jeweils nach den mitschwingenden Unter- und Obertönen gefragt werden, ob nun »meine Verfehlung« in Mi 6₇ die »Verfehlung meiner (begehrenden) *n.*« heißt (»mein verfehltes Leben« parallel zu »mein Aufbegehren« = *piš'ī*) oder ob Jonatan David liebt »wie sich selbst«, d. h. »wie seine *n.*« (wie sein eigenes Leben) (1 S 18₁), oder ob in Jesajas (3₉) »weh ihnen«! in der Form von »weh ihrer *n.*!« noch das »weh ihrem begierigen Leben!« anklingt.

Am stärksten ist die Bedeutung von *n.* zum Personalpronomen da verallgemeinert, wo das Wort in synonymem Parallelismus zu »Fleisch«, »Geist« und »Herz« erscheint. Jedoch selbst in diesen Fällen kann man beobachten, daß über den Menschen als *n.* z. B. spezifische Aussagen emotioneller Lust (Prv 2₁₀) oder der Sehnsucht des Bedürftigen (Ps 84₃) gemacht werden[34].

---

[33] FJStendebach, Mensch 130f.
[34] S. o. S. 22.

Überschauen wir den weiten Zusammenhang, in dem die *n.*
des Menschen und der Mensch als *n.* betrachtet werden, so
sehen wir darin vor allem den Menschen als das einzelne
Lebewesen gekennzeichnet, das das Leben weder aus sich selbst
gewonnen hat noch erhalten kann, sondern das in vitalem
Begehren auf Leben aus ist, wie das die Kehle als Organ der
Nahrungsaufnahme und des Atmens und der Hals als der
besonders gefährdete Körperteil verdeutlichen. Zeigt so *n.*
vor allem den Menschen in seiner Bedürftigkeit und Begehr-
lichkeit, so schließt das seine emotionale Erregbarkeit und
Verletzlichkeit ein. Das Bedeutungselement des Vitalen,
das auch dem Tier zukommt, hat wesentlich dazu beigetragen, daß *n.* die Person und das abzählbare Individuum
bezeichnen kann, woraus dann im Extremfall die Bedeutung
»Leichnam« folgt. Subjekt spezifisch geistiger Tätigkeiten wird
n. nie.

Daß *n.* vornehmlich auf den bedürftigen, nach Leben trach-
tenden und insofern lebendigen Menschen hinweist, womit
er auch an die Seite des Tieres gerückt ist, wird indirekt dadurch bestätigt, daß breite Schichten des Alten Testaments es
vermeiden, von Jahwes *n.* zu sprechen[35], so alle älteren Penta-
teuchschichten bis einschließlich dem Deuteronomium. Wo
später vor allem die prophetische und dichterische Sprache
Jahwes *n.* erwähnt, da hebt sie seine Erregung (Ri 10₁₆ Sach
11₈) im Zorn und Abscheu (Jes 1₁₄ Ps 11₅ Prv 6₁₆ Lv 26₁₁.₃₀
Jer 6₈ 9₈ 14₁₉ Ez 23₁₈) wie in der Liebe (Jer 12₇), sein freies
Verlangen (Hi 23₁₃ Jer 15₁ 32₄₁ 1 S 2₃₅) oder sein lebendiges
Selbst (Am 6₈ Jer 51₁₄, s. o. S. 36) hervor.

Zum Schluß sei darauf hingewiesen, daß vor Jahwe der Dialog des Menschen mit seiner *n.*, d. h. mit sich selbst entsteht.
Ps 103₁ fordert er sich zum Lobpreis heraus:

 Lobe, meine *n.*, Jahwe,
  all mein Innres seinen heiligen Namen.

---

[35] Zur Statistik s. o. S. 29.

Denkt man an das Organ des Lobens und an den Kontrast zum Inneren, so übersetzt man:

Lobe, meine Kehle, Jahwe!

Sieht man die Gesamtheit des Inneren betont und bedenkt den Anlaß zum Lob in den den ganzen Menschen betreffenden Wohltaten Jahwes, so übersetzt man:

Lobe, mein Leben, Jahwe!

In jedem Fall befreit die Erkenntnis der Heilstaten Jahwes dazu, daß ein verständiger Mensch sein vitales, emotionales, bedürftiges und begehrliches Selbst zum beglückten Jubel anleitet.

Der vor Jahwe entstehende Dialog zwischen dem hellhörig gewordenen Menschen und seinem vegetativen Selbst kann im Klagelied auch die Form des Selbstzuspruchs annehmen (Ps 42$_{6.12}$ 43$_5$):

Was bist du so aufgelöst, meine *n.,*

und so erregt in mir?

Harre auf Gott, denn ihm werde ich noch danken.

Hier ist die *n.* das Selbst des bedürftigen, in Sehnsucht verschmachtenden (vgl. 42$_{2f.}$) Lebens.

So erkennt der Mensch des Alten Testaments sich nicht nur vor Jahwe als *näp̄äš* in seiner Bedürftigkeit, sondern er führt auch sein Selbst zum Hoffen und Loben weiter.

bāśār – DER HINFÄLLIGE MENSCH[1]
1. Fleisch – 2. Körper – 3. Verwandtschaft – 4. Schwäche

Wird *nåpäš* wenigstens in knapp drei Prozent seines Vorkommens Gott im Alten Testament zugesprochen, so ist das bei *bāśār* nicht ein einziges Mal der Fall. Dafür wird vom *bāśār* der Tiere ungleich häufiger als von deren *nåpäš* gesprochen. Kommt *bāśār* insgesamt 273 mal vor[2], so ist es davon 104 mal auf Tiere bezogen[3], d. h. in mehr als einem Drittel der Fälle. Schon daran wird deutlich, daß *hāśār* (künftig: *b.*) etwas bezeichnet, das dem Menschen weithin wie dem Tier eignet. Es empfiehlt sich daher methodisch, an dieser Stelle einzusetzen.

1. Jes 22₁₃ beschreibt Jerusalems Leichtsinn:

> Sieh da, Freude und Frohsinn,
> Rindertöten und Schafeschlachten,
> *b.*-essen und Wein-trinken!
> »Essen wir und trinken wir!
> Denn morgen sterben wir.«

---

[1] *Literatur:* GPidoux, L'homme 18f. – ARHulst, *kol-bāśār.* – Schweizer-Baumgärtel-Meyer, *sarx.* – WSchmidt, Begriffe 382. – JScharbert, Fleisch. – DLys, *Bâsâr.* – GGerleman, *bāśār.* – NPBratsiotis, *bāśār.*

[2] DLys, *Bâsâr* 18.

[3] A.a.O. 131. Ausnahmsweise wird *bāśār* einmal zusammen mit *nåpäš* von der Pflanzenwelt ausgesagt; nach Jes 10₁₈ wurden Wald und Weinberg vernichtet *minnåpäš wᵉ'ad bāśār*, womit wohl gesagt sein soll, daß nicht nur das (grünende) Leben, sondern auch noch das abgestorbene (Holz-) Material vernichtet wird.

Klar ist, daß *b.* das *Fleisch* der geschlachteten Rinder und
Schafe meint. Jes 44₁₆ spricht vom *b.* als Fleisch, das als Braten
verzehrt wird. In erster Linie meint *b.* das Fleisch lebender
Tiere. So heißt es Hi 41₁₅ vom *b.* des Krokodils:

> Seines Fleisches Wampen kleben zusammen,
> fest liegt es ihm an und unbewegt.

Am häufigsten ist vom Fleisch der Opfertiere in Ritualvor-
schriften die Rede (Lv 4₁₁ 7₁₅₋₂₁ Nu 19₅ u. ö.). Bezeichnend
dafür ist, daß *b.* in keinem Buche auch nur annähernd so
häufig erscheint wie in Leviticus[4].

Wie von tierischem Fleisch kann auch von menschlichem *b.* als
Nahrungsmittel gesprochen werden. Zu den Flüchen über ein
ungehorsames Israel gehört Lv 26₂₉:

> Ihr werdet das Fleisch eurer Söhne essen
> und das Fleisch eurer Töchter essen müssen.

Von denen, die sich an Israel vergingen, heißt es (Jes 49₂₆ₐ):

> Deinen Peinigern gebe ich ihr Fleisch zu essen,
> sie trinken wie Most ihr Blut.

Vom *b.* als einem Stück Fleisch des menschlichen Körpers im
Unterschied zu Knochen spricht der jahwistische Bericht von
der Erschaffung der Frau aus einer der Rippen des Mannes
(Gn 2₂₁bβ):

> und er schloß die Stelle mit Fleisch zu.

In Beschreibungen des ganzen menschlichen Körpers bildet *b.*
einen Teil. Es wird neben den Knochen (*'äṣäm*) erwähnt (Hi
2₅):

> rühre an sein Gebein und sein Fleisch,

wobei neben den Knochen als der inneren Struktur *b.* vor
allem das äußerlich Sichtbare meint. Die Haut (*'ōr*) wird als
drittes besonders genannt Thr 3₄:

> Schwinden ließ er mein Fleisch und meine Haut,
> er zerbrach meine Gebeine.

Hi 10₁₁ fügt als viertes die Sehnen (*gīdīm*) hinzu:

---

[4] Nach Gerleman, *bāśār* (377) 61 mal.

Mit Haut und Fleisch hast du mich überkleidet,
mit Knochen und mit Sehnen mich durchwirkt.

Um den lebendigen Menschen darzustellen, muß schließlich als fünftes der Atem als Lebensgeist (*rūᵃḥ*) hinzukommen (Ez 37₅f.):

Jahwe spricht zu diesen Gebeinen ...
Ich schaffe Sehnen an euch
und bringe Fleisch über euch
und ziehe Haut über euch
und gebe Atem in euch ...

So kann *b.* als Fleisch in verschiedenem Maße differenziert einen Teil der menschlichen Körpermasse bezeichnen. Speziell kann von dem »*b.* der Vorhaut« die Rede sein (Gn 17₁₁.₁₄). Stellt man die Frage, ob mit *b.* als »Stück Fleisch« ohne direkte nähere Bestimmung auch ein ganz bestimmtes Organ oder Glied des Leibes benannt werden kann, so ist bemerkenswert, daß dafür mit Sicherheit nur das männliche Glied, der Penis, in Frage kommt. Wahrscheinlich ist *b.* schon in Lv 15₂f.₇[5] das männliche (in 19 dann auch entsprechend das weibliche) Geschlechtsorgan (Lv 15₂):

Wenn jemand einen Ausfluß an seinem *b.* bekommt,
so ist sein Ausfluß unrein.

Unbestritten ist die Bedeutung in Ez 16₂₆, wo die untreue Frau Jerusalem angesprochen wird:

Du hurst mit den Ägyptersöhnen,
deinen Nachbarn mit dem großwerdenden Glied (*b.*)

und noch eindeutiger in Ez 23₂₀, wo es von Jerusalem als der treulosen Oholiba ebenfalls in ihrem Verhältnis zu den Ägyptern (V. 19!) heißt:

Sie trug Verlangen nach ihren Lüstlingen,
deren Penis (*b.*) wie ein Penis (*b.*) der Esel ist und deren Erguß dem der Hengste gleicht.

zirmā für die Ejakulation (vgl. *zᵃräm* Wolkenbruch, Regen-

---

[5] Vgl. KElliger, Leviticus 191ff. gegen JScharbert, Fleisch 49, aber vgl. Lv 15₁₉, wo vom weiblichen *b.* die Rede ist. S. u. S. 102⁵.

guß) sichert, daß *b.* hier das männliche Glied bezeichnet. Ein kräftigeres Bild für die Geilheit als Hinweis auf »die Kraft des politischen Konspirierens« ist kaum zu denken[6]. Man beachte für die weitere Bedeutungsentwicklung, daß diese prägnant euphemistische Verwendung von *b.* nicht etwa im positiven Sinne zur Darstellung der Zeugungskraft erfolgt, sondern nur der Verdeutlichung der Untreue und der Unreinigkeit dient.

2. Da *b.* vor allem für den sichtbaren Teil des Leibes steht, kann es dann auch den menschlichen *Körper* im ganzen bezeichnen[7]. Nach Nu 8₇ soll man im Zuge der Levitenweihe

ein Schermesser über ihren ganzen *b.* gehen lassen,

d. h. über ihren ganzen Körper. Eliphas sagt im gleichen Sinne (Hi 4₁₅):

Es sträubt sich das Haar an meinem *b.*

Lv 13₂ff. unterscheidet bei der Anweisung zur Behandlung eines Aussätzigen genauer »die Haut seines Körpers« ('*ōr b°śārō*) und »das Haar darauf« (V. 4). Aber in Lv 19₂₈ meint *b.* wieder den Körper mit seiner Haut:

Eine Ritzung sollt ihr nicht an eurem Leibe (*b.*) anbringen,

und ein Ätzmal sollt ihr nicht an euch machen.

(*b.* verblaßt hier schon als Synonym zum Personalpronomen). Wenn Ps 102₆ die Abmagerung beschreibt:

es klebt mein Gebein an meinem *b.*,

so bringt der Beter damit sachlich zum Ausdruck, daß er »nur noch Haut und Knochen« ist. Legt Ahab nach dem Zerreißen seiner Kleider das Bußgewand um seinen *b.* (1 Kö 21₂₇), so ist damit sein »bloßer Leib« gemeint.

Nicht nur der äußerlich sichtbare, sondern der ganze Körper steht in Ps 38₄ₐ in Frage:

Nichts Heiles ist an meinem *b.* wegen deines Zorns

---

[6] Vgl. WZimmerli, BK XIII 547.
[7] Nach GGerleman, bāśār (377) etwa 50 mal.

(hier synonym zu »Knochen« in V. 4b). Dementsprechend gilt die Arznei dem ganzen Körper (Prv 4₂₂):

(Die Weisheitsworte) sind Leben 'dem, der'[8] sie findet,
und seinem ganzen *b.* eine Arznei.

Wieder rückt der Parallelismus *b.* in die Nähe zum Personalpronomen; vgl. auch Ps 119₁₂₀:

In Furcht vor dir erschaudert mein *b.*,
ich fürchte deine Gerichte.

Ähnlich *nǣpǣš* weist also *bāśār* auf den Menschen als solchen hin, nun unter dem Aspekt des Körperlichen.

Gn 2₂₄ kann vom Manne sagen, er werde »an seiner Frau kleben, und sie werden zu einem *b.*«, d. h. zu einem gemeinsamen Körper, zu einer »Lebensgemeinschaft«[9].

3. Hier tritt *b.* als »Fleisch« im Sinne dessen auf, was Menschen miteinander verbindet und was dann geradezu Rechtsterminus für »*Verwandtschaft*« werden kann. So stellt Juda gegenüber seinen Brüdern von Joseph fest (Gn 37₂₇):

er ist unser Bruder, unser *b.*

d. h. unser (nächster) Angehöriger (vgl. Neh 5₅: »wie der *b.* unserer Brüder ist unser *b.*«). Häufiger steht als »Verwandtschaftsformel«[10] »mein Gebein und mein Fleisch«: Gn 29₁₄; vgl. Gn 2₂₃ Ri 9₂ 2 S 5₁ 19₁₃f.[11].

Lv 18₆ faßt das Verbot allen geschlechtlichen Verkehrs mit Blutsverwandten zusammen:

Keiner von euch darf sich dem Fleisch (*šᵉʾēr*)
seines *b.* nähern, um die Scham zu entblößen.

Hier wird *šᵉʾēr* als physiologischer Begriff für das durchblutete Fleisch von *b.* als dem juridischen Begriff für den Fami-

---

[8] S. BHK.
[9] OHSteck, Paradieserzählung 95.
[10] WReiser, Verwandtschaftsformel.
[11] Dagegen wird *dām* (Blut) im Alten Testament nicht wie im Akk. (WvSoden, AHw 158) zur Bezeichnung der (»Bluts-«)Verwandtschaft verwendet.

lienangehörigen deutlich abgehoben[12]. Der Umkreis der leiblich Verwandten (*b*.) wird Lv 25₄₉ als die Sippe (*mišpāḥā* Großfamilie) bestimmt. In Jes 58₇ ist neben dem Hungrigen, dem Heimatlosen, dem Nackten von dem die Rede, »der dein *b*. ist«, und von dem einer, der recht »fasten« will, sich nicht zurückziehen soll; der Zusammenhang legt es nahe, bei *b*. nicht nur an den Verwandten im rechtlichen Sinne, sondern an den Mitmenschen als den Artverwandten überhaupt zu denken. *kol-bāśār* heißt jedenfalls bei Deuterojesaja (40₅.₆ 49₂₆ᵦ) ebenso wie Ps 145₂₁ «die ganze Menschheit».

Das ist vornehmlich auch in der priesterschriftlichen Fluterzählung der Fall, wie Gn 6₁₂ (neben 6₅ J) zeigt[13]. Allerdings schließt die Priesterschrift in Gn 6₁₇ und 9₁₆f. mit *kol-b*. Menschen- und Tierwelt zusammen als die, die das Flutgericht trifft, und als Bundespartner Gottes; vgl. auch Nu 18₁₅.

Die Priesterschrift bestimmt *b*. näher als das Lebendige, »in dem Atem ist« (Gn 6₁₇) bzw. als »lebendige Wesen« (9₁₆ *nǻpǟš ḥajjā*)[14]. *b*. bezeichnet nicht den Leichnam, der in der Regel *nᵉbēlā* heißt und nicht selten »Knochen«, »Gebeine« (*ᶜaṣāmīm, ᶜaṣāmōt* Am 6₁₀ Ez 6₅ Gn 50₂₅ Ex 13₁₉).

Wenn *b*. die Artverwandtschaft alles Lebendigen unterstreicht, so wird von da aus die merkwürdig positive Bedeutung verständlich, die *b*. in der Verheißung in Ez 11₁₉ᵦ (36₂₆ᵦ) gewinnt:

> Ich will das steinerne Herz aus ihrem Körper (*b*.) entfernen und ihnen ein Herz von *b*. (d. h. ein fleischernes Herz) geben.

Das fleischerne Herz ist hier im Gegensatz zum steinernen eindeutig das lebendige Herz[15]. Diese Verwendung von *b*. im Sinne einer positiven Wertung menschlichen Verhaltens ist schlechterdings einmalig.

---

[12] Vgl. EDhorme, L'emploi 9.
[13] ARHulst, *Kol-bāśār* 29.64.
[14] S. o. S. 43.
[15] Vgl. weiter u. S. 89.

4. Sonst charakterisiert *b.* das menschliche Leben im allgemeinen als in sich selbst *schwach und hinfällig.* Ps 56₅ bekennt:
> Auf Gott hoffe ich, nicht fürchte ich mich.
>> Was kann mir *b.* tun?

In V. 12 steht im gleichen Wortlaut statt *b.* »ein Mensch«. Danach beschreibt *b.* das menschliche Wesen im Gegensatz zu dem Gottes als kraftlos und unzuverlässig.

Hiob fragt Gott (Hi 10₄):
> Hast du denn Augen aus Fleisch (*b.*)?
>> Schaust du, wie ein Mensch schaut?

So wird denn nie von Gottes *b.* gesprochen; dagegen steht *b.* sehr oft als etwas typisch Menschliches im Gegensatz zu dem Gott Israels. Jeremia 17₅.₇ stellt in Antithese:
> Verflucht ist der Mann, der auf Menschen vertraut
>> und *b.* zu seinem Arme macht . . .
> Gesegnet der Mann, der auf Jahwe traut.

Selbst von dem mächtigen König von Assur, Sanherib, sagt 2 Ch 32₀₁
> Mit ihm ist nur ein Arm aus *b.*,
>> mit uns aber ist Jahwe, unser Gott, uns zu helfen.

Immer beschreibt in diesen Fällen *b.* die begrenzte, unzulängliche menschliche Macht im Gegensatz zu der allein vertrauenswürdigen überlegenen Macht Gottes.

»Fleisch« ist auf die Lebenskraft Gottes, auf seinen Odem angewiesen; entzöge er ihn den Geschöpfen,
> dann würde alles Fleisch (*b.*) zugleich verscheiden,
>> zum Staube kehrte auch der Mensch zurück (Hi 34₁₄f.).

b. an und für sich ist der Mensch als der in sich selbst Hinfällige (vgl. auch Gn 6₃). Eben darum aber setzt Gott seinem Zorn Grenzen (Ps 78₃₈f.):
> Er gedachte, daß sie nur Fleisch (*b.*) sind.

Vor dem heiligen Gott ist aber der Mensch als *b.* nicht nur der Hinfällige, sondern auch der für die Sünde Anfällige, der darum vor der Stimme des lebendigen Gottes nicht bestehen kann (Dt 5₂₆):

Wer unter allem *b.*, der wie wir die Stimme des lebendigen
Gottes aus dem Feuer gehört hätte, wäre am Leben geblie-
ben?

Unter dem sengenden Gerichtswind Gottes verdorrt aller *b.*
wie Gras (Jes 40₆). In der Priesterschrift ergeht über *kol-b.*
das Flutgericht, weil »alles Fleisch« als solches »seinen Weg
auf Erden verdorben hatte« (Gn 6₁₂). Darum ist es auch »alles
Fleisch«, das der Sünden Lasten vor Gott bringt (Ps 65₃f.).
So meint schon innerhalb des Alten Testaments *b.* nicht nur
die Kraftlosigkeit des sterblichen Geschöpfs, sondern auch
seine Schwäche in der Treue und im Gehorsam gegenüber dem
Willen Gottes[16].

Zur kreatürlichen Hinfälligkeit kommt die ethische. Nicht erst
die Texte von Qumran, die vom »schuldigen Fleisch« (*beśar
'ašmā* 1 QM 12₁₂) und vom »Fleisch des Unrechts« (*beśar
'āwäl* 1 QS 11₉) sprechen, befinden sich auf dem Weg zu der
paulinischen Erkenntnis, daß »in meinem Fleische das Gute
nicht wohnt« (Rm 7₅.₁₈). Zu diesem »Fleisch« steht der »Geist«
in vollendetem Gegensatz (Jes 31₃), aber er ist auch seine
Hoffnung (Jl 3₁).

---

[16] Vgl. Ez 16₂₆ 23₂₀ und o. S. 51 f. – Auch bei Paulus bezeichnet »das
Fleisch« die menschliche Schwäche: 2 Kor 5₁₆f. 11₁₈. Zur ethischen An-
fälligkeit des *b.* vgl. NPBratsiotis, *bāśār* 863.

rū^aḥ – DER ERMÄCHTIGTE MENSCH[1]

1. Wind – 2. Atem – 3. Lebenskraft – 4. Geist(er) –
5. Gemüt – 6. Willenskraft

Schon ein Blick in die Statistik zeigt, daß *rū^aḥ* sich in doppelter Hinsicht von *năp̄äš* und *bāśār* unterscheidet. Zum ersten bezeichnet *rū^aḥ* in erheblichem Umfang eine Naturkraft, den Wind, und zwar bei einem Gesamtvorkommen von 389 (378 hebr., 11 aram.) in nicht weniger als 113 Fällen[2]. Zum anderen wird *rū^aḥ* öfter auf Gott (136 mal[3]) als auf Menschen, Tiere und Abgötter (129 mal) bezogen, d. h. in etwa 35 Prozent des Gesamtvorkommens, während *năp̄äš* nur in knapp drei Prozent des Gesamtvorkommens[4] und *bāśār* nie in Bezug auf Gott Verwendung finden. Als typisch vermerke ich, daß im Buche Leviticus *rū^aḥ* niemals erscheint, während man *bāśār* in keinem anderen biblischen Buche so oft wie in Leviticus antrifft[5]. Man wird füglich *rū^aḥ* (künftig: *r.*) von vornherein als einen theo-anthropologischen Begriff bezeichnen müssen[6].

1. Doch zunächst ist es auch für die Anthropologie nicht unwichtig, den meteorologischen Sinn von *r.* zu verdeutlichen.

---

[1] *Literatur:* JKoeberle, Natur und Geist. – GPidoux, L'homme 19–22. – WBieder, Geist. – JHScheepers, gees. – DLys, Rûach. – ARJohnson, Vitality 23–37.83–87. – WSchmidt, Begriffe 382–383. – JScharbert, Fleisch.
[2] DLys, Rûach 152; nach JHScheepers, gees, in 144 Fällen.
[3] DLys, a.a.O.
[4] S. o. S. 29[6].
[5] S. o. S. 50. 10 mal wird *r.* auch auf Tiere (Gn 6₁₇ 7₁₅.₂₂ Ez 1₁₂.₂₀f. 10₁₇ Qoh 3₁₉.₂₁ Jes 31₃), 3 mal auf Götzen bezogen (Jer 10₁₄ = 51₁₇ Hab 2₁₉; vgl. Jes 41₂₉).
[6] Vgl. DLys, Rûach 336.

Er bedeutet nicht die Luft als solche, sondern die bewegte Luft. So weht die *r.* in Gn 1₂ über den Wassern, dem schwebenden Adler gleich (Dt 32₁₁), so beben die Bäume vor der *r.* in Jes 7₂, so ist in Gn 3₈ die »*r.* des Tages« die frische, belebende Brise, in der man sich nach der Mittagshitze in Palästina gern ergeht. Der Jahwist kennt die *r.* vor allem als die Kraft, die Veränderungen bewirkt: in Ex 10₁₃ bringt der Ostwind Heuschrecken herbei; in V. 19 treibt sie ein kräftiger Seewind ins Schilfmeer; in Ex 14₂₁ legt ein starker Ostwind das Schilfmeer trocken; in Nu 11₃₁ führt der Wind Wachteln herbei. Immer ist dabei die *r.* ein Werkzeug Jahwes. Auch in der Priesterschrift (Gn 8₁) läßt Gott die *r.* über die Erde wehen, so daß die Wasser der Flut abnehmen.

Nur ausnahmsweise erscheint *r.* in Parallele zum (sterblichen) *bāśār* im Sinne des ganz schwachen Windhauchs, »der unwiederbringlich vergeht« (Ps 78₃₉; vgl. auch Jes 41₂₉); in der Regel spricht Israel in solchem Fall vom *hǽbäl* als dem Hauch, der vergänglich, ja nichtig ist (Ps 62₁₀ 144₄ Qoh 1₂ u. ö.). Hingegen ist charakteristisch, daß *r.* als das göttlich Kraftvolle im Kontrast zu *bāśār* als dem menschlich Schwächlichen steht (Jes 31₃ₐ Gn 6₃). So bricht die stürmische *r.* mit strömendem Regen und Hagelsteinen als Werkzeug des Zornes Jahwes los (Ez 13₁₃). Der Prophet wird durch die *r.* ergriffen, emporgehoben und an einen anderen Ort versetzt (Ez 3₁₂.₁₄ 11₁; vgl. 1 Kö 18₁₂ 2 Kö 2₁₆).

Festzuhalten ist, daß *r.* gerade als Wind im Unterschied zu *hǽbäl* und *bāśār* in der Regel ein machtvolles Phänomen bezeichnet, das in der Verfügungsgewalt Jahwes steht.

2. Der »Wind« (*r.*) des Menschen ist zunächst sein *Atem*. Nicht selten steht daher *r.* in Parallele zu *n^ešāmā* (z. B. Jes 42₅):

> So spricht Jahwe . . ., der die Erde ausbreitete . . .,
> der dem Volke auf ihr den Atem (*n^ešāmā*) gibt,
> die *r.* denen, die auf ihr wandeln.

(Vgl. ferner Jes 57₁₆ Hi 34₁₄, auch Gn 7₂₂).

Auch diesen »Wind« als die Lebenskraft des Menschen »gibt« Jahwe; er »gestaltet« (*jṣr*) die *r.* im Inneren des Menschen (Sach 12₁). Im Inneren der hölzernen oder steinernen Götzen gibt es keinerlei *r.*, d. h. keinen Atem und damit keine Lebenskraft, die allererst ein Erwachen und Aufstehen ermöglichen würde (Hab 2₁₉; vgl. Jer 10₁₄ = 51₁₇). Erst wenn Jahwe in die mit Sehnen, Fleisch und Haut überzogenen Gebeine die *r.* als den Atem gibt, werden die Leiber lebendig (Ez 37₆.₈-₁₀.₁₄).

Geht seine *r.* heraus,
kehrt er (der Mensch) in seine Ackererde zurück (Ps 146₄).

Nach Qoh 12₇ kehrt die *r.* ihrerseits zu dem Gott zurück, der sie gegeben hat. Von Simson heißt es Ri 15₁₉, daß er zu verdursten drohte, bis Gott eine Quelle aufbrechen ließ; Simson trank aus ihr, »da kehrte seine *r.* zurück und er lebte auf«; vgl. 1 S 30₁₂. Vom Hinausgehen und Zurückkehren der *r.* kann also ganz ähnlich wie bei der *nāpäš* gesprochen werden[7] (vgl. die Synonymität von *nāpäš* und *r.* in Hi 12₁₀). Hier zeigt sich die Stereometrie synthetischen Denkens, die ein Phänomen von verschiedenen Seiten her angeht. In *nāpäš* werden das Organ der Atmung und der Atemvorgang selbst zusammengesehen. In *r.* jedoch ist es der »Wind«, der von Jahwe ausgeht und zu Jahwe zurückkehrt, der zugleich den Lebensodem des Menschen ausmacht. Hi 34₁₄f.:

Wenn er seine''[8] *r.* zu sich holte
und seinen Odem (*neʿšāmā*) an sich zöge,
dann würde alles Fleisch verscheiden,
zum Staube kehrte auch der Mensch zurück.

Ähnlich Ps 104₂₉ mit der Fortsetzung in V. ₃₀:

Du sendest deine *r.* aus,
so werden sie erschaffen.

Wie *r.* als Atemluft und *nāpäš* als Atmungsorgan zusammen-

---

[7] S. o. S. 29f. und S. 40.
[8] S. BHK.

zusehen und doch zu unterscheiden sind, zeigt das Bild der Kamelstute in Jer 2₂₄:

> Mit der Gier 'ihrer'[9] Kehle (*nä́p̄äš*) schnappt sie nach (Atem-)
> Luft (*r.*).

An der *r.* hängt Leben und Tod. In der priesterschriftlichen Fluterzählung heißen darum die Lebewesen »Fleisch, in denen Lebensatem (*r. ḥajjīm*) ist«[10]. Konkret kann der individuelle Atemgeruch gemeint sein, wenn etwa der todkranke Hiob klagt (19₁₇):

> Mein Atem (*r.*) ist zuwider meinem Weibe,
> und übel rieche ich den eignen Söhnen.

An das Tempo des Atmens wird man denken müssen, wenn der Jahwist mit knappen Strichen psychologisch gekonnt einen Stimmungsumschwung in Jakob schildert, der eintrat, nachdem die Söhne aus Ägypten zurückgekehrt waren und berichteten, daß Joseph lebe (Gn 45₂₆f.):

> Sein Herz aber blieb kalt[11], denn er glaubte ihnen nicht.
> Aber als sie alles erzählten und er die Wagen sah, die Joseph
> geschickt hatte, ihn abzuholen, da lebte die *r.* Jakobs, ihres
> Vaters, auf.

Das heißt doch: da wurde seine Atmung wieder lebhaft, da atmete er auf[12].

3. Wir sahen, wie *r.* als Atem des Menschen vielfach nicht zu trennen ist von der *r.* Jahwes (Hi 34₁₄f. Ps 104₂₉f.)[13]. Nun ist jedoch zu bedenken, daß die *r.* Jahwes aufs ganze gesehen noch mehr bedeutet als den belebenden »Wind«, der zum »Atem« des Menschen wird. Die Übergänge sind auch hier fließend, wie Ps 33₆ zeigen kann:

---

[9] S. BHS.
[10] Gn 6₁₇ 7₁₅.₂₂. Die Tiere haben den gleichen Atem wie die Menschen, betont Qoh 3₁₉.₂₁.
[11] Dazu s. u. S. 75f.
[12] Vgl. Ri 15₁₉ 1 S 30₁₂ u. ö. S. 59.
[13] S. o. S. 58f.

Vom Wort Jahwes sind die Himmel erschaffen,
  von der *r.* seines Mundes all ihr Heer.
r. steht insofern synonym zum »Wort«, als beides aus dem
Mund hervorgeht. Dabei ist jedoch *r.* mehr als bewegte Luft:
Jahwes Atem ist schöpferische *Lebenskraft.* Jahwes *r.* bestimmt als Lebenskraft auch die Lebensdauer des Menschen
(Gn 6₃). Sie überwältigt ferner Naturgewalten. Ex 15₈ besingt sie:
Vor dem Schnauben (*r.*!) deiner Nase türmten sich die
  stellten die Wogen sich auf wie ein Wall.   [Wasser,
Wo Jahwes *r.* über die großen Richter kommt, bewirkt sie,
daß Othniel (Ri 3₁₀) zum Kampf auszieht und Israel rettet;
sie befähigt Simson, einen Löwen in Stücke zu zerreißen (14₆;
vgl. 13₂₅); *ṣlḥ* (wirksam werden) wird dabei von der *r.* Jahwes als einer äußerst aktivierenden Kraft ausgesagt, auch wo
sie Saul packt und »in einen anderen Mann verwandelt« (1 S
10₆). Neben diesen Krafttaten bewirkt die *r.* Jahwes andere
Fähigkeiten, vor allem das Charisma der Prophetie, so bei
Bileam in Nu 24₂f.; das gilt jedoch nur für gewisse Erzähl-
schichten, nicht dagegen in der vorexilischen klassischen Prophetie, wo sich nach Hos 9₇ der Prophet als Mann der *r.*
verspottet sieht.
Sucht der Pharao in Gn 41₃₈
  einen Mann, in dem die *r.* Gottes ist,
so meint er einen (in wirtschaftspolitischer Hinsicht) »klugen
und weisen« Mann (₃₃.₃₉). Mit der *r.* Gottes wird dem Menschen also eine außerordentliche *Begabung* zuteil. Fällt die *r.*
Jahwes auf Ezechiel (11₅), so vollzieht sich damit Anrede und
Auftrag, Jahwes Wort zu verkünden; *Bevollmächtigung* ereignet sich mit dem »Niederfallen der *r.* Jahwes« auf den Propheten, wie sie sonst mit dem »Kommen der Hand Jahwes
über« ihn dargestellt wird (14)[14]. So läßt sich in Jes 42₁ Jahwes
Anrede des Knechtes verstehen:

---

[14] Vgl. WZimmerli, BK XIII 244. – Nach Lk 4₁₄ zieht Jesus »in der Kraft
des Geistes« nach Galiläa.

Ich gebe ihm meine Vollmacht (*rūḥī*),
daß er zu.den Völkern meine Rechtsordnung bringe.

Nur wenn man bei der *r.* Jahwes das Moment der Kraft mit-
hört und also in Jes 11₂ beim Ruhen dieser *r.* auf dem Sproß
Isais an seine Ermächtigung denkt, werden die verschiedenartigen näheren Distinktionen verständlich, in denen ja nicht
nur von der *r.* der Weisheit, des Verstandes, des Rats und der
Erkenntnis die Rede ist, sondern auch von der *r.* der Stärke
und der Furcht Jahwes, so daß man *r.* in allen Fällen besser
mit »Kraft« oder »Vollmacht« übersetzt als mit »Geist«. Auch
wo »die gute *r.* Jahwes« hervorragend der Einsicht dient, ist
sie eben als *r.* doch zunächst »Gabe«, eine Überwältigung von
Schwäche und Unvermögen, wie sie auch durch Manna und
Wasser geschieht (Neh 9₂₀). Sehr häufig heißt es, daß Jahwe
seine *r.* Menschen »gibt« (*ntn*)[15] oder daß er einen Menschen
mit der Gottes-*r.* anfüllt (*mlʾ* pi.); dies kann auch künstlerische
Begabungen bewirken (Ex 31₃ 35₃₁; vgl. 28₃). Joel (3₁) verheißt die Ausschüttung des Geistes Jahwes auf alles Fleisch,
d. h. auf jedermann in Israel[16]. Damit wird eine rückhaltlose
Bevollmächtigung und Ausstattung mit prophetischen Gaben
für Menschen beiderlei Geschlechts, aller Altersstufen, ja aller
sozialen Schichten angekündigt. Das höchste Privileg der Erkenntnis Gottes soll gerade als etwas, das kein Mensch (als
»Fleisch«!) von sich aus hat, allen Schichten in gleicher Weise
zuteil werden (vgl. Gal 3₂₈). So wird der Begriff eben als
theologischer zugleich ein anthropologischer. Der bevollmäch-
tigte Mensch ist ohne die Energie der *r.* Gottes nicht zu verstehen.

4. Nun kann aber auch von der *r.* als einem unsichtbar *selbständigen Wesen* die Rede sein, das nicht unbedingt als Jahwes
r. gedacht ist, aber doch ganz seiner Verfügung untersteht. So
sagt Jahwe nach 2 Kö 19₇:

---

[15] DLys, Rûach 336 u. ö. Vgl. u. S. 66.
[16] S. o. S. 56 und HWWolff, BK XIV/2, 80, zum folgenden 78.

Ich werde in ihn (den König von Assur) eine *r.* geben, daß
er ein Gerücht vernimmt und in sein Land zurückkehrt.
r. als ein von Jahwe geschicktes, im Menschen vor allem durch
Reden operierendes Wesen ist dann auch jene Lügen-*r.*, die
die Propheten Ahabs betört (1 Kö 22₂₁-₂₃). *r.* ist wie eine An-
sammlung von Kräften, die auf viele Personen verteilt werden können. In diesem Sinne spricht Jahwe denn auch in Nu
11₁₇ von der *r.*, die auf Mose ruht, und von der er Anteile
wegnimmt, um sie auf die 70 Ältesten zu geben. Der Erfolg
ist, daß nicht nur sie (Nu 11₂₅), sondern unerwartet auch ab-
seitige Leute wie Eldad und Medad in prophetische Ekstase
geraten (V. ₂₆). Den Protest Josuas wehrt Mose mit dem
Wunsch ab (V. ₂₉):
Möchte doch Jahwe das ganze Volk zu Propheten machen!
Daß doch Jahwe seinen Geist auf sie alle legen möge!
Hier erscheint also die Ekstase als eine Anteilgabe an der
auf Mose ruhenden *r.*, ohne daß Mose selbst Ekstatiker
wäre. Die Vorstellung von einer Geistanleihe gehört wohl
in jene Kreise, in denen auch Elisa bitten kann, es möge
ihm ein doppelter Anteil von Elias Geist zufallen (2 Kö 2₉f.
₁₅)[17]. Die Bestallung Josuas als des Nachfolgers Moses erfolgt
in der Priesterschrift unter Anrufung dessen, der »Gott der
Lebensgeister (*rūḥōt*) allen Fleisches« heißt (Nu 27₁₆; vgl.
16₂₂). Er verfügt über die *r.* als Lebenskraft jedes Menschen
wie über ungewöhnliche Gaben und Vollmachten. Das haben
gerade auch jene Texte gezeigt, die von den *rūḥōt* wie von
selbständigen Wesen sprechen.

5. Wenden wir uns der Frage nach der Bedeutung der menschlichen *r.* zu, so können wir den Weg vom »Atem«[18] bis zum
»Geist« als Organ des Erkennens, Verstehens und Urteilens
nicht weit genug denken. Mit dem Wehen des Atems ist nämlich zunächst die Bewegung des *Gemüts* zusammenzusehen.

---

[17] Vgl. LPerlitt, Mose 601–603.
[18] S. o. S. 58f.

Als die Königin von Saba die Weisheit Salomos sah, den
Palast, die Speisen, die Beamten, deren Kleidung, die Brand-
opfer im Tempel (1 Kö 10₅),

da war in ihr keine *r.* mehr.

D. h.: da stockte ihr der Atem, sie verlor die Fassung, sie ge-
riet außer sich. »Das Fehlen von *rūᵃḥ* charakterisiert den Zustand der Ohnmacht, des fassungslosen Erstaunens«[19]. In der
r. dokumentiert sich die Mentalität. Eliphas bezichtigt Hiob
(15₁₃):

daß gegen Gott du deine *r.* wendest,

womit die Erregung, der Unmut (LXX: thymós) gemeint ist.
Wenn die *r.* über gutem Zureden »schlaff wird« (Ri 8₃), dann
läßt damit die zornige Erregung nach. Isebel beobachtet nach
1 Kö 21₅, daß Ahabs *r.* »sich abwendet«; damit sagt sie, daß er
mißmutig wurde. Wenn Jahwe Sichons *r.* »hart macht« (Dt
2₃₀), dann hat er sein Verhalten unnachgiebig gemacht. Wie
nᵃpᵃš und *r.* sich beim Vorgang des Atmens begegnen[20], so
können mit beiden Worten gleichartige Erregungszustände
umschrieben werden. Wie vom Kurz- und Langwerden der
nᵃpᵃš, so wird vom Kurz- und Langwerden der *r.* gesprochen
(Prv 14₂₉):

Der Langmütige ist reich an Einsicht,
    aber der Ungeduldige macht Dummheit groß.

Hier steht *kᵉṣar-rūᵃḥ* (der Kurzatmige als der Aufgeregte)
dem *'ᵃräk 'appájim* als dem, der den langen Atem hat, gegenüber. Vgl. Prv 14₁₇ Hi 21₄ (von Jahwe: Mi 2₇). Wird von dem
in Ägypten bedrängten Israel *kōṣär rūᵃḥ* ausgesagt, so ist mit
dieser »Kürze der *r.*« das Schwinden des Lebensmutes angesprochen, also Kleinmut und Verzagtheit. Aber mit *r.* werden
auch noch andere Einstellungen des Gemüts beschrieben. Qoh
7₈ sagt:

Besser ein Langmütiger als ein Hochmütiger.

---

[19] JKoeberle, Natur und Geist 204.
[20] S. o. S. 59f.

Der Mensch mit »langer *r*.« wird dem mit »hoher *r*.« vorgezogen. Die »Größe der *r*.« ist weit entfernt von »Geistes-
größe«; sie ist vielmehr jene Haltung des Hochmuts, die nach
Prv 16₁₈ »vor dem Fall kommt«. Hiob spricht (7₁₁) aus der
»Enge« seiner *r*., d. h. aus der Bedrängnis seines Gemüts, und
gleich danach von der Bitternis, d. h. dem Kummer (*mar*)
seiner *nǻpǟš*. In Gn 26₃₅ kann ebenso die *mōrat r*., also das
bittere Herzeleid von Isaak und Rebekka berichtet werden.
In Jes 26₉ entspricht das sehnsüchtige Begehren der *nǻpǟš*
dem suchenden Verlangen der *r*. So kann *r*. vielfältig die seelische Disposition des Menschen bezeichnen (Prv 18₁₄):
Eines Mannes Haltung (*r*.!) vermag eine Krankheit zu ertragen,
aber ein niedergeschlagenes Gemüt (*r*.!) – wer erträgt es?
Hat Jahwe nach Jes 19₁₄ unter den Ägypterfürsten eine »*r*.
des Schwindels« angerichtet, so ist damit ein Gemütszustand
des Rausches beschrieben.
Was aber ist gemeint, wenn Josua in der Priesterschrift kurz
als »ein Mann, in dem *r*. ist« (Nu 27₁₈), genannt wird? Ein
Mann mit (verläßlicher) Haltung? Ein begabter und bevoll-
mächtigter Mann? Ein Mann mit Geist? Die Priesterschrift
interpretiert sich selbst in Dt 34₉, indem sie ihn »voll von
r. der Weisheit« nennt, »denn Mose hatte ihm die Hände aufgelegt«. Der Mann, »in dem *r*. ist«, weist also hier auf den
hin, der mit der Lebenskraft der Weisheit begabt ist.

6. Damit sind wir über den Sinn von *r*. als Gemütseinstellung
hinausgeführt, in dem das Wort sich weitgehend bedeutungs-
verwandt mit *nǻpǟš* zeigte. Das Besondere der menschlichen *r*.
eröffnet sich von dem Befund her, daß *r*. zumeist das kräftige
Wehen des Windes und die belebende und bevollmächtigende
Wirksamkeit Jahwes bedeutet. So ist *r*. nicht nur geeignet, Ge-
mütsbewegungen darzustellen, sondern mehr noch, Träger
energischer Aktionen des *Willens* zu sein.
Spricht Esr 1₅ von jenen Exulanten,

deren *r*. Gott aufgeweckt hatte, hinaufzuziehen,
um Jahwes Haus in Jerusalem zu bauen,

so steht *r*. hier für den Willen. Daß neben dem Willensentschluß zum Aufbau genau so der zur Zerstörung gemeint sein
kann, zeigt Jer 51₁₁:

Jahwe hat die *r*. des Königs von Medien erweckt;
denn auf Babels Verderben ist sein Plan gerichtet,
es zu zerstören.

Die *r*. als Triebkraft im Menschen ist zunächst ethisch neutral.
Nu 5₁₄.₃₀ spricht von der *r*. der Eifersucht, die über einen
Mann kommen kann. Hosea klagt Israel an wegen der *r*. der
Hurerei als dem verführerischen Wunschtrieb, der zur Ab-
wendung von Gott führt (4₁₂), oder als der fesselnden Kraft,
die die Rückkehr zu Gott nicht gestattet (5₄). Der Jahwist
unterscheidet von der aufsässigen Wüstengeneration jenen
Kaleb, bei dem »eine andere *r*. war«, so daß er völlig Jahwe
nachfolgte (Nu 14₂₄). Die Rede vom »anderen Willen« ist
bezeichnend für die ethisch-religiöse Neutralität des anthropologischen Begriffes *r*. Preist Ps 32₂ᵦ den Menschen glücklich,

in dessen *r*. keine Schlaffheit ist,

so ist vorausgesetzt, daß der Wille sowohl lässig wie tatkräf-
tig sein kann. Ps 51 bittet zuerst um einen standhaften, beständigen Willen (12ᵦ) und dann um einen freien, bereiten
Willen (V. 14ᵦ); zwischen diesen Sätzen steht die Bitte, Gott
möge die *r*. seiner Heiligkeit, d. h. seine unvergleichliche Lebenskraft[21] nicht vom Beter wegnehmen (V. 13ᵦ). Kraft und
Freiheit menschlichen Willens sind demnach abhängig vom
Wirken der Energie Jahwes. In der Verheißung Ezechiels ist
die »neue *r*.«.(36₂₆; vgl. 11₁₉) die *r*. Jahwes selbst (36₂₇). Wie
in Ps 51₁₂ der Bitte um den standhaften Willen die um das
reine Herz voraufgeht, so sind in Ez 11₁₉ 36₂₆ die Gabe des
neuen Herzens und des neuen Willens verbunden; vgl. auch
18₃₁. Geht es beim neuen Herzen um die lautere Gewissens-

---

[21] S. o. S. 61.

orientierung[22], so bei der *r.* um die ausdauernde Willenskraft, danach zu handeln. Die übliche Übersetzung, die vom neuen, beständigen »Geist« spricht, bringt das nicht genügend zum Ausdruck.

Nur selten entspricht *r.* dem, was wir »Geist« nennen[23]. In Jes 29₂₄ könnte der Kontext darauf hinweisen:

Die irrenden Geistes (*r.*) waren, lernen Einsicht,
und die murrten, nehmen Belehrung an.

Das Ziel der Einsicht auf dem Wege der Erkenntnis läßt für *r.* an den »Geist« denken. Ähnlich in Jes 19₃:

Verstört wird der Geist (*r.*) Ägyptens in seinem Innern,
sein Plan wird verwirrt.

Die Parallele zu »Plan« weist für *r.* auf den erkennenden und urteilenden »Geist«. Doch ist auch in diesen beiden Fällen das Moment des Willens gerade nicht ausgeschlossen, wie denn in Jes 29₂₄ »die Menschen irrenden Geistes« »die Murrenden« sind und in Jes 19₃ der Geist, der verstört wird, Pläne schmiedet.

Beide Texte zeigen zudem noch einmal, wie sehr der Mensch als *r.* nur aus der Kommunikation Gottes mit ihm recht verstanden werden kann. Es bleibt festzuhalten, daß *r.* doppelt so oft für Wind und für die Lebenskraft Gottes steht als für des Menschen Atem, Gemüt und Willen. Die meisten Texte, die von Gottes oder der Menschen *r.* handeln, zeigen Gott und Mensch in dynamischer Relation. Daß ein Mensch als *r.* lebendig ist, das Gute will und in Vollmacht wirkt, kommt nicht aus ihm selbst.

---

[22] S. u. S. 89.
[23] Vgl. schon o. S. 65 zu Dt 34₉.

lēb(āb) – DER VERNÜNFTIGE MENSCH[1]
1. Herz – 2. Gefühl – 3. Wunsch – 4. Vernunft –
5. Willensentschluß – 6. »Herz« Gottes

Das für die Sprachlehre alttestamentlicher Anthropologie
wichtigste Wort wird in der Regel mit »Herz« übersetzt. In
der geläufigsten Form *lēb* kommt es im hebräischen Alten
Testament 598 mal, in der Form *lēbāb* 252 mal vor, dazu ara-
mäisch im Danielbuch *lēb* einmal und *lᵉbab* 7 mal[2]; insgesamt
also findet es sich 858 mal und ist somit der häufigste anthropologische Begriff. Zudem ist er im Unterschied zu den anderen Hauptbegriffen fast ausschließlich dem Menschen zugeordnet. Meint *bāśār* in mehr als einem Drittel der Fälle
tierisches Fleisch, so ist *lēb(āb)* nur fünfmal auf Tiere bezogen,
davon viermal im Vergleich mit dem menschlichen Herzen
(2 S 17₁₀ Hos 7₁₁ Dan 4₁₃ 5₂₁) und nur einmal ausschließlich
(Hi 41₁₆); und während *rū͏ᵃḥ* öfter von Gott als von Menschen
ausgesagt wird und in fast einem Drittel der Fälle den Wind
meint, wird nur 26 mal vom Herzen Gottes, 11 mal vom
»Herzen des Meeres«, einmal vom »Herzen des Himmels«
und einmal vom »Herzen« des Baumes[3] gesprochen. So bleiben 814 Stellen, die ausschließlich vom menschlichen »Herzen« handeln, also noch mehr als für *nǣpǣš* überhaupt (755
mal).

---

[1] *Literatur:* FDelitzsch, Psychologie 248–265. – JKoeberle, Natur und
Geist 211–228. – EDhorme, L'emploi 112–128. – FBaumgärtel, *lēb*. –
FHvonMeyenfeldt, Hart. – GPidoux, L'homme 24–28. – ARJohnson,
Vitality 75–87. – WSchmidt, Begriffe 383–386. – FStolz, *lēb*.
[2] KBL; vgl. FStolz, *lēb* 861 nach FHvonMeyenfeldt, Hart.
[3] S. u. S. 72f.

Doch ist zu befürchten, daß die gängige Übersetzung »Herz«
für *lēb(āb)* (künftig: *l.*) gegenwärtiges Verstehen in die Irre
führt. Die hohe Relevanz des Wortes für die Anthropologie
fordert eine semasiologische Überprüfung auf Grund der jeweiligen Topik, d. h. hier der Aussageverbindungen, heraus.

1. Für unser analytisches Verstehen der synthetischen Vor-
stellungsweise empfiehlt es sich wieder, von der Frage auszu-
gehen, welche Ansichten vom körperlichen Organ *l.* im Alten
Testament zu finden sind.
Am interessantesten erscheint mir der Bericht von Nabals Tod
in 1 S 25₃₇f.:

> Es erstarb ihm sein Herz (*l.*) in seinem Inneren,
>   und er wurde zu Stein.
> Etwa zehn Tage danach schlug Jahwe den Nabal,
>   so daß er starb.

Die Aussagen verwirren den modernen Leser. Beim ersten
Satz denkt er, nach dem Herzstillstand sei mit der Leichen-
starre der Tod eingetreten. Doch dann erfährt er, daß Nabal
weitere zehn Tage lebt. *l.* stirbt also zehn Tage vor dem Tod
des Menschen. Der Mensch Nabal überlebt zehn Tage den
Tod seines Organs *l.* Das zeigt, daß an einen Herzstillstand
im heutigen medizinischen Sinne nicht gedacht ist; denn das
würde den sofortigen Tod des Menschen bedeuten. Das Alte
Testament gibt weder hier noch anderwärts[4] zu erkennen, daß
es um einen Zusammenhang zwischen dem Pulsschlag und
dem *l.* weiß. In unserem Text wird mit dem Sterben des *l.* eine
Versteinerung des Körpers in Verbindung gebracht; dabei
kann im Blick auf die Tatsache, daß Nabal in diesem Zustande
noch weitere zehn Tage lebt, nur an Lähmung gedacht werden. Das aber weist den Mediziner auf einen Schlaganfall mit
Gehirnblutung hin. Danach kann ein Mensch durchaus noch
zehn Tage leben. Der alte Erzähler dachte also das »Herz«

---

[4] Zu Ps 38₁₁ s. u. S. 71; vgl. JHempel, Heilung; anders FStolz, a. a. O. 861

hier als ein zentrales Organ, das die Beweglichkeit der Glieder ermöglichte. Das »Klopfen« des Herzens wird dabei ebensowenig beobachtet, wie der altisraelitischen Anatomie Gehirn, Nerven oder Lungen bekannt sind. *l.* entspricht demnach an unserer Stelle seiner Funktion nach bestimmten Gehirnpartien. Das ist festzuhalten für unsere spätere Frage nach den wesentlichen Funktionen, die der Hebräer dem »Herzen« am häufigsten zuspricht.

Dabei ist deutlich, daß schon 1 S 25₃₇ *l.* nicht im Kopf, sondern im »Leibesinneren« (*beḳirbō*) suchte. Genauer wird Hosea (13₈), wenn er als Drohung seines Gottes gegen Israel verkündet:

> Ich falle sie an wie eine Bärin, die der Jungen beraubt ist,
> und zerreiße den Verschluß ihres Herzens.

Dabei meint »Verschluß« wohl das korbförmige Gerüst der Rippen, das das Herz einschließt. Eindeutig bestimmt 2 Kö 9₂₄ den anatomischen Ort des Herzens, wenn der Pfeil Jehus Joram »zwischen seinen Armen trifft, so daß der Pfeil aus seinem Herzen wieder hervortritt«. »Zwischen seinen Armen« heißt hier soviel wie »zwischen seinen Schulterblättern«. An den Brustkorb als die Herzgegend ist in 2 S 18₁₄ gedacht, wo Joab dem Absalom drei Speere »ins Herz« stößt, woraufhin er aber doch noch lebend an der Eiche hängt, bis zehn Waffenträger ihn totschlagen. Auch sonst steht »Herz« für »Brust«, so wenn Aaron die Rechtsspruch-Tasche auf seinem *l.* trägt (Ex 28₂₉f.).

Einen weiteren Beitrag zur Anatomie des Herzens liefert allein noch Jeremia, wenn er einmal von den »Wänden des Herzens« spricht (4₁₉). Im Zusammenhang ist berichtet, daß der Prophet nahendes Kriegsgeschrei vernimmt. Er soll eine kommende Katastrophe ansagen. Da überkommt ihn ein Herzanfall. Denn anders sind die Worte nicht zu verstehen, die er ausstößt:

> Mein Inneres! Mein Inneres!
> Ich winde mich.

Wände meines Herzens!
Es tobt mir mein Herz.
Ich kann nicht stillhalten.

Offenbar ruft hier heftiger Schmerz oder Druck in der Herzgegend beklemmende Angstgefühle hervor. So werden im
Krankheitsbild der angina pectoris Herzkrämpfe beschrieben.
Vielleicht ist daher bei den »Wänden« des tobenden Herzens
weniger an den Brustkorb als an den Herzbeutel im »Inneren« zu denken, der beim geängsteten Herzjagen das Gefühl
auslöst, er wolle zerspringen. Angesichts des mehr als 800-
fachen Vorkommens des menschlichen Herzens im Alten Testament wundert es uns, daß zur Anatomie des Herzens nicht
mehr als die genannten Stellen etwas beitragen.

Auch von der Physiologie des Herzens erfahren wir über das
Bisherige hinaus nur wenig und zwar immer nur anläßlich
von Störungen. Jeremia stöhnt noch einmal unter dem An-
sturm der Worte Jahwes auf (23₉):

Es bricht mein Herz in der Brust,
    es zittern all meine Gebeine.

Der wahre Prophet muß im Unterschied zum falschen selbst
seine Gesundheit aufs Spiel setzen (vgl. 8₁₈). In Ps 38₁₁ klagt
ein Schwerkranker:

Mein Herz flattert.
Es verläßt mich die Kraft.
Meiner Augen Licht entschwindet mir.

Das »Flattern« des Herzens beschreibt das lautmalende
Wort *seḥarḥar*, das gerade nicht ein regelmäßiges Klopfen des
Herzens meint, sondern ein Jagen oder Schweben (*sḥr* ḳ. heißt
umherschweifen). Schwarz vor Augen wird es dem, der durch
heftiges und unregelmäßiges Pochen seines Herzens zu Tode
geängstet ist. So also hat Israel das Herz als das zentrale und
entscheidende Lebensorgan vor allem in Krankheiten kennengelernt. Vgl. noch Jes 1₅ 57₁₅ Ps 37₁₅.
Aber auch bei Überanstrengungen. Einem erschöpften Wande-

rer einen Bissen Brot zu essen geben und ihn dadurch stärken heißt daher hebräisch: »sein Herz stützen« (Gn 18₅ Ri 19₅.₈)⁵. Isebel schreit den verdrossen auf seinem Bett liegenden Ahab an: »Steh auf! Iß Brot! Daß dein Herz gebessert wird!« (1 Kö 21₇; vgl. Ag 14₁₇ Jk 5₅ Lk 21₃₄).

Immer weiß man um das Herz als ein unzugängliches, verborgenes Organ im Inneren des Körpers. Nur von daher wird die verhältnismäßig häufige bildliche Rede vom »Herzen des Meeres« verständlich. Prv 30₁₈f. heißt es:

> Drei Dinge sind mir unfaßlich,
>   vier begreife ich nicht:
> den Weg des Adlers am Himmel,
>   den Weg der Schlange auf Felsgestein,
> den Weg des Schiffes im Herzen des Meeres
>   und den Weg des Mannes bei der jungen Frau.

Damit sind vier nicht zuvor gebahnte und also auch nicht vorweg erkennbare Wege genannt. »Das Herz des Meeres« meint dabei die hohe See, das unerforschte, freie Meer (ebenso Prv 23₃₄ Ez 27₄.₂₅-₂₇ 28₂; vgl. Ex 15₈). Im Unterschied zur Küstenschiffahrt, deren Routen durch die sichtbaren Ufer vertraut sind, führt die Fahrt aufs offene Meer ins Unbekannte. Wenn es Jona 2₄ heißt:

> Du hast mich ins Herz der Meere geworfen –

dann ist dabei noch zusätzlich an die unergründliche »Tiefe« der »hohen See« gedacht (ebenso Ez 28₈ Ps 46₃). Entsprechend meint »das Herz des Himmels« dessen dem Menschen uner-

---

⁵ Ein neuassyrischer Prophetenspruch spricht von den »Balken des Herzens«, was im Akkadischen durchaus ungewöhnlich ist: »Ich, die Herrin (= Ištar von Arba'il), spreche mit dir. Ich wache über die Balken deines Herzens.« Demnach rührt Furcht daher, daß die Balken des Herzens zusammenbrechen und also das Haus des Herzens nicht mehr »stützen«. Den Text (Department of Western Asiatic Antiquities: The British Museum, London WC 1: K. 4310 = 4R 68 = 4R² 61 II 16–40) verdanke ich KDeller, der ihn in seiner Bearbeitung der Neu-Assyrischen Propheten-Sprüche NASP 1d beziffert. Im übrigen hat akk. *libbu* eine ähnliche Bedeutungsbreite wie hebr. *l.;* vgl. WvSoden, AHw 549f.

reichbare Höhe; so erinnert Mose in Dt 4₁₁ an das Horeb-Erlebnis:

> Ihr standet am Fuß des Berges, während der Berg mit Feuer
> aufloderte bis ins Herz des Himmels hinein.

Nach 2 S 18₁₄ hängt Absalom »im Herzen« der Eiche, d. h. im dunklen, innersten Geäst der Baumkrone. Akk. *libbu* kann den »Vegetationskegel der Palme« bezeichnen[6]. »Herz« steht also in all diesen Fällen für das unzugänglich Unerforschliche, für das unergründlich Verborgene schlechthin.

Diese vom anatomischen Ort des Herzens aus gewonnene Anschauung setzen zahlreiche Worte über den Menschen voraus. So heißt es in der Erzählung von Davids Salbung in 1 S 16₇, daß Jahwe Samuel im Blick auf den zuerst auftretenden ältesten Sohn Isais, Eliab, warnt:

> Nicht auf sein Aussehen und seinen hohen Wuchs sollst du
> Der Mensch sieht, was vor Augen liegt, [schauen.
> Jahwe aber sieht auf das Herz.

Das Herz steht also im Gegensatz zur äußeren Erscheinung. Wiewohl es dem Menschen verborgen ist, fallen hier die Lebensentscheidungen. Prv 24₁₂ stellt *l.* als Ort unerkennbarer Gesinnung in Gegensatz zum äußerlich vernehmbaren Wort:

> Wenn du sagst: »Wir haben doch nichts davon gewußt!«
> – – – der die Herzen prüft, der durchschaut es.

Nur vor Gott kann das dem menschlichen Blick Verborgene nicht versteckt werden (Prv 15₁₁):

> Vor Jahwe liegen offen selbst Unterwelt und Totenreich,
> wievielmehr die Herzen der Menschenkinder.

Ps 44₂₂:

> Er weiß um des Herzens Geheimnisse.

Vgl. Ps 139₂₃; Jer 17₉f.

Wenn auch alle diese Texte eine bestimmte Vorstellung vom körperlichen Organ *l.* voraussetzen, so haben sie doch alle – ausgenommen allein die Nabalerzählung – weit mehr als den

---

[6] WvSoden, AHw 550.

anatomischen Befund und die physiologischen Funktionen des
Herzens vor Augen. Die wesentlichen Tätigkeiten des mensch-
lichen Herzens sind in der Bibel von geistig-seelischer Art.
Welche Akte werden dem Herzen zugesprochen?

2. Sie betreffen zunächst die Sensibilität und Emotionalität,
entsprechen also dem, was wir dem Gefühl und dem Gemüt,
den irrationalen Schichten des Menschen zusprechen. Das mag
von den Erregungszuständen des kranken Herzens her verständlich sein. In Ps 25₁₇ betet ein Leidender:

> Löse meines Herzens Bedrängnisse!
> Aus meinen Nöten führe mich heraus.

Der erste Satz (*ṣārōt lᵉbābī harḥēb*[6a]) besagt wörtlich:

> Weite die Verengungen meines Herzens!

Hier fallen noch anginöse Beschwerden und Angstzustände
zusammen. Doch schon in Ps 119₃₂ läßt die Rede vom »Weiten« des Herzens, d. h. von der Krampflösung, den Gedanken
an die körperliche Genesung ganz hinter sich:

> Den Weg deiner Verheißungen laufe ich,
> denn du weitest mein Herz.

tarḥīb libbī heißt hier im umfassenden Sinne:

> Du befreist mich[7].

Der Gesundheit des ganzen Lebens dient das gelassene Herz
(Prv 14₃₀):

> Des Leibes Leben ist ein gelassenes Herz,
> aber Übereifer ist Knochenfraß.

l. ist hier die Gemütsverfassung, die Stimmung des Menschen,
sein Temperament. In diesem Sinne mahnt Prv 23₁₇:

> Nicht ereifre sich dein Herz über die Sünder,
> vielmehr bleibe in Jahwes Furcht alle Tage!

[6a] S. BHS.

[7] Vielleicht schließt die Aussage sogar ein: »Du weitest meine Erkenntnis«,
wie 1 Kö 5₁₁ die »Weite des Herzens« Salomos im Sinne seiner umfassenden Kenntnisse und Fähigkeiten rühmt; s. u. S. 79. *rᵉḥab lēb* steht im Sinne
von Hochmut, Anmaßung (d. h. *lēb* im Sinne von Selbstbewußtsein) in
Prv 21₄ Ps 101₅ (neben »Stolz der Augen«); vgl. *rᵉḥab nāp̄äš* in Prv 28₂₅.

Das sich ereifernde Herz ist der Mensch, sofern er emotional reagiert, sich aufregt. Zucht zum Gehorsam und ein sich selbst überschlagender Sinn werden einander entgegengestellt.

Weiter ist das Herz Sitz bestimmter Gemütsstimmungen wie *Freude* und *Kummer*. Man spricht in dieser Bedeutung vom Gutsein (*jṭb*) und vom Schlechtsein (*rʿ*) des Herzens, wenn einer guten Mutes (Ri 18₂₀ 19₆.₉ Dt 28₄₇ Prv 15₁₅) oder wenn er mißmutig ist (Dt 15₁₀). Ist Hanna wegen ihrer Kinderlosigkeit zunächst »bekümmerten Herzens« (1 S 1₈), so jubelt sie nach Samuels Geburt (1 S 2₁):

Mein Herz frohlockt über Jahwe.

Vgl. Ps 13₆.

Das Herz ist der Ort der Heiterkeit, die der Wein auslöst (Ps 104₁₅):

Der Wein erfreut des Menschen Herz.

Vgl. Sach 10₇. Der Hochzeitstag ist »der Tag der Freude des Herzens« (Ct 3₁₁). Die Verfassung des Herzens beherrscht alle Lebensäußerungen (Prv 15₁₃):

Ein fröhliches Herz macht das Antlitz heiter,

doch Herzenskummer schlägt den Lebensmut (*rū*ᵃ*ḥ*!) nieder.

Prv 17₂₂ lehrt sogar: [der.

Ein fröhliches Herz fördert die Gesundheit,

doch ein gedrücktes Gemüt (*rū*ᵃ*ḥ*) zehrt den Körper aus.

Auch Mut und Angst vollziehen sich in bestimmten Bewegungen des Herzens. Weicht der Mut, so »zittert das Herz wie Laub im Winde« (*nwʿ* Jes 7₂), es wird weich (*rkk* Jes 7₄ Dt 20₈), es zerfließt (*mss* Dt 20₈) wie Wachs (Ps 22₁₅) oder zerrinnt wie Wasser (Jos 7₅). Vgl. Jos 2₁₁ 5₁ Jes 13₇ 19₁. Überfällt den Menschen die Angst, so sagt der Hebräer, sein Herz gehe heraus (Gn 42₂₈), es verlasse ihn (Ps 40₁₃) und falle hin (1 S 17₃₂). Diese Wendungen zeigen, wie wenig noch an das körperliche Organ gedacht ist und wie *l.* geradezu die Bedeutung »Mut« angenommen hat (vgl. 2 S 17₁₀). Wer auf Jahwe hofft, der »stärkt sein Herz«, d. h. er gewinnt Mut (Ps 27₁₄). Der Jahwist erzählt vom Herzen Jakobs, daß es nach den Be-

richten der Brüder über Joseph »schlaff, kraftlos wurde« (*pwg*
beschreibt die Mattigkeit eines Niedergeschlagenen Ps 38₉; Ps
77₃ die Schwäche einer erhobenen Hand; vgl. Hab 1₄), d. h.
Jakobs Mut war matt geworden[8].

3. Ähnlich wie von der *nǎp̄äš* kann auch vom *l .Verlangen und
Begehren* ausgesagt werden. Ps 21₃ spricht den Dank für den
König aus:

> Du hast ihm erfüllt seines Herzens Begehren,
>   ihm nicht versagt, was seine Lippen erbaten.

Wenn hier (statt *nǎp̄äš*! s. o. S. 34f.) das Herz neben den Lippen genannt wird, so wird an die inneren, heimlichen Wünsche
gedacht sein. Ebenso denkt Prv 6₂₅ an verstecktes Verlangen
nach der Frau des Nächsten:

> Begehre nicht im Herzen nach ihrer Schönheit.

Die Kraft eines sehnsüchtigen Herzens darf nicht überspannt
werden (Prv 13₁₂):

> Hingezogene Hoffnung macht das Herz krank,
>   doch ein Lebensbaum ist erfülltes Verlangen.

Mit einer merkwürdigen Wendung bestreitet Hiob in seinem
Reinigungseid (31₇), daß je »sein Herz seinen Augen nachge-
laufen sei«, d. h. daß je sein heimliches Gelüst sich von dem
bestimmen ließ, was ihm in den Blick fiel. Wie in diesem Satz
die Augen für das Geschaute stehen, so das Herz für das verborgene Begehren. Vgl. auch Hi 31₉. Nu 15₃₉ spricht von den
Quasten an den Kleiderzipfeln, die für die Israeliten folgende
Bedeutung haben sollen:

> Wenn ihr sie anseht, sollt ihr euch an all die Gebote Jahwes
> erinnern, um nach ihnen zu handeln und nicht hinter euren
> Herzen und hinter euren Augen herzulaufen, wenn ihr
> ihnen in Untreue folgt.

Hier sind die Gelüste der heimlichen Vorstellungen (der Herzen) neben die sichtbaren Verlockungen (der Augen) gestellt.

---

[8] S. o. S. 60 zu Gn 45₂₇.

Wie das Herz in Mutlosigkeit »fallen« kann (1 S 17₃₂), so vermag es auch, sich in Hochmut zu erheben (*rwm* Dt 8₁₄ Hos 13₆; vgl. Dan 5₂₀₋₂₂). »Großtun« des Herzens heißt der Übermut (*gódäl lēbáb* Jes 9₈), »Überheblichkeit« des Herzens Vermessenheit (*z^edōn lēb* Jer 49₁₆)[9]. Dieser Sprachgebrauch ist als Hintergrund der einzigen neutestamentlichen Stelle zu beachten, die vom Herzen Jesu spricht (Mt 11₂₉):
Ich bin sanftmütig und von Herzen demütig.
Die alttestamentlichen Gegenbilder der Hybris schärfen die Nachfolge Jesu ein.

Die in diesen Abschnitten behandelten Textgruppen haben das proprium von *l.* noch nicht zur Sprache gebracht. Als Organ emotionaler Regungen fanden wir es in unmittelbarer Nähe von *näpäš* und *rū^aḥ*. Wie jene Worte kann es zuweilen zum Personalpronomen verallgemeinert sein, können doch manche seelischen Vorgänge wie das Erbeben, Zergehen und Unruhigsein auch ohne *l.* beschrieben werden[10]. Doch bleibt die Stereometrie des Ausdrucks vor allem im Parallelismus von *l.*, *näpäš* und *rū^aḥ* zu beachten. Wir sahen etwa beim »Begehren des Herzens« deutlicher als bei dem der »Seele« die verborgenen Wünsche und Vorstellungen angesprochen (Ps 21₃ Nu 15₃₉). Die bedrückte *rū^aḥ*, die den Körper auszehrt (Prv 17₂₂; vgl. 15₁₃), mag neben dem fröhlichen Herzen mehr an die schwindende Lebenskraft[11] erinnern. Doch was ist das Spezifische des »Herzens«, das noch in jenen Aussagen über Freude und Kummer, Mut und Angst, Verlangen und Hochmut und in den fast nur noch pronominalen Verwendungen mitschwingt?

4. In den weitaus meisten Fällen werden vom Herzen intellektuelle, rationale Funktionen ausgesagt, also genau das, was wir dem Kopf und genauer dem Hirn zuschreiben; vgl. 1 S

---

[9] S. o. S. 64f.
[10] JHempel, Heilung 253f. Vgl. z. B. *nw‘* in Jes 7₂ und 29₉.
[11] S. o. S. 61f.

25₃₇[12]. Hier ist das Wort klar unterschieden von *nǽpǽš* und *rūᵃḥ*. Wir werden sehen, daß so wie *rūᵃḥ* eher »Lebenskraft« (im Gegensatz zur Hinfälligkeit des »Fleisches«) als »Geist« bedeutet, *l.* häufig besser mit »Geist« wiedergegeben wird als mit »Herz«. Es ist dem falschen Eindruck zu wehren, als sei der biblische Mensch mehr vom Gefühl als von der Vernunft bestimmt. Diese anthropologische Fehlorientierung gründet allzu leicht in einer undifferenzierten Wiedergabe von *l.* Die Bibel stellt den Menschen vor klare Alternativen, die zu erkennen sind. Höchst bezeichnend ist es, daß *l.* weitaus am häufigsten in der Weisheitsliteratur erscheint, allein in den Proverbien 99 mal und bei Qohälät 42 mal, im stark lehrhaften Deuteronomium 51 mal[13].

Geradezu definitorisch setzt Dt 29₃ voraus, daß, wie die Augen zum Sehen und die Ohren zum Hören, so das Herz zum *Verstehen* (*lādáʿat*) bestimmt ist; vgl. 8₅. Es verfehlt seine ureigenste Funktion, wenn es in Verstockung die Einsicht (*bīn*) versagt (Jes 6₁₀). Prv 15₁₄ beschreibt das wesentliche Geschäft des Herzens im biblischen Sinne:

Des Klugen Herz sucht Erkenntnis.

Vgl. Prv 8₅ 18₁₅. Prv 16₂₃ sagt:

Das Herz des Weisen macht seinen Mund klug.

Ps 90₁₂ nennt als Lebensziel:

Unsere Tage zu zählen, das lehre uns,
    daß wir heimbringen ein weises Herz.

In Hi 8₁₀ führt Bildad die Weisheit der Väter mit den Worten ein:

Sie lehren dich und sprechen zu dir,
    aus ihrem Herzen führen sie Sprüche heraus.

Gemeint ist: aus ihrem Erkenntnisvermögen und ihrem Wissensschatz, nicht etwa aus ihren Stimmungen und Gefühlsregungen.

Solche Erkenntnisfülle kommt aus einem vernehmenden Hö-

---

[12] GPidoux (25) zählt dazu 400 Stellen. S. o. S. 69f. zu 1 S 25₃₇.
[13] Vgl. FStolz, *lēb* 861.

ren. Darum besteht Salomos hohe Weisheit darin, daß er nicht um langes Leben, um Reichtum oder um das Leben seiner Feinde bittet, sondern um »ein hörendes Herz« (1 Kö 3₉₋₁₂). Genau als hörendes ist es das weise und einsichtige Herz[14]. Es befähigt ihn zu der schweren Aufgabe, ein großes und schwieriges Volk recht zu regieren[15] und »zwischen gut und böse zu unterscheiden«. So gewinnt sein »Herz« dann auch die »Weite« (*rōḥáb lēb*), in der es die Fülle aller Weltphänomene erfaßt (1 Kö 5₉₋₁₄)[16]. In unserer Sprache ist hier genau »*Geist*« zu setzen[16a]. Denn ihm eignet internationale Bildung, umfassende Gelehrsamkeit (Botanik, Zoologie, Recht, Politik, Pädagogik), treffendes Urteilsvermögen und die hohe Kunst dichterischer Sprache.

Für die vernehmende Vernunft stehen »Herz« und »Ohr« parallel (Prv 18₁₅):

Des Einsichtigen Herz erwirbt Erkenntnis,

  der Weisen Ohr sucht Erkenntnis.

Ohr und Herz werden oft nebeneinander genannt: Dt 29₃ Jes 6₁₀ 32₃f. Jer 11₈ Ez 3₁₀ 40₄ 44₅ Prv 2₂ 22₁₇ 23₁₂.

Im Herzen vollzieht sich die *Einsicht*. Deuterojesaja erinnert an Gottes vergebliches Zornesgericht über Jakob (42₂₅):

Es flammte rings um ihn auf, aber er erkannte nicht.

Es versengte ihn, aber er nahm es nicht zu Herzen.

Wörtlich lautet der letzte Satz: »Er setzte es nicht aufs Herz«;

---

[14] Auch die ägyptische Weisheit weiß um die hohe Bedeutung des Hörens. Vgl. HBrunner, Herz; ders., Erziehung 110ff. 131ff.: »Das Organ, mit dem der Mensch die Weisheit empfängt, nennt der Ägypter das Herz« (110).

[15] Zur umfassenden Bedeutung von *šp̄ṭ* vgl. MNoth, BK IX 51.

[16] Vgl. GvRad, Weisheit 376: »Was er, der exemplarische Weise, sich wünschte, war nicht die gesetzgebende, souverän über den toten Stoff der Natur verfügende Vernunft der modernen Bewußtseinseinstellung, sondern eine ›vernehmende‹ Vernunft, ein Gespür für die Wahrheit, die von der Welt herkommend den Menschen anspricht.« 377: »Der Salomo von 1 Kö 3 hätte auch – auf der Objektseite gesehen – sagen können: er erbäte sich von Jahwe, daß ihm die Welt nicht stumm bleibe, sondern ihm vernehmbar werde.«

[16a] Vgl. z. B. auch 2 Kö 5₂₆.

d. h. er brachte es nicht zur Einsicht[17]. In ähnlichem Sinne
kann der Jahwist in Gn 31₂₀ vom Diebstahl des Herzens
sprechen:

> Jakob stahl das Herz des Aramäers Laban, indem er ihm
> verheimlichte, daß er fliehen wollte.

»Das Herz stehlen« (*gnb ḳ*!) heißt also: jemanden um die
Einsicht bringen, ihn täuschen[17a].

In gleicher Bedeutung spricht das Alte Testament öfter vom
»Mangel an Herz« (*ḥᵃsar l.*). Der Ausdruck meint nicht Ge-
fühlskälte, sondern Gedankenlosigkeit. So ist Prv 10₁₃ zu
verstehen:

> Auf des Verständigen Lippen findet sich Weisheit,
>   aber der Stock gebührt dem, der zu wenig Herz hat.

l. wäre hier exakt mit »Einsicht« wiederzugeben. Die gleiche
Wendung findet sich Prv 24₃₀:

> Am Felde eines Faulen ging ich vorüber,
>   und am Weinberg eines, der Mangel an Herz hat.

Damit mag hier nicht nur der Unvernünftige, sondern in Parallele zum Faulen geradezu der Dumme gemeint sein. Vgl.
auch Prv 6₃₂. *timhōn lēbāb* (Dt 28₂₈) ist die Geistesverwir-
rung.

Einsicht will zu dauerhaftem *Bewußtsein* führen. Wenn Dt
6₆ mahnt:

> Es sollen diese Worte, die ich dir heute gebiete,
>   auf deinem Herzen sein!

dann bedeutet das: sie sollen dem Hörer »im Bewußtsein bleiben«. Anschaulich fordert Prv 7₃ hinsichtlich der Weisheitsworte:

> Binde sie dir an die Finger!
>   Schreibe sie auf die Tafel deines Herzens!

So sollen sie ständig gegenwärtig bleiben. Wenn Jeremia 17₁
von der Sünde Judas sagt, sie sei

> mit eisernem Griffel eingeschrieben,

---

[17] Vgl. KElliger, BK XI 184f.
[17a] Vgl. jedoch zu 2 S 15₆ u. S. 87.

ja mit diamantener Spitze eingegraben
auf die Tafel ihres Herzens,

dann ist damit das Herz zu einem dauerhaften Mahnmal unauslöschlichen Bewußtseins geworden. Die Wendung »ins Herz hinaufsteigen« (*'ālāh 'al-l.*) heißt soviel wie »zum Bewußtsein kommen«. So betont Jes 65₁₇ den überwältigenden Eindruck des neuen Himmels und der neuen Erde dadurch, daß demgegenüber vom Früheren gesagt wird, es werde seiner nicht mehr gedacht werden und es werde nicht mehr »aufs Herz steigen«, nämlich »ins Bewußtsein kommen«[18]. Dasselbe sagt Jer 3₁₆ von der Bundeslade. Ähnlich schreibt Paulus von seinen Korinthern (2 Kor 3₂f.):

Unser Brief seid ihr, eingeschrieben in unser Herz, erkennbar und lesbar für alle Menschen, ... ein Brief Christi, ... geschrieben auf Herzenstafeln von Fleisch.

So wird das Herz auch zur Schatzkammer des Wissens und der Erinnerungen. Behält Daniel (7₂₈) die Worte fest »in seinem Herzen«, so heißt das: im *Gedächtnis*. Vgl. Ps 27₈. In der Geschichte Simsons kämpft die Frau Delila um das Geheimnis der Riesenkräfte jenes Israeliten. Sie macht die Lösung dieses Rätsels zum Prüfstein der Liebe. Nach Ri 16₁₅ spricht sie ihn an:

Wie kannst du sagen, daß du mich liebst,
wenn dein Herz nicht mit mir ist?
Siehe, dreimal hast du mich angeführt
und mir nicht gesagt, woher deine Kraft so groß ist.

Simson bezeugt demnach Delila seine Liebe, ohne daß »sein Herz« mit ihr ist. »Dein Herz ist nicht mit mir«, heißt also hier nicht: »du liebst mich nicht«, sondern: »du machst mich nicht zum Mitwisser deiner Geheimnisse«, »du läßt mich nicht am Schatz deines Wissens teilhaben«. Als Delila dem Simson alle Tage weiter mit solchem Vorwurf zusetzte, da wurde es ihm zum Sterben leid und (V. 17f.)

---

[18] Auch beim hochmütigen Herzen ist an das »Selbstbewußtsein« zu denken; s. o. S. 77.

er tat ihr sein ganzes Herz kund und sagte:

»Das Schermesser ist nie über mein Haupt gekommen ...«

Da erkannte Delila, daß er ihr sein ganzes Herz kundgetan
                                                    hatte.

Eindeutig besagt also »sein ganzes Herz kundtun«: sein ganzes *Wissen* preisgeben.

Weiter vollzieht sich im Herzen das *Denken*, das Durchden-
ken, Nachdenken und Überlegen. *śīm 'ät-lēb lᵉ* heißt: seine
Aufmerksamkeit auf etwas oder jemanden richten (1 S 9₂₀
25₂₅ Hag 1₅). Wenn in Ex 14₅ »das Herz« Pharaos auf das
Volk gelenkt wird, so ist seine Aufmerksamkeit, sein Interesse gemeint. Hosea klagt Israel im Namen seines Gottes
an (7₂):

Sie sprechen nicht zu ihrem Herzen,
    daß ich um all ihre Bosheit weiß.

D. h. sie denken nicht darüber nach. 1 S 27₁ »sagt David zu
seinem Herzen« – und nun werden unter diesem Vordersatz
allerlei Überlegungen durchgeführt, Pläne gefaßt und Erwägungen angestellt –:

Ich werde doch eines Tages durch Saul hingerafft werden.
So bleibt mir nichts Besseres übrig, als daß ich ins Land der
Philister fliehe. Dann wird Saul davon ablassen, nach mir
in ganz Israel zu fahnden.

Eine ganze Strategie kann also durchdacht werden, wenn einer
»zu seinem Herzen spricht«. Vgl. Gn 24₄₅ 27₄₁ und in 1 Kö
12₂₆ᶠ. die Überlegungen Jerobeams, die zu seinem Entschluß
in V. ₂₈ führen. In Gn 17₁₇ heißt es von Abraham, nachdem
ihm der Sohn verheißen war:

Er fiel auf sein Angesicht und lachte.
Denn er sprach in seinem Herzen:
»Einem Hundertjährigen soll ein Kind geboren werden?«

Statt »er sprach in seinem Herzen« würden wir sagen: »Beim
vernünftigen Nachdenken sagte er sich«. Ebenso denkt der
Tor, durchaus kluge Schlüsse zu ziehen, wenn er »in seinem
Herzen sagt: Gott ist nicht« (Ps 14₁). In Prv 28₁₆ wird das

Herz als Organ eigener Überlegungen der gesammelten Erfahrungsweisheit konfrontiert:

Wer auf sein eigenes Herz vertraut, der ist ein Narr.

Aber wer in der Weisheit wandelt, der ist gerettet.

Einen Schritt weiter auf dem Weg der intellektuellen Funktionen des Herzens führt Hos 7₁₁. Der Prophet sieht:

Ephraim ist einer Taube gleich geworden,

die sich verleiten läßt, ohne Herz.

»Ohne Herz« ('*ēn lēb*) – was soll das heißen? Die Fortsetzung erklärt es:

Ägypten rufen sie,

nach Assur laufen sie.

Der Staat Israel verfällt einer unbesonnenen Schaukelpolitik. Demnach bedeutet »ohne Herz«: ohne klares *Orientierungsvermögen*. In Hos 4₁₁f. klagt der Prophet:

Der Wein nimmt meinem Volk das Herz.

Sein Holz befragt es.

Sein Stock soll ihm verkünden.

Menschen, die auf eine geistlose Orakelpraxis setzen, ist das Herz weggenommen, d. h.: ihnen ist der Verstand geraubt, genauer: das Urteils- und Orientierungsvermögen ging ihnen verloren. Dabei ist der Räuber der Wein. Er nimmt bekanntlich nicht die Stimmung, aber den Verstand. Darum warnt der Spruchdichter (23₂₉ff.):

Schau nicht auf den Wein, wie er rot erglüht . . .

Am Ende beißt er wie eine Schlange . . .

Deine Augen sehen Befremdliches,

und Verkehrtes redet dein Herz.

Ganz allgemein kann »Herz« in solchen Zusammenhängen mit »*Verstand*« übersetzt werden. Vgl. Qoh 10₂f. Prv 19₈. Hiob wehrt sich gegen seine überklugen Freunde (12₃):

Ich habe auch Verstand (*l.*) wie ihr.

Nicht stehe ich hinter euch zurück.

So heißen denn »Männer mit Verstand« '*anšē lēb* (Hi 34₁₀), womit also nicht etwa »beherzte«, tapfere oder gemütvolle,

sondern kluge Leute gemeint sind. Hi 34₃₄ steht denn auch
»der weise Mann« synonym parallel zu dem »Mann mit
Herz«[19].

Hat diese Auslese von Texten andeuten können, wie breit und
mit wieviel feinen Abstufungen das »Herz« im Hebräischen
den Sitz und die Funktionen der ratio bezeichnet? Alles umfaßt es, was wir Kopf und Hirn zusprechen: Erkenntnisvermögen, Vernunft, Verstehen, Einsicht, Bewußtsein, Gedächtnis,
Wissen, Nachdenken, Urteilen, Orientierung, Verstand. Damit
ist das eigentliche Bedeutungszentrum von *l.* umschrieben.

5. Schon einige der letzten Texte, die vom urteilenden und
orientierenden *l.* sprachen, geben zu erkennen, daß der Übergang von den Verstandesfunktionen zu den Tätigkeiten des
Willens in der Verwendung von *l.* fließend ist. Der Israelit
kann sprachlich schwer unterscheiden zwischen »erkennen«
und »erwählen«, zwischen »hören« und »gehorchen«. Die
sprachliche Schwierigkeit, die sich unserem differenzierenden
Denken ergibt, folgt aus der sachlichen Unmöglichkeit einer
Trennung von Theorie und Praxis. So ist denn auch das Herz
zugleich Organ des Verstehens und des Wollens.

Mit dem *Planen* (*ḥšb pi.*) wird der Übergang vom Erwägen
zum Handeln bedacht. Seinen Vollzug und seine Grenzen
lehrt Prv 16₉:

Des Menschen Herz plant seinen Weg,
Jahwe aber lenkt seinen Schritt.

In Ps 20₅ steht *l.* synonym parallel zu »Plan« (*'ēṣā*):

Er gebe dir deinem Herzen gemäß
und erfülle dir jeglichen Plan.

Der Jahwist spricht in Gn 6₅ von der »Bildung der Planungen
des Herzens«, die nur böse sind.

---

[19] In diesem Sinne ist das denominative Verbum *lbb* ni. in Hi 11₁₂ gebildet: verständig werden, Einsicht gewinnen, zur Besinnung kommen. Sitz
des Kunstverstandes als menschlicher Fähigkeit ist das Herz (Ex 35₂₅); als
»Begabung« kommt künstlerisches Können von der *rūªḥ* Gottes her (Ex
31₃), s. o. S. 62.

Da im Herzen die Kriterien der Pläne und des Handelns zu
bedenken sind, kommt es dazu, daß *l.* die Bedeutung *»Gewissen«* annimmt, etwa in 1 S 24₆:

> Hinterher schlug David das Herz,
> daß er den Zipfel vom Gewand Sauls abgeschnitten hatte.

Ebenso schlägt in 2 S 24₁₀ das Herz als Gewissen. Der im jeweiligen Kontext ausgesprochene Grund des »Herzschlagens«
zeigt, daß weder Herzklopfen im physiologischen Sinne noch
im Sinne einer Gemütserregung gemeint ist, sondern die Reak-
tion des ethischen Urteilsspruchs des Gewissens. Die Prophe-
tin Hulda sagt dem König Josia in 2 Ch 34₂₇:

> Weil dein Herz weich geworden ist und du dich vor Gott
> gedemütigt hast, als du seine Worte hörtest, und geweint
> hast, so hörte ich darauf.

Vom Weichwerden des *l.* wird gesprochen, weil es nicht ver-
härtet blieb, sondern sich regte; es wird interpretiert als
Selbstdemütigung auf Grund des Hörens auf Gottes Wort.
Das Gewissen heißt biblisch *lēb,* weil es ein vernehmendes
Organ ist. Auch mit der Bitte um das »reine Herz« in Ps 51₁₂
wird vom Schuldigen die Neuschöpfung eines reinen Gewis-
sens im Sinne einer gewissenhaften Lebensorientierung erfleht.
Die anschließende Bitte um einen »beständigen Geist« fügt
den Wunsch nach der Kraft zur entsprechenden dauerhaften
Durchführung des gewissenhaft Erkannten hinzu[20].

Das Herz ist der Ort der *Entschlüsse.* In 2 S 7₂₇ sagt David,
er habe »sein Herz gefunden«, sein Gebet an Gott zu richten.
Wer versteht die wörtliche Übersetzung? »Seinen *l.* finden«
will sicher nicht nur sagen, er habe Mut gefunden, sondern im
Blick auf den folgenden Finalsatz, er sei zu dem Entschluß gekommen, und zwar auf Grund seiner Erkenntnis. Prv 6₁₈
zeigt das Herz als jenes Organ, das erdachte Pläne durch Entschlüsse zur Ausführung bringt: Jahwe verabscheut unter
anderem

---

[20] S. o. S. 66f.

ein Herz, das Unheilspläne verarbeitet,
    Füße, die eilends zum Bösen laufen.
Weil im Herzen die Entscheidung zwischen Verführung und
weiser Mahnung erfolgt (Prv 4₂₀₋₂₇), darum will das Herz
mit größter Vorsicht gehütet werden (₂₃):
    Mehr als alles bewache dein Herz,
        denn ihm entspringen die Quellen des Lebens.
Am Tatort der Willensentschlüsse ereignet sich auch die Verstockung: das Herz verhärtet sich, wird unempfindlich und
unbeweglich (Ex 4₂₁ 7₃.₁₅ 9₇ Dt 2₃₀ Jes 6₁₀ u. ö.).
In diesen Zusammenhang gehört die häufige Wendung *dibbär
'al-l.*: »zu Herzen reden«, »aufs Herz einreden«. Sie gehört
hauptsächlich zur Liebessprache; doch meint sie nicht absichts-
lose, schöne Worte, sondern einen Anspruch, durch den Wil-
lensänderung erstrebt wird (Hos 2₁₆f. Gn 34₃). Sie kann dann
auch »ins Gewissen reden« bedeuten (Ri 19₃ Gn 50₂₁)[21]. In
jedem Falle soll ein Entschluß angeregt werden. Vgl. Jes 40₂
2 Ch 30₂₂ 32₆. »Zu Herzen reden« heißt mithin alttestament-
lich: zum Entschluß bewegen.
Von hier ist der Weg nicht weit zur *Absicht* als einem Vorgang im Herzen. Nathan sagt zu David, als er den Tempelbau
erwägt (2 S 7₃):
    Alles, was in deinem Herzen ist, geh und tue es!
Das heißt: richte aus, was in deiner Absicht steht. Zu Jonatan
sagt sein Waffenträger, nachdem er ihm seinen militärischen
Plan entwickelt hat (1 S 14₆f.):
    Tue alles, was in deinem Herzen ist. Ich bin dabei.
    'Wie dein Herz ist mein Herz'[22].
Damit erklärt er: Tue, was du beabsichtigst; ich entspreche
deinem Vorhaben. Jes 10₇ urteilt über Assur:
    Zu vertilgen ist in seinem Herzen.
Die Verbindung mit dem finalen Infinitiv zeigt, daß das Ver-

---

[21] Vgl. JVollmer, Rückblicke 87.
[22] Nach LXX; vgl. BHK.

tilgen »in seiner Absicht« steht. Ps 24₄ antwortet auf die
Frage, wer auf Jahwes Berg hinaufgehen dürfe:
Der reine Hände hat und ein lauteres Herz.
Das könnte heißen: Wer Böses weder getan hat noch beab-
sichtigt. Vgl. Ps 17₃ 139₂₃ Prv 21₂.
Vom Herzen als dem *Willensantrieb* spricht die Priesterschrift
in Ex 35₂₁ 36₂: die Mitarbeiter an der Herstellung des Zeltes
der Begegnung werden als Leute bezeichnet,
die ihr Herz dazu trieb.
So wird Freiwilligkeit beschrieben. Mose leitet nach der Schilderung des Jahwisten in Nu 16₂₈ seine Strafandrohung gegen
die aufsässigen Datan und Abiram mit den Worten ein:
Daran sollt ihr erkennen, daß Jahwe mich gesandt hat, alle
diese Taten zu vollbringen, und daß es nicht aus meinem
Herzen geschieht.
lō' millibbī bedeutet hier: nicht aus meinem eigenen (eigen-
sinnigen) Antrieb.
Die deuteronomischen Prediger legen wert darauf, daß die
Liebe zu Gott aus eigenem Antrieb erfolgt, wenn sie in Dt 6₅
mahnen:
Du sollst Jahwe, deinen Gott, mit deinem ganzen *l.* lieben
und mit deiner ganzen *näpäš* und mit allen deinen Kräften.
Wie *näpäš* das echte Verlangen und Begehren bezeichnet, so
l. hier die *bewußte Willenshingabe* (vgl. Dt 4₂₉ 10₁₂ 11₁₈ u. ö.).
Die Momente des Bewußten und des Willentlichen sind dabei
unbedingt zusammenzusehen. Denn die Hingabe kann Gegenstand der Prüfung sein. Dt 8₂ erinnert an den Weg, den Jahwe
Israel vierzig Jahre durch die Wüste geführt hat,
um dich zu prüfen und zu erkennen,
was in deinem Herzen sei,
ob du seine Gebote halten würdest oder nicht.
»Im Herzen« wird hier der *Gehorsam* auf Grund der Erkenntnis der Gebote geprüft. Stiehlt Absalom »das Herz der
Männer Israels« (2 S 15₆ *gnb* pi.!), so raubt er deren bewußte
Zuneigung, Gehorsam und Gefolgschaft, die seinem Vater

David gelten sollten. Vgl. 1 Kö 12₂₇. An Willenshingabe denkt auch das Mahnwort Prv 23₂₆:

> Gib mir, mein Sohn, dein Herz,
> und laß deinen Augen meine Wegweisungen gefallen.

Die Söhne Davids werden danach beurteilt, ob »ihr Herz ganz mit Jahwe ist« (*lēbāb šālēm 'im jhwh*) wie das Davids (1 Kö 8₆₁ 11₄ 15₃.₁₄ 2 Kö 20₃). Der Deuteronomist denkt dabei an den völligen und unbedingten Gehorsam[23].

Zur Anschauung gebracht wird diese Sicht des Herzens in der prophetischen Aufforderung zur Beschneidung für Jahwe und zur Entfernung der »Vorhaut eures Herzens« (Jer 4₄). Sie verdeutlicht die neue Hinkehr zu Jahwe, ja die Übergabe an ihn. Dt 10₁₆ erläutert den erwarteten Vorgang noch durch den Hinweis, daß damit die bisherige Halsstarrigkeit beendet wird:

> Beschneidet die Vorhaut eures Herzens
> und zeigt euch nicht weiter halsstarrig.

Jer 3₁₀ stellt einer trügerischen, heuchlerischen oder nur äußerlichen Umkehr (*bᵉšāḳär*) eine solche »mit ganzem Herzen« (*bᵉkol-l.*) gegenüber, die eine aufrichtige Hingabe wäre, die auch einer Prüfung der verborgenen Absichten standhielte. So ruft Joel (2₁₂) zu einer »Umkehr mit eurem ganzen Herzen«, d. h. zu einer Wendung mit klarer Willensentscheidung (vgl. Jer 29₁₃). Immer ruft beim Deuteronomisten die Mahnung zu Gottesfurcht und aufrichtigem Dienst »mit ganzem Herzen« zur bewußten Willensübergabe (z. B. 1 S 12₂₄).

Der Prophet Ezechiel erkennt, daß der Mensch sein Herz nicht selbst erneuern kann. Er verheißt im Namen seines Gottes (11₁₉; vgl. 36₂₆):

---

[23] Vgl. WEisenbeis, *šlm* 340f.; zum etwas andersartigen chronistischen Sprachgebrauch 347f. KDeller weist mich brieflich darauf hin, daß akk. *libbašu gummur* (das Herz ganz hingeben) von Eunuchen des Königs, seinen engsten Beratern und Vasallen ausgesagt wird. So heißt es z. B. in einem Brief an Asarhaddon (ABL 620 r. 6): »Ein Knecht, dessen Herz ungeteilt seinen Herren gehört (gemeint sind Asarhaddon und der Kronprinz Assurbanipal), bin ich«.

Ich werde ihnen einen anderen (neuen) *l.* geben
und eine neue *rūᵃḥ* in ihr Inneres legen
und werde den *l.* von Stein aus ihrem Leibe entfernen
und ihnen einen *l.* von Fleisch geben.

Die Fortsetzung zeigt, daß *l.* hier wohl auch Erkenntnis und Orientierung, ja Gewissen bedeutet, aber darüber hinaus noch mehr. Denn 11₂₀ (vgl. 36₂₇) fährt fort:

Damit sie nach meinen Satzungen gehen
und meine Gesetze beachten und sie erfüllen.

Das steinerne Herz ist das tote Herz (vgl. 1 S 25₃₇), das unempfänglich ist und alle Glieder aktionsunfähig macht. Das fleischerne Herz ist das lebendige, einsichtsvolle, das zugleich zum neuen Handeln willig ist. Die neue *rūᵃḥ* bringt zum Erkennen und Wollen des Herzens die neue Lebenskraft hinzu, im willigen Gehorsam beständig durchzuhalten[24]. Fordert Ezechiel 18₃₁ auf:

Schafft euch ein neues Herz und einen neuen Geist!

so geschieht dieser Aufruf auf Grund des vorherigen Lebensangebotes Gottes (V. 23.31f.):

Ich habe keinen Gefallen am Tode des Gottlosen.
Warum wollt ihr sterben?

Der Aufruf wird antithetisch interpretiert (V. 31a):

Werft von euch all eure Aufsässigkeiten,
mit denen ihr gegen mich rebelliert!

Demgegenüber ermahnt die Aufforderung, sich ein neues Herz zu verschaffen, dazu, die angebotene bewußte Willigkeit zum neuen Gehorsam zu ergreifen.

Auch »Herz« kann schließlich wie die anderen anthropologischen Hauptbegriffe[25] für das Selbst des Menschen, für die Person als solche eintreten. Wenn Jer 23₁₆ vor den falschen Propheten warnt:

Hört nicht auf die Worte der Propheten.
Sie betören euch nur.

---

[24] S. o. S. 66f.
[25] S. o. S. 46.

Gesicht ihres *l.* reden sie,
nicht aus dem Munde Jahwes –

dann bedeutet »Gesicht ihres Herzens« schlicht »ihre eigene
Schau«, die Vision, die aus ihnen selbst kommt[26]; doch höre
man den Unterton mit: Vision, die ihrer menschlichen Erkenntnis oder auch ihrem Selbstbewußtsein entspricht. Ps 22[27]
ruft zum Dankopfermahl auf:

Die Bedrückten sollen essen und satt werden,
rühmen sollen Jahwe, die ihn suchen,
'ihr'[27] Herz soll leben auf immer.

D. h. kaum mehr als: »sie sollen leben . . .«.
Auch wo *l.* fast zum Personalpronomen verblaßt, sollte der
bestimmte Aspekt des Menschen bewußt bleiben, unter dem
der Mensch als »Herz« gesehen wird. Wir sahen, daß *l.* am
wenigsten das Gemüt meint, viel öfter hingegen und eigentlich
kennzeichnend das Organ der Erkenntnis, damit verbunden
schließlich den Willen, sein Planen, seine Entschlüsse und Absichten, das Gewissen und die bewußte und aufrichtige Hingabe im Gehorsam.
Das Bedeutungsspektrum des häufigsten anthropologischen Begriffs hat sich als besonders breit erwiesen. So gewiß er die
Bereiche des Leiblichen, des Emotionalen, des Intellektuellen
und der Willensfunktionen umgreift, so deutlich ist doch festzuhalten, daß die Bibel mit dem Herzen vor allem das Zen-
trum des bewußt lebenden Menschen ins Auge faßt. Das weithin durchschlagende proprium ist, daß das Herz zur Vernunft
berufen ist, insbesondere zum Vernehmen des Wortes Gottes.

6. Bedenkenswert sind die Aussagen über das »*Herz*« Gottes,
weil sie immer die Beziehung zum Menschen betreffen. Am
häufigsten wird das Herz Gottes als Organ des klaren Willens
Gottes erwähnt, an dem der Mensch gemessen wird.

---

[26] Vgl. Nu 16[28] und o. S. 87.
[27] S. BHS.

Ein Gottesmann verkündet dem Priester Eli das Wort Jahwes (1 S 2₃₅):

Ich will mir einen treuen Priester bestellen,
der nach meinem Herzen und nach meinem Sinn handelt.

ka'ᵃšär bilᵉbābī ūbᵉnap̄šī heißt: entsprechend meinem Willen und meinem Wunsch. Ganz ähnlich sagt Jahwe zu Jehu in 2 Kö 10₃₀:

Weil du eifrig durchgeführt hast,
was recht ist in meinen Augen,
und ganz, wie es in meinem Herzen ist,
sollen deine Nachkommen bis ins vierte Glied
auf dem Thron Israels sitzen.

Taten, die ganz so sind, wie es »in Jahwes *l.*« ist, entsprechen ebenso wie das, was in seinen (unbestechlichen) Augen recht ist, genau seinem Willen. Zu Saul sagt Samuel (1 S 13₁₄):

Dein Königtum wird keinen Bestand haben.
Jahwe hat sich einen Mann nach seinem Herzen gesucht,
den hat er zum Anführer über sein Volk bestellt.

'īš kilᵉbābō ist der Mann, der Gottes Willen entspricht. Vgl. Jer 3₁₅. Dagegen entspricht der Dienst an den falschen Kultstätten nicht Jahwes Befehl, da er nie »in seinen *l.* aufgestiegen ist«, also nicht zu seinen Willensentschlüssen gehört (Jer 7₃₁ 19₅ 32₃₅).

Wie mit dem Herzen Gottes sein klarer Wille, an dem er den Menschen mißt, zusammengesehen wird, so auch der *Plan* seines künftigen Handelns:

Ein Tag der Rache (liegt) in meinem Herzen.

(Jes 63₄). So spricht sich die entschlossene Absicht aus. Vgl. Jer 23₂₀ 30₂₄. Ähnliches gilt dann von der Verheißung (Jer 32₄₁):

Es wird meine Freude sein, ihnen Gutes zu tun.
Ich werde sie in dies Land einpflanzen in Treue,
mit meinem ganzen Herzen und meiner ganzen Seele.

Diese Wendung kennen wir von den deuteronomischen Predigern, die vom Menschenherzen ganze Hingabe mit vollem

Willenseinsatz erwarten[28]. Entsprechend wird hier von Gottes *l.* und Gottes *nǽp̄æš* gesprochen, um seinen klaren Willen und seinen sehnlichen Wunsch zu bezeugen, hier hinsichtlich seines Zukunftsplans, dem sein Willenseinsatz mit ganzer Zuneigung gilt. Vgl. 2 S 7₂₁.

Die unbedingte Verläßlichkeit der Zukunftsplanungen Jahwes besingt Ps 33₁₁:

> Der Ratschluß Jahwes hat auf immer Bestand,
> die Pläne seines Herzens gelten von Geschlecht zu Geschlecht.

Andere Texte bringen mit der Rede vom Herzen Gottes die Vehemenz seiner Menschenfreundlichkeit zur Sprache. So wird Thr 3₃₃ angesichts der Exilsnöte fast entschuldigend von Gott ausgesagt:

> Nicht bedrückt er von Herzen die Menschenkinder.

Die Wendung *lo' millibbō* (»nicht aus seinem Herzen«) entspricht genau der Selbstentlastung Moses in Nu 16₂₈[29] und besagt: »nicht aus eigenem Antrieb«, »nicht nach seinem eigenen ursprünglichen Willen«. Muß Jahwe gegen Israel handeln, so tut er sein »fremdes Werk, sein wildfremdes Werk« (Jes 28₂₁), das von Israels Abfall herausgefordert ist.

Daß Gott selbst unter der Bosheit der Menschen leidet, spricht schon der Jahwist in Gn 6₆ aus. Angesichts der Schlechtigkeit der menschlichen Planungen wird Gott die Erschaffung der Menschen leid,

> und es schmerzte ihn bis in sein Herz hinein.

Sein Schöpferwille ist tief verletzt; bis ins Innerste seines Wesens ist er getroffen (vgl. auch Jer 48₃₆ₐ.b).

Am Schluß des Sintflutberichts leitet der Jahwist den Entschluß Jahwes, die Erde fortan nicht mehr zu verfluchen, mit dem Satz ein (Gn 8₂₁):

> Jahwe sprach zu seinem Herzen.

So fanden wir auch bei Menschen Sätze des Nachdenkens, der

---

[28] S. o. S. 87.
[29] S. o. S. 87.

Überlegungen und der Entschlüsse eingeführt[30]. Hier faßt Jahwe den guten Entschluß, der seinem ursprünglichen, nach 6₆ verletzten Schöpferwillen entspricht.

Die mehr rationale Funktion des *l.* wird noch deutlicher in Jer 44₂₁, wo von allerlei kultischen Greueln gesagt wird:
> Jahwe hat es sich gemerkt und es stieg auf in sein Herz.

ʿālāh ʿal-l. entspricht nicht unserer Wendung: sich etwas zu Herzen nehmen, sondern besagt »zum Bewußtsein kommen«, »zur Kenntnis nehmen«, hier in Parallele zu *zkr* = »denken an«[31].

Über Gottes hohe Aufmerksamkeit auf den Menschen staunt Hiob (7₁₇):
> Was ist der Mensch, daß du so groß ihn achtest,
> und gar dein Herz auf ihn setzt.

Zu *šīt lēb 'äl* vgl. o. S. 82. Hi 34₁₄ stellt in Frage, daß Gott »sein Herz auf sich selbst richtet«, d. h. daß er an sich selbst denke. Mit seinem Herzen wendet Gott sein Beobachten und Vernehmen, seine Achtung und seine Fürsorge dem Geschöpf zu. (Vom Herzen des »verborgenen« Gottes spricht nur Hi 10₁₃).

In diesem Zusammenhang fällt eine merkwürdige spätdeuteronomistische Interpretation der Gegenwart Gottes im Jerusalemer Tempel auf. In 1 Kö 9₃ (= 2 Ch 7₁₆) lautet ein Jahwewort an Salomo nach der Tempelweihe:
> Ich habe diesen Tempel, den du erbaut hast, geweiht,
> indem ich meinen Namen dort auf immer belasse;
> auch meine Augen und mein Herz sollen immerdar dort
> weilen.

Die bekannte deuteronomische Aussage vom Wohnen des Namens Gottes im Heiligtum wird durch eine sonst unbekannte Erweiterung erklärt und ergänzt. Die Präsenz der Augen bekundet die Aufmerksamkeit Gottes auf alle, die zum Heiligtum kommen; insofern stellt das Wort die Erhörung der Bitte Salomos aus 1 Kö 8₂₉ dar:

---

[30] S. o. S. 82.
[31] S. o. S. 81. Vgl. WSchottroff, Gedenken 116f. 226ff.

Laß deine Augen geöffnet sein
über diesem Haus bei Tag und Nacht.

Was aber will die ganz ungewöhnliche weitere Zusage der Präsenz des Herzens Gottes? Sie verspricht doch wohl über das Bisherige hinaus die »Anteilnahme« und das »Wohlwollen« Gottes[32], also seine innerste, völlige Zuneigung. Vgl. noch Ps 78₇₂.

In einer unvergleichlichen Weise spricht Hosea vom Herzen Gottes als dem Ort umwälzender Lebensentscheidungen. Weder die Liebeserweisungen noch die Strafen Jahwes haben sein Volk zu einer dauerhaften Hinkehr zu ihm bewegen können (Hos 11₁-₇). So scheint das endgültige Gericht unaufhaltsam. Aber genau an dieser Stelle setzt eines der größten Worte des Alten Testaments ein, das Hosea als Wort seines Gottes verkündet (11₈f.):

Wie kann ich dich preisgeben, Ephraim ...
Umgedreht in mir hat sich mein Herz,
   meine Reue entbrennt mit Macht.
Nicht vollstrecke ich meinen glühenden Zorn ...
   Denn Gott bin ich und nicht ein Mensch ...

Hier verwarnt Gott zunächst sich selbst: »... wie könnte ich!?« Am Ende kommt es zu einer offiziellen Strafverzichtserklärung. Begründet wird sie damit, daß statt des verdienten, vernichtenden Umsturzes des Volkes ein Umsturz in Gottes Herzen erfolgt. Das Wort *hpk* für Umsturz erinnert an die Sodomerzählung (Gn 19₂₅; vgl. Am 4₁₁ Dt 29₂₂) und wird hier für die Umkehr in Gott gebraucht:

Umgestürzt ist in mir mein Herz.

Damit ist der Umsturz des entscheidenden Entschlusses Gottes gemeint. Gottes bedingungsloses Erbarmen wendet sich gegen den Gerichtsentscheid. Gottes Herz, d. h. sein freier Liebesentschluß, wendet sich gegen seinen Zornesentscheid. So hat Hosea jene Entscheidung in Gottes Herzen für Israel ver-

---

[32] MNoth, BK IX 197

heißen, die in Jesus Christus für alle Völker besiegelt worden ist. So ist ohne Wissen um das »Herz Gottes« die wirkliche Lage des Menschen nicht zu verstehen.

Festzuhalten bleibt, daß im Alten Testament vom Herzen Gottes als dem verborgenen nur Hi 10:13 gesprochen wird, kaum von seinen Stimmungen, mehr von seinem Aufmerken, Bedenken und Planen, und sehr klar und wiederholt von seinem normativen Willen, seiner entschlossenen Zuneigung und der Macht seiner Entscheidung zur Barmherzigkeit[33].

---

[33] Alle 26 Stellen, die im Alten Testament von Gott handeln, sind in diesem Abschnitt vorgeführt worden.

6

DAS LEBEN DES LEIBES[1]
1. Atem – 2. Blut

Das Leben bekundet sich dem alttestamentlichen Menschen wesentlich im Atem ($n^e\check{s}\bar{a}m\bar{a}$ 24 mal, dazu 1 mal aram. $ni\check{s}m\bar{a}$) und, ungleich häufiger, im Blut ($d\bar{a}m$ 360 mal). Beide Begriffe unterscheiden sich von anderen[2] dadurch, daß sie ihre sinnlich-konkrete Grundbedeutung als Termini der vegetativen Physiologie fast immer festgehalten haben.

1. Die $n^e\check{s}\bar{a}m\bar{a}$ als Kennzeichen des lebendigen Menschen im Unterschied zum toten stellt Hiob (27₃) fest:

Noch ist mein Atem ($ni\check{s}m\bar{a}t\bar{\imath}$) in mir,
    und Gottes Hauch ($r\bar{u}^a\underline{h}$) in meiner Nase.

Wenn vom kranken Sohn der Witwe zu Sarepta in 1 Kö 17₁₇ erzählt wird, seine Krankheit habe sich so sehr verschlimmert, daß schließlich kein Atem ($n^e\check{s}\bar{a}m\bar{a}$) mehr in ihm übrig blieb, dann ist damit der Tod eingetreten (V. 18ff.). So verwundert es nicht, daß das Wort Bezeichnung für das Leben schlechthin wird. Von der Eroberung Hazors durch Josua wird Jos 11₁₁ berichtet:

'Er'[3] schlug alle Personen (kol-$hann\bar{a}\bar{p}\ddot{a}\check{s}$) darin mit der Schärfe des Schwerts zur Vollstreckung des Banns. Kein Leben ($n^e\check{s}\bar{a}m\bar{a}$) blieb übrig.

---

[1] *Literatur:* JKoeberle, Natur und Geist 187f. – EDhorme, L'emploi 8–11. – LMorris, Blood. – GPidoux, L'homme 49–53. – HGrafReventlow, Blut. – KKoch, Blut. – ARJohnson, Vitality 71–74. – GGerleman, *dām*.

[2] Vor allem von *ḥajjīm;* zu *näpäš* s. o. S. 26ff., zu *ru^aḥ* o. S. 58ff.

[3] S. BHK.

Im Blick auf das »Leben« ist $n^e\check{s}\bar{a}m\bar{a}$ als Erinnerung an den Atem offenbar präziser als $n\acute{a}p\ddot{a}\check{s}$. Dabei ist der Übergang zur Bedeutung »Lebewesen« schon fließend. Er ist vollzogen, wenn $n^e\check{s}\bar{a}m\bar{a}$ zum Objekt der Bannvollstreckung wird (Jos 10₄₀; vgl. 11₁₄ Dt 20₁₆) oder im Plural als Objekt der Schöpfung Jahwes erscheint ($n^e\check{s}\bar{a}m\bar{o}t$ Jes 57₁₆). Damit sind Lebewesen hebräisch exakt als »Atemwesen« definiert. Sollte diese Grundbedeutung an der einzigen Stelle Prv 20₂₇ vergessen sein?[4]

Eine Leuchte Jahwes ist die $n^e\check{s}\bar{a}m\bar{a}$ des Menschen;
sie durchforscht alle Dunkelkammern des Leibes.

Hier ist man geneigt, die $n^e\check{s}\bar{a}m\bar{a}$, da sie dem Menschen das Forschen ermöglicht, als »Geist« zu verstehen; das wäre jedoch sogar für $r\bar{u}^a\d{h}$ eine ungewöhnliche Bedeutung. Man wird darum eher der Konjektur des ersten Wortes ($n\bar{e}r$ Leuchte) zustimmen und stattdessen[5] $n\bar{o}\d{s}\bar{e}r$ lesen:

'Es bewacht' Jahwe den Atem des Menschen;
er durchforscht alle Kammern des Leibes.

So ist der synonyme Parallelismus hergestellt, für den eben auch entscheidend die Grundbedeutung von $n^e\check{s}\bar{a}m\bar{a}$ spricht. Jahwe gilt somit als Schützer wie als Schöpfer des Atems.

Atem als Lebensmerkmal zeigt den Menschen in unlösbarer Verbindung mit Jahwe[6]. Alles am Menschen ist irdisch-stofflich, wenn auch gestaltet von Jahwe selbst; aber als lebendiges Wesen verdankt sich der Mensch dem Einblasen des Atems durch Jahwe. Dabei spricht der Jahwist zwar nicht vom »Atem Jahwes« (vgl. auch Jes 42₅!). Es bleibt aber zu beachten, daß das an nicht weniger als acht anderen, allerdings späten Stellen geschieht:

Des Höchsten Atem hat mich zum Leben gebracht

Hi 33₄; vgl. 34₁₄ 32₈ (macht klug!) 37₁₀ (bildet Eis!). Doch ist

---

[4] So JKoeberle, Natur und Geist 187f.
[5] Mit BGemser, Sprüche; HRinggren, Sprüche und BHK nach Prv 24₁₂ und Hi 7₂₀.
[6] Gn 2₇, s. o. S. 43f.

Jahwes Atem nicht nur schöpferische Kraft, sondern sein
Schnauben führt auch Gericht herauf (Hi 4₉ 2 S 22₁₆ Ps 18₁₆
Jes 30₃₃). Jes 57₁₆ läßt Jahwes Zorn seine Grenze finden in
der Erinnerung eben an die »Atemwesen«, die er erschaffen
hat (vgl. Gn 2₇ und Jes 42₅ff.). Vom tierischen Atem wird nie
ausdrücklich gesprochen (nur in Gn 7₂₂ ist er im gegenwärtigen Kontext mitgemeint). Aufgabe allen menschlichen Atems
ist das Lob Gottes (Ps 150₆):

Alles, was atmet, jauchze Jah!

So sollte Atem als Grundfunktion menschlichen Lebens den
Menschen mit seinem Schöpfer und Erhalter, mit dem zürnen-
den und dem erbarmenden Gott verbunden halten.

2. Wie der Atem so spielt auch das *Blut* im Alten Testament
keine Rolle für das intellektuelle oder auch nur für das emotionale Leben[7]. Das ist angesichts des 360fachen Vorkommens
von *dām* für unsere Vorstellungen ebenso merkwürdig wie die
Tatsache, daß es eher mit der *næpæš*[8] als mit dem »Herzen«
des Menschen zusammengedacht wird. Es gilt zur Hauptsache
als Sitz der physischen Lebenskraft als solcher. Von Verbrechern sagt Prv 1₁₈:

Sie lauern ihrem eigenen Blute auf (*dāmām*),

legen Hinterhalt dem eigenen Leben (*napšōtām*).

So steht Blut für das nackte Leben des Menschen. Ps 72₁₃f.
erbittet für den gerechten König:

Er rette das Leben (*napšōt*) der Armen,

ihr Blut (*dāmām*) sei kostbar in seinen Augen.

So schreit denn auch vergossenes und unbedecktes Blut von der
Erde auf (Gn 4₁₀). Es tritt für den Notschrei des zum Verstummen gebrachten Mundes ein (Hi 16₁₈ vgl. Gn 37₂₆). Die
animistische Kraft des Blutes, in dem das Leben aus dem Ge-
mordeten herausgetreten ist und das nach Blutrache schreit,
wirkt im Alten Testament darin fort, daß es in Jahwe seinen

---

[7] Vgl. GPidoux, L'homme 51.
[8] S. o. S. 38.

Hörer findet. Rechenschaft für das Blut ist Rechenschaft für
das Leben, das eingefordert wird (Gn 42₂₂). Vom Menschen
wie vom Tiere gilt:

Das Leben jeden Fleisches ist sein Blut
(Lv 17₁₄ Dt 12₂₃ Gn 9₄₋₆)[9].

Darum umfaßt das sakralrechtliche Denken alle Blutvergehen,
sowohl im kultisch-rituellen wie im sozialen Bereich. Beide
sind Jahwe als dem Hüter des Lebens zugeordnet. Daß sakral-
rechtliches Denken im Blick auf das Blut eine hervorragende
Rolle spielt, läßt sich schon daran ablesen, daß *dām* am häufigsten in den Büchern Leviticus (88 mal) und Ezechiel (55
mal) vorkommt[10].

In jedem Falle ist der Genuß von Blut beim Verzehren von
Fleisch verboten (Gn 9₄ Lv 3₁₇ 7₂₆ 19₂₆ Dt 12₁₆.₂₃ 15₂₃). Stürzt
sich nach der Philisterschlacht Sauls das Volk über die Beute
an Kleinvieh, Rindern und Kälbern, und genießt es sogar das
Blut, so wird gerade dies als Versündigung gegen Jahwe gemeldet, daß das Volk das Fleisch samt dem Blut ißt (1 S 14₃₂f.;
vgl. Ez 33₂₅). Nach Lv 17₃ff. soll man das Blut opferbarer
Tiere nicht einfach, wie das bei Jagdtieren, Hirsch oder
Gazelle, schon immer üblich war, »auf die Erde fließen lassen
wie Wasser« (Dt 12₁₅f.₂₂.₂₄), sondern der Priester hat es auf
den Altar Jahwes zu sprengen (Lv 17₆). Darin spricht sich in
kultisch-theologischer Strenge aus, daß dem Menschen nur das
Fleisch zusteht, das von Erde genommen ist und zu Erde wird,
daß aber das Leben allein Jahwe gehört[11]. Vor Jahwe wiegt
die Unterlassung des rituellen Gebots nicht weniger schwer
wie Mord an Menschen; es ist Blutschuld, Schuld des Blut-

---

[9] S. o. S. 38.
[10] GGerleman, *dām* 448.
[11] Vgl. KElliger, Leviticus 226–228. Zu beachten bleibt, daß das Blut nur
rechtlich, nicht aber physisch Jahwe zugeordnet wird, wie das beim Atem
vor allem im Hiobbuch (s. o. S. 60ff.) durchaus geschieht. Die im Zweistromland verbreitete Sicht, daß die Menschheit aus dem Blut eines getöte-
ten Gottes erschaffen worden sei (Belege jetzt bei FMaass, 'ādām 82f.), fin-
tet im Alten Testament keine Aufnahme.

vergießens, auf der die Todesstrafe steht (Lv 17₄; vgl. Nu 35₃₃).

Auch Gn 9₄₋₆ sieht Genuß von Tierblut und Menschenmord zusammen. Das Vergießen von Menschenblut wird als Vergehen gegen das »Bild Gottes«[12] besonders hervorgehoben. So kommt es dazu, daß *dām* (Lv 17₄), insbesondere aber die Pluralbildung *dāmīm* zum ethisch-rechtlichen Terminus für Blutschuld wird, für »das gewaltsam vergossene fremde Blut«[13]. So klagt Jesaja (1₁₅):

Eure Hände sind voll Blut(-schuld, *dāmīm*).

Hosea droht Jerobeam II. Jahwes Gericht an (1₄):

Ich ahnde die Blutschuld von Jesreel an Jehus Haus

und sieht die Vergehen gegen das Gottesrecht darin gipfeln, daß sich »Blutschuld an Blutschuld« reiht (4₂). Nahum (3₁) und Ezechiel (22₂ 24₆.₉) nennen Jerusalem seiner politischen Brutalität wegen die »Stadt der Blutschuld«[14]. Vgl. Dt 19₁₀ Prv 28₁₇:

Ein Mensch, bedrückt von jemandes Blut (*dam-nắp̄äš*),
   ist flüchtig bis zum Grabe. Man stütze ihn nicht!

Das tiefe Ineinander von Blutvergießen, Blutschuld und Schuldfolge hat seine dichteste Formulierung in der Rechtsformel gefunden:

damāw bō – sein(e) Blut(schuld) ist auf ihm

Lv 20₉, vgl. 11-13.16.27 oder:

deine Blutschuld (*dāmắka*) ist auf deinem Haupte

2 S 1₁₆ 1 Kö 2₃₇. Damit wird die Schuld des Verurteilten und die Unschuld der Vollstrecker der Todesstrafe festgestellt, wie sie von Jahwe geordnet ist (vgl. 2 S 16₈ 1 Kö 2₃₂ff.)[15].

Daß das Blut, an den Altar gesprengt, zum Sühnemittel für die Schuldigen wird, führen die Ordnungen Lv 4₅₋₃₄ 16₁₄₋₁₉

---

[12] S. u. S. 240.
[13] KKoch, Blut 406 = 444.
[14] In Nah 3₁ nachträglich auf Ninive bezogen; vgl. JJeremias, Kultprophetie 29ff.
[15] Vgl. HGrafReventlow, Blut, und KKoch, Blut 400f. = 437f.

17₁₁ aus. Nur durch die Setzung Jahwes hat es diese Kraft, so
wie es in Ex 24₆.₈ zum »Blut des Bundes« wird, den Jahwe mit
Israel schließt.

Alles, was über Atem und Blut[16] gesagt wird, leitet in der
alttestamentlichen Anthropologie zu einer letzten Ehrfurcht
vor dem Leben an. Doch ist diese Ehrfurcht nicht aus den
Lebensbekundungen selbst zu begründen, sondern daraus, daß
Atem und Blut Jahwe zugeordnet sind und darum Leben ohne
stete Verbindung mit ihm und letzte Zielung auf ihn nicht
eigentlich Leben ist.

---

[16] Daß das Blut rot ist, sagt 2 Kö 3₂₂; vom »Blut der Traube« sprechen Gn
49₁₁ und Dt 32₁₄.

7

DAS INNERE DES LEIBES[1]
1. Eingeweide – 2. Leber – 3. Galle – 4. Nieren

1. Der Raum für die inneren Organe des Körpers wird zumeist *ḳåräb* genannt. Hier fanden wir schon das wichtigste von ihnen, das Herz, lokalisiert (1 S 25₃₇)[2]. Das »Innere« kann sogar gleichbedeutend mit »Herz« werden, wie in Prv 14₃₃:

> Weisheit ruht im Herzen des Verständigen;
> doch im Inneren der Toren ist sie 'wirkungslos'[3].

Vgl. Jer 31₃₃. Doch umfaßt *ḳåräb* grundsätzlich alle inneren Teile des Rumpfes, die als solche vom Kopf und den Gliedmaßen unterschieden werden (Ex 12₉ beim Passalamm). *mēʿīm*, das nach Jer 4₁₉ ebenfalls das Herz einschließt[4], meint vor allem den Bauch und die Eingeweide, auch die inneren Geschlechtsorgane (Gn 15₄). Häufiger heißt der Bauch als Mutterleib *båṭän* (Ri 16₁₇ u. ö.; genauer *råḥäm); båṭän* kann aber auch den Unterleib des Mannes meinen (Ri 3₂₁f.). Zu ihm gehören die Fortpflanzungsorgane und der Magen, die keinen eigenen Namen haben[5]. Vgl. neben Gn 25₂₄ (Rebekka hatte

---

[1] *Literatur:* EDhorme, L'emploi 109–137. – GPidoux, L'homme 29f. – ARJohnson, Vitality 73–75. – LRost, Leberlappen. – CWestermann, *kbd*. – Freedman-Lundbom, *båṭän.*

[2] S. o. S. 69f.

[3] Ich schalte mit LXX und BGemser, Sprüche, vor dem letzten Wort *lō'* ein.

[4] S. o. S. 70f.

[5] Ein einziges Mal heißen die äußeren Genitalien des Mannes »Schamteile« *mᵉbūšim;* vgl. ferner *bāśār* o. S. 51; häufiger findet sich *raglájim* (»Beine«) (Ez 4₂₅ Ri 3₂₄ Jes 6₂); zu *jād* in Jes 57₈.₁₀ als membrum virile vgl. ASvanderWoude, *jād* 669f. *jārēk* (Lende, Hüfte, Oberschenkel) findet

Zwillinge in ihrem *bäṭän*) und Hi 19₁₇ (»Söhne meines *bäṭän*«)
Prv 13₂₅:
   Der Gerechte hat zu essen, bis er satt ist;
   aber der Bauch (*bäṭän*) der Frevler leidet Mangel.
In der *bäṭän* vollzieht sich der Verdauungsprozeß (Prv 18₈):
   Die Worte des Verleumders sind wie Leckerbissen,
   sie dringen in des Leibes Kammern.
ḥadrē-bäṭän heißt hier das dem gewöhnlichen Menschen verborgene Leibesinnere. *ḥädär* bezeichnet sonst das Schlafgemach
(Ex 7₂₈ u. ö.), auch die dunklen Innenräume des Tempels (1
Ch 28₁₁), nennt also hier die Innenräume des Rumpfes »Dunkelkammern«. Von ihnen sagt Prv 20₂₇, daß Jahwe sie durchforscht[6]. Damit deutet sich wieder an, daß auch das Innere des
Leibes weniger anatomisch und physiologisch als vielmehr
psychologisch im umfassenden Sinne interessiert[7]. Als Beispiel
nennen wir nur Jer 4₁₄:
   Wie lange sollen in deinem Innern (*ḳäräb*)
   deine heillosen Pläne hausen?
Neben dem »Herzen« werden nur wenige innere Organe benannt. Für Lunge, Magen und Därme hat das Alte Testament
kein eigenes Wort, jedoch für Leber, Galle und Nieren.

2. Die *Leber* als die größte Drüse des menschlichen und tierischen Körpers ist wohl bekannt; ihr Gewicht (beim erwachsenen Menschen ca. 1,5 kg) gab ihr den Namen: *kābēd* »Leber«
gehört zur Wurzel *kbd* »schwer sein« (vgl. akk. *kabattu* »Leber«, *kabātu* »schwer sein« und ugaritisch *kbd*[8]). Im Bereich
der akkadischen Sprache ist die Leber nächst dem Herzen das

---

sich für das Zeugungsglied da, wo Kinder eines Mannes als die bezeichnet
werden, »die aus seiner *järēk* hervorgingen (Gn 46₂₆ Ex 1₅ Ri 8₃₀), und in
dem altertümlichen Schwurzeremoniell »die Hand unter jemandes *järēk*
legen« (Gn 24₂ 47₂₉).
[6] S. o. S. 97.
[7] EDhorme, L'emploi 109, weist darauf hin, daß die inneren Teile des
Körpers als Organe, die nur Wahrsager und Mediziner näher kennen, ein
Interesse erster Ordnung für die semitische Psychologie darstellen.
[8] JAistleitner, WB 144.

wichtigste Organ und wird überaus häufig erwähnt[9]. Um so
auffallender ist es, daß die Leber im Alten Testament[10] insgesamt nur 14 mal erwähnt wird, davon 13 mal von Tieren:
die Leberlappen als Opferteile 11 mal (Ex 29₁₃.₂₂ und 9 mal
in Lv)[11], die vom Pfeil des Jägers durchbohrte Leber des
Hirsches einmal (Prv 7₂₃) und schließlich einmal die Leberschau (Ez 21₂₆); diese wird als eine der Orakelpraktiken des
babylonischen Königs erwähnt. Nun hat die Leberschau im
akkadischen Bereich eine ungeheuer große Bedeutung erlangt,
wie uns Lehrbücher der Leberschau und allein 32 Lebermodelle
aus dem Palast von Mari u. a. beweisen[12]. Erklärt sich aus dem
Gegensatz gegen heidnische Wahrsagepraxis die Zurückhaltung des Alten Testaments?

In Prv 7₂₃ wird der von der fremden Frau verführte dem
Hirsch verglichen, der sich in der Schlinge verfängt, »bis ein
Pfeil ihm die Leber durchbohrt«. Das bedeutet den Tod, sagt
der Kontext (V. ₂₂-₂₇). Danach ist die Leber als hochempfind-
liches und lebenswichtiges Organ bekannt. Ein einziges Mal
spricht der überlieferte Text von der Leber des Menschen
(Thr 2₁₁):

> In Tränen vergehn meine Augen,
>
>   mein Inneres (*mēʿīm*) verkrampft sich,
>
> zu Boden geschüttet ist meine Leber
>
> über den Sturz der Tochter meines Volkes.

So wird maßloser Schmerz beschrieben; der Sänger ist in seiner Traurigkeit seiner innersten Empfindungen nicht mehr
mächtig; sein Leben selbst wird mit seiner Leber verschüttet.
(In Ps 16₉ 30₁₃ 57₉ 108₂ ist statt *kābōd* im massoretischen Text
vielleicht *kābēd* zu lesen[13]; dann wäre hier die Leber Subjekt
freudigen Jubelns wie oft im Akkadischen[14]).

---

[9] Vgl. EDhorme, a.a.O. 129.
[10] D. h. *kābēd* im massoretischen Text.
[11] Vgl. LRost, Leberlappen.
[12] Vgl. MJastrow,jr. Religion 213–415; WZimmerli, BK XIII 490.
[13] So KBL u. a.
[14] EDhorme, L'emploi 129f.

3. Die Leber bildet die Gallenflüssigkeit. Nur der gelehrte Hiobdichter erwähnt einmal die *Gallenblase* (*m^erērā* 16₁₃) und zweimal die *Galle* (*m^erōrā* 20₁₄.₂₅), wobei beide Wörter sachgemäß von der Wurzel *mrr* »bitter sein« gebildet sind. Vom Verdauungsprozeß und dem Sekret der Leberfunktion im Menschen sagt Hi 20₁₄:

Sein Brot in seinen Eingeweiden (*mē'īm*) wandelt sich,
    wird Natterngalle in seinem Innern (*ḳåräb*).

Wird die Gallenblase von Pfeilen getroffen, so ist das Leben empfindlich gefährdet (Hi 16₁₃, vgl. 20₂₅).

4. Die *Nieren* sind im Alten Testament neben dem Herzen das wichtigste innere Organ. 31 mal werden sie erwähnt, 18 mal als Körperteil von Opfertieren (16 mal in Ex und Lv, ferner Dt 32₁₄ und Jes 34₆), 13 mal von Menschen. Sachgemäß wird nur im Plural (*k^elājōt*) von den Nieren gesprochen, auch wo vom Einzelnen die Rede ist; Lv 3₄.₁₀.₁₅ u. ö. werden ausdrücklich »die beiden Nieren« erwähnt.

Als von Gott geschaffen erwähnt der 139. Psalm die Nieren als einziges Organ besonders (₁₃)[15]:

Du bist es, der meine Nieren geschaffen,
    der mich im Leib meiner Mutter gewoben.

Wenn Jahwe den Menschen züchtigt, dann schießt er seine Pfeile in seine Nieren (Hi 16₁₃ Thr 3₁₃); das Bild erinnert an die durchbohrenden Schmerzen von Nierenkoliken. Spricht Hi 19₂₇ vom Schrumpfen oder von der Sehnsucht der Nieren? Die Bedeutung von *klh* ist im Zusammenhang unklar. Jedenfalls wäre diese Stelle die letzte, die die körperliche Seite vor Augen hat.

Häufiger sind die Nieren Sitz des *Gewissens.* So dankt Ps 16₇ Jahwe dafür, daß er den Beter berät, ja daß in den Nächten die Nieren ihn züchtigen, d. h. daß sein Gewissen ihn zurechtweist. Jer 12₂ charakterisiert die Gottlosen vor Gott:

---

[15] S. u. S. 146.

Du bist nur ihrem Munde nahe,
    aber fern von ihren Nieren.

Sie reden zwar von Gott, aber ihre inneren Entscheidungen
darf er nicht beeinflussen. Nicht weniger als fünfmal heißt
Jahwe der, der Herzen und Nieren prüft (Ps 7_{10} 26_2 Jer 11_{20}
17_{10} 20_{12}).

Als Organ der feinsten Empfindungen erwähnt auch der tief
angefochtene Beter des 73. Psalms neben dem Herzen seine
Nieren (21):

Da wurde mein Herz verbittert,
    ich fühlte meine Nieren scharf gestochen.

Doch können sie gerade auch als Organ rechten Urteils zum
Jauchzen kommen (Prv 23_{16}):

Es frohlocken meine Nieren,
    wenn deine Lippen reden, was recht ist.

So ist das Innere des Leibes mit seinen Organen zugleich Träger der seelischen und ethischen Regungen des Menschen.

8

DIE GESTALT DES LEIBES[1]
1. Gliedmaßen – 2. Größe – 3. Schönheit

1. Für die *Gliedmaßen* des Menschen gilt wie für die inneren Organe, daß der einzelne Körperteil oft mit seinen Tätigkeiten und Fähigkeiten zusammengesehen wird. Selbst seelische Regungen werden von den Extremitäten ausgesagt. Nach Ps 51₁₀ »jauchzen die Glieder«, die zerschlagen waren, wenn Jahwe mit der Vergebung Freude und Wonne vernehmen läßt. Als Sammelbegriff für die Glieder scheint nur *'aṣāmīm* zu fungieren (Ri 19₂₉ Ps 31₁₂ 32₃ Hi 33₁₉)[2].

a) *ragäl* steht für Bein und Fuß. Das körperliche Glied als solches ist z. B. gemeint, wenn Abraham seine Gäste auffordert: »Wascht eure Füße!« (Gn 18₄). Doch wenn Deuterojesaja die Füße des Freudenboten liebenswert nennt, dann meint er nicht die Schönheit ihres Aussehens, sondern das erfreuliche Herannahen der guten Nachricht (Jes 52₇)[3]. Und wenn in Gn 30₃₀ Jakob zu Laban sagt, des Aramäers Besitz habe während Jakobs Dienstzeit gewaltig zugenommen, Jahwe habe ihn *le raglī* gesegnet, dann heißt das nicht »gemäß meinem Fuß«, sondern »entsprechend meinem Schritt, meiner Maßnahme, dem von mir bewirkten Fortschritt«.

---

[1] *Literatur:* EDhorme, L'emploi 19–42.91–109.137–161. – ARJohnson, Vitality 39f. 50–75. – LDelekat, Wörterbuch ('äṣäm: 49–52). – GGerleman, BK XVIII 63–75. – HUvonBalthasar, Herrlichkeit III/2/1, 120–125. – ASvanderWoude, *ze rōa'*. – Ders., *jād*.
[2] LDelekat beobachtet, daß der Plural von »Knochen« meist *'aṣāmōt* lautet, während die maskuline Pluralform meist »Glieder« bedeutet.
[3] S. o. S. 23. Zur Bedeutung »Genitalien« für *raglájim* und auch für *järēk* (Oberschenkel, Hüfte) s. o. S. 102⁵.

b) Den Arm als leibliches Glied meint $z^er\bar{o}^{a\varsigma}$, wenn z. B. von der Armspange als Schmuck die Rede ist (2 S 1₁₀). Doch was ist ein »Mann des Arms« ('*īš* $z^er\bar{o}^{a\varsigma}$ Hi 22₈)? – ein Mensch, der »ganz Arm« oder »nur Arm« ist, nämlich ein Gewalttätiger. So kann vom »Arm« eines ganzen Volkes und Staates gesprochen werden. Wird Moabs »Arm« zerschmettert (Jer 48 ₂₅), so ist seine Kampfkraft gemeint (vgl. ₁₄), da der Arm das Schwert führt. Leiht Assur seinen »Arm« den Söhnen Lots, so leistet es wirksame (militärische) Hilfe.

c) Das weitaus am meisten genannte Glied ist die Hand (*jād*)[4]. Das zupackende und greifbare Körperglied als solches ist in der Talionsregel (z. B. Ex 21₂₄; vgl. Dt 25₁₁f.) und an zahlreichen anderen Stellen gemeint. Reicht einer dem anderen die Hand, wie Jonadab dem Jehu in 2 Kö 10₁₅, so wird die Geste zum Zeichen aufrichtiger Gesinnung und gegenseitigen Beistandswillens. Sagt Jahwe zum Satan über Hiob (2₆):

Siehe, er ist in deiner Hand,

so übergibt er ihn damit in Satans »Verfügungsgewalt«. Die Vorstellung vom Körperglied tritt bei *jād* weithin ganz zurück hinter die Bedeutung Kraft, die mit der Hand als dem ersten Mittel von Macht gegeben ist; z. B. ist das hebräische »Hand der Zunge« (*jad lāšōn*) in Prv 18₂₁ zu übersetzen:

Tod und Leben stehen im Machtbereich der Zunge.

Den Satz des Selbstruhms Ri 7₂ kann man zwar im Deutschen noch in wörtlicher Übersetzung verstehen:

Meine Hand hat mir geholfen

(»mit eigener Kraft habe ich mich gerettet«; vgl. 1 S 25₂₆ₐᵦ). Doch wird eine wörtliche Wiedergabe unmöglich, wenn von den Bewohnern von Ai angesichts des Brandes ihrer Stadt gesagt wird (Jos 8₂₀):

Nicht waren bei ihnen *jādájim*, hierhin oder dorthin zu fliehen.

Denn hebr. »Hände« meint hier die »Kraft« oder die »Mög-

---

[4] ASvanderWoude, jād 667: etwas über 1600 Belege.

lichkeit« zur Flucht. »Handerhebung« kann zum Terminus revolutionärer Auflehnung werden (1 Kö 11₂₆f.). Heißt es in Jes 1₁₂:

Wer fordert das von eurer Hand (*mijjädkäm*),
meine Vorhöfe zu zertrampeln?

so steht »Hand« hier sichtlich für die Person im Hinblick auf deren Kraftanstrengung[4a].

Die rechte (*jāmīn*) und die linke Hand (*śᵉmōʾl*) werden z. B. in der Schilderung der Umarmung von der Geliebten unterschieden (Ct 2₆):

Seine Linke ist unter meinem Kopf,
und seine Rechte umfaßt mich.

Aber sie stellen auch den Gegensatz von Stärke und Schwäche (Gn 48₁₄), von Weisheit und Torheit, Glück und Unglück dar (Qoh 10₂).

d) *ʾäṣbáʿ* meint sowohl den Finger der Hand wie die Zehe des Fußes. Der Riese in Gath (2 S 21₂₀) hatte »je sechs Finger an Händen und Füßen, vierundzwanzig an der Zahl«. Für heimliche Zeichen eignen sich die Finger besser als die ganze Hand; Prv 6₁₃ stellt die Fingerzeichen neben das Augenzwinkern und das Fußscharren. Wenn die Götzenbilder nicht nur als Werk der Hände von Menschen, sondern ausdrücklich auch ihrer Finger bezeichnet werden (Jes 2₈ 17₈), so sind sie damit wohl nicht nur als Machwerk der dem Menschen eigenen Kraft und Fähigkeit entlarvt, sondern auch als Gebilde seiner Kunst, die mit dem Finger modelliert werden. So weist vielleicht auch die Rühmung der Himmel als Werk der »Finger« Gottes (Ps 8₄) auf die kunstvolle Filigranarbeit des zierlichen Geflechts der Gestirne hin.

e) Der Kopf (*rōʾš*) macht den einzelnen Menschen in der versammelten Menge abzählbar (Ri 5₃₀; vgl. Ex 16₁₆ Nu 1₂ vom Schädel *gulgólät*). Mit dem Kopf ist das Leben des Einzelnen gefährdet (Ri 9₅₃); darum kann der Leibwächter »Hüter des

---

[4a] Damit erübrigen sich alle textkritischen Erwägungen; vgl. HWildberger, BK X 33.

Kopfes« heißen (1 S 28₂ *šōmēr lᵉroʼšī*). Das Neigen des Kopfes
ist ein Akt der Demütigung (Thr 2₁₀), das Erheben des Kopfes dagegen bedeutet Ende der Demütigung, Aufrichtung, An-
erkennung, Wiedereinsetzung ins Amt (Gn 40₂₀ Ps 34 u. ö.),
sofern es nicht Haltung des Hochmuts und des Überlegen-
heitsgefühls ist (Ps 140₉f.). Der Kopf wird zum Bild alles
Hohen (Gn 8₅ 11₄ Jes 2₂) und Beherrschenden (Ri 11₈ Jes 9₁₃
Mi 2₁₃).

2. Will man die Gestalt des Menschen in seiner ganzen *Größe*
beschreiben, so betrachtet man ihn »von der Fußsohle bis zum
Kopf« (*mikkap̄ rāḡäl wᵉʿad-rōʼš* Jes 1₆) oder noch genauer
»bis zum Scheitel« (*ḳoḏḳōḏ* Dt 28₃₅ 2 S 14₂₅ Hi 2₇). Der hohe
Wuchs eines Mannes verschafft ihm auf den ersten Blick Hoch-
achtung, etwa Eliab, dem ältesten Bruder Davids (1 S 16₇),
oder Saul, der »von der Schulter an aufwärts alles Volk über-
ragte« (1 S 9₂ 10₂₃).
Der Israelit scheint im allgemeinen nicht besonders groß gewesen zu sein. Gebeinfunde in einem Massengrab in Geser
ließen auf eine Durchschnittsgröße der Männer von 1,67 m
und der Frauen von 1,60 m schließen[5]. So hat nicht nur David
in dem (nach 1 S 17₄) sechs Ellen (ca. 2,70 m) großen Vor-
kämpfer der Philister einen Riesen vor sich, sondern die Israeliten hielten sich überhaupt für kleiner als andere Völker.
Nach Amos (2₉) waren die Vorbewohner Kanaans »groß wie
die Zedern, stark wie die Eichen«, und Israel nennt sie in Dt
1₂₈ »ein Volk, größer und höher als wir«. Der Größenunter-
schied zwischen Israeliten und Kanaanäern wird zu einem
Hauptthema der Kundschafter in Nu 13₃₂f., wenn sie berichten: »Alle Leute, die wir sahen, sind über die Maßen groß.
Auch sahen wir dort die Riesen – die Söhne Enaks gehören zu
den Riesen –, und wir kamen uns vor wie Heuschrecken, und
genau so mußten wir ihnen erscheinen.«

---

[5] LKöhler, Mensch 10.

Doch Jahwe sieht nicht auf die Größe der menschlichen Gestalt und will auch nicht, daß sich der Mensch in seinem Urteil
über den anderen davon bestimmen läßt (1 S 16₇ Prv 25₆).
Er vermag den Überragenden einzuebnen und den Kleinen
hoch wachsen zu lassen (1 S 2₇f. Ez 21₃₁ Ps 75₈). So ist die
Größe des Menschen erst in zweiter Linie eine Frage des
menschlichen Längenmaßes. Wer das nicht weiß, kennt den
wirklichen Menschen nicht.

3. Wann ist ein Mensch *schön*? Der Sinn für die Frage wächst
in salomonischer Zeit. Das Adjektiv *jāpäh*, das das Alte
Testament insgesamt 28 mal für schönes menschliches Aussehen
braucht, kommt allein zwölfmal in den großen literarischen
Werken dieser Zeit vor: beim Jahwisten, in der Aufstiegs- und
in der Thronfolgegeschichte Davids, ferner elfmal im Hohenlied[6]; hinzuzurechnen ist der nicht seltene Gebrauch von
ṭōb in der Bedeutung »schön« (z. B. Gn 6₂ Ex 2₂ 1 Kö 1₆; vgl.
Gn 24₁₆). Eben diese dem Menschlichen zugewandten Schrift-
steller wissen aber, daß das Aufmerken auf Schönheit uralt
ist. Schon die Väter der urzeitlichen Giganten wählen sich die
Frauen nach ihrer Schönheit aus (Gn 6₂). Die beliebtesten
Stammütter Israels sind für den Jahwisten immer auch schön:
Sara (Gn 12₁₁.₁₄), Rebekka (24₁₆) und Rahel (29₁₇). Der alte
Erzähler verschweigt nicht, daß weibliche Schönheit auch in
die Geschichte menschlicher Fehlentscheidungen hineingehört
(Gn 6₁₋₄), ja, daß sie lebensgefährlich werden kann (12₁₁₋₁₄).
Schönheit ist dabei zunächst eine Frage des Aussehens (*mar'äh*
12₁₁ 24₁₆) und der Gestalt (*tō'ar* 39₆), d. h. der Farben und
der Linien des Körpers.
Das gilt zunächst ebenso von männlicher Schönheit, wie sie
Joseph (Gn 39₆) und vor allem David nachgerühmt wird (1 S
16₁₂.₁₈ 17₄₂). Die Schönheitsmerkmale der Zeitgenossen werden genauer geprüft. Schon der Ruhm von Absaloms unver-

---

[6] GGerleman, BK XVIII 74f.

gleichlicher Schönheit ist darin begründet, daß »bei ihm von
der Fußsohle bis zum Scheitel kein Makel« zu finden ist (2 S
14₂₅); besonders erwähnt wird allein sein volles Haar:

> Wenn er sein Haupthaar scheren ließ – es geschah zu Ende
> jeden Jahres, daß er es scheren ließ, weil es ihm so beschwer-
> lich wurde, daß er es scheren mußte –, so wog sein Haupt-
> haar 200 *šāḳäl* nach königlichem Gewicht

(etwa 23 kg). David gilt besonders wegen seiner Augen und
seiner rötlich-hellbraunen Farben[7] als schön (1 S 16₁₂ 17₄₂).
1 S 16₁₈ illustriert an ihm ein Vollkommenheitsideal. Dabei
wird vor seiner schönen Gestalt (*'īš tō'ar*) gelobt, daß er des
Saitenspiels kundig, ein vermögender Mann, kriegstüchtig und
wortgewandt war; nach der Erwähnung seiner stattlichen
Gestalt heißt es dann nur noch, daß »Jahwe mit ihm« war;
ohne dies letzte, was ganz und gar nicht in des Menschen
eigene Verfügung gegeben ist, erscheint das Menschsein unvoll-
endet. Vergleicht man mit dem Vollkommenheitsbild des 10.
Jahrhunderts das der ausgehenden alttestamentlichen Zeit im
2. Jahrhundert, wie wir es Dan 14 finden, so sind auch hier an
erster Stelle Makellosigkeit und gutes Aussehen wichtig, dann
aber wird hervorgehoben:

> geeignet zur Unterweisung in jeder Art Weisheit, intelligent
> und von guter Auffassungsgabe und befähigt zum Dienst
> im Palast des Königs – und man solle sie unterweisen in
> Schrift und Sprache der Chaldäer[8].

Über die äußeren Schönheitsmerkmale unterrichten am genauesten die Beschreibungslieder des Hohenliedes. Schildert
das Mädchen ihren Geliebten in Ct 5₁₀₋₁₆, so wandert der Blick
vom Kopf bis zu den Schenkeln:

> Mein Geliebter ist glänzend und rot,
> hervorragend unter Zehntausenden.

---

[7] Eher als an seine Haut wird an die Farbe seiner Haare zu denken sein;
vgl. Gn 25₂₅.
[8] Übersetzung nach OPlöger, Daniel; schon von Abigail wird neben ihrer
schönen Gestalt der scharfe Verstand gerühmt (1 S 25₃).

Sein Haupt ist köstliches Feingold,
  seine Locken sind Dattelrispen, rabenschwarz.
Seine Augen sind wie Tauben an Wasserbächen,
  die sich baden in Milch, am Teiche sitzen.
Seine Wangen sind Balsambeete,
  in denen Duftkräuter wachsen.
Seine Lippen sind Lilien gleich,
  triefend von flüssiger Myrrhe.
Seine Arme sind goldene Walzen,
  mit Chrysolithen besetzt.
Sein Leib eine Elfenbeinplatte,
  mit Lapislazuli bedeckt.
Seine Schenkel sind Marmorsäulen,
  auf goldene Sockel gegründet.
Seine Gestalt ist dem Libanon gleich,
  auserlesen wie Zedern.
Sein Gaumen (Kuß?) ist lauter Süße,
  sein ganzes Wesen ist Wonne.
So ist mein Geliebter, so ist mein Freund,
  ihr Töchter Jerusalems.

Gesamteindrücke der Farben, der Größe, der Kraft und der Süße rahmen das Bild des Geliebten. Im einzelnen treten mit Farben und Formen hervor: das tiefschwarze Haar, das Milchweiße der Augen, das Gold der Gesichtsfarbe, der Arme und Schenkel, die Elfenbeinhelle des Leibes; dann die Linien der Locken, der (lilien-)kelchförmigen Lippen, die Walzen der Arme und die Säulen der Schenkel. Leben atmen die Düfte der Wangen, die Bewegung der sich in Milch badenden Augen. Gemessen wird die Schönheit nicht nur an Tieren und Pflanzen wie Tauben, Duftkräutern und Zedern, an Landschaftsformen wie Bächen, Teichen, dem Libanon, sondern auch an Kunstwerken der Architektur und der Juweliere wie Säulen und Sockel, Marmor- und Elfenbein-, Edelstein- und Goldschmiedearbeiten[9].

---

[9] Vgl. GGerleman, BK XVIII 63–72.

Zahlreicher sind die Liebeslieder auf die Frau. In Ct 7₂₋₆ lesen wir, wie sich der Blick des Verehrers von den Füßen emportastet bis zum Haupthaar:

> Wie schön sind deine Füße in deinen Sandalen,
>   du Fürstentochter!
> Die Rundungen deiner Hüften sind wie Halsgeschmeide,
>   Werk der Hände eines Künstlers.
> Dein Nabel ist eine runde Schale,
>   möge der Mischwein nicht fehlen!
> Dein Leib ist wie ein Weizenhaufen,
>   umhegt von Lilien.
> Deine beiden Brüste sind wie zwei Kitzen,
>   Zwillinge einer Gazelle.
> Dein Hals ist wie der Elfenbeinturm.
>   Deine Augen sind wie Teiche zu Hesbon ...
> Deine Nase ist wie der Libanonturm,
>   der gegen Damaskus schaut.
> Dein Haupt auf dir ist wie der Karmel,
>   und die Haare deines Hauptes sind wie Königspurpur
>   an den Bäumen festgemacht[10].

Deutlich beherrschen neben den lebendigen Naturvergleichen (Weizenhaufen im Liliengehege, Zwillinge der Gazelle!) die Meisterwerke der bildenden Kunst als Maßstäbe die Darstellung. Werden der Hals und dann auch die Nase als Turm beschrieben, so ist weniger an das Aussehen als an die Haltung stolzer Unnahbarkeit gedacht, die vielleicht die Jungfräulichkeit betonen soll[11].

Wie bewegt das Bild der Geliebten werden kann, ist besonders schön in Ct 6₅ᵦ₋₇ zu erkennen:

> Dein Haar ist wie eine Herde von Ziegen,
>   die vom Gilead springen.

---

[10] Vgl. GGerleman, a.a.O. 199: an die »zwischen dem Vorder- und dem Hinterbaum des Webstuhls laufenden Fäden« ist gedacht.
[11] Vgl. TBoman, Denken 62ff.

Deine Zähne sind wie eine Herde der Mutterschafe,
   die von der Schwemme heraufsteigen,
    alle haben sie Zwillinge.
Wie eine Granatapfelscheibe schimmert deine Schläfe
   hinter deinem Schleier hervor[12].

So erzeugt die Freude an der Schönheit des geliebten Menschen auch Schönheit der Sprache.

Doch Schönheit ist höchstens das Vorletzte. Sie kann nicht nur gefährlich (Gn 12₁₁ff.), sie kann auch trügerisch sein. Prv 11₂₂ lehrt, tiefer zu sehen:

   Ein goldener Ring im Rüssel der Sau,
    eine Frau, die schön, aber schamlos ist.

Prv 31₃₀ weist auf das, was beständiger ist:

   Anmut ist trügerisch, Schönheit vergänglich:
    eine weise Frau, die soll man rühmen.

Und Jes 53₂f. sagt gar von dem Gottesknecht, der »unsere Krankheiten getragen, unsere Schmerzen auf sich geladen hat«:

   Keine stattliche Gestalt besaß er, keine Hoheit,
    daß wir ihn beachtet hätten,
   kein Aussehen, an dem wir Freude hätten.
   Verachtet war er, von Menschen gemieden.

Die Schönheit Jerusalems, die mit Unzucht gepaart ist, kann unter Anklage gestellt werden (Ez 16₁₄f.). Im Gericht müssen die Töchter Zions Schönheit gegen Schande eintauschen (Jes 3₂₄)[13]. So sind auch die Gestalt des Leibes und das Gespräch Gottes mit dem Menschen nicht voneinander zu trennen.

---

[12] Übersetzung nach GGerleman, a.a.O.
[13] Zum Text vgl. HWildberger, BK X 135f.

9

DAS WESEN DES MENSCHEN[1]
1. Sehen und Hören – 2. Ohr – 3. Mund – 4. Sprache

Weit wichtiger als der »Kopf« ist dem Alten Testament das »Angesicht« des Menschen[2], das immer pluralisch *pānīm* heißt und damit an die vielfältige Zuwendung (*pnh*) des Menschen zu seinem Gegenüber erinnert; Vorgänge spiegeln sich in den Gesichtszügen (z. B. Gn 4₅); der Partner kann schon mit dem Mienenspiel angesprochen werden (z. B. Gn 31₂.₅). Im »Angesicht« als den *panīm*, den »Hinwendungen« des Menschen sind seine Kommunikationsorgane versammelt, unter denen Augen, Mund und Ohren die wichtigsten sind. Sollten wir nicht unter allen Organen und Gliedern eben hier dem nahekommen, was das Wesen des Menschen ausmacht und was ihn von allen anderen Geschöpfen unterscheidet?

1. Fragen wir beispielhafte Texte, welche Weise der *Kommunikation* als die eigentlich menschliche hervortritt. Unter den Klageliedern findet sich im 38. Psalm der Notschrei eines Menschen, der sein Ende nahen sieht. Zu allerlei anderen Krankheitserscheinungen tritt auch das Erlöschen des Augenlichts (V. 11). Auf dem Höhepunkt der Klage aber heißt es (V. 14f.):

---

[1] *Literatur:* AR Johnson, Vitality 40–50. – FMaass, *'ādām.* – GvRad, Weisheit. – JMoltmann, Mensch 30–37. 152–156. – GLiedke, *'ōzän.*
[2] Vgl. AR Johnson, a.a.O. 40f. *pānīm* kommt in seinen verschiedenen Verbindungen 2100 mal (KBL) und damit weit mehr als dreimal so oft wie *rō'š* vor.

Ich aber bin wie ein Tauber, ich höre nicht,
    wie ein Stummer, der seinen Mund nicht öffnet.
Ja, ich bin wie ein Mann, der nicht mehr hört,
    in dessen Mund keine Antwort mehr ist.

Wer taub und stumm zu werden droht, der muß um sein eigentliches Menschsein bangen. Hören, hören (14a.15a), das macht den Menschen, und entsprechend den Mund öffnen, antworten können (14b.15b).

Von ganz anderer Seite her erkennt die Weisheit im Hören die Wurzel wahren Menschentums. Prv 15₃₂ lehrt:

Wer Warnung verachtet, verwirft sein Leben (*näp̄äš*),
    wer auf Weisung hört, gewinnt Vernunft (*lēb*).

Ebenso gilt nach Prv 18₂₁a:

Tod und Leben sind in der Zunge Gewalt.

Da menschliches Leben vernünftiges Leben ist, sind das hörende Ohr und die wohl orientierte Zunge die wesentlichen Organe des Menschen.

Insofern nimmt das zentrale deuteronomische »Höre, Israel!« (Dt 6₄) den ältesten Ruf an die Väter und die prophetischen Stimmen auf als das Wort, das wesentlich menschliches Leben begründet und erneuert. Denn mit dem Ohr und mit dem Mund geschieht nicht nur die spezifisch menschliche Korrespondenz unter Menschen, sondern auch die zwischen Jahwe und Israel, zwischen der Menschheit und ihrem Gott. So kann der Knecht Jahwes in Jes 50₄f. als Modell des Menschlichen schlechthin stehen:

Der Herr Jahwe hat mir eine Schülerzunge gegeben.
Damit ich verstünde, dem Müden zu 'antworten'[3],
    erweckt er ein Wort.
Morgen für Morgen weckt er mir das Ohr,
    zu hören wie die Schüler.
Der Herr Jahwe hat mir das Ohr geöffnet,
    und ich widerstrebte nicht, wich nicht zurück.

---

[3] Mit LXX.

Nun tritt das Auge gewiß nicht selten neben das Ohr (Prv 20₁₂):

> Das Ohr zum Hören, das Auge zum Sehen,
>> beide hat Jahwe gemacht.

Vgl. Ps 94₉. Auch zum Wahrnehmen der Taten Jahwes gehört das Sehen wie das Hören (Ex 14₁₃f. Dt 29₁₋₃ Jes 43₈). Doch die Öffnung des Auges geschieht durch das Wort: Ex 14₁₃f.₃₀f. Jes 43₈₋₁₃ (12!) 30₂₀f. So ist die Prävalenz des Ohrs und der Sprache für wahrhaft menschliches Verstehen nicht zu verkennen.

2. Das *Ohr* wird gern durch Schmuck ausgezeichnet (Gn 35₄ Ex 32₂f. Ez 16₁₂). Aber auch ein Rechtsakt, der über lebenslängliche Zugehörigkeit entscheidet, kann am Ohr vollzogen werden: Wenn ein Sklave seinen Herrn und seine Familie liebt, so daß er, statt nach sechs Jahren freigelassen zu werden, andauernd im Hause bleiben möchte, »so soll ihn sein Herr an den Türpfosten stellen und ihm das Ohr mit einem Pfriemen durchbohren, so soll er für immer Sklave sein« (Ex 21₅f.; vgl. Dt 15₁₇). Im Hiobbuch läßt uns Eliphas miterleben, wie vom Ohr her der ganze Mensch mobilisiert wird (4₁₂₋₁₅)[4]:

> Zu mir hat heimlich sich ein Wort gestohlen,
>> es nahm mein Ohr davon ein Flüstern wahr,
> in Grübeleien nächtlicher Gesichte,
>> wenn Tiefschlaf auf die Menschen niederfällt.
> Erschrecken widerfuhr mir und Erzittern,
>> und brachte mir all mein Gebein zum Beben;
> ein Hauch glitt über mein Gesicht dahin,
>> es sträubte sich das Haar an meinem Leibe.

Wie hier der auditive Wortempfang des Weisen vom Ohr her das gesamte körperliche Befinden verwandelt, so bestimmt das Hören das Verhalten und Ergehen des Menschen schlechthin (vgl. z. B. Gn 3₈₋₁₀). Darum ist es fundamentales Kennzeichen

---

[4] Text und Übersetzung nach FHorst, Hiob.

von Weisheit, daß Salomo die Bitte um das hörende Herz[5] wichtiger findet als langes Leben, Reichtum, Sieg oder Ehre. »Konstitutiv für die Menschlichkeit des Menschen ist das Hören«[6]. Das Reden darf sich nicht vordrängen (Prv 18₁₃):

Wer Antwort gibt, ehe er hört,
Torheit ist's ihm und Schande.

Der Mensch erkennt sich selbst nicht wahrhaft in einem Spiegel, sondern in dem Ruf, der an ihn ergeht, und in der Zusage, die er empfängt. Mose fragt wohl: »Wer bin ich, daß ich zum Pharao gehen und die Israeliten aus Ägypten führen soll?« – aber er versteht sich selbst erst im Wahrnehmen des Auftrags und im Zuspruch seines Gottes (Ex 3₁₁ff.). Jeremias Selbsterkenntnis »ich bin unerfahren« wird korrigiert und überholt vom Sendungsbefehl (Jer 16f.). Selbsterkenntnis ereignet sich nicht in Selbstbespiegelung, sondern in der Berufung, die eine neue Aussicht eröffnet[7].

Der Mensch, der unter Verschluß des Ohres von sich selbst ausgeht und bei sich selbst bleibt, wird nicht nur unmenschlich unter Menschen, sondern vergottet auch sich selbst gegen Gott[8]; so wird er noch in seiner Frömmigkeit gottlos (Prv 28₉):

Wer fernhält sein Ohr vom Hören der Weisung,
dessen Gebet sogar ist ein Greuel.

Er verkennt, was der Beter in Ps 40₇ verstanden hat:

Schlachtopfer und Speiseopfer wolltest du nicht,
– Ohren hast du mir gegraben.

Die deuteronomischen Prediger führen in ihrer Weise das Leben auf das Hören des Wortes Jahwes zurück, indem sie die Mannatradition neu interpretieren (Dt 8₃)[9]:

---

[5] S. o. S. 79.
[6] GvRad, Weisheit 399. Vgl. auch GvRad, Predigten (hg. v. UvRad, 1972) 81.
[7] Vgl. JMoltmann, Mensch 30ff.
[8] Vgl. JMoltmann 153ff.
[9] Vgl. GvRad, ATD 8, 51.

Der Mensch lebt nicht vom Brot allein, sondern von allem,
was aus dem Munde Jahwes ergeht, lebt der Mensch.
Versagen des Ohres wäre Absage an das Leben (Dt 32₄₇; vgl.
Am 8₁₁ Jes 55₁₀f.). Zur endzeitlichen Erlösung gehört, daß die
Ohren der Tauben aufgetan werden (Jes 35₅).

3. Das gehörte Wort aber erwartet *Antwort.* Als Gottes Volk
erweist sich Israel, indem es auf die Anrede hin seine Bereitschaft erklärt[10] (Ex 19₇f. 24₃.₇ u. ö.). Zum Gericht gerät es,
wenn auf den Ruf keine Antwort erfolgt (Jes 65₁₂). Der Jahwist erkennt das Privileg des Menschen schlechthin darin, daß
er zu Worte kommen darf (Gn 2₁₈₋₂₃): Es geschieht auf Grund
des fürsorglichen Wortes Gottes (»Das Alleinsein ist nicht gut
für den Menschen«), nach dem ihm die Gaben des Schöpfers
zugeführt werden. Sein Sprechen beginnt damit, daß er die
Geschöpfe benennt und so auf die Gaben antwortet. Zitie-
renswert werden seine Worte erst, als er im Jubel die Hilfe
erkennt, die ihm wahrhaft entspricht (2₂₃). Mit dem Wort,
das Antwort ist auf das vollendete Geschenk, ist der Mensch
erst ganzer Mensch. Später wird der Mensch, dessen Leben
gelingt, als der beschrieben, der an der Tora Jahwes seine
Freude hat und sie meditierend in sich hineinspricht (Ps 1₂).
Ps 71₂₄ sieht die Lebenserfüllung darin, daß »meine Zunge
den ganzen Tag deine Gerechtigkeit erzählt«.
So wird der *Mund,* der zur Sprache bringt, was Ohr und Auge
vernommen haben, zu dem Organ, das den Menschen vor
allen anderen Geschöpfen auszeichnet. Ein Ohr als solches hat
auch das Tier, ebenso ein Auge. Erst in des Menschen Sprache
kommt an den Tag, daß sein Ohr ein wahrhaft menschliches
Ohr und sein Auge ein menschliches Auge ist[11].

---

[10] Vgl. CBarth, Antwort.
[11] Vgl. MBierwisch, Strukturalismus: JIhwe (Hg.), Literaturwissenschaft
und Linguistik, Bd. 1 (1971) 71: »Daß die Spracherlernung durch biologische Dispositionen bedingt ist, die keineswegs auf die äußeren Organe
beschränkt sind, sondern tiefliegende neurophysiologische Strukturen um-
fassen, ist durch klare Indizien zu erhärten. Zunächst ist die Fähigkeit der

Kennt das Alte Testament für Ohr und Auge nur jeweils ein Wort, so tritt als Werkzeug der Sprache eine ganze Gruppe von Gliedern auf. Umfassend ist *päh* Mund, mit dem der Mensch auch ißt und schmeckt (Ez 3₃), vor allem aber spricht; so ist *päh* geradezu »der Sprecher« (Ex 4₁₆: Aaron ist Moses Sprecher; Jes 1₂₀ 40₅ Jer 9₁₁ Hos 6₅: die Propheten sind Jahwes Sprecher). Gleichbedeutend ist oft *śᵉp̄ātájim* (Prv 4₂₄):

Tu ab von dir Falschheit des Mundes,
und entferne Verkehrtheit der Lippen.

Wie *śāp̄ā* die berührbare Lippe bezeichnet (Jes 6₇), so steht das Wort auch für die Sprache als solche (Jes 19₁₈: die Sprache Kanaans). Das gleiche gilt für *lāśōn* (Sach 8₂₃: die Sprache der Völker), die Zunge, die als Körperglied vor Durst am Gaumen kleben kann (Thr 4₄), aber vor allem das rechte (2 S 23₉ Jes 35₆) oder falsche Reden meint (Ps 5₁₀ 12₄ 109₂ Jes 59₃ Prv 6₁₇). Auch der Gaumen (*ḥek*) ist nicht nur Sitz des Geschmacks (Ps 119₁₀₃), sondern ebenso Werkzeug der Sprache (Hi 6₃₀ 31₃₀ Prv 5₃ 8₇; vgl. Hi 33₂). Schließlich gehört die Kehle (*gārōn*), mit der der Mensch auch trinkt (Jer 2₂₅), zu den Sprachorganen (Jes 58₁ Ps 69₄ 149₆). Keine menschliche Tätigkeit hat mithin so viele Organbezeichnungen wie die Sprache.

Auf der anderen Seite werden von keinem menschlichen Körperteil so viele verschiedenartige Tätigkeiten ausgesagt wie vom menschlichen Mund mit Lippen, Zunge, Gaumen, Kehle, sofern sie Sprachorgane sind: reden (*dbr* pi.), sagen (*'mr*), rufen (*ḳr'*), befehlen (*ṣwh* pi.), lehren (*lmd* pi.), unterweisen (*jrh* hi.), zurechtweisen (*jkḥ* hi.), anklagen (*rīb*), schwören (*šb'* ni.), segnen (*brk* pi.), fluchen (*'rr*), als verflucht bezeichnen (*ḳll* pi.), singen (*šīr*), rühmen (*hll* pi.), jauchzen (*rnn*), bekennen (*jdh* hi.), beten (*pll* hitp.), schreien, klagen (*z'ḳ, ṣ'ḳ, spd*),

Spracherlernung eine gattungsbedingte Eigenschaft der Hominiden. Kein anderes Lebewesen ist in der Lage, auch nur Teile einer natürlichen Sprache zu erlernen. Die Sprachfähigkeit ist demnach mit bestimmten Spezifika der menschlichen Erbanlage verbunden.«

murmeln (*hgh*) und manche andere. Die meisten dieser Verben
werden nicht von anderen Geschöpfen ausgesagt. Damit dürfte
deutlich sein, daß wir im menschlichen Sprachorgan dem spezifischen Wesen des Menschen besonders nahe kommen. In der
Fähigkeit zur Sprache ist die entscheidende Bedingung für die
Menschlichkeit des Menschen gegeben.

4. Ob sie verwirklicht wird, das ist die Frage an den rechten
Gebrauch der Sprache (Jk 3₂):

> Wenn einer beim Reden sich nicht verfehlt, der ist ein voll-
> kommener Mann, fähig, auch den ganzen Leib im Zaum zu
> halten.

Was gilt der alttestamentlichen Spruchweisheit als das rechte
Wort?

Zuerst das Wort, das vom Hören herkommt; s. o. S. 119 zu
Prv 18₁₃, ferner 19₂₀:

> Höre auf Rat und nimm Warnung an,
> daß dein Ende das eines Weisen sei.

Vgl. 15₃₂ 13₁₈.

Sodann das Wort zur richtigen Stunde (Prv 25₁₁):

> Goldene Äpfel auf silbernen Schalen,
> ein Wort, gesprochen zur rechten Zeit.

Vgl. 25₁₂f.₂₀ 15₂₃.

Zum dritten das ruhig bedachte, gezügelte Wort (Prv 29₂₀):

> Siehst du einen, der mit seinen Worten hastet,
> für einen Toren gibt's mehr Hoffnung als für ihn.

Vgl. 10₁₉ 13₃.

Zum vierten das gemäßigte, freundliche Wort (Prv 25₁₅):

> Durch Geduld wird ein Fürst überredet,
> und eine sanfte Zunge zerbricht Knochen.

Vgl. 16₂₄.

Zuletzt bedarf die rechte Rede wie alles weise Tun der Gottesfurcht (Prv 17 9₁₀ 15₃₃). Auf den Lippen des Nichtsnutzigen
brennt versengendes Feuer (16₂₇). Aber auch noch zwischen
dem Wort, das des Menschen Klugheit insgeheim entwirft, und

dem, was dann von der Zunge geht, ist Gott am Werk (Prv 16₁):

> Der Menschen Sache sind die Überlegungen des Herzens,
> doch von Jahwe kommt der Bescheid der Zunge.

So bleibt der Mensch, wenn er sein eigentliches Wesen weder im Übermut noch in Trägheit verfehlen will, angewiesen auf den Gott, der in Israel menschlich mit ihm zu reden begonnen hat.

II. DES MENSCHEN ZEIT
Biographische Anthropologie

10

DER ALTTESTAMENTLICHE ZEITBEGRIFF[1]
1. Jahwist – 2. Priesterschrift – 3. Deuteronomium –
4. Deuterojesaja – 5. Qohälät

Die alttestamentlichen Zeugen wecken in kräftigem Maße das
Bewußtsein dafür, daß der Mensch sein Leben in der Zeit lebt,
in wechselnden Zeiten. An markanten Beispielen suchen wir
zunächst zu klären, wie sich das Zeitverständnis zur Anthropologie verhält.

1. Wir setzen ein beim *Jahwisten*. Das Zeitproblem beschäftigt
ihn noch nicht theoretisch. Um so auffälliger ist, was er sachlich zum Leben des Menschen in der Zeit zu sagen hat. Ehe er
zu Beginn seines Werks die Erschaffung des Menschen erzählt
(2₇), stellt er deren Termin fest (2₄ᵦ): »Am Tage, da Jahwe
Gott Erde und Himmel machte.« Der »Tag« wird nicht als
Zeitraum im Kalender eingeführt, also nicht als ein physika-
lischer Zeitbegriff, sondern ausschließlich als Zeitraum eines
Ereignisses, und zwar zunächst des Ereignisses einer göttlichen
Tat. Dazu kommt eine negative Terminbestimmung(5): »noch
gab es keinen Strauch und kein Kraut auf der Erde, weil
Jahwe Gott noch nicht hatte regnen lassen auf Erden und kein
Mensch da war, den Acker zu bearbeiten«. Danach wird der
Lauf der Zeit als ein Handlungsspielraum erfahren, in dem

---

[1] *Literatur:* WVollborn, Zeitverständnis. – CHRatschow, Zeitproblem.
– WEichrodt, Heilserfahrung. – JMuilenburg, Time. – JBarr, Time. –
MSekine, Zeitauffassung 66–82. – TBoman, Denken 104–133.140–142.
209–212. – JRWilch, Time. – GvRad, Weisheit 182–188.295–306. –
Delling, *chrónos.*

die von Gott und von Menschen bewirkten Ereignisse Veränderungen heraufführen. Mit des Menschen Bildung und Belebung (2₇) beginnen dann die Zeiten, in denen sich die Verhältnisse wandeln. Mit einem Minimum an Begrifflichkeit und
einem Maximum von Anschaulichkeit zeigt sich beim Jahwisten, wie Zeit vom Menschen primär erlebt wird.

In der Paradieserzählung wird zunächst des Menschen Lebenszeit erfüllt mit der Pflege, dem Schutz und dem Genuß des
ihm übereigneten, überreichen Gartens (2₁₅f.). Sie wird allerdings durch die Todesstrafe begrenzt, falls er die Grenze der
paradiesischen Schenkung im Mißtrauen überschreitet (2₁₇).
Dieser Fall, mit dem der Mensch sich übermütig an die Stelle
Gottes setzt, tritt ein (3₁ff.). Doch von der verfügten Todesstrafe ist nicht die Rede. Der Mensch muß nur die Mühsal dessen erfahren, der sein Leben gottlos und damit grenzenlos in
die eigene Hand nimmt (3₁₅₋₁₉). Aber die mit seiner Erschaffung aus dem Erdenstoff gesetzte Lebenszeit (3₁₉)[2], die auf
Dauer zu überschreiten ihm allerdings nie gelingen soll (2₂.₂₄),
wird nicht verkürzt. Nur wird er aus dem Garten hinausgeschickt (3₂₂₋₂₄), aber mit einem Fellgewand von Gott selbst
eingekleidet und also weit besser geschützt als mit dem selbst-
gefertigten Feigenblattschurz (3₂₁; vgl. 7). So erscheint auf dem
Hintergrund der verdienten Todesstrafe seine Lebenszeit als
unverdient geschenkte und geschützte Zeit.

Ebenso ergeht es Kain. Das Blut seines Bruders schreit zwar
nach Rache; er muß fürchten, daß ihn erschlägt, wer immer ihn
findet (4₁₀.₁₄). Aber Jahwe sichert selbst das schon verwirkte
Leben des Mörders mit einem Schutzzeichen und droht sieben-
fache Rache an (15). Selbst der Brudermörder erfährt also geschenkte und geschützte Lebenszeit.

Nach der großen Flut ist die Gestalt des menschlichen Denkens
und Wollens[3] »böse von Jugend auf«; der Anlaß des göttlichen
Vernichtungswillens besteht also unverändert (vgl. Gn 8₂₁

---

[2] Vgl. 2₇ und u. S. 172f.
[3] S. o. S. 84.

mit 6₅). Nun ändert Jahwe wieder zugunsten des Menschen seinen Entschluß; er will nicht mehr alles Leben schlagen, sondern erklärt (8₂₂):

In Zukunft sollen während der ganzen Erdenzeit Saat und Ernte, Frost und Hitze, Sommer und Winter, Tag und Nacht nicht mehr aufhören.

Die Ackerbaukultur lebt von der Wiederkehr der Tages- und Jahreszeiten. Der Menschheit wird die Wohltat des Wechsels gegliederter Zeiten gegönnt. Hier äußert sich der Jahwist einmal grundsätzlich über »alle Tage der Erde«. Als des Menschen Lebenszeiten sind sie unabänderlich verfügte Schenkung des Retters aus dem Weltgericht. Unabänderlich fordern sie die Veränderungen heraus, die der Mensch zum Wirken und zum Ruhen, zur anstrengenden Saat und zur beglückenden Ernte (Ps 126₆: Tränensaat und Jubelernte), zum Rückzug ins Haus und zum Auszug aufs Arbeitsfeld benötigt.

Über diesen unabänderlichen, zyklischen Wechsel hinaus aber beobachtet der Jahwist mit angespanntem Interesse das zuvor nie dagewesene Neue. Aufs ganze seiner Geschichtsdarstellung gesehen gehört schon die Unaufhörlichkeit der Lebensbedingungen nach Gn 8₂₂ als Aufhebung eines Fluches (8₂₁) zu diesen Neuanfängen. Doch es fällt überhaupt auf, wie oft er das »anfangen« (*ḥll* hi.) von etwas bislang Unbekanntem notiert: Gn 4₂₆ »damals *begann* man, den Namen Jahwes anzurufen«; 6₁ »als die Menschheit *anfing,* sich auf der Erde zu vermehren …«; 9₂₀ »Noah *begann* als Ackerbauer, Weinreben zu pflanzen«; 10₈ Nimrod »machte den *Anfang* damit, ein Gewaltherrscher auf Erden zu sein«; 11₆ der Stadt- und Turmbau zur Selbstsicherung und zum Selbstruhm als Einheitswerk der Menschheit ist erst »der *Anfang* ihres Tuns«; vgl. 13₃ 43₁₈.₂₀; Nu 25₁: bei der Landnahme *fing* das Volk Israel *an,* mit den Moabiterinnen zu huren und sich mit dem Abgott Baal Peor einzulassen. Die starke Beachtung der Änderungen im Zeitverlauf zeigt sich mit dem Stichwort »neu« (*ḥādāš*) im Anfang der Geschichte Israels, da »ein *neuer* König in Ägypten zur Herrschaft kam, der von Joseph nichts wußte« (Ex 1₈). Höchst bezeichnend für das Interesse an Ereignissen, die in ihrem zeitlichen Verlauf konkurrieren, ist die Vorliebe für das im übrigen Pentateuch seltene Wort *ṭåräm* (noch nicht, bevor), das wir schon in Gn 2₅ antrafen⁴. Gn 24₁₅: Noch *bevor* Abrahams Knecht bei seiner Brautwerbung für Isaak zu Ende gebetet hatte, da kam Rebekka heraus (vgl. 19₄ 27₄.₃₃ 37₁₈ 45₂₈ Nu 11₃₃). Vor allem in den Plagenerzählungen als Vorbereitung des Auszugs Israels aus Ägypten verdient der Vergleich von Geschehnissen in der Zeitfolge mit *ṭåräm* (noch nicht, bevor) Beachtung. In Ex 9₃₀ sagt Mose bei der Hagelplage zu Pharao: »Ich weiß, daß ihr euch *noch nicht* vor dem Gott Jahwe fürchtet.« Bei der Heuschreckenplage fragen die Diener den Pharao (Ex 10₇): »Siehst du denn *noch nicht*, daß Ägypten zugrunde geht?« Schließlich nimmt in der Eile des Aufbruchs das Volk sehr charakteristisch und folgenreich seinen Teig, *bevor* er durchsäuert war (Ex 12₃₄). Aber auch ganz ohne temporale Kennworte kann der Jahwist den großen Geschichtsverlauf der Menschheit und Israels in seiner Wechselwirkung und mit seinem entscheidenden Umbruch darstellen, indem er den Erzählungen vom Gericht und der Geduld Gottes mit den Menschen im Einsatz der Abrahamsgeschichte die Segensverheißung für alle Sippen der Erde folgen läßt (Gn 12₃ᵦ), die dann in einer Reihe vorläufiger Erfüllungen verwirklicht wird, im ganzen aber noch als Kerygma der Hoffnung und des Ansporns Israel und seiner Umwelt verkündet wird⁵.

So ist für den Jahwisten die Geschichte eine veränderlich-verändernde, zielgerichtete Ereignisfolge, die als Zeit vor allem geschenkte Lebensmöglichkeit für den Menschen darbietet. Dabei benutzt der Jahwist das Wort »Zeit« (*'ēt*) selten, etwa in der Verbindung »Abendzeit« (Gn 8₁₁ 24₁₁) oder »Morgenzeit« (Ex 9₁₈) zur chronologischen Terminierung eines Ge-

---

⁴ S. o. S. 127.
⁵ HWWolff, Jahwist.

schehnisses[6], oder aber – und das liegt mehr in Richtung seines grundsätzlichen Zeitverständnisses – als »Zeit zum Zusammentreiben des Viehs« (Gn 29₇), als »Zeit zum Gebären« (Gn 38₂₇), wobei »Zeit« den Sinn der günstigen Gelegenheit hat[7].

2. Ein reflektiertes und differenziertes Zeitverständnis finden wir in der *Priesterschrift*. Sie zeigt zunächst ein Interesse an chronologisch-kalendarischen Daten als Rahmen der Geschichte. Ihr ist wichtig, daß Israel 430 Jahre in Ägypten lebte (Ex 12₄₀f.) und daß es im dritten Monat nach dem Auszug in der Wüste Sinai ankommt (Ex 19₁), daß Abraham 99 Jahre alt war, als Jahwe ihm erschien und er beschnitten wurde (Gn 17₁.₂₄), daß Ismael bei seiner Beschneidung 13 Jahre alt war (₂₅), Isaak dagegen 8 Tage alt (Gn 21₄), daß Sara in ihrem 127. Lebensjahr starb (23₁) und Abraham in seinem 175. Jahr (25₇). Für den Gesamtaufriß der Priesterschrift werden die Genealogien geradezu Gliederungsprinzip: die *tōlᵉdōt* Adams (Gn 5₁), Noahs (6₉), der Noah-Söhne (10₁), Sems (11₁₀), Terachs (11₂₇), Ismaels (25₁₂), Isaaks (25₁₉), Esaus (36₁), Jakobs (37₂), Aarons und Moses (Nu 3₁)[8]. Vorgeordnet werden ihnen mit dem gleichen Kennwort die *tōledōt* als Entstehungsgeschichte von Himmel und Erde (Gn 24ₐ).
Innerhalb dieses ersten Stückes bringt das Werk eine weitere bedeutsame Aussage über die Zeit. Am vierten Schöpfungstage werden die Gestirne erschaffen. Ihre erste Funktion ist die der Scheidung zwischen Tag und Nacht (1₁₄ₐ), ihre zweite die Ordnung der Festzeiten, die Bestimmung der Tage und Jahre

---

[6] MSekine, Zeitauffassung 67f. spricht vom zeitlichen Rahmen als der äußeren Zeit.
[7] JRWilch, Time 164: »The word *'ēth* was used in the OT in order to indicate the relationship or juncture of circumstances, primarily in an objective sense and only secondarily in a temporal sense, and to direct attention to a specifically definite occasion or situation.« Vgl. schon Jes 49₈ und 2 Kor 6₁f..
[8] Nach MNoth, ATD 7, 31 sekundär.

(14b). Sie gliedern also die Zeiten und ermöglichen die Feststellung der Termine, nehmen also Kalenderfunktionen wahr.
Damit gehört die geordnete Zeit zu den Schöpfungsgaben Gottes (vgl. Ps 74₁₆f. 104₁₉)[9].
Dieses theologische Verständnis der gegliederten Zeit ermöglicht eine Qualifikation verschiedener Zeiten. So hat die priesterschriftliche Schöpfungserzählung nicht nur die einzelnen
Schöpfungswerke in die Abfolge sechs verschiedener Tage
hineingestellt, sondern sie hat vor allem den siebenten Tag als
Ruhetag von den Werktagen Gottes betont abgehoben[10]. Bei
der Sinaioffenbarung weilt Mose zunächst sechs Tage in der
Wolkenhülle verborgen auf dem Berge, erst am siebenten
Tage erreicht ihn der Ruf Jahwes aus der Wolke heraus. Dann
bleibt Mose 40 Tage und 40 Nächte auf dem Berge, um ausführliche Anweisungen von Jahwe zu erhalten (Ex 24₁₆₋₁₈).
So helfen dem priesterlichen Zeugen die Zeiten als Schöpfungsgeschenk Gottes zur Orientierung in der Geschichte und
zur Erkenntnis ihrer Qualifikation.

3. Die *deuteronomischen* Prediger denken gründlich über das
Verhältnis zur Vergangenheit und zur Zukunft nach. Dabei
sind sie leidenschaftlich am »Heute« interessiert. Allein in den
Rahmenstücken des deuteronomischen Gesetzes (4₄₄–30₂₀) erscheint *hajjōm* (heute) 35 mal, *hajjōm hazzǽ* (dieser-heutige-
Tag) 6 mal, dazu im Gesetzescorpus selbst (12–26) *hajjōm*
9 mal, *hajjōm hazzǽ* einmal; insgesamt findet sich im Buche
Deuteronomium *hajjōm* 58 mal und *hajjōm hazzǽ* 12 mal,
also 70 mal »heute«. So prägt das Wort in vielfacher Variation
die Gültigkeit der Mosebotschaft ein (5₁₋₃):

> Höre, Israel, die Bestimmungen und Satzungen, die ich euch
> *heute* zu Gehör bringe, lernt sie und achtet darauf, sie zu
> befolgen! Jahwe, unser Gott, hat am Horeb mit uns einen
> Bund geschlossen. Nicht mit unseren Vätern schloß Jahwe

---

[9] GvRad, Tag 946.
[10] Vgl. C Westermann, BK I 235 und u. S. 203ff.

diesen Bund, sondern mit uns, die wir *heute* hier alle am Leben sind.

Mit der Unterscheidung von der Väterzeit wird die Neuigkeit des Heute betont; die entscheidende Bedeutung aber erhält das Heute durch die Gegenwärtigkeit des den Bund schließenden Gottes. »Heute« dem nahen Wort zu folgen, das bedeutet Leben und Glück für den Hörer (30₁₁₋₂₀).

Um die restlose Aktualität der gegenwärtigen Stunde zu erkennen, darf der Hörer allerdings die Geschichte nicht vergessen (9₇ff.):

> Denke daran, vergiß es nicht, wie du Jahwe, deinen Gott, in der Steppe erzürnt hast, seit dem Tage, wo du aus Ägypten wegzogst . . .

Eine Geschichte der Widerspenstigkeit Israels, der Fürsprache des Mose und der neuen Zuwendung Gottes soll der gegenwärtigen Generation vor Augen stehen. Nicht als »Vergangenheit« wird solche Geschichte gewertet, sondern als etwas Vorgegebenes, Einsehbares, ohne das ein neues Hören in der Gegenwart verfehlt wird. Wer das Bedenken durchlebter Geschichte vergißt, verfehlt im Heute die Zukunft (8₁₉):

> Wenn du Jahwes, deines Gottes, völlig vergissest, . . . so versichere ich euch *heute* feierlich, daß ihr zugrunde gehen werdet.

Der Verläßlichkeit Jahwes wegen ist der Gott der Geschichte als Gott heute auch der, der die Zukunft beherrscht. Da er seinen Bundeswillen verkündet, gestaltet sich Künftiges im heutigen Dialog mit dem Menschen (7₉₋₁₁):

> So erkenne denn, daß Jahwe, dein Gott, der wahre Gott ist, der treue Gott, der den Bund und die Huld bis auf tausend Generationen denen bewahrt, die ihn lieben und seine Gebote halten, der aber 'dem, der ihn haßt'[11], an seiner eigenen Person vergilt . . . So bewahre denn das Gebot . . ., das ich dir *heute* zu befolgen anbefehle.

---

[11] S. BHK.

An der guten Zukunft nimmt der einzelne als Glied des Gottesvolkes teil; der Ungehorsame schert für seine Person aus.
Das heute verkündete Wort schließt die gegenwärtige Generation ausdrücklich mit den künftigen Generationen zusammen, denen das Wort ebenso gilt (29₁₃f.):

> Nicht allein mit euch schließe ich diesen Bund und eidlichen
> Vertrag, sondern sowohl mit denen, die *heute* mit uns hier
> vor Jahwe, unserem Gotte, stehen, als auch mit denen, die
> *heute* noch nicht mit uns hier anwesend sind.

So ist durch die deuteronomischen Prediger der Mensch, der
wachsam im Heute lebt, als Glied des Gottesvolkes fest hin-
eingebunden in das seiner Generation vorangehende Geschehen und ebenso in das Kommende. Aber im Aufmerken auf das
»heute« ergehende Wort und im Bedenken der Vätergeschichte
fällt die Entscheidung über sein künftiges Leben. Dt 29₂₈ entwickelt und verdichtet diese Gedanken über Gegenwart, »Vergangenheit« und Zukunft in dem Lehrsatz:

> Das Verborgene steht bei Jahwe, unserem Gott, das Ent-
> hüllte aber gilt uns und unseren Kindern auf immer.

Das Verborgene meint die Zukunft, das Enthüllte aber ist das
in der einsehbaren Geschichte ergangene Wort der Zusage und
Orientierung[12].

Hier zeigt sich ein anderes Verhältnis zu den Zeiten, als es uns
geläufig ist. Es wird in einem verbreiteten Sprachgebrauch des
Alten Testaments noch deutlicher. Der Israelit sieht die früheren Zeiten als Gegebenheit *vor* sich, während wir meinen, sie
als Vergangenheit *hinter* uns zu haben. Ps 143₅:

> Ich gedenke der Tage vor mir (*miķķådäm*),
>   ich bedenke alle deine Werke.

Die Zukunft hingegen liegt für den Israeliten nicht »vor« ihm,
sondern in seinem Rücken (*'aḥar*). Nach Jer 29₁₁ sagt Jahwe:

> Ich kenne die Gedanken, die ich für euch plane,
> Pläne des Friedens und nicht des Unheils,
>   daß ich euch gebe *'aḥᵃrīt* und Hoffnung.

---

[12] Vgl. E Janssen, Juda 74f.

Mit *'aḥᵃrīt* ist das Künftige als das Rückwärtige, das hinter mir folgt, bezeichnet[13]. Eine ähnliche Anschauung vertritt ein schmaler Sektor des deutschen Sprachgebrauchs, der »Vorfahren« und »Nachfahren« kennt. Nach dieser Sicht bewegt sich der Mensch durch die Zeiten wie ein Ruderer, der sich rückwärts in die Zukunft bewegt: er erreicht das Ziel, indem er sich orientiert an dem, was einsichtig vor ihm liegt; diese enthüllte Geschichte bezeugt ihm den Herrn der Zukunft.

4. Deuterojesaja führt die Klärung des Zeitverständnisses weiter. Er setzt Vergangenheit und Zukunft neu in Beziehung (Jes 46₁₀):

> Der von Anfang an die Nachzeit (*'aḥᵃrīt*) kundgetan,
> und seit der Vorzeit (*mikkᵃdäm*) das noch Ungeschehene.

Die Nachzeit, zuvor dem Menschen verhüllt, tritt jetzt ins Licht der prophetischen Verheißungen der Vorzeit. Jetzt kann daher auch erstmalig im Hebräischen der Begriff der »Zukunft« gebildet werden: *habbā'ōt*, das Kommende (so nur Jes 41₂₂; vgl. aber noch 44₇b)[14]. Die künftigen Ereignisse selbst bewegen sich also zuerst auf den Menschen zu; der Mensch ist nicht von sich aus auf sie hin ausgerichtet. Erst wer die Verheißung gehört hat, wendet sich dem, was bisher uneinsehbar im Rücken lag, erwartungsvoll zu. Jetzt wird auch das Künftige als »das Neue« (*ḥᵃdāšōt*) definiert (42₉ 43₁₉); es ist das bisher unbekannte Verborgene (48₆), das – jetzt verkündet – das Frühere (43₁₈f.) in Vergessenheit geraten läßt. So führt die prophetische Verheißung das Zeitverständnis weiter, indem sie die Hinwendung zur Zukunft des Neuen eröffnet.

---

[13] Vgl. EJenni *'ḥr* 115 (*'aḥᵃrīt* = was nachher kommt); vgl. ferner die Diskussion zwischen TBoman, Denken 128f. 210f. und JBarr, Bibelexegese 82f. Im weiteren Zusammenhang verdient die »biblisch-theologische Meditation über die Erinnerung« von RBohren, Predigtlehre (1971) 160ff. Beachtung: »Das Erinnern lehrt die Sprache der Hoffnung. Erinnerung ist die Begeisterung für das Alte auf das Künftige hin, ist Sage auf Weissagung hin, ein Rückschritt nach vorwärts!« (163).

[14] Vgl. KElliger, BK XI 184f.238f.

In diesem Zusammenhang gewinnt bei Deuterojesaja und dann auch in den tritojesajanischen Dokumenten der alte Begriff '*ōlām* theologisch erhöhte Bedeutung. Er besagt nicht Ewigkeit als zeitlose, d. h. unveränderliche Zeit, auch nicht als die gegenwärtig verborgene Zeit, sondern '*ōlām* bedeutet vor allem die fernste Zeit, und zwar sowohl für die Vergangenheit wie für die Zukunft[15]. So heißt es Ps 93₂:

> Dein Thron steht fest seit je (*mē'āz*),
> seit fernster Vorzeit (*mē'ōlām*) bist du.

In Gn 3₂₂ sagt Jahwe, der Mensch solle nicht bis in fernste Zukunft leben (*l'ʿōlām*); vgl. Gn 13₁₅ Ex 14₁₃ 19₉. *l'ʿōlām* kann dann auch auf den äußersten Zeitpunkt des menschlichen Lebens, den Tod, hindeuten und wird so zum Rechtsterminus »endgültig« (Ex 21₆)[16]. In diesem Sinne kann dann Deuterojesaja »das Wort unseres Gottes« als endgültig (*l'ʿōlām*) bezeichnen (40₈), ebenso seine Errettung (51₆), seine Rechtshilfe (₈), seine Treuverbundenheit (54₈) und seinen Bund (55₃). Damit nähert sich der Grenzbegriff, der den äußerst denkbaren Ausgangspunkt oder Zielpunkt angibt, der Bedeutung der nicht endenden Zeit. Wie die Zeit als vergängliche nicht ohne schmerzliche Erfahrungen ist, so gewährt die unendliche Treuverbundenheit und das Erbarmen Jahwes »Freude ohne Zeit« (vgl. Ps 118₁ u. ö. Jes 51₁₁ 55₁₂f. 61₇f.)[17].

5. Die späte Weisheit befaßt sich eingehend mit dem Problem der Zeit. Schon Deuterojesaja (40₆-₈) hatte die Vergänglichkeit allen Fleisches der Beständigkeit des Wortes Gottes gegenübergestellt. Hiob klagt (14₁f.):

> Der Mensch, vom Weibe geboren,
>   arm an Tagen, satt von Sorgen,
> blüht wie eine Blume und welkt,
>   flieht wie ein Schatten, ohne Bestand.

---

[15] Vgl. E Jenni, '*ōlām*.
[16] S. o. S. 118.
[17] Vgl. J Moltmann, Freigelassene 42f.

Aber *Qohälät* ist es, dem die Frage der Zeit zum selbständigen Thema gerät. Er betont zunächst, daß für alles und jedes
Zeit und Stunde gesetzt sind. Jede »Zeit« (*'et*) und jede »bestimmte Stunde« (*z*ᵉ*mān*)[18] meinen nicht leere Kategorien,
sondern die je gegebenen Gelegenheiten für ein Ereignis, ja,
einen Aspekt des Ereignisses[19]. Das verdeutlicht Qoh 3₁₋₈:
> Für alles gibt's eine Stunde,
>   und eine Zeit hat jedes Geschäft unter dem Himmel.
> Zeit fürs Gebären und Zeit fürs Sterben,
> Zeit fürs Pflanzen und Zeit, Gepflanztes auszureißen,
> Zeit fürs Töten und Zeit fürs Heilen,
> Zeit fürs Niederreißen und Zeit fürs Aufbauen,
> Zeit fürs Weinen und Zeit fürs Lachen,
> Zeit fürs Klagen und Zeit fürs Tanzen,
> Zeit, Steine zu werfen und Zeit, Steine zu sammeln,
> Zeit fürs Umarmen und Zeit, fern zu sein vom Umarmen,
> Zeit fürs Suchen und Zeit fürs Verlieren,
> Zeit fürs Bewahren und Zeit fürs Wegwerfen,
> Zeit fürs Zerreißen und Zeit fürs Nähen,
> Zeit fürs Schweigen und Zeit fürs Reden,
> Zeit fürs Lieben und Zeit fürs Hassen,
> Zeit für den Krieg und Zeit für den Frieden.

Solche Erkenntnis unterschiedlicher Zeiten für gegensätzliches
Tun kommt aus der Erfahrung einer Grenze des Menschen[20].
Ihm gelingt nicht alles zu jeder Zeit in gleicher Weise, weil
dem Erfolg und dem Mißerfolg verschiedene Zeiten als verschieden günstige Gelegenheiten zugeordnet sind; auch kann
sich der Mensch nicht zu jeder Stunde gleichartig verhalten,

---

[18] Vgl. KGalling, Zeit.
[19] JRWilch, Time 117ff.
[20] GvRad, Weisheit 183. Zur persönlich engagierten, »kritischen Indivi-
dualität« Qohäläts als eines »scharfen Beobachters und eigenständigen
Denkers« vgl. MHengel, Judentum 210–240 (214). GvRad, 305, hat demgegenüber auf den Verlust an Vertrauen bei Qohälät aufmerksam gemacht, wodurch die Widerfahrnisse nicht nur anders ›erscheinen‹, sondern
selbst anders werden. Mithin wird auch die Erkenntnisgrenze deutlicher.

weil ihm selbst Gegensätzliches widerfährt. Nicht der Mensch
setzt die verschiedenen Zeiten fest; sie kommen auf ihn zu
und er kann nicht eingreifen[21]. Das bringt ihn in größte
Schwierigkeiten (3₉f.; vgl. 8₆f.). Diese Plage hat Gott ihm auferlegt (3₁₀), denn er hat sowohl die Zeiten gesetzt wie dem
Menschen das Bewußtsein vom Wechsel der Zeiten gegeben.
Dadurch ist der Umgang des Menschen mit der Zeit außerordentlich kompliziert (3₁₁):

> Alles hat er (Gott) trefflich gemacht für seine Zeit. Auch
> die fernste Zeit (*hā'ōlām*) hat er ihnen ins Bewußtsein
> (*b^elibbām*)[22] gegeben, nur daß der Mensch das Werk, das
> Gott tut, nicht vom Anfang bis zum Ende erfassen kann.

Das Verwirrende liegt darin: Gott hat jeder Stunde ihr Geschäft zugeordnet und so ist es trefflich. Dem Menschen aber
hat er die Gabe, »über die Stunde hinaus zu fragen nach Vergangenheit und Zukunft«[23], zuteil werden lassen; diese Fähigkeit aber, ja, dieser Trieb, weiter zu denken als an die gegenwärtige Stunde, erweist sich als schwere Mühsal. Denn das
Ganze des göttlichen Werkes und den Sinn des Wechsels der
Zeiten kann der Mensch doch nicht begreifen. Das macht
seine Not im Umgang mit der Zeit aus: in der gegenwärtigen
Stunde grübelt er über das Vorher und über das Nachher, ohne
den Gesamtzusammenhang erfassen zu können; und dabei
entgeht ihm sogar die eigene, gegenwärtige Stunde. In die
Ferne blinzelnd wird er auch als Weiser blind für die Gefahr
des Augenblicks und geht ins Netz wie Fisch und Vogel (9₁₁f.).
(Jeremia hat ausgesprochen, daß Storch, Schwalbe und andere
Zugvögel klüger sind als Menschen in Israel: Jer 8₇). Aber
selbst wenn der Mensch die Stunde erkennt, so kann er ihr
Geschick doch nicht abwenden; es ist längst bestimmt von
einem Stärkeren (6₁₀).

---

[21] Vgl. WZimmerli, Weltlichkeit 54f. Die häufige Formel »zu seiner Zeit«
meint die »rechte« Zeit, wie sie etwa für die Ernte oder für die Mahlzeit
vorgesehen ist (Hos 2₁₁ Ps 1₂ 145₁₅ u. ö.).
[22] S. o. S. 80f.
[23] WZimmerli, Prediger 172.

Welche Konsequenz zieht Qohälät daraus? Weder die des
nihilistischen Hedonismus noch die der skeptischen Resigna-
tion. Der Mensch hat sich der guten wie der bösen Tage in der
Erkenntnis der unvertauschbaren Gelegenheiten zu stellen (7
14). Erster Sinn der Schöpfung der Zeiten wie des menschlichen
Bewußtseins ist es, daß der Mensch sich vor Gott zu »fürchten« habe (314), d. h. daß er sich seinen Fügungen aufschließe
(714):

> Am guten Tag sei guter Dinge und am bösen Tag sieh ein,
> daß Gott auch diesen genau wie jenen gemacht hat.

Hier kommt auch schon das zweite zur Sprache: für die guten
Stunden sollte der Mensch ganz bereit und empfänglich sein,
im Nehmen wie im Geben. Am schönsten spricht das 97-10 aus:

> Auf denn, iß dein Brot mit Freuden,
>> trinke guten Mutes deinen Wein!
>>> Denn seit je gefällt es Gott, wenn du so tust.
> Trage jederzeit weiße Kleider,
>> und Öl fehle nicht auf deinem Haupte!
> Genieße das Leben mit der Frau, die du liebst,
>> alle Tage deines flüchtigen Lebens,
>>> die er dir unter der Sonne gegeben hat ...
> Denn das ist dein Anteil am Leben
>> und an der Mühe, die du dir unter der Sonne machst.
> Alles, was deine Hand zu tun findet,
>> das tue, solange es in deiner Macht steht.

In der Fügung unter Gottes Bestimmungen und in der Emp-
fänglichkeit für die guten Gelegenheiten zeigt Qohälät die
einzige Möglichkeit für den weitblickenden Skeptiker auf, mit
seiner Zeit umzugehen. Er nimmt darin Wesentliches aus der
älteren Weisheit auf (Prv 1515):

> Des Bedrückten Tage sind allesamt böse.
> Aber guter Mut ist ein stetes Fest.

Mitten in den Rätseln, die gerade Gott mit dem Zeitverlauf
dem Weisen aufgibt, ist es zuletzt allein Gott selbst, der dem
Menschen ermöglicht, das Nötige zu schaffen und allen Wid-

rigkeiten zum Trotz das Gute zu entdecken und fröhlich zu
genießen.

Inmitten seiner Klageschreie kann ein Beter sich aufrichten
(Ps 31₁₆ₐ):

In deiner Hand ruhen meine Zeiten.

11

SCHÖPFUNG UND GEBURT[1]

1. Die Erschaffung des Menschen beim Jahwisten – 2. Die Erschaffung der Menschheit in der Priesterschrift – 3. Die Geburt des Menschen nach Ps 139 – 4. Die Geburt des Menschen nach Hi 10

Des Menschen Zeit beginnt mit Schöpfung und Geburt. Neben den Schöpfungserzählungen der Genesis, die die Entstehung der Gattung Mensch erklären, treten Bekenntnisse Einzelner, die die eigene Geburt und Gottes Schöpferhandeln zusammendenken. Sie verhalten sich ähnlich zueinander wie der erste Artikel des christlichen Credo (»Ich glaube an Gott, den Vater, den Allmächtigen, den Schöpfer des Himmels und der Erde«) zu Luthers Erklärung (»Ich glaube, daß mich Gott geschaffen hat . . .«).

1. Der *jahwistische* Schöpfungsbericht zeigt keinerlei Beziehung zum Geburtsvorgang. Selbst wenn in Gn 2₂₄ von Mann und Frau gesagt wird, »sie werden zu einem Fleisch«, so wird nichts von Zeugung und Geburt eines Kindes ausgeführt; wahrscheinlich wird nicht einmal daran gedacht; denn *bāśār 'äḥād* (»ein einziges Fleisch«) meint nicht das Kind, in dem sich zwei Menschen als in einer Einheit wiederfinden[2], sondern die körperliche Vereinigung von Mann und Frau, deren völlige Zusammengehörigkeit damit ausgesagt wird[3]. Das Interesse

---

[1] *Literatur:* LLöw, Lebensalter 42–45. – EWürthwein, Psalm 139. – OHSteck, Paradieserzählung. – FMaass, *'ādām.* – JGPlöger, *'ᵃdāmā.* – WZimmerli, Weltlichkeit 20–44. – CWestermann, *'ādām.*
[2] So noch GvRad, ATD 2–4, 59. In Gn 2–3 nennt erst der Nachtrag 3₂₀ des Menschen Frau Eva, die »Mutter aller Lebenden«.
[3] S. o. S. 53 und CWestermann, BK I 318.

des Jahwisten ist völlig auf jene Beziehungen gerichtet, in denen der Mensch sein Menschsein von Anfang an zu erkennen hat.

An erster Stelle ist die Beziehung zu Gott zu nennen. Denn in welchen Verhältnissen der Mensch sonst auch immer leben wird, er lebt als Geschöpf Gottes.

> Jahwe Gott gestaltete den Menschen . . . und er blies in seine Nase Lebensatem; da wurde der Mensch zu einer lebendigen Person (2₇)[4].

Die kräftigen Anthropomorphismen betonen, daß der Mensch seine Figur und seine Lebendigkeit von Gott hat. Der Stoff seines Leibes ist ganz und gar irdisch; vgl. Ps 90₃ 103₁₄. Weder rollt das Blut eines geschlachteten Gottes in seinen Adern, wie in babylonischen Schöpfungsmythen[5], noch ist der Mensch aus den Tränen des Sonnengottes entstanden, wie in Ägypten seit dem frühen Mittleren Reich häufig gesagt wird[6]. Daß ausschließlich die handwerklichen Motive aus den im Alten Orient verbreiteten Schöpfungsmythen aufgenommen werden, betont die Distanz zwischen Gott und Mensch, aber auch Gottes konkreten Einsatz für den Menschen. Die Verbundenheit zeigt sich wesentlich im Wort der Anrede Jahwes an den Menschen (2₁₆f.).

Das Wort Gottes steht auch am Anfang der zweiten Beziehung des Menschen, der zu den Tieren:

> Nicht gut ist des Menschen Alleinsein. Ich will ihm eine Hilfe machen, die ihm entspricht

(2₁₈). Wie nahe die Tiere dem Menschen stehen, wird mit dem Satz betont, daß Jahwe Gott sie »aus der Ackererde gestaltete« (19), wie es in 7 genau so vom Menschen ausgesagt war;

---

[4] S. o. S. 43f. und S. 97f.

[5] Z. B. AOT 134.135; vgl. weitere Nachweise bei FMaass, 'ādām 82f. und WZimmerli, Weltlichkeit 25f.

[6] SMorenz, Religion 192; FMaass, a.a.O. 84; jetzt vor allem EOtto, Mensch 338f. Die Formulierung scheint nicht einer mythologischen Erzählung, sondern dem Wortspiel *rmṭw* = Menschen und *rmjt* = Träne zu entstammen.

jedoch erhalten sie nicht den göttlichen Lebensatem. Sie werden dem Menschen als Hilfe angeboten und sind darin von der Intention her teilweise dem Mitmenschen vergleichbar. Aber sie entsprechen ihm nicht wirklich. Das zeigt sich bei der Benennung, mit der der Mensch die Tierwelt, ordnet. In solcher Nominierung bekundet sich »eine allererste Autonomie des Menschen« innerhalb der Schöpfung[7]; sie ist durch Jahwes Schöpfergabe gesetzt.

Zum Ziel kommt Jahwes Besserungsbeschluß erst mit der Schaffung einer dritten Beziehung, die in ihrer Bedeutung der zweiten den Rang abläuft; es ist die zum Mitmenschen durch die Erschaffung der Frau. Ihre einmalige Zugehörigkeit zum Manne wird vor allem dadurch unterstrichen, daß sie nicht aus der Ackererde gestaltet wird, sondern aus der Rippe des Menschen selbst, die Jahwe zur Frau ausbaut (21f.). Der Mensch, in Tiefschlaf versetzt, ist nicht Zuschauer bei dieser Schöpfung. Das vollendete Werk bewundert er im Jubel als wahrhaft verwandt[8]:

Diese nun endlich
ist Gebein von meinem Gebein
und Fleisch von meinem Fleisch.
Männin wird man sie nennen,
weil sie vom Manne genommen.

Daß sie nach dem *'īš 'iššā* heißt, spiegelt die innige Verbundenheit. Sie läßt den Mann sein Elternhaus verlassen[9].

Die vierte Beziehung ist die zwischen dem Menschen und der Ackererde. Sie wird im Urtext sprachlich dokumentiert durch den Zusammenklang von *'ādām* (Mensch) und *ᵃdāmā* (Ackererde), wobei die gemeinsame etymologische Wurzel *'dm* rot sein für die rötlich-braune Haut des Menschen und die rötlich-braune Ackererde gesichert erscheint[10]. Auch diese Beziehung

---

[7] CWestermann, BK I 311.
[8] Zur Verwandtschaftsformel im Bräutigamsjubel 2₂₃ s. o. S. 53.
[9] S. o. S. 141.
[10] Vgl. KBL³, JGPlöger, *ᵃdāmā* 95 und CWestermann, *'ādām* 41f.

ist durch Jahwe gesetzt. Sie ist eine dreifache. Der Mensch ist
aus der Ackererde erschaffen (2₇; vgl. 3₁₉.₂₃), er hat die Ackererde zu bearbeiten (3₂₃), und er kehrt in seinem Tode zur
Ackererde zurück (3₁₉). Dabei wird sowohl die Ackerarbeit
wie die endliche Rückkehr zum Acker bezogen auf seine Erschaffung aus der Ackererde (vgl. 3₁₉.₂₃ mit 2₇).

Ebenso wie die Ackerarbeit und die Sterblichkeit des Menschen ist sein Leben mit der Frau und mit den von ihm benannten Tieren durch das Grundverhältnis zu seinem Schöpfer gegeben, der zugleich aller Wesen Schöpfer ist, mit ihm
aber und seiner Frau ins Gespräch eintritt wie mit keinem
sonst.

2. Auch in der *priesterschriftlichen* Darstellung der Erschaffung
des Menschen ist das Verhältnis des Menschen zu Gott das be-
herrschende und umfassende Thema (Gn 1₂₆-₃₀). Darin zeigt
sich der Unterschied des Menschen zu allen übrigen Geschöpfen. Zwar wird er dicht neben die Tiere gerückt: er wird am
gleichen Tage wie die Landtiere erschaffen (2₄-₃₁), ferner werden die Fische und die Vögel ebenso wie sonst nur der Mensch
durch einen Segenszuspruch zur Mehrung ermächtigt (vgl. ₂₂
mit ₂₈), und schließlich wird den Menschen und den Landtieren
die gleiche Nahrung zugewiesen (₂₉f.). Doch tritt die Sonderstellung des Menschen nicht weniger klar hervor. Die unmittelbar vor dem Menschen am sechsten Tage geschaffenen Landtiere gehen auf Grund des göttlichen Befehls an die Erde aus
dieser hervor und Gott »macht« sie (*'śh*) (₂₄f.)[11], während die
Menschen in Gn 1 nicht aus den Tiefen der Erde hervorkommen[12], sondern auf Grund eines in der ganzen Schöpfungser-

---

[11] Zum Verhältnis von ₂₄ und ₂₅ vgl WHSchmidt, Schöpfungsgeschichte
124ff. Daß die Landtiere nicht wie die Fische und Vögel Segen empfangen,
hängt wohl auch damit zusammen, daß Segen in 1₂₂ und 1₂₈ eine solche
Vermehrung mit sich bringt, daß das Wasser und das Land »gefüllt« werden. Das aber ist für das Land dem Menschen vorbehalten (WHSchmidt
147).
[12] Vgl. aber Ps 139₁₅ und u. S. 146f.

zählung der Priesterschrift einmaligen Selbstentschlusses Gottes (26) ohne vorgegebenen Stoff und ohne Mitwirkung der Erde völlig frei erschaffen werden, wofür das dreimalige *br'* in 27 charakteristisch ist[13]. Das Segenswort an die Menschen in 28 unterscheidet sich dadurch grundlegend von dem an Fische und Vögel in 22, daß nach der Ermächtigung zur Mehrung die Menschen mit der Herrschaft über die Erde und insbesondere über alle Tiere betraut werden (28b). Damit ist die entscheidende Differenz zwischen Mensch und Tier genannt, die wiederum mit dem Verhältnis Gottes zum Menschen gegeben ist[14]. Dieses besondere Verhältnis zeigt sich formal schon darin, daß kein anderes Geschöpf so sehr der Anrede Gottes gewürdigt wird wie der Mensch; es ist bezeichnend, daß bei der die Menschen und die Tiere betreffenden Nahrungszuweisung die Menschen angesprochen werden (29), von den Tieren aber in 3. Person die Rede ist (30). Schließlich ist zu beachten, daß die Menschheit sofort zweigeschlechtlich geschaffen und als solche mit der freien Herrschaft über die übrige Schöpfung betraut wird (27f.).

So unterschiedlich die weltanschaulichen Voraussetzungen und die erzählerische Gestaltung der beiden um Jahrhunderte voneinander entfernten Schöpfungsberichte in Gn 1 und 2 sind, so überraschend ist der sachliche Konsens in drei als wesentlich herauszustellenden Punkten: a) Der Mensch gehört in die unmittelbare Nähe zum Tier. b) Durch die besondere Zuwendung Gottes zum Menschen ist er zugleich unübersehbar vom Tier unterschieden. c) Erst Mann und Frau miteinander stellen einen ganzen und brauchbaren Menschen dar.

Im Unterschied zum jahwistischen Bericht setzt der priesterschriftliche zugleich mit ihrer Erschaffung die Aufgabe der Menschheit, sich zu vermehren bis zur Anfüllung und Eroberung der Erde (28a). So ist mit der Schöpfung ausdrücklich Zeugung und Geburt gegeben.

---

[13] Vgl. WHSchmidt, a.a.O. 164ff.
[14] Zum Menschen als »Bild Gottes« (26f.) s. u. S. 239f.

3. Nimmt Gn 1₂₈ₐ die Vermehrung des Menschen in die Schöpfungsvorstellung auf, so zieht umgekehrt der *139. Psalm* uralte Schöpfungsvorstellungen in die Sicht der Geburt eines Einzelnen hinein. Daß der Schöpfer der Menschheit zugleich der Schöpfer jedes einzelnen Menschen ist (Jes 17₇), wird hier mit archaischer Biologie veranschaulicht. In welchem Zusammenhang kommt der Beter darauf? Anscheinend ist er in ein Untersuchungsverfahren wegen Götzendienstes verwickelt und beteuert seine Unschuld (19-24)[15]. Er legt dar, wie ganz und gar er sich von Gott durchforscht sieht; er ist gewiß, daß Gott sein Wesen völlig kennt. Um die Gewißheit zu verdeutlichen, daß der Mensch sich vor Gott in keine Finsternis hineinflüchten kann (11), da Gott sogar die Nacht durchleuchtet (12), führt er als Begründung (*kī* 13) seine persönliche Schöpfungsgeschichte an:

> Du bist es, der meine Nieren geschaffen,
>> mich im Leib meiner Mutter gewoben hat ...
> Nicht war mein Gebein dir verborgen,
>> als ich gar heimlich entstand,
>>> bunt gewirkt in der Erde Tiefen.
> Meine Urgestalt sahn deine Augen ...

Im Zusammenhang der Gewissensprüfung ist es verständlich, daß der Beter seine Nieren, das hochempfindliche Organ der Schulderkenntnis[16], zuerst als von Jahwe erschaffen nennt (13ₐ). Im übrigen ist alles, was im Leibe seiner Mutter wuchs, das Werk des großen Webers (*skk* pi.); Haut und Muskeln sind als »Gewebe« erkannt. Was da im »Versteck« (15) entstand, stammt nicht aus den Entwürfen und Fähigkeiten des Menschen; nur der Gott, der es im Verborgenen schuf, kennt es auch von allem Anfang an durch und durch. Schon den Embryo[17],

---

[15] Vgl. EWürthwein, Psalm 139, 185–189.
[16] Vgl. Ps 16₇ Jer 12₂ und o. S. 105f.
[17] *gōläm* findet sich im Alten Testament nur hier; das Wort bezeichnet das »unfertige« Wesen (vgl. KBL³). In Ex 21₂₂ wird die Leibesfrucht der Schwangeren mit dem gewöhnlichen Wort für Kind im pl. bezeichnet

die Keimgestalt des Beters, sahen seine Augen. In diesem Zusammenhang fällt auf, daß neben dem Mutterleib als der Ent-
stehungskammer des Menschen die »Tiefen der Erde« genannt
werden, in denen der werdende Leib »bunt gewirkt« wurde
(*rḳm* pi.). Hier schimmert eine archaische Sicht auf, nach der
der Mensch »wie Korn aus der Erde sproß«[18]. In Gn 1₂₄ er-
innerte das Hervorgehen der Landtiere aus der Erde an diese
Vorstellung (vgl. 12f.!). Deutlicher sieht Hi 1₂₁ für den Menschen Mutterleib und Erdenschoß zusammen:

Nackt ging ich aus von Mutterleibe,
nackt kehre ich dahin zurück.

»Dahin« meint sicher den verborgenen Ort des Erdenschoßes
in Analogie zum Mutterleib. Die altorientalische Form der Bestattung in Hockerstellung mag an die Lage des Embryos erinnern[19]. Der Gedanke des Hervorgehens des Menschen aus
den »Erdentiefen« dient im 139. Psalm in Parallele zum heimlichen Versteck im Leib der Mutter dazu, das Bewußtsein des
Beters um Jahwes unentrinnbare Kenntnis von des Menschen
Heimlichkeiten seit Urbeginn seiner Existenz zu bezeugen.

4. Ein ähnliches persönliches Schöpfungsbekenntnis mit aber-
mals neuen, noch genaueren Vorstellungen von Zeugung und
Geburt findet sich Hi 10₈₋₁₂. Es ist von den gequälten Fragen
des leidenden Hiob getragen (10₃):

Bringt's Nutzen dir, wenn du Gewalt gebrauchst,
wenn du verwirfst das Werkstück deiner Hände?

(*jᵉlādīm*). Hi 3₁₀ spricht von den »Toren des Mutterschoßes« (*daltē bāṭän*).
Daß die Dauer der Schwangerschaft einer Frau als Thema bekannt ist,
geht indirekt aus den Versen in Hi 39₁f. hervor:
   Weißt du die Wurfzeit der Felsenböcke?
   Beobachtest du der Hirschkühe Kreißen?
   Zählst du die Monate, die sie trächtig gehen?
   Kennst du die Zeit, da sie gebären?
[18] So in einer assyrischen Darstellung der urzeitlichen Entstehung von
Weisen und Helden: AOT 135f.
[19] Vgl. FHorst, Hiob 19.

Wie dieses kostbare Werkstück, nach dem Jahwe eines Tages
sich sehnen könnte (14₁₅), entstanden ist, führt 10₈ff. aus:

Mich bildeten, mich schufen deine Hände,
'dann wandtest du dich'[20] und vertilgtest mich.
⁹Gedenke doch, daß du wie Ton mich schufest,
nun schickst du wieder mich zum Staub zurück.
¹⁰Hast du denn nicht wie Milch mich hingegossen,
und mich wie Käse fest gerinnen lassen?
¹¹Du hast mich doch mit Haut und Fleisch bekleidet,
mit Knochen und mit Sehnen mich durchwirkt.
¹²Das Leben hast du mir verliehn und Gnade,
und deine Obhut schützte meinen Atem.

Die Gestaltung des Menschen aus Ton und seine Hinfälligkeit
zum Staub (8f.) erinnert noch an Gn 2₇ und 3₁₉. Das Bild vom
»Bekleiden« mit Haut und Fleisch und vor allem das Weben
und Wirken (*skk* 11) von Knochen und Sehnen war ähnlich in
Ps 139₁₃.₁₅ gesehen[21]. Aber ganz neu und singulär ist die Vorstellung in 10 von der ausgegossenen Milch, die wie Käse fest
gerinnt. Als Analogie hilft sie, die Ausgießung der milchigen
Samenflüssigkeit in den weiblichen Organismus und die auf
die Insemination folgende Entstehung eines festen embryo-
nalen Körpers zu verstehen. Vom Eintritt der männlichen
Samenzellen in die weibliche Eizelle als dem entscheidenden
Vorgang, der sich der menschlichen Willkür entzieht, weiß
diese antike Physiologie noch nichts. Um so wichtiger ist es,
daß sie in ihrer Weise den Vorgang, der zur Geburt führt,
nicht auf den Willen des Vaters oder der Mutter oder beider
zurückführt, sondern sagt: »Hast *du* mich nicht wie Milch einst
ausgegossen . . .?«

Nicht nur die Schöpfung der Menschheit insgesamt, sondern
auch die Entstehungsgeschichte des einzelnen, ja des eigenen
Lebens wird auf Jahwe als Kunstwerk seiner Hände zurückgeführt. Kein Mensch kann sich voll verstehen, wenn er sich

---

[20] S. BHK und FHorst, a.a.O. z. St.
[21] Vgl. auch Ez 37₅f. und o. S. 51.

nicht dessen bewußt bleibt, daß er von einem Vorgang herkommt, bei dem er »kein Mitspracherecht«[22] hatte. Auch solche
Einsicht führt zum Dialog des Menschen mit seinem Gott, der
bei Hiob bitterste Schärfe annimmt. Ob der Mensch mit Gott
hadert wie in Hi 10 oder ob er als Angeklagter sich selbst prüft
und geprüft sieht wie in Ps 139, es hilft ihm, den generellen
Schöpfungsglauben (Gn 1–2) auf die Geburt seiner selbst zu
beziehen. Die äußerste Verschiedenartigkeit der naturkund-
lichen Vorstellungen von Gn 2, Gn 1, Ps 139 und Hi 10 leitet
den modernen Menschen an, die Grundgewißheit von der
Herkunft der Menschheit und des einzelnen aus dem Willen
Gottes in den jeweiligen biologischen Erkenntnisstand zu
transponieren und die Chance der Berufung zum Dialog des
Menschen mit seinem Schöpfer nicht zu verkennen.

---

[22] FMaass, *'ādām* 92.

LEBEN UND TOD[1]

Des Menschen Zeit ist begrenzte Zeit. Es ist seine Gelegenheit zum Leben zwischen Geburt und Tod, so gewiß er als ein Sterblicher erschaffen ist (Gn 3₁₉.₂₂). Im Blick auf die Lebensdauer findet die Frage, was der Mensch sei, die Antwort: ein vergängliches Wesen, ein Hauch ist er (Ps 39₆.₁₂ 49₁₃.₂₁ 82₇ 89₄₈f.). Der Anfang seiner Lebenszeit ist von Jahwe gesetzt. Aber an seinem Ende stehen dunkelste Fragen auf.

1. In den *Worten von Sterbenden* beobachten wir zunächst das Bewußtsein des alttestamentlichen Menschen, daß ihm im Tode das ganz und gar nicht Ungewöhnliche widerfährt.

Ich betrete jetzt den Weg aller Welt –

so können Josua (23₁₄) und David (1 Kö 2₂) im deuteronomistischen Geschichtswerk ihre Abschiedsworte beginnen[2]. Selbst die Größten in Israel zieht der Tod in eine weltweite Schicksalsgemeinschaft hinein. Doch zuvor wird die Stimme des Sterbenden wichtig für die Lebenden. Durchweg berichten die biblischen Erzähler die Abschiedsworte weit aufmerksamer als den Vorgang des Sterbens.

Nach einer älteren Pentateuchschicht, vielleicht dem Elohisten, wird dem sterbenden Jakob-Israel gemeldet, daß sein Sohn

---

[1] *Literatur:* CBarth, Errettung. – GvRad, TheolAT I 285–293.414–420; II 371f. – VMaag, Tod. – LWächter, Tod. – EJüngel, Tod. – WZimmerli, Weltlichkeit 111–124. – GGerleman, *ḥjh.*

[2] *dåräk kol hä'åräṣ* »das auf der ganzen Erde Gängige« heißt in Gn 19₃₁ auch der eheliche Verkehr; vgl. Gn 31₃₅.

Joseph ihn mit den beiden Enkeln, Manasse und Ephraim, auf-
sucht.

Da nahm Israel seine Kräfte zusammen und setzte sich im
Bette auf

(Gn 48₁f.). Fast erblindet, segnet er entgegen der Erwartung
Josephs die Enkel »kreuzweise« (14) – der jüngere wird mächtiger! (19). Dann sagt er zu Joseph (21):

Siehe, ich muß sterben.

Aber Gott wird mit euch sein.

Er wird euch in das Land eurer Väter zurückführen.

Der in Schwäche Sterbende sieht die kommenden Veränderungen. In der Erfahrung der eigenen Grenze wird er Zeuge der
Verheißung Gottes. Er stürzt die menschliche Gesetzlichkeit
um, wonach der ältere Sohn im Vorsprung vor dem Jüngeren
ist. Der Sterbende lehrt, mit den Veränderungen im Sinne der
Verheißung zu rechnen. Ganz ähnlich, wenn auch inhaltlich
völlig anders, enthält der Segen des sterbenden Mose nach Dt
33 »schöpferische Worte, die die Zukunft zu gestalten ver
mögen«[3].

Dt 31₁-₆ zeigt Mose, wie er nach der großen Vermahnung
Israels mit Segen und Fluch am Ende zur Furchtlosigkeit ruft
(6):

Denn Jahwe, dein Gott, ist es, der mit dir zieht.

Nicht wird er dich aufgeben, nicht dich verlassen.

Der Scheidende entdeckt in der Fülle der Erfahrungen zugleich die Grenzen des Menschlichen und die Kraft der Zusagen (4):

Jahwe verfährt mit den Feinden,

wie er mit den Amoriterkönigen Sichon und Og verfuhr.

Noch kräftiger erinnert Josua, da er »den Weg aller Welt
geht«, an das Ganze der Erfahrungen (Jos 23₁₄):

Alles ist für euch in Erfüllung gegangen,

nicht eine Verheißung hat ihre Bestimmung verfehlt.

---

[3] GvRad, ATD 8, 146.

Daraufhin sollte sich Israel vor den Drohworten und also vor dem Bundesbruch fürchten (15f.). Die Sammlung auf die Zusage Gottes öffnet dem Sterbenden ebenso den Blick für die Summe eingetretener Erfüllungen wie für die ausstehenden künftigen Veränderungen.

Wie der hinfällige Mensch an der Todesgrenze zum vollmächtigen Zeugen wird, zeigt das deuteronomistische Geschichtswerk auch an den Worten des scheidenden Samuel (1 S 12) und des sterbenden David (1 Kö 21ff.). Dieses große Geschichtswerk ist selbst auf dem Sterbelager Israels in der Zeit des babylonischen Exils entstanden. Der Tempel, der Staat und das Land waren Israel genommen. Konnte ihm eine andere Zukunft als die des Todes vor Augen stehen? In dieser Lage erkennt der Sprecher Israels die Wahrheit für die Künftigen. Aus der Sterbestunde Israels sind auch die Worte der großen Sterbenden Mose, Josua, Samuel und David zu verstehen[4].

Die Stimmen der Sterbenden im Alten Testament sind ein Auftakt der fundamentalen Bedeutung der Worte des sterbenden Jesus in den Evangelien, von der Aufnahme des 22. Psalms in Mk 15₃₄ angefangen bis zu jenem *tetélestai* (»Es ist vollbracht!«) in Joh 19₃₀. Das gültige Evangelium sammelt sich aufs knappste und klarste in jene Abschiedsschreie, die in der Stunde völliger Gottesferne den Durchbruch der Rettung aller bekunden.

2. So viel der Sterbende zu sagen hat, so wenig bedeutet sein *Grab*. Gewiß können im Alten Testament Totenklagefeiern und Begräbnisse einmal ausführlich, ja umständlich beschrieben werden wie in Gn 50 für Jakob. Doch warum? Ist der weite Weg aller Jakobssöhne mit sehr großer Begleitung (7-9) hin zu dem Grab, das Jakob sich selbst im Lande Kanaan angelegt hatte (5), etwas anderes als der verheißungsvolle Auftakt zur Bestätigung der Zusage des Landes? Die Ortsangaben des Be-

---

[4] Vgl. HWWolff, Geschichtswerk.

gräbnisplatzes können in den Schichten der Erzählung wechseln. Neben der »Stechdorntenne« im Ostjordanland (10f.), die zu einem der älteren Berichte gehört, nennt die Priesterschrift in 13 die Höhle des Grundstücks Makpela östlich von Mamre, das Abraham für das Begräbnis der Sara erworben hatte. Damit wird auf Gn 23 zurückverwiesen, wo auch »ein mittelbar weissagendes Moment« nicht zu verkennen ist[5]. So unterstreicht die wechselnde Angabe des Grabplatzes die Kontinuität der Verheißung. Das Grab selbst hat nur eine untergeordnete Bedeutung.

Gewiß kennt die Tradition noch einige markante Gräber wie die »Klageeiche« bei Bethel, unter der Debora, die Amme Rebekkas, begraben war (Gn 35s). Samuel wurde nach 1 S 251 »in seinem Hause in Rama« begraben[5a]. Von dem großen Mose hingegen wird ausdrücklich vermerkt, daß er im Lande Moab beigesetzt wurde, daß aber niemand sein Grab kennt (Dt 346). Er, der nicht ins Land der Verheißung kommen sollte (Dt 3 23-29), trägt die Sünde des murrenden Volkes (Dt 137 41)[6]. Nicht sein Grab soll verehrt werden, sondern das durch ihn verkündete Jahwewort will gehört sein und Gefolgschaft finden. Darum heißt es gleich nach dem Bericht über Moses Tod (Dt 349):

Josua aber, der Sohn Nuns, war vom Geist der Weisheit erfüllt, da ihm Mose seine Hände aufgelegt hatte. Und die Israeliten gehorchten ihm und taten, wie Jahwe Mose geboten hatte.

Auch von Davids Grab wird nur kurz und verhältnismäßig ungenau gesprochen, nachdem sein letzter Wille breit ausgeführt wurde (1 Kö 21-9); die Notiz lautet (10):

Danach legte sich David zu seinen Vätern
und wurde in der Davidsstadt begraben.

---

[5] GvRad, ATD 3 ([1]1952) 214.
[5a] Ebenso Manasse nach 2 Ch 3320 »in seinem Hause«; d. h. unter dem Fußboden oder in einer Mauer. Zu den verschiedenen Typen der normalen Höhlengräber außerhalb der Wohnorte s. KGalling, BRL 237–252.
[6] GvRad, ATD 8, 150.

Vgl. die entsprechenden Notizen über Rehabeam 1 Kö 14₃₁,
Asa 1 Kö 15₂₄ u. a. und in Samaria über Ahab 1 Kö 22₄₀ u. a.
Daß einer kein ordentliches Begräbnis findet, bedeutet etwas
Erschreckendes, wie etwa Sauls Ende zeigt (vgl. 1 S 31₁₀-₁₃ mit
2 S 21₁-₁₄).

Dennoch sind Nekropolen alles andere als heilige Stätten. Bezeichnend ist die Regelung der Zehntabgabe in Dt 26₁₄; danach
soll der Israelit bei der Ablieferung vor Jahwe bekennen:

Ich habe nichts davon gegessen,
als ich in Trauer war ...
Ich habe nichts davon für einen Toten gegeben.

Gedacht ist daran, daß ein Teil der Zehntabgabe als Toten-
speise in ein Grab gestellt worden sei; das wäre ebenso Frevel
vor Jahwe, wie wenn ein Teil zur Trauerzeit gegessen worden
wäre[7]. Nichts soll auch nur von ferne mit dem Todesbereich in
Berührung geraten sein. Der Umkreis des Todes ist nicht heilig,
sondern verunreinigt aufs gefährlichste.

Nach Jes 65₄ gehört es zu den Charakteristika eines gegen Jahwe widerspenstigen Volkes (vgl. 2!), daß die Leute »in Grä-
bern hocken«, sei es nun zur Totenbeweinung, zur Totenver-
ehrung oder auch zur Totenbefragung[8]. Das Grab als Bereich
des Todes ist nicht zu verehren. Später ertönt der Weheruf
Jesu über die Heuchler, die als Söhne der Prophetenmörder
den Propheten Gräber (Grabkapellen) bauen und die Grab-
mäler der Gerechten schmücken (Mt 23₂₉). Daß Jesu Grab zum
Wallfahrtsort wird, wehrt das Engelwort in Lk 24₅ᶠ. von Anfang an energisch ab:

Was sucht ihr den Lebendigen bei den Toten?
Er ist nicht hier.

---

[7] In der Nekropole von Ras esch-schamra wurden Anlagen für Libationen
gefunden, die den Brauch von Getränke-Spenden für das alte Ugarit bezeugen (LWächter, Tod 184).
[8] Vgl. CWestermann, ATD 19, 318.

3. Israel zeigt sich mit einer *Entmythisierung* des Todes beschäftigt, die angesichts seiner Umwelt für den Jahweglauben ebenso schwierig wie nötig erscheint. Im allgemeinen sieht das Alte Testament den Tod in seiner ganzen Gräßlichkeit. Keinerlei Nimbus legt sich um ihn. Ebensowenig wie das Grab erfährt der Tod selbst irgendeine Weihe des Heiligen oder gar Göttlichen. Empfängt er in der Dichtung einmal einen Ehrentitel, so zynischerweise den des »Königs jäher Schrecken« (Hi 18₁₄). Verhältnismäßig stark ragen mythische Vorstellungen noch in das Bild der Totenwelt hinein, wie es das Spottlied auf Babels König in Jes 14₄ff. zeigt:

Wie ist der Zwingherr doch geendet,
    geendet seine Anmaßung.
⁵Jahwe zerbrach den Stock der Frevler,
    den Stab der Herrschenden.

    . . .

⁹Die Totenwelt drunten ist aufgeschreckt
    in Erwartung deines Kommens.
Sie jagt die Schatten auf um deinetwillen,
    der Erde Fürsten insgesamt.
Sie läßt von ihren Thronen sich erheben
    die Könige der Völker alle.
¹⁰Sie alle heben an und sprechen nun zu dir:
Auch du bist kraftlos jetzt wie wir,
    du bist uns gleich geworden.
¹¹. . .
Auf Maden bist du jetzt gebettet,
    Gewürm ist deine Decke.

    . . .

¹³In deinem Herzen plantest du:
    Empor zum Himmel will ich steigen.

    . . .

¹⁵Doch in die Totenwelt bist du gestürzt,
    in allertiefste Tiefe.

Wie in der Umwelt, etwa im Gilgameschepos, ist die Totenwelt
(*šeʾōl*) hier (15) als ein großer unterirdischer Versammlungs-
raum gedacht[9], in dem die Toten sich als Schattengeister erheben und sprechen. *šeʾōl* erscheint aber auch als Machthaber,
der die bei ihm schon kraftlos ruhenden Könige in erregter Erwartung des babylonischen Großkönigs aufscheucht (9). Doch
dieses Unterweltdrama wird nur dargestellt, um die Folgen
von Jahwes Gericht über den Gewaltherrscher, der Israel
knechtete, drastisch zu verdeutlichen (14₃f.). Keinerlei eigene
Macht oder Würde hat das Schattenreich. Totale Schwäche ist
seine Wirklichkeit (10). Maden und Würmer sind die wahren
Regenten (11).

Bei solcher dichterischen Aufnahme mythischer Gedanken kann
also nicht von ferne die Rede davon sein, daß die Herrschaft
des Todes verherrlicht oder gar vergöttlicht würde. Vielmehr
schrumpfen die im Alten Orient breit ausgebauten Vorstellungen vom Totenreich, wie sie z. B. im großen Unterweltmythos
von der Höllenfahrt der Ischtar belegt sind[10], auf verhältnismäßig seltene und knappe Anspielungen zusammen. Schon
gar nicht werden Tote mit einem Glorienschein ausgezeichnet,
auch nicht die Größten und Frömmsten in Israel. In Ägypten
kommen häufig Euphemismen vor: »Er geht lebend zur Ruhe«
– »Das schöne Schicksal ist eingetreten« – »Er tritt in seinen
Horizont ein, entfernt sich zum Himmel, vereinigt sich mit
der Sonne, indem sein Gottesleib sich mit seinem Erzeuger ver-
mischt«[11]. Ähnliches ist im Alten Testament undenkbar[12].

---

[9] Gilgameschepos Tafel 12 (AOT 183–186). Vgl. CBarth, Errettung 76
bis 91.
[10] AOT 206–210. Zum alttestamentlichen Umgang mit dem Mythos vgl.
AOhler, Elemente 218: »Als bloße dichterische Ausschmückung werden die
Mythologumena nicht mehr so recht ernst genommen … Die Mythologumena werden aus ihrem eigentlichen Zusammenhang gelöst und ihrer
ursprünglichen Bedeutung beraubt, indem sie zu Metaphern für Gottes ge-
schichtliches Handeln werden.«
[11] Weitere Belege bei LWächter, Tod 78f.; zu den Pyramidentexten, Sarg-
texten und zum Totenbuch s. HKees, Pyramidentexte.
[12] Zu Da 12₃ s. u. S. 166.

Meist bedeutet die Rede vom Abstieg in die *š^e'ōl* als Totenwelt nicht mehr als den Hinweis auf das Begräbnis als Lebensende (Gn 42₃₈ 44₂₉.₃₁ Jes 38₁₀.₁₇ Ps 9₁₆.₁₈ 16₁₀ 49₁₀.₁₆ 88₄₋₇.₁₂f. Prv 1₁₂)[13].

Allerdings wurde Israel durch seine Umwelt verleitet, dem Tode oder den Toten eine besondere Macht zuzuschreiben. Der Kampf der Propheten beweist es am deutlichsten. So warnt Jesaja seine Hörer vor Totenbeschwörung (8₁₉f.):

Wenn man euch sagt:
Befragt doch die Totengeister und die Wahrsager,
    die da flüstern und wispern!
– Soll nicht ein Volk seinen Gott befragen?
    Soll es sich an Tote statt an Lebende wenden?

Jesaja ruft die Irregeleiteten »zur Weisung und zum Zeugnis« (₂₀), wie er selbst es verkündet und dann auch im Kreise seiner Schüler deponiert hat (₁₆). Solche Mahnung hat politische Konsequenzen. In 28₁₅ff. zitiert Jesaja Jerusalemer Diplomaten, die auf einen Pakt mit Ägypten stolz sind und sprechen:

Wir haben einen Bund mit dem Tod geschlossen
    und einen Vertrag mit der Totenwelt gemacht.

Ironisierend legt der Prophet den auf ägyptischen Totenkult spekulierenden Politikern weiter die Worte in den Mund:

»Wir haben die Lüge zu unsrer Burg gemacht
    und uns im Trug geborgen.«

Dagegen spricht Jahwe:

Ich lege in Zion einen Grundstein . . .
Wer glaubt, wankt nicht.

Doch die Lügenburg wird Hagel zerstören. Der »Bund mit dem Tod« und der »Vertrag mit der Totenwelt« werden für nichtig erklärt (₁₆₋₁₈).

---

[13] Vgl. L.Wächter, a.a.O. 51ff. für den synonymen Gebrauch von *š^e'ōl* einerseits und *ḳäbär* (Grab), *bōr* (Grube), *šaḥat* (Grube) andererseits. In der Regel bedeutet die Erwähnung der *š^e'ōl* eine Steigerung des Ausdrucks der Not.

Das Alte Testament selbst weiß von einer erfolgreichen Totenbeschwörung zu berichten, die aber gerade als »geglückte« die
Widersinnigkeit des Unternehmens eklatant darstellt. Zum
Wahn des schon verworfenen Königs Saul gehört es, daß er
in Verkleidung seinem eigenen Verbot zuwider (1 S 28₃) die
Totenbeschwörerin von Endor um den Anruf des toten Samuel
bittet, da ihn das Schweigen Gottes angesichts der Bedrohung
durch die Philister völlig ratlos ließ (1 S 284ff.). Tatsächlich
kommt Samuel wie ein Gespenst herauf. Aber was sagt er? Er
rügt die Ruhestörung und weist zurück auf das, was er Saul
früher verkündet hat: daß Jahwe sich von ihm abgewandt und
das Königtum David übergeben habe (15ff.). So zeigt diese im
Alten Testament singuläre Erzählung einer Totenbeschwörung,
daß von Totengeistern nichts zu erwarten ist, was über das
von den lebendigen Boten Bezeugte hinausginge. Genau auf
dieser Linie wird im Gleichnis Jesu dem reichen Manne die
Bitte verwehrt, Lazarus möge aus dem Totenreich zu seinen
noch lebenden Brüdern geschickt werden. »Sie haben Mose und
die Propheten. Laß sie die hören!« (Lk 16₂₇ff.).
Schon im Deuteronomium und im Heiligkeitsgesetz werden
alle Bräuche und Praktiken verboten, die in irgendeiner Weise
mit der Wiederkehr oder der Mächtigkeit von Toten rechnen:
Dt 141f. 1811 Lv 1927f.31 206.27. Soweit wir sehen, zeigt sich der
Jahweglaube besonders intolerant gegen alle Formen des To-
tenkultes. Es wäre »ganz falsch, die Macht der Versuchung zu
unterschätzen, die von dieser Sphäre ausging, auf der anderen
Seite die Enthaltungskraft, die Israel aufbieten mußte, um
jeder sakralen Gemeinschaft mit seinen Toten zu entsagen«[14].
Denn Israels Nachbarn pflegten sie, wie die Kulte der sterbenden und auferstehenden Gottheiten zeigen. Frauen, die
Tammuz, den Gott der sterbenden Sommervegetation aus dem
Zweistromland, beweinen, findet Ezechiel (8₁₄) sogar in Jerusalem[15].

---

[14] GvRad, TheolAT I 290.
[15] Vgl. WZimmerli, BK XIII 219f. Zum ägyptischen Osiriskult vgl.

Jahwe wird demgegenüber ausschließlich als »der lebendige Gott« bezeugt, vor allem in der Polemik gegen Fremdgötter: Jos 3₁₀ 2 Kö 19₄ Hos 2₁¹⁶; häufiger noch ist er der, der Leben gibt und bewahrt (Dt 30₁₅.₁₉ Ps 64₂ 103₄ 133₃ u. ö.)¹⁷.
Dem entspricht der Eifer, mit dem die alttestamentlichen Gesetze alles, was irgendwie mit dem Tode in Verbindung steht, als vor Jahwe »unrein« (*ṭāmēʾ*) bezeichnen. Nu 19₁₁ erklärt generell:

> Wer mit einem Toten in Berührung kommt,
> wird für sieben Tage unrein.

V. ₁₆ dehnt diese Bestimmung aus auf jeden, der

> auf freiem Feld mit einem vom Schwert Erschlagenen,
> mit Menschengebein oder mit einem Grab in Berührung
> kommt.

Die Unreinheit, die von menschlichen oder auch tierischen Leichen ausgeht, ist von ungemein infizierender Kraft. Schon die Dinge, die damit in Berührung kommen, werden unrein, etwa Gefäße oder Kleidungsstücke (Lv 11₃₂-₃₅). »Ein Backofen oder Kochherd muß eingerissen werden«, wenn ein Aas darauf gefallen ist (₃₅). Daß Tote »unrein« sind und »unrein« machen, disqualifiziert sie kultisch so, wie es stärker nicht möglich ist. Gegen die durch Totes verursachte Verunreinigung helfen gewöhnliche Waschungen nicht. Mit der Asche einer fehlerlosen roten Kuh muß ein besonderes Reinigungswasser bereitet werden (Nu 19₁ff.₁₇ff.). Ahnen wir, welchen »schweren Abwehrkampf ... Israel gerade mit Hilfe dieser kultischen Bestimmungen geführt hat«? Sie zeigen »eine radikale Entmythologisierung und Entsakralisierung des Todes an«¹⁸. Entschlossen abgewiesen wird jede Beschönigung und erst recht jede numinose Verschleierung oder gar Vergöttlichung der Toten und der

---

SMorenz, Religion 58 u. ö.; zur Spiegelung des phönizischen Adoniskults in Hos 6₁f. vgl. HWWolff, BK XIV/1, 150.
¹⁶ Vgl. HJKraus, Gott.
¹⁷ Vgl. GGerleman, *ḥjh* 554f.
¹⁸ GvRad, TheolAT I 289f.

Macht des Todes und damit auch jede Aufnahme eines Toten-
kultes in das Glaubensleben Israels. Wer zu Jahwe gehört, darf
sich darum nicht wegen eines Toten Haare und Bart stutzen
oder Ritzungen am Körper beibringen (Lv 19₂₇f. 21₅ Dt 14₁f.;
vgl. Jer 41₅). Solche apotropäischen Riten der Umwelt rechnen
mit der Mächtigkeit der Totenwelt; sie sollen die Trauernden
unkenntlich und darum unauffindbar machen. Solch ein Re-
spekt vor dem Tode ist in Jahwes Gegenwart unmöglich[19].

4. Wie läßt sich bei dieser Sicht des Todes im Alten Testament
das Totsein *definieren*? Vielleicht eröffnet der 88. Psalm den
Zugang zu einer genauen Bestimmung. Der Beter dieser Klage
lebt ganz an der Grenze (4):

> Meine Seele ist gesättigt mit Leid,
> > dem Totenreich nahe ist mein Leben.

Schon weiß er sich »entlassen unter die Toten« (6). Diese werden in der Anrufung Gottes charakterisiert als solche,

> deren du nicht mehr gedenkst,
> > die von deiner Hand abgeschnitten sind.

Damit sind die Toten als Wesen bestimmt, die aus Jahwes
Machtbereich[20] ausgeschieden wurden. Demgemäß weiß Hiob,
daß es selbst für Gott ein »zu spät« gibt (7₂₁):

> Nunmehr lege ich zum Staub mich nieder,
> > und suchst du mich, so bin ich nicht mehr da.

Der 88. Psalm expliziert in 11-13 die Folgen der Trennung des
Toten von Jahwe in rhetorischen Fragen:

> Willst du Wunder an den Toten tun?
> > Stehn die Schatten auf, dein Lob zu künden?
> Wird im Grab von deiner Huld erzählt?
> > Auch von deiner Treu im Totenreich?
> Wird der Finsternis dein Wunder kund?
> > Deine Hilf' im Lande des Vergessens?

---

[19] Vgl. MNoth, ATD 6, 123 und KElliger, Leviticus **261**.
[20] Zur Bedeutung der »Hand« s. o. S. 108f.

Das bittere Nein ist dem Klagenden gewiß. In der Totenwelt
finden das Werk Jahwes, die Verkündigung von Jahwe und
das Lob Jahwes keinen Raum mehr. Diese Sicht wird mannig-
fach bestätigt, etwa in Ps 115₁₇:
> Nicht die Toten jauchzen Jahwe zu,
>> keiner, der ins Schweigen stieg hinab.

Oder in Hiskias Gebet Jes 38₁₈f.:
> Nicht bekennt dich mehr die Unterwelt.
>> Und der Tod, rühmt er dich noch?
> Nicht mehr harren, die zur Grube fuhren,
>> deiner Treuverbundenheit entgegen.
> Nur wer lebt, wer lebt, der preiset dich,
>> so wie ich es heut' noch tue.

Damit wird der Definition des Toten als des vom Lobe Gottes
Abgeschnittenen die des Lebenden als desjenigen Menschen ge-
genübergestellt, der Jahwes Werk und Wort rühmen kann[21].
»Leben heißt also im Alten Testament: ein Verhältnis haben.
Vor allem: zu Gott ein Verhältnis haben.« »Tod ... bedeutet
Verhältnislosigkeit.«[22]
Diese Bestimmung des Todes im Alten Testament ist für das
Verständnis des Todes Jesu im Neuen Testament von grund-
legender Bedeutung. Jesus stirbt in den ganz und gar nicht ver-
klärten, vielmehr radikal profanierten Tod hinein. Jeglicher
Nimbus bleibt auch hier völlig fern. Er stirbt den gräßlichen
Tod des Menschen und ist so für den Menschen inmitten der
völligen Gottesferne präsent[23].
Doch von den bisher erkannten alttestamentlichen Bestimmun-

---

[21] Vgl. GvRad, TheolAT II 371f.; CBarth, Errettung 151: »Man beachte
aber, daß der Lobpreis Jahwes zugleich die Funktion eines Merkmals der
Lebendigkeit hat.«
[22] EJüngel, Tod 99.138; vgl. auch 145, ferner HGollwitzer, Holz 285f.:
»Gemeinschaft mit Gott ist Leben.«
[23] EJüngel, a.a.O. 138f.: »Indem Gott sich mit dem toten Jesus identi-
fizierte, setzte er sich der aggressiven Gottfremdheit des Todes wirklich
aus, setzte er die eigene Gottheit der Macht der Negation aus, ... um
gerade so für alle Menschen dazusein.«

gen des Todes bis zu dieser neutestamentlichen Erkenntnis ist
noch ein weiter Weg zurückzulegen. Zunächst tritt ein schweres Problem innerhalb des Alten Testamentes auf. Der Tod ist
einerseits als ein Raum gnadenloser Gottesferne beschrieben,
in den Jahwe nicht mehr hineinwirken kann; jeder menschliche
Versuch, auch nur die geringste Verbindung zwischen der
Totenwelt und Jahwe herzustellen, wird streng unterbunden.
Andererseits wird aber auch dem Tod jede Jahwe gegenüber
selbständige, eigene Mächtigkeit bestritten; daß in der Totenwelt ein selbständiger Herrscher regiere, ist nicht zu denken[24].

5. Wie bewältigen die Zeugen des Jahweglaubens dieses merkwürdige *theologische Vakuum*? Wir beobachten ein Tasten
hinein in diese Leere.
Den ersten Schritt gehen alle Beter des Alten Testaments gemeinsam. In der Gefahr des Todes gibt es für sie keine Möglichkeit außer der einen, daß sie sich an Jahwe wenden, ist er
doch »die Quelle des Lebens« (Ps 368-10), so gewiß in seinem
Heiligtum der Zuspruch des Lebens zu erwarten ist[25]. So
schreit denn selbst der 88. Psalm zu Jahwe (3.14f.):

> Es komme vor dich mein Gebet,
>   zuwende dein Ohr meinem Flehen!
>
> . . .
>
> Ich rufe zu dir, Jahwe,
>   frühmorgens kommt zu dir mein Flehen.
> Warum verstößest du mich, Jahwe,
>   verbirgst du dein Antlitz vor mir?

Wer, wenn nicht Jahwe, könnte Zuflucht bieten, selbst angesichts der Unterwelt, in der seine Hand nicht wirkt (6!). Gebietet doch nur er über den Eintritt ins Totenreich (7):

---

[24] WZimmerli, Weltlichkeit 116.
[25] Ps 15 243-6 Ez 185-9, dazu WZimmerli, a.a.O. 122f. Zwar kommt in
den überlieferten Leichenklageliedern Israels der Name Jahwes nicht vor
(HJahnow, Leichenlied 56), doch ist es kaum denkbar, daß nicht auch sie
in Israel »für die Ohren Jahwes bestimmt« sind; vgl. EGerstenberger,
Mensch 65ff. (67).

Du wirfst mich ins abgründ'ge Grab,
in Finsternis, in tiefste Tiefen.

Es ist elementare Gewißheit der Beter, daß wenigstens den
Zugang zum Tod nur Jahwe verfügen oder verhindern kann.
Wie Jahwe im Anfang der Geschichte Israels darüber entschied,
daß das hilflose, in seinem Blut zappelnde Findelkind am
Leben blieb (Ez 16₆f.), so gebietet er in jedem Einzelfall über
das Sterben eines Menschen. Das steht als Gewißheit hinter der
in Am 6₉f. geschilderten Szene:

Wenn auch zehn Männer in einem Hause übrigbleiben, so
sterben sie doch. Man nimmt seinen Verwandten und zwingt
ihn, die Leichen aus dem Hause zu bringen. Sagt er zu dem,
der im hintersten Winkel des Hauses sitzt: »Ist noch einer
bei dir?« – sagt der: »Keiner!«, und er sagt: »Still! Denn
man darf Jahwe nicht mit Namen nennen.«

Weiter stößt das Gotteswort der fünften Amos-Vision in 9₂
vor, wo es von denen, die dem Gericht entfliehen wollen, heißt:

Und drängen sie vor bis in die Totenwelt,
so brächte meine Hand sie von dort herauf.

Hier ist Jahwe nicht der, der Menschen dem Totenreich aus-
liefert; vielmehr ist vorausgesetzt, daß Menschen von sich aus
dorthin flüchten, nur um vor Jahwes Zugriff sicher zu sein
(Ps 88₆.₁₁-₁₃!). Doch da lautet die neue Botschaft, daß Jahwe
auch in die Totenwelt mit seiner Hand vordringt. Zu einer
ähnlichen Gewißheit kommt Ps 139₈:

Wollte ich in der Totenwelt lagern,
siehe, da bist du auch!

Ist Jahwe allein Gott, so kann die Erkenntnis nicht ausbleiben,
daß auch der Tod kein Herrschaftsgebiet abzusichern vermag,
in das Jahwe nicht vordringen könnte. Sie totalisiert nicht nur
die Androhung, daß es vor Jahwe schlechterdings kein Ent-
rinnen gibt, sondern wird dann auch zur hymnisch besunge-
nen Heilsgewißheit (1 S 2₆):

Jahwe macht tot und lebendig,
stürzt in die Totenwelt und führt herauf.

Im Moselied wird eine entsprechende Zusage ausdrücklich mit
der Proklamation der Einzigkeit von Jahwes Gottesherrschaft
verbunden (Dt 32₃₉):

> Seht jetzt, daß ich es bin, nur ich,
>> und daß kein Gott ist neben mir.
>
> Ich töte und mache lebendig,
>> ich zerschlage, und ich bin's, der heilt.

Die Erwartung, daß Jahwe frei über Tod und Leben verfügt,
verschafft Hiob eine neue Möglichkeit der Hoffnung (14₁₃₋₁₇):

> O möchtest du im Totenland mich bergen,
>> verstecken mich, bis sich dein Zorn gewandt.
>
> . . .
>
> Ich harrte alle Tage meiner Fron,
>> bis meine Ablösung gekommen wäre.
>
> Du würdest rufen, und ich gäbe Antwort,
>> du sehntest dich nach deiner Hände Werk.
>
> Du würdest dann wohl meine Schritte zählen,
>> doch nicht mehr wachen über mein Vergehn.

In einer ganz anderen Weise deutet Ps 63₄ an, wie Jahwes
Huld das Leben transzendiert:

> Besser als Leben ist deine Treuverbundenheit.

Nicht in irgendeiner ausgestalteten Jenseitshoffnung manife-
stiert sich die Überwindung der Todesnot, sondern in der ruhi-
gen Gewißheit, daß die Gemeinschaft mit Jahwe seiner Treue
wegen nicht durch den Tod beendet werden kann[26].

Diese Sicht wird erläutert durch die Vorstellung der Entrük-
kung in Ps 49₁₆:

> Gott erlöst mein Leben,
>> ja, er entrückt mich aus der Gewalt der Unterwelt.

Der Gedanke ist aus den Henoch- und aus den Elia-Überliefe-
rungen vertraut (Gn 5₂₄ 2 Kö 2₃.₅). Vor Jahwe gibt es demnach
nicht nur die Alternative zwischen diesem Leben und dem
Schattendasein in der Totenwelt, sondern eine andauernde

---

[26] Vgl. CBarth, Errettung 165f.; GvRad, TheolAT I 419f.

Lebensverbundenheit mit ihm als eine dritte Möglichkeit. Der
Beter des 73. Psalms spricht davon am klarsten (23f.):
Ich bin stets bei dir.
  Du hältst mich bei deiner rechten Hand.
  Nach deinem Plane führst du mich.
  Hernach entrückst du mich in Herrlichkeit.
In der Entrückungsvorstellung wird eine Verbindung mit Jah-
we erwartet, die auch der leibliche Tod nicht unterbrechen
kann (26):
  Wenn auch mein Fleisch und mein Herz hinschwinden,
    ist doch Gott mein Anteil auf immer.
Das Wort »Anteil« (*ḥēläḳ*) ist das entscheidende Interpreta-
ment. Bedeutet es ursprünglich den Ackeranteil (Dt 10₉ Nu
18₂₀), so gewinnt es auf Jahwe bezogen den allgemeinen Sinn
der Lebensgrundlage, des Lebensunterhalts (Ps 16₅)[27]. Wem
Gott selbst Lebensunterhalt geworden ist, dessen Leben kann
nicht im Tode enden (27f.):
  Ja, die von dir weichen, kommen um.
  . . .
  Ich aber habe in Jahwe meine Zuflucht gesetzt.
So kommt gegen die These vom Glück der Gottlosen am Ende
des Lebens dieses Beters die Wahrheit ans Licht. Damit mag
zunächst nur eine individuelle Hoffnung levitischer Frommer
aufgebrochen sein.
Ins Grundsätzliche und Generelle treibt das apokalyptische
Denken die Gottesgewißheit. »Wenn Gott alles in allem ist,
kann es in der Apokalyptik konsequent keinen Tod mehr
geben.«[28] Jes 25₈ bringt den fundamentalen Satz:
  Er verschlingt den Tod auf immer.
  Und der Herr Jahwe wischt ab die Tränen von jedem Ange-
                                                      sicht
  und nimmt seines Volkes Schmach hinweg von der ganzen
                                                      Welt.

---

[27] Die traditionsgeschichtlichen Zusammenhänge hat GvRad, Gerechtigkeit 432ff. = 242ff. aufgedeckt. Vgl. auch GvRad, Weisheit 263ff.
[28] VMaag, Tod 30f.

Hier wird die umfassende Schau zunächst als Hoffnung für Israel verdeutlicht. So auch in der ersten Zusage der Auferstehung in Jes 26₁₉:

> Deine Toten stehen wieder auf,
> ihre Leichen wachen wieder auf.

Da 12₂ tut den letzten Schritt und beschränkt die Erwartung nicht mehr auf die Frommen des Gottesvolkes:

> Viele von denen, die im Staub der Erde schlafen,
> werden aufwachen,
> die einen zum endgültigen Leben,
> die anderen zur endgültigen Schande.

Damit ist grundsätzlich bestritten, daß Gottes Herrschaft ein Verfallen im Tode oder ein Entweichen in den Tod zuläßt. Hier gibt es nun auch eine Verklärung der »Weisen« und derer, »die viele zur Gerechtigkeit geführt haben«, wie Israel sie für den Übergang ins Totenreich nicht kannte (Da 12₃). So hat die Erkenntnis Jahwes in verschiedenen Anläufen das theologische Vakuum des Todes bewältigt, ohne doch die beiden Grundsätze, die es aufgerissen haben, zu verlassen: der Tod liegt extrem fern von Gott, und: er bildet keine selbständige Gegenmacht.

6. Das Problem der *Grenze* zwischen Tod und Leben haben wir bisher nur gestreift. Wir lasen von Nabals Tod, daß er zehn Tage nach dem Sterben seines Herzens eintrat (1 S 25 37f.)[29], daß also schon im Alten Testament der Tod eines wesentlichen Organs nicht mit dem Tode des Menschen identisch sein muß, mithin auch der Mensch von Organen seines Körpers überlebt werden kann[30]. Biologisch gesehen gibt es Stufen des Sterbens. Zur jeweiligen Bestimmung der Grenze zwischen Leben und Tod bedarf es der Definition von Tod und Leben. Für den ganzen Menschen ergab sich die alttestamentliche Antwort, daß Leben genau da in den Tod geht, wo das Lob Gottes

---

[29] S. o. S. 69f.
[30] Vgl. E Jüngel, Tod 30ff.

verstummt[31]. Wie diese theologische Aussage für den modernen
Menschen eine psychologische einschließt, so impliziert sie biologisch gesehen recht verschiedene Stufen des Sterbens.
In Ps 88 hörten wir die Stimme eines Menschen, der »von
Jugend auf ein Hinscheidender« ist (16), also ein Todkranker.
Wenn er »gesättigt mit Leiden« wurde (4), dann ist damit zwar
noch von keinem Organ gesagt, daß es tot sei, und dennoch
weiß er sich der Übermacht des Todes so ausgeliefert, daß man
ihn schon »zu denen zählt, die zur Grube fahren, 'entlassen'[32]
unter die Toten« (5f.). Selbst wenn das Herz und der Atem sich
noch regen, so ist dieser Mensch doch schon als ein vom Tode
umfangener anzusehen. Es gibt also den Toten, der von allen
Organen seines Körpers überlebt wird. Deshalb kann im 38.
Psalm paradoxerweise ein im Tode Verstummter sprechen (14f.):
> Ich bin wie ein Tauber, ich höre nicht,
>> und wie ein Stummer, der seinen Mund nicht öffnet.
> Ich bin wie ein Mann, der nicht hören kann,
>> in dessen Mund keine Antwort mehr.

In Ps 55 sind auf einen Menschen, der feindseligen Verfolgungen ausgesetzt ist (4.10f.13f.), bereits die Todesschrecken gefallen (5). In Ps 116 dankt einer, der dem Unrecht preisgegeben war; im Rückblick auf den Betrug der Menschen, denen
er ausgeliefert wurde (10f.), kann er feststellen (3):
> Es umwanden mich Stricke des Todes,
>> die Schlingen der Unterwelt hatten mich erreicht.

Und im Blick auf die erfahrene Befreiung (16) betet er Jahwe
an (8):
> Du hast mein Leben gerettet vom Tode.

Solche Aussagen der Klage- und Danklieder vom Grenzübertritt zwischen Leben und Tod sind nicht bildlich gemeint. Sie
entsprechen exakt der Erkenntnis, daß der Mensch abseits von
der Möglichkeit, Gott zu preisen, wahrhaftig »im Tode« ist,

---

[31] S. o. S. 161.
[32] So übersetzt die Jerusalemer Bibel. Zum Text vgl. HJKraus, Psalmen.

»in realer Zuständlichkeit«[33]. So gehören Schwerkranke, Angeklagte, die vor Gericht ohne Beistand bleiben, Verfolgte, die hilflos ihren Feinden preisgegeben sind, bereits zur Totenwelt. Hier ist die »Denkweise des pars pro toto« wirksam[34].

Elihu kann deshalb in Hi 33$_{29f.}$ lehren, daß der Mensch mehrfach die Grenze zwischen Leben und Tod überschreitet:

> Das pflegt Gott zwei-, dreimal am Menschen zu wirken,
> zu retten sein Leben aus der Grube,
> sie zu erleuchten mit dem Licht des Lebens.

Danach gibt es dann den unabänderlichen Tod ohne Wiederkehr (2 S 12$_{23}$). Er wird nur durch den endlichen Sieg Jahwes über den Tod selbst oder durch die besondere Lebensgemeinschaft mit ihm überwunden[35].

Beim mehrfachen Grenzübertritt ist durchweg an den vorzeitigen Tod gedacht. Eine positive Aufnahme findet der Tod im hohen Alter. Er beendet ein erfülltes Leben. So berichtet die Priesterschrift in Gn 25$_8$:

> Abraham starb in gutem Greisenalter,
> alt und satt an Tagen
> und wurde zu seinen Stammesgenossen versammelt.

Das ist der Tod, den der Mensch sterben *darf*, nicht der, den er sterben *muß*[36]. Auch Isaak, David und Hiob sterben »lebenssatt« (Gn 35$_{29}$ 1 Ch 29$_{28}$ Hi 42$_{17}$). Hiob hatte Kinder, Enkel und Urenkel gesehen (42$_{16}$). So ist das Leben erfüllt. Denn »satt« meint nicht den Überdrüssigen, sondern den Befriedigten.

Eliphas zeigt das Sterben des Menschen, den Gott nicht umsonst zurechtgewiesen hat, als eine hohe Erfüllung (Hi 5$_{26}$):

> Im reifen Alter steigt er in das Grab,
> wie man zu seiner Zeit die Ähren sammelt.

---

[33] So VMaag, Tod 25; vgl. CBarth, Errettung 38 u. ö.; WBaumgartner, Auferstehungsglaube 125.

[34] CBarth, a.a.O. 118: »Wer auch nur in der geringsten Beziehung in die Gewalt der Scheol gerät, befindet sich faktisch ganz in ihrer Gewalt.«

[35] S. o. S. 163ff.

[36] EJüngel, Tod 94; vgl. LWächter, Tod 65.

Über Gottes Verwunden und Verbinden hat er die Erfüllung des Zuspruchs erfahren (17f.24f.):

Friede ist dein Zelt.
Wirst mustern deine Flur und nichts vermissen.

Wie ganz und gar unfaustisch ist doch diese Bejahung der Endlichkeit eines erfüllten Menschenlebens! Wie anders sagt Mephisto unmittelbar nach Fausts Tod[37]:

Ihn sättigt keine Lust, ihm gnügt kein Glück,
so buhlt er fort nach wechselnden Gestalten;
den letzten, schlechten, leeren Augenblick,
der Arme wünscht ihn festzuhalten.

Alt, aber nicht lebenssatt, – das wäre nicht gut. Aber auch das Umgekehrte ist schlecht: lebenssatt, aber nicht alt. Nur in äußerster Not kann es eine Sehnsucht nach dem Tode geben. Wo anders als bei Hiob? (6 8-10):

Gefiele es doch Gott, mich zu zermalmen!
Erhöb er seine Hand, mich abzuschneiden!
Es würde das mein Trost noch bleiben!

Und wie verwünscht er den Tag seiner Geburt (31ff.; vgl. besonders 20-23)! In tiefster Verzweiflung verflucht Jeremia den Mann, der seinem Vater seine Geburt gemeldet hat (20 14-18):

Daß meine Mutter mir zum Grab geworden wäre!
Und daß ihr Schoß auf ewig schwanger bliebe!
Warum denn mußt ich aus dem Mutterleib hervorgehn?
Um Mühsal nur und Qual zu sehen?
Um meine Tage nur in Schmach zu enden!

Mit solcher Empörung ist nur Jeremia unter der Last des Prophetenamtes zerbrochen. Sehr selten ist im Alten Testament der Selbstmord[38]. Doch ein »genug« gibt es für jeden. Nicht einmal in der Heilszeit fehlt das endliche Sterben, wenn auch mit mehr als hundert Jahren (Jes 65 20ff.). Später steigert der Auferstehungsglaube die Bereitschaft zum Sterben:

Länger als achtzig Jahre leben ist qualvoll[39].

---

[37] Goethe, Faust II 5. Akt.   [38] Vgl. LWächter, Tod 89–97.
[39] Semachot 3, 8, nach GQuell, Tod 37.

Der vorzeitige Tod jedoch zeigt sich immer als Feind des Lebens. »Je früher der Tod kommt, um so größer ist das Unglück.«[40] So klagt der König Hiskia (Jes 38₁₀.₁₂f.):

> In der Mitte meiner Lebenstage
>> geh ich durch des Totenreiches Tore,
>>> bin beraubt des Restes meiner Jahre.
>
> ...
>
> Abgebrochen wird mir meine Hütte,
>> weggebracht wie eines Hirten Zelt.

Erst recht jammert eine Mutter um ihr Kind wie Hagar in der Wüste (Gn 21₁₆):

> Ich kann nicht ansehen des Knaben Sterben.

David leidet als Vater unsäglich mit seinem Sohn, dem todkranken Kind der Bathseba (2 S 12₁₆ff.). Am jungen Menschen zeigt sich der Tod als hoffnungsloser Fall[41]. Zahllose Wendungen beschreiben ihn darum als »Untergang«, als Vernichtung, als Einkehr in das Land ohne Rückkehr, in dem Finsternis, Schweigen und Vergessen regieren, so daß nichts mehr zu sehen, nichts zu hören, nichts zu erinnern ist (2 S 12₂₃ Hi 7₉f. 10₂₁f. Ps 94₁₇ 115₁₇). Hier wird gar nichts beschönigt und gar nichts verklärt. Noch einmal ist zu bemerken, daß Israels Gott in aller Regel nicht im Reich des Todes zu suchen ist, sondern gerade noch an seinen Grenzen: er gibt Menschen dem Tode preis, oder er entreißt sie dem Tode. Zuletzt wird er erkannt als der, der den Tod überwindet.

7. Die Spannung zwischen Gott und Tod ist nicht zu trennen von dem Zusammenhang zwischen Tod und *Schuld*. Israel wußte davon nach dem Zeugnis aller Bereiche des Alten Testaments. Gerade der vorzeitige Tod gilt häufig als der verschuldete Tod. Eli wird als Strafe angesagt, daß es in seiner Sippe keinen Betagten mehr geben soll (1 S 2₃₁f.). Nach Hi 22₁₅f.

---

[40] GQuell, a.a.O.
[41] EJüngel, Tod 101.

werden Frevler »vor der Zeit« hingerafft. Hi 36₁₄ sagt von
Ruchlosen:
>Sie sterben in der Jugend Blüte,
>ihr Leben endet im Jünglingsalter.

Das »Todesrecht« will mit seiner Androhung der Todesstrafe
davor bewahren[42]. Das ganze alte Gottesrecht kann zusammengefaßt so angeboten werden (Dt 30₁₅):
>Siehe, heute habe ich dir vorgelegt
>Leben und Heil, Tod und Unheil.

Vgl. Lv 18₅!
Ähnlich klingt mitten in der harten prophetischen Todesdro-
hung der Ruf Jahwes auf (Am 5₄):
>Suchet mich! Dann lebt ihr.

Vgl. Ez 18₂₁.₂₈ 33₁₄f. Vor allem versteht sich die Weisheit als
Wort der Lebensunterweisung (Prv 13₁₄):
>Des Weisen Lehre ist eine Quelle des Lebens,
>zu entgehen den Fallen des Todes.

Vgl. Prv 3₁f. Im Einzelbeispiel der Warnung vor der fremden
Frau lautet diese Lehre etwa so (Prv 2₁₈f.):
>Ja, ihr Haus führt zum Tode hinunter,
>ins Totenreich gehn ihre Bahnen.
>Wer bei ihr einkehrt, kommt nie mehr zurück,
>nie mehr erreicht er des Lebens Pfade.

Solche Worte setzen voraus, daß der Mensch etwas gegen den
Tod tun kann, sofern nämlich Gott im Rechtswort, in der Prophetie, in der Weisheitslehre etwas gegen den Tod und für das
Leben des Menschen aufgeboten hat. Indem der Mensch sich
gegen das Angebot des Lebens vergeht, gibt er sich der Vergänglichkeit preis[43]. Denn das Vergehen, das der Mensch sträf-
lich begeht, führt ins Verderben, das er schuldig erleidet.

---

[42] HSchulz, Todesrecht. Vgl. Ex 21₁₂ff. Dt 27₁₅ff.
[43] Vgl. EJüngel, Tod 99: »Sünde ... macht beziehungslos. Der Tod ist
das Fazit dieses Dranges in die Verhältnislosigkeit. Insofern ist der Tod
anthropologisch nicht nur und nicht erst am Ende des Lebens, sondern im
Drang nach Verhältnislosigkeit als wirksame Möglichkeit jederzeit da.«
Vgl. auch Eph 2₁ Joh 5₂₄ Lk 15₂₄.

Darum bittet Salomo um ein hörendes Herz und nicht um ein
langes Leben (1 Kö 3ıı.ı4)[44]. Der Tod wird angesichts des
Zornes Gottes Anruf zur Bewährung im Leben (Ps 90₈ff.):

> Vor deine Augen stellst du unsre Schuld,
>   unser Verborgenstes in deines Angesichtes Licht.
> All unsre Tage gehen hin in deinem Zorn.
>
> . . .
>
> Wer kennt denn die Gewalt von deinem Zorn?
> Wer fürchtet denn die Wucht von deinem Grimm?
> Zu zählen unsre Tage, laß uns lernen,
>   damit wir bringen heim ein weises Herz!

So wird die Einsicht in den verschuldeten Tod herausgefordert,
damit der Mensch den Fallen des Todes entgeht.

Das Forschen nach der Schuldmotivation erscheint im konkreten Falle vor allem durch den Betroffenen selbst unent-
behrlich. Doch soll sich der Mensch auch hier vor jedem Übereifer hüten. Hiobs Freunde warnen aufs kräftigste vor der
theologischen Leidenschaft, Schuldzusammenhänge beim anderen zu suchen.

Meist bleibt beim endlichen Alterstod der Zusammenhang von
Vergehen und Vergänglichkeit verborgen. Lieber erinnert
hier das Alte Testament daran, daß ein lebenssattes Sterben
zur *Geschöpflichkeit* des Menschen gehört. Schon in der Paradiesesgeschichte des Jahwisten in Gn 2–3 ist die feine Unterscheidung von verschuldetem Tod und geschöpflichem Tod zu
bemerken. Die in 2ı₇ für den Griff nach dem Erkenntnisbaum
angedrohte Todesstrafe wird, obwohl sie durch das Gespräch
mit der Schlange und den Genuß der verbotenen Frucht ver-
wirkt ist, nicht durchgeführt, sondern in die Verfügung eines
mühevollen Lebens verwandelt (3ı₆ff.). Der endlich eintretende
Tod jedoch wird ausdrücklich mit der Erinnerung an die Erschaffung des Menschen erklärt (3ı₉)[45]:

---

[44] S. o. S. 79.
[45] S. o. S. 144.

... bis du zur Ackererde zurückkehrst,
denn von ihr bist du genommen.
Denn Staub bist du,
und zum Staube kehrst du zurück.

Dabei wird genau auf den Wortlaut der Erzählung von der Erschaffung des Menschen aus Staub von der Ackererde in 2₇ Bezug genommen und gar nicht auf die Verfügung der Todesstrafe in 2₁₇. Nachträglich wird in 3₂₂ eingeschärft, daß »auf Dauer leben« nicht Sache des Menschen, sondern Sache Gottes ist, und daß es dem Menschen deshalb auch nicht als Anmaßung und Raub zufallen soll; darum wird ihm mit der Vertreibung aus dem Garten der Zugang zum Baum des Lebens verwehrt. So hat der Jahwist den Menschen als sterbliches Geschöpf aus Staub gesehen[46].

Die spätere Weisheit nimmt diese Sicht auf und führt sie weiter. In Hi 30₂₃ heißt der Tod »das Versammlungshaus jeglichen Lebens«; Hiob klagt:

Ich weiß es ja, du bringst mich in den Tod,
ins Haus, wo alle Lebenden sich sammeln.

Qohälät betont, daß der Mensch darin dem Tiere gleicht (3₁₉f.):

Das Geschick der Menschenkinder
und das Geschick der Tiere –
ein und dasselbe Geschick haben sie.
Wie diese sterben, so sterben auch jene.
Alles geht zum selben Ort.
Alles ist aus Staub geworden,
und alles kehrt zum Staub zurück.

---

[46] Paulus nimmt in 1 Kor 15₄₂ (»gesät wird in Vergänglichkeit«) und ₄₇ (»der erste Mensch stammte von der Erde und war irdisch«) diese Anschauung des geschöpflichen Menschen als des Sterblichen auf. Vgl. ESchweizer, *choïkós* 466f. Dagegen kontrahiert Paulus Gn 3 und die in Ps 90₈ff. vertretene Sicht in Rm 5₁₂ (»Wie durch einen Menschen die Sünde in die Welt gekommen ist und durch die Sünde der Tod ...«). Die Unterscheidung der geschöpflichen Lebensgrenze von dem Tod als Feind war Karl Barths Anliegen in Kirchliche Dogmatik III/2, 776ff.; dazu HGollwitzer, Holz 286: »Unser Unendlichkeitsverlangen ist Revolte gegen unsere Geschöpflichkeit.«

Klingt hier deutlich die jahwistische Paradiesesgeschichte an,
so geht der Prediger an anderer Stelle weit über die älteren
biblischen Aussagen, gerade auch über die der Weisheit hinaus.
Er will die Schuldfrage überhaupt nicht mehr gestellt sehen
(9₂₋₄):

>Alle trifft doch dasselbe Geschick,
>>den Gerechten und den Frevler,
>>>den Reinen und den Unreinen,
>>den, der opfert, und den, der kein Opfer bringt,
>>>den Guten wie den Sünder,
>>den, der schwört, wie den, der den Eid scheut.
>Ja, wer den Lebenden zugesellt ist,
>>für den ist noch Hoffnung.
>>>Denn ein lebender Hund ist besser als ein toter Löwe.

Jetzt erscheint einzig wichtig der Gegensatz von Tod und Leben, hingegen schwindet die Differenz von Schuld und Unschuld völlig. Qohälät erhärtet seine Anschauung mit eigenen
Beobachtungen (7₁₅₋₁₈):

>Alles habe ich gesehen in meinen nichtigen Tagen:
>>es gibt Gerechte,
>>>die zugrunde gehen trotz ihrer Gerechtigkeit,
>>und es gibt Frevler,
>>>die lange leben trotz ihrer Bosheit.
>Sei nicht allzu gerecht,
>>und gehabe dich nicht allzu weise!
>>>Warum willst du dich zugrunde richten?
>Frevle nicht allzu sehr,
>>und sei kein Tor!
>>>Warum willst du vorzeitig sterben?
>Gut ist es, du hältst das eine fest
>>und läßt auch das andre der Hand nicht entgleiten.
>Ja, wer Gott fürchtet,
>>bringt alles beides zuwege.

Zwar gehören auch für diesen Prediger Gottesfurcht und Lebensdauer im allgemeinen zusammen, doch sind Ausnahmen

wohlbekannt; darum wird jedem Lebensverlängerungsversuch
durch Selbstüberforderung wie auch jeder Bedrohung des eigenen Lebens durch übersteigertes Freveln abgesagt. Im wesentlichen erscheint die Endlichkeit allen Lebens geschöpflich. So ist
auch das Geschenk geschöpflichen Daseins in der zugemessenen
Frist voll auszukosten (9₇ff.)[47].

8. Es ist noch auf zwei alttestamentliche Grenztexte hinzu-
weisen, in denen sich ein fremdes Einzelgeschick auf die Tod-
verfallenen auswirkt.
In Ps 22[48] sind zunächst in der Klage eines Einzelnen (2-22)
Leidenserlebnisse zur Erfahrung eines umfassenden Urleidens
kumuliert und gesteigert; dann wird im Danklied (23-32) die
Rettung dieses Leidenden zum Unterpfand des Durchbruchs
der Königsherrschaft Gottes (25.29), und zwar für alle, die diese
Errettung dankbar mitfeiern. Die gesamte gegenwärtige Völkerwelt (28f.) wird einbezogen; aber auch diejenigen werden
erreicht, die schon »in den Staub hinabfuhren«; erstaunlicher-
weise werden auch sie anbeten (30), was zuvor völlig undenkbar war[49]. Selbst den kommenden Geschlechtern der noch Un-
geborenen wird verkündet, daß »er es vollbracht hat« (32). Die
apokalyptischen Erkenntnisse von der völligen Todesüberwin-
dung[50] haben damit in einem alle bisherigen Grenzen über-
steigenden Danklied eine neue Gestalt gefunden. Solcher Dank
wird in die neutestamentliche Vergegenwärtigung des Todes
Jesu im Herrenmahl aufgenommen. Da Jesus den Tod der
Gottesferne starb, sind die in die Gottesferne des Todes Ver-
stoßenen in den Dank des Geretteten hineingeholt.
Jesaja 53 spricht von dem unerhörten, abstoßenden Leiden des
Gottesknechtes. Doch warum litt er?
Jahwe ließ ihn treffen unser aller Schuld.
Durch sein Leiden wird mein Knecht viele rechtfertigen.

---

[47] S. o. S. 139. Zum Problem des Menschenopfers vgl. Ex 22₂₈ mit Dt 12₃₁
Gn 22 und GQuell, a.a.O. 9–11.   [48] Vgl. zum folgenden HGese, Psalm 22.
[49] S. o. S. 160f. zu Ps 88₁₁-₁₃ und Jes 38₁₈.   [50] S. o. S. 165f.

(V. 6b.11). In den Tod dieses Knechtes wird also nicht nur alles Not leidende Leben einbezogen, sondern auch das der Schuld verfallene. Es wird mit ihm in die Freiheit geführt. Diesen großen Text hat die neutestamentliche Gemeinde ebenfalls zum besseren Verständnis des Todes Jesu und seiner Auferstehung herangezogen. Im Geschick Jesu ist auf eine neue Weise eine Lebensgemeinschaft mit Gott eröffnet, die auch im Verfall von Fleisch und Herz nicht endet. Ps 73[51] wird jetzt neu begriffen: Der Herr ist meine Lebensgrundlage (Rm 4₂₅ 2 Kor 5₂₁ Mk 10₄₅).

Neutestamentliche Zeugen nahmen die kleine Zahl der als Verheißung verstandenen Texte vom Tod wie Ps 22 und Jes 53 auf, um kraft ihrer Typik die Bedeutung des Todes Jesu schärfer zu erfassen. Für heutige Menschen wird die totale Entmythisierung des Todes wichtig, mit der das Alte Testament dem Tod jede Gloriole genommen hat. Jesus starb in einen Tod hinein, in dem das Grauen noch den letzten Ton des Lobes Gottes und der Verkündigung seiner Taten verschlungen hat. Diesem öden Vakuum, das heute mehr denn je seinen Rachen öffnet, hat er die Macht genommen.

---

[51] S. o. S. 165.

13

JUNGSEIN UND ALTERN[1]
1. Lebenserwartung – 2. Lebensabschnitte – 3. Kennzeichen der Jugend – 4. Kennzeichen des Alters – 5. Umsturz der biologischen Regel

Des Menschen Zeit durchläuft verschiedene Phasen, bis das Greisenalter in Gegensatz zur Jugend tritt.

1. Das hebräische Wort für die Lebensdauer (*ḥäläd*) gehört in die Klage über seine Kürze (Ps 39₆ 89₄₈; vgl. Hi 11₁₇). Wie hoch ist die *Lebenserwartung* im Alten Testament? Exakte und historisch gesicherte Altersangaben über Jahrhunderte hinweg verdanken wir nur der Chronik der Könige von Juda, und zwar für die davidischen Könige selbst. Die Chronologie ist so weit einigermaßen verläßlich erforscht, daß wir für 14 Könige des Davidshauses von 926 bis 597 v. Chr. die Lebensalter ungefähr bestimmen können[2]. Danach erreichten

Rehabeam	56 Jahre	Jotham	40 Jahre
Josaphat	55 Jahre	Ahas	35 Jahre
Joram	38 Jahre	Hiskia	56 Jahre
Ahasja	21 Jahre	Manasse	66 Jahre
Joas	45 Jahre	Amon	22 Jahre
Amazja	38 Jahre	Josia	38 Jahre
Asarja	66 Jahre	Jojakim	35 Jahre.

---

[1] *Literatur:* LLöw, Lebensalter 12–20.119–138.227–239.279–351. – LKöhler, Mensch 27–33.48–100 – JConrad, Generation.
[2] Ich errechne die hier vorgelegten Zahlen nach Alfred Jepsen in AJepsen, Chronologie und AJepsen im Anhang zu WRudolph, Hosea 271ff. im

Der Grad der Genauigkeit kann jeweils um ein bis zwei Jahre
schwanken; darüber hinaus sind die Angaben für die Zeit von
Amazja bis Hiskia (825–697?) besonders unsicher. Doch werden sich für unsere Zwecke die möglichen Fehler im allgemeinen ausgleichen. Bemerkenswert ist, daß die Lebensalter zwischen 66 und 21 Jahren schwanken und daß sich ein Durchschnittsalter von knapp 44 Jahren ergibt[3]. Bedenkt man, daß
Prinzen im Säuglings- und Kindesalter besonders gepflegt und
Könige im Mannesalter stärker geschützt wurden als die meisten übrigen Glieder des Volkes, so wird man die mittlere
Lebenserwartung vor allem angesichts der hohen Säuglingssterblichkeit wesentlich niedriger anzusetzen haben[4]. Erreicht
der Mensch nach Ps 90₁₀ 70 Jahre und nur »bei besonderer
Lebenskraft« (*bigbūrōt*) 80 Jahre, so werden schon ungewöhnliche Höchstwerte genannt sein, hat doch keiner der 14 oben
genannten davidischen Könige auch nur das 70. Jahr erreicht.
Nur David selbst wurde nach 2 S 5₄ 70 Jahre alt; doch ist sowohl bei der Altersangabe zum Regierungsantritt (30 Jahre)
wie bei der Regierungsdauer (40 Jahre) mit nach oben abge-
rundeten Zahlen zu rechnen. Nach 2 Ch 29₂₈ gilt eine 70-
jährige Lebenszeit als »ein schönes Alter«. Gibt Dt 34₇ für
Mose 120 Jahre an, so entspricht hier wie bei den Angaben
über die Patriarchen die Urzeit Israels der erhofften Heilszeit,
in der nach Jes 65₂₀ der Jüngste mit 100 Jahren sterben wird.
Über hundert Jahre alt sollen in nachmosaischer Zeit nur Josua
(110 nach Jos 24₂₉), Hiob (140 nach Hi 42₁₆) und der Hohe-

Vergleich mit den Angaben der Königebücher. Nur Joahas, Jojachin und
Zedekia fehlen in der folgenden Liste der nachsalomonischen Davididen,
da unbekannt ist, wie lange sie nach ihrer Entthronung und Gefangen-
nahme noch gelebt haben.
[3] LKöhler, Mensch 30 kam von anderen Voraussetzungen her zu einem
Durchschnittsalter von 47 bis 48 Jahren.
[4] Nach Brockhaus Enzyklopädie[17] XI (1970) 232 betrug im Jahrzehnt von
1951–60 die mittlere Lebenserwartung in Indien für Männer 42, für
Frauen 41 Jahre, in Togo/Afrika für Männer 32, für Frauen 39 Jahre,
während sie in der Bundesrepublik Deutschland für Männer bei 68, für
Frauen bei 73 Jahren lag (1968).

priester Jojada (130 nach 2 Ch 23₁₅) geworden sein. In Gn 6₃
wird die Lebensdauer auf 120 Jahre begrenzt, nachdem der
Mensch seine Grenzen überschritten hat (vgl. Gn 5). Hier
gelten nicht historische, sondern mythische Maßstäbe[4a].

2. Mindestens drei *Lebensphasen* werden allgemein unterschieden: Kinder (*jōnēḳ* Brustkind Dt 32₂₅; *náʿar* Knabe Ps 148₁₂;
tap trippelnd, nicht marschfähig Ez 9₆), ausgewachsene junge
Männer und erwachsene Mädchen (*bāḥūr* und *bᵉtūlā* Dt 32₂₅
Ez 9₆ und Ps 148₁₂) und reife ältere Männer und Frauen (*zāḳēn*
der den Vollbart trägt Ez 9₆ Ps 148₁₂; *ʼīš šēbā* der grauhaarige
Dt 32₂₅; *ʼiššā* Ez 9₆). Jer 51₂₂ kennt vier Lebensabschnitte;
nach den Kindern (*náʿar*) und Jugendlichen (*bāḥūr* und *bᵉtūlā*)
wird zwischen den jüngeren (verheirateten) Erwachsenen (*ʼīš*
und *ʼiššā*) und den alten Leuten (*zāḳēn*) unterschieden. Fünf
Altersstufen schließlich nennt Jer 6₁₁: Kleinkind (*ʼōlāl*), Jugendliche (*bāḥūr*), Mann und Frau (*ʼīš* und *ʼiššā*), alter Mann
(*zāḳēn*) und Hochbetagte (*mᵉlēʼ jāmīm*); hier wird also die
Gruppe der Ältesten nochmals unterteilt.
Was wir über die *Altersangaben für die Lebensabschnitte* erfahren, entspricht der niedrigen mittleren Lebenserwartung.
Nach Nu 4₃.₂₃ tritt ein Levit seine Dienstzeit am Heiligtum
erst mit 30 Jahren an und beendet sie schon mit 50 Jahren. Für
die besonderen Aufgaben dieses Amtes bedurfte es der vollen
Reife, aber auch der vollen Kräfte[5]. Erst eine spätere Korrektur[6] setzt die Amtsübernahme mit schon 25 Jahren fest, hebt
aber die Altersgrenze nicht grundsätzlich auf, sondern erlaubt

---

[4a] Vgl. CWestermann, BK I 478f. Ergreifend ist die Szene, in der nach
Gn 47₈f. der alte Jakob in der Fremde vor Pharao steht und auf dessen
Frage nach seinem Alter nicht ohne Bitterkeit erklärt, daß er mit seinen
130 Jahren auf eine kürzere und schwerere Wanderschaft zurückblicke als
seine Väter. Abraham wurde nach Gn 25₇ 175 Jahre alt, Isaak nach Gn
35₂₈ 180 Jahre. Vgl. GvRad, ATD 2–4⁹, 334f.
[5] Vgl. Jesu öffentliches Auftreten nach Lk 3₂₃ mit »etwa 30 Jahren«,
ferner 1 Ch 23₃.
[6] Vgl. MNoth, ATD 7, 63.

nur denen, die über 50 Jahre alt sind, Hilfsdienste zu übernehmen (Nu 8₂₄-₂₆). Nachwuchsmangel wird solche Ausweitung der Levitendienstzeit herausgefordert haben, wie auch die noch spätere Herabsetzung des Dienstbeginns auf 20 Jahre (1 Ch 23₂₄.₂₇ Esr 3₈).

War mit 30 Jahren die volle Reife für spezielle gottesdienstliche Aufgaben erreicht[7], so galt im allgemeinen der Zwanzigjährige als voll verantwortlich (Nu 14₂₉ 32₁₁), als kriegsdienst- (Nu 1₃.₁₈ 26₂ 2 Ch 25₅) und steuerpflichtig (Ex 30₁₄). Mit 60 Jahren erwartet man einen starken Abfall der Arbeitskraft (Lv 27₇). In den frühen Lebensjahren werden noch folgende Abschnitte beachtet: nach dem ersten Lebensmonat sinkt die Gefahr der Säuglingssterblichkeit erheblich (Lv 27₆); nicht selten wurden »Kinder zu jähem Tod geboren« (Jes 65₂₃). Mit dem 3. Lebensjahr geht die Stillzeit zu Ende (2 Ch 31₁₆ 2 Makk 7₂₇ 1 S 1₂₁-₂₈; vgl. auch Jes 28₉ Thr 4₃f.)[8]. Vom 5. Lebensjahr an wird mit der Arbeitskraft des Kindes gerechnet (Lv 27₅). Mit dem 13. Jahr tritt die körperliche Reife ein (Gn 17₂₅)[9].

In Lv 27₁-₈ bietet eine interessante Liste Einblick in die Bewertung der Altersstufen; sie stellt einen Anhang zum Heiligkeitsgesetz dar und stammt aus einer Zeit, in der Menschen nicht mehr selbst als Weihgaben dem Heiligtum dargebracht wurden, wie etwa einst Samuel (1 S 1₁₁.₂₄ff.), sondern ein ihrer Arbeitskraft entsprechender Geldwert[10]:

---

[7] David wurde nach 2 S 5₄ mit 30 Jahren König.
[8] Zu Hos 1₈ vgl. HWWolff, BK XIV/1, 23. Die ägyptischen Sprüche des Ani begründen die Mahnung zur Fürsorge für die alternde Mutter u. a. so: »Ihre Brust war drei Jahre lang in deinem Munde« (AOT 38; ANET 420). Der Tag der Entwöhnung kann festlich begangen werden (Gn 21₈).
[9] Vgl. JConrad, Generation 9f. Die Beschneidung war »wahrscheinlich von Hause aus ein apotropäischer Akt beim Eintritt der Pubertät« (KElliger, Leviticus 157), später erfolgt sie »am 8. Tage« (Gn 17₁₂ 21₄ Lv 12₃ Lk 2₂₁).
[10] Vgl. LKöhler, Mensch 32; KElliger, Leviticus 380ff.: »Nicht nur die eigentlichen Priestergeschäfte, sondern auch die mancherlei niederen Dienste (vgl. Jos 9₂₁ff.) sind längst fest in der Hand bestimmter klerikaler

Alter:	männlich	weiblich
im ersten Monat	–	–
1 Monat bis 5 Jahre	5 Schekel	3 Schekel
5–20 Jahre	20 Schekel	10 Schekel
20–60 Jahre	50 Schekel	30 Schekel
über 60 Jahre	15 Schekel	10 Schekel

Im 1. Monat ist also die Lebensfähigkeit abzuwarten. Danach bis zum 5. Jahr wird die Erwartung späterer Brauchbarkeit mit einem Zehntel der vollen Arbeitskraft bewertet. Mit dem 5. Jahr schon wächst der Wert um das drei- bis vierfache; das Kind gilt von diesem Alter an wie der Jugendliche als leistungsfähig. Der volle Wert wird nur vom 20. bis zum 60. Lebensjahr erwartet. Danach sinkt er schnell, beim alten Mann noch stärker (um 35 Schekel) als bei der alten Frau (um 20 Schekel), die als Großmutter in der Großfamilie nützlich ist. Hat das Mädchen nur den halben Wert des Jungen, so die alte Frau den relativen Höchstwert von ²/₃ des alten Mannes, während ihr in der Blüte der Jahre ³/₅ zukommen.

3. Kennzeichen der heranwachsenden Jugend ist das Einleben in die Welt der Erwachsenen. Vom Spielen der Kinder hören wir wenig. Ismael spielt zum Ärger der Sara mit Isaak (Gn 21 9). Nach Sach 85 ist es ein Zeichen der Heilszeit, wenn Knaben und Mädchen auf den Plätzen Jerusalems spielen. Daß Kinder gern auf Wegen spielen und kleine Höhlen ihre Neugier locken, ohne daß sie Schlangenbisse fürchten, setzt Jes 118 voraus: der »Säugling« greift als Krabbelkind nach Erde und Steinen (š`` = patschen, spielen KBL) und sieht nicht die Gefahr am »Loch der Otter«; das etwas ältere, »entwöhnte« Kind »streckt seine Hand nach dem Versteck der Schlange aus« und will schon untersuchen; erst in den Tagen des Messias wird die

Berufsgruppen, die keinen Fremden mehr bei sich aufnehmen mögen« (386). – Ein Schekel entspricht in der Regel etwa 11,5 g Silber (vgl. KGalling, BRL 187 und AStrobel, Maße 1167f.).

Gefahr für sie gebannt sein. Mit (angebundenen) Vögeln spielen Mädchen gern (Hi 40₂₉). Scheibenschießen mit Pfeilen mögen heranwachsende Burschen geübt haben (Hi 16₁₁f. Thr 3₁₂).

Am jungen Mädchen ist vor allem die Schönheit zu rühmen (Gn 24₁₆ Ct 4₁₋₇ 7₂₋₆ u. ö.)[11]. Einem alten Mann kann es warm bei ihm werden, wie dem alternden David bei der Abisag von Sunem (1 Kö 1₁₋₄), die »außergewöhnlich schön« war, »aber der König wohnte ihr nicht bei«. Auch von jungen Männern kann die Schönheit des Aussehens gepriesen werden, wie von David oder Absalom[12]. Doch vor allem ist »der Schmuck der Jungmänner ihre Kraft« (Prv 20₂₉a). Wenn im Kriege die Blüte der Jugend fällt, so wiegt das für die Zukunft des Volkes besonders schwer (Hos 9₁₂f. Jer 48₁₅ Ps 78₃₁). Jugendzeit sollte die Zeit der Freude und der sich hingebenden Liebe sein (Qoh 1₁₉ Jer 2₂ Ez 16₄₃).

Typisch für die Jugend sind zaghafte Unentschlossenheit (Ri 8₂₀) und ein Zurückschrecken vor gestellten Aufgaben (Jer 1₆), was vor allem im Bewußtsein des Mangels an Erfahrung begründet ist (1 Kö 3₇f. 1 S 17₃₃)[13]. Nicht geringer ist auf der anderen Seite ein unbesonnener Rigorismus mit zynischer Härte, wie ihn die jugendlichen Ratgeber Rehabeams an den Tag legen (1 Kö 12₈ff.). Damit treten sie in Gegensatz zum Rat der Alten (6ff.13f.), wie denn die Verachtung des Alters die naheliegendste Versuchung der Jungen ist. Wenn Jesaja (3₄f.) Jerusalem als Gericht Jahwes das Chaos androht, dann gehört zu diesem Zustand, daß »Kindsköpfe Beamte werden« und »die Jungen frech werden gegen die Alten«. Darum warnt die Weisheit die Jugend vor falscher Einschätzung des Alters (Prv 23₂₂):

Mißachte nicht, weil sie alt geworden, die Mutter!

Im Heiligkeitsgesetz heißt es (Lv 19₃₂):

---

[11] S. o. S. 114f.
[12] 1 S 16₁₂ 2 S 14₂₅f.; s. o. S. 111f.
[13] S. o. S. 179 und JConrad, Generation 11.

Vor einem grauen Haupte sollst du aufstehen,
und eine greise Person sollst du ehren
und deinen Gott fürchten.
Ich bin Jahwe.
Vgl. Dt 5₁₆. Hinter dem Elterngebot des Dekalogs sind auch reale Probleme der Altersversorgung zu sehen.

4. Denn das wesentliche Kennzeichen fortschreitenden *Alters* ist die zunehmende Schwäche. Neben den spielenden Kindern »sitzen Greise und Greisinnen auf den Straßen Jerusalems, jeder mit einem Stock in der Hand wegen des hohen Alters« (Sach 8₄). Die Zier der Alten ist das graue Haar, während der Schmuck der Jungen ihre Kraft ist (Prv 20₂₉; vgl. Hos 7₉ Gn 42₃₈). In dem einzigen Klagelied, das allein eindeutig ein alter Mensch betet (Ps 71), werden schwindende Kräfte (₉) und vielfache, harte Mühsal (₂₀) genannt; der Alternde fürchtet, weggeworfen zu werden und zu vereinsamen (₉ff.). Oft ist von den schlechten, erblindenden Augen der Alten die Rede, bei Isaak (Gn 27₂₁), Jakob (Gn 48₁₀), Eli (1 S 3₂). Ausnahmen verdienen besondere Erwähnung, wie Mose (Dt 34₇):
Seine Augen waren nicht matt geworden
und seine Frische nicht gewichen.
Frauen leiden unter der endgültigen Unfähigkeit zu gebären (Gn 18₁₃). Zusammengefaßt finden sich die Altersbeschwerden in der einmaligen Allegorie in Qoh 12₁₋₇, die jetzt als Mahnung an den jungen Menschen eingeführt ist, in der Besinnung auf seinen Schöpfer sich seiner Jugend zu freuen und sich des Alt-werdens bewußt zu werden. Ursprünglich war die Allegorie wohl als Rätselrede gefaßt[14].
Denke an deinen Schöpfer in den Tagen deiner Jugend,
bevor die bösen Tage kommen
und sich die Jahre einstellen, von denen du sagst:
Keine Freude habe ich daran.

---

[14] Vgl. zuletzt GvRad, Weisheit 267.

²Bevor sich die Sonne verfinstert und das Licht,
·   der Mond und die Sterne,
        und nur noch Wolken nach dem Regen kommen[15].
³Zu der Zeit zittern des Hauses Hüter[16],
    und die starken Männer krümmen sich[17].
Die Mahlmägde feiern, da sie wenige sind[18],
    und dunkel werden, die durch die Fenster schauen[19].
⁴Die Tore nach draußen schließen sich[20],
    der Laut der Mühle wird leiser[21].
Die Stimme des Vogels 'wird still'[22],
    und alle Lieder werden gedämpft[23].
⁵Auch fürchtet man sich vor der Anhöhe,
    und auf dem Wege ist Schrecken.
Dann blüht die Mandel[24],
    schwer schleppt sich die Heuschrecke[25],
        und die Kaper zerplatzt[26].
Ja, der Mensch geht in sein verborgenes Haus,
    und draußen kreisen die Klagenden.
⁶– Bevor die silberne Schnur 'zerreißt'[27],
    und die goldene Schale 'zerspringt'[28],
der Krug am Brunnen zerschellt,
    und das Schöpfrad am Schacht zerbricht,
⁷und der Staub zur Erde 'zurückkehrt'[29], wie er war,
    und der Atem zurückkehrt zu Gott, der ihn gab.

---

[15] Wie im palästinischen Winter; vgl. WZimmerli, Prediger 246.
[16] Die Arme.
[17] Die Beine (so WZimmerli a.a.O.). KGalling, Prediger 122, denkt an den gekrümmten Rücken.
[18] Die Zähne.   [19] Die Augen.
[20] Die Ohren werden schwerhörig.
[21] Die Stimme.   [22] Vgl. KGalling, a.a.O. z. St.
[23] Das Singen verstummt.   [24] Das Haar wird grau.
[25] Das Gehen macht Mühe, das Springen hört auf.
[26] Kein Stimulans, kein Aphrosidiakum hilft mehr dem Alten.
[27] Vgl. KGalling z. St.
[28] Vgl. KGalling z. St.
[29] S. BHK.

So wird nüchtern aufgedeckt, wie mit fortschreitendem Alter
die Kräfte, die Sinne und alle Lebensäußerungen schwach und
schwächer werden.

Sollte der Mensch nicht bewußt altern und seine Grenze recht-
zeitig erkennen? Kostbar ist das Bild des hochbetagten achtzig-
jährigen Barsillai, das in 2 S 19₃₂₋₃₈ gezeichnet wird. Als vermögender Mann hatte er David auf der Flucht vor Absalom
mit Lebensmitteln verpflegt. Jetzt will David ihn zum Dank
nach Jerusalem mitnehmen und ihn dort königlich versorgen.
Aber Barsillai antwortet dem König (₃₅ff.):

> Wieviele Lebensjahre habe ich noch, daß ich mit dem König
> nach Jerusalem ziehen soll? Ich bin jetzt achtzig Jahre alt.
> Kann ich da noch Gutes und Schlechtes unterscheiden?
> Schmeckt da noch deinem Knecht, was ich esse und trinke?
> Kann ich noch der Stimme der Sänger und Sängerinnen lau-
> schen? Warum soll dein Knecht noch meinem Herrn, dem
> König, zur Last fallen? ... Laß deinen Knecht umkehren,
> damit ich in meiner Stadt beim Grabe meines Vaters und
> meiner Mutter sterben kann.

Dann schlägt er vor, daß ein Jüngerer statt seiner mit dem
König zieht. So geht einer, der seine zunehmende Schwäche
nüchtern bemerkt und der anderen nicht zur Last werden
möchte, bescheiden und lebenssatt seinen Weg zu Ende. Doch
wie Schönheit und Kraft nur Aspekte der Jugendlichkeit sind,
so sind Schwäche und Bescheidung nur eine Seite des Alters.
Schon Barsillai zeigt Weisheit[30]. Allgemein sollte gelten (Hi
12₁₂):

> Die Weisheit hält sich bei Ergrauten auf,
> und Einsicht birgt ein langes Leben.

Die ältere Generation hat das Recht im Tor zu sprechen (Dt
21₂₋₆.₁₉f. 22₁₅₋₁₈ 25₇₋₉ Rt 4₂.₄.₉.₁₁ Jer 26₁₇). Die »Ältesten«
($z^e\underline{k}\bar{e}n\bar{\imath}m$) sind die den Vollbart ($z\bar{a}\underline{k}\bar{a}n$) tragenden, im reifen
Alter stehenden Männer der Rechtsgemeinde. Der alternde

---

[30] Auf Vorbilder aus der Weisheitsliteratur in der Rede des greisen Barsillai verweist HJHermisson, Weisheit 145.

Mensch in Ps 71 möchte Gottes Kraft und Gerechtigkeit, die
Gott selbst ihn von Jugend auf gelehrt hat, einer künftigen
Generation kundtun (17-19). Rehabeam hätte auf den freundlichen und weisen Rat der Ältesten hören sollen, die ihm rieten,
die Arbeitslast der Israeliten zu erleichtern (1 Kö 126ff.), statt
sich von den allzu forschen Jungen zur Härte aufstacheln zu
lassen; die Darstellung zeigt lebhaftes Interesse (vgl. 6.8.10.13f.)
an der Kontrastierung der älteren Generation (der Zeitgenossen Salomos 6) mit der jüngeren (den Altersgenossen des inzwischen auch schon 41-jährigen Rehabeam: 8 vgl. 1421): die
Alten sind besonnen und zum Eingehen auf die Forderungen
der Geplagten bereit (vgl. 4 mit 7), die Jüngeren hart, prahle-
risch, obszön (»Mein Kleiner ist dicker als meines Vaters Hüften« 10b spielt wahrscheinlich nicht auf den kleinen Finger,
sondern auf das männliche Glied an!) und in dem allen unver-
nünftig, weswegen der Erzähler sie auch ständig $j^e l\bar{a}d\bar{\imath}m$ nennt
(»Kindsköpfe« 8.10.14). Doch nicht immer ist das Alter weise,
gerecht und milde. Hiob sieht, daß auch Frevler alt werden
und dabei rüstig und gesund sind (Hi 217). Das graue Haar
als Ehrenkranz findet man auf dem Wege der Gerechtigkeit,
lehrt Prv 1631.
So zeigt die Regelerfahrung für die Jugend wie für das Alter
ebenso spezifische Gefahren und Lasten wie typische Gaben
und Fähigkeiten.

5. Nun zeichnet sich aber die biblische Anthropologie dadurch
aus, daß Jahwe Menschen diesen Normen entnimmt. Keine
biologische Regel ist ohne Ausnahme. In wichtigen Partien der
biblischen Überlieferung aus verschiedenen Zeiten trifft Jahwes Wahl einen Jungen, während Ältere hintangestellt oder
gar verworfen werden, so Joseph gegenüber seinen älteren Brüdern, Samuel gegenüber dem alten Eli, der junge David gegenüber Saul. Zahlreiche Einzelerzählungen aus den verschiedensten Epochen betonen ausdrücklich den Vorrang des Jüngeren.
In Gn 4817-19 (E) stellt Jakob bei der Erteilung des Segens

trotz Josephs Protest den Erstgeborenen Manasse hinter Ephraim zurück:

Sein jüngerer Bruder wird größer werden als er.

In Ri 6₁₅ versucht der berufene Gideon zunächst, seine Fähigkeit zur Abwehr der Midianiter zu bezweifeln:

Ich bin der Jüngste in meines Vaters Haus.

In der Erzählung von Samuels Geburt, Weihe und Berufung im Heiligtum zu Silo wird immer wieder betont, wie jung dieser Berufene ist (1 S 1₂₄ 2₂₁.₂₆ 3₁.₇.₁₉). Die relativ späte Erzählung von Davids Salbung (1 S 16₁₋₁₃) legt es in ihrer Spannung ganz darauf an, daß Jahwe den zunächst immer noch fehlenden Jüngsten, der bei den Schafen ist, erwählt hat. Im Zweikampf gegen den großen Philister siegt David, obwohl Saul ihn wegen seiner Jugend für unfähig hielt (1 S 17₃₃) und der Philister selbst ihn wegen seiner Jugend verachtete (₄₂). Hier wie in den verwandten Erzählungen ist die Absicht nicht, daß die Jugend als solche und der Jüngere oder gar Kleinste aus Prinzip wie bei entsprechenden Märchenmotiven vorgezogen werden. Vielmehr verdeutlicht die Wahl des Jungen als des Unerfahrenen und Unfertigen die Freiheit und Alleinwirksamkeit Jahwes auf dem Weg der Geschichte[31]. In der letzten Erzählung stellt denn auch der junge David selbst den schweren Waffen Goliaths nur den Namen Jahwes gegenüber (₄₅). Das Thema erscheint abgewandelt auch in der klassischen Prophetie. Wehrt Jeremia sich gegen Jahwes Auftrag, weil er jugendlich unerfahren sei, so widerspricht ihm die Stimme (1₆f.):

Sage nicht, ich bin zu jung!

Sondern wohin ich dich sende, dahin gehe!

Und was immer ich dir auftrage, das verkünde!

Die Weisheit bringt das Motiv in ihrer eigenen Weise. Im Hiobbuch erhebt der junge Elihu im Kreise der älteren Weis-

---

[31] Vgl. JConrad, Generation 9.57 u. ö.

heitslehrer respektvoll, aber bestimmt, den Anspruch, gehört
zu werden (Hi 32₆-₁₀):

> Jung bin ich noch an Jahren
>> ihr aber hochbetagt.
> Drum hielt ich mich zurück und scheute,
>> mein Wissen euch zu künden.
> Ich dachte: Mag das Alter reden,
>> der Jahre Fülle soll die Weisheit kundtun.
> Jedoch es ist der Geist im Menschen,
>> des Höchsten Odem nur, der macht ihn klug.
> Die Hochbetagten sind nicht immer weise,
>> nicht immer fassen Greise auch, was recht ist.
> Drum wage ich zu sagen: Hört mir zu!
>> Auch ich will euch mein Wissen künden.

So kann Jahwes Geist entgegen der üblichen Erwartung junge
Menschen zu Lehrmeistern der erfahrenen Alten machen. Vgl.
Lk 24₄₆-₅₀.

Jedoch gebietet andrerseits Jahwe auch, wenn er will, den Ge-
setzen des Alterns Einhalt. Ps 92 rühmt von den Gerechten,
die wie eine Palme blühen und wie die Libanonzeder empor-
wachsen (15f.):

> Noch im Alter tragen sie Frucht,
>> sie bleiben saftig und grün,
> um zu künden, daß Jahwe gerecht,
>> mein Fels und ohn' Unrecht ist.

Das Urbild ist der hochbetagte Mose nach Dt 34₇, dessen
»Frische«[32] nicht gewichen war. Deuterojesaja zeigt, wie wich-
tig darum das Verhältnis des Menschen zu seinem Gott ist; im
Vertrauen zu Jahwe kann es zur Umkehrung der natürlichen
Gegebenheiten kommen (Jes 40₃₀f.):

> Junge Menschen werden müde und matt,
>> selbst junge Krieger brechen zusammen.
> Doch die auf Jahwe hoffen, erneuern ihre Kraft.
>> Sie treiben Schwingen wie Adler.

---

[32] *lēªḥ*, Wurzel *lḥḥ* feucht, frisch, saftig sein.

Sie laufen und werden nicht müde,
  sie wandern und werden nicht matt.

So ist der Mensch: Klar sind die Regeln der Lebensalter im allgemeinen ablesbar, doch frei ist der Unvergleichliche, an ihm das Ungewöhnliche auszurichten. Noch Qohälät faßt den möglichen Umsturz der Norm in den Lehrsatz zusammen (4₁₃):

Besser ein junger Mensch, arm, aber weise,
  als ein König, alt, aber töricht,
    der nicht mehr versteht, sich warnen zu lassen.

14

WACHEN UND ARBEITEN[1]
1. Arbeit beim Jahwisten – 2. Fleiß und Faulheit in der Spruchweisheit – 3. Fragwürdiger Erfolg der Arbeit

Des Menschen Zeit ist auch Zeit zur Arbeit. Ganz gewiß hätte der Mensch seine Zeit mißverstanden und mißbraucht, wenn er sie ausschließlich der Arbeit widmen würde. Er wäre nur an Qohälät zu erinnern, nach dem es neben den Zeiten fürs Pflanzen und Ausreißen, fürs Niederreißen und Aufbauen auch Zeiten fürs Weinen und fürs Lachen, fürs Umarmen und fürs Tanzen gibt. Doch kommt fraglos der Arbeit ein wesentlicher Platz zu.

1. Die jahwistische Paradieserzählung weist an drei Stellen exemplarisch darauf hin, daß die Arbeit zum Grundauftrag des Schöpfers an sein Geschöpf gehört.
In Gn 2₅ wird dargestellt, was vor Beginn der Schöpfung fehlt; es ist neben den Steppenpflanzen und den Kulturpflanzen vor allem anderen der Regen und der Mensch. Der Regen genügt für den Steppenwuchs, aber die Gewächse des Kulturlandes bedürfen auch des Menschen[2]. Als seine Aufgabe wird nämlich hier genannt, daß er »den Acker zu bebauen (ʿbd) habe«. Es ist wichtig zu sehen, daß die Arbeit hier als einzige Sinnbestimmung des Menschen erscheint und daß sie dabei in keinem anderen Zusammenhang als dem der Schöpfung gesehen wird.

---

[1] *Literatur:* WHSchmidt, Schöpfungsgeschichte 194f. 205–207.219–221. – CWestermann, BK I 271–273.299–302.367f. – GvRad, Weisheit 92–101. 165–181.
[2] Vgl. CWestermann, BK I 272.

So ist es auch in der Priesterschrift, wenn in Gn 1₂₆ im Entschluß Gottes, die Menschheit zu erschaffen, als Zweck nur genannt wird, daß sie über die Tiere herrsche; im Segenswort 28 wird darüber hinaus noch die Unterwerfung der Erde als des Menschen Fähigkeit und Aufgabe genannt³.

Daß die Arbeit schon Sache des Menschen als Geschöpf ist, unterstreicht der Jahwist in 2₁₅. Jahwe führt den Menschen alsbald nach seiner Erschaffung und der Pflanzung des Gartens in diesen hinein, damit der Mensch ihn bearbeite und beschütze. Wenn hier neben dem dienenden Bearbeiten (*ᶜbd*) das hütende Bewachen (*šmr*) genannt wird, so hat der Jahwist damit die beiden Seiten allen beruflichen Wirkens des Menschen angedeutet. Der Zusammenhang des Textes stellt als Voraussetzung aller menschlichen Tätigkeit das Schaffen und Schenken Gottes heraus; mit der Übereignung der Schöpfungsgaben an den Menschen ist das Pflegen und Schützen dieser Gaben als Lebensauftrag für ihn gegeben⁴.

Merkwürdigerweise wird in 3₂₃ die Bestimmung des Menschen, daß er »den Acker zu bebauen habe«, mit dem Wortlaut von 2₅ aufgenommen, nun aber nicht als Sinn und Zweck der Erschaffung des Menschen, sondern als Absicht seiner Vertreibung aus dem Garten infolge seines Mißtrauens gegen den Schöpfer. Von der Verfluchung des Ackers (3₁₇) und von den Mühen und Beschwerden des Bauern (18f.) spricht nur der voraufgehende Kontext⁵. Im Zusammenhang ist jetzt aber klar, daß nicht die Arbeit als solche zum Fluch gehört, sondern die nun mit ihr

---

³ Vgl. WHSchmidt, Schöpfungsgeschichte 142.147. Zur priesterschriftlichen Sicht s. weiter u. S. 235.

⁴ CWestermann, a.a.O. 300f.: »Die Arbeit ist hier also als ein Wesensbestandteil des Menschseins angesehen. Ein Leben ohne Arbeit wäre kein menschenwürdiges Dasein« (300). Vgl. ferner OHSteck, Paradieserzählung 85f.

⁵ Schöpfungs- und Paradieserzählung wurden wahrscheinlich nachträglich verknüpft, wie auch das Suffix 3. fem. in 2₁₅bβ vermuten läßt, das gut zur *ʾᵃdāmā* in 2₅ 3₂₃ paßt, jetzt aber auf *gan* bezogen ist; s. WHSchmidt, Schöpfungsgeschichte 206f. Vgl. auch OHSteck, a.a.O. 48.

verbundene Mühsal und Plage, die die Dornen und Disteln auf
dem Acker mit sich bringen.

Der Jahwist zeigt in der Fortsetzung seines Werks, wie sich die
Arbeit des Menschen reich verzweigt: neben den Bauern tritt
der Kleinviehzüchter (Gn 4₂), neben beduinischen Zeltbewoh-
nern kommt der Städtebau auf (4₁₇.₂₀), die Berufsgruppen der
Musikanten (Zither- und Schalmeienspieler 4₂₁) und der Tech-
niker (Erz- und Eisenschmiede 4₂₂) entstehen. Dann wird
der Weinbau entwickelt (9₂₀f.) und neue Baumaterialien ermöglichen riesige Gebäude (11₃). In diese vielfältige Arbeitswelt
hinein entfaltet sich der Schöpfungsauftrag an den Menschen.
Fortschritt ereignet sich als Folge des Segens. Doch die Hybris
stößt auch überall auf »Dornen und Disteln«.

2. Die Weisheitslehrer Israels haben seit Salomo wissenschaftliche Arbeit entwickelt: neben die Pädagogik für alle Bereiche
des menschlichen Lebens, angefangen mit der Prinzen- und
Beamtenerziehung, tritt die Staatskunst, die juristische und die
naturkundliche Weisheit (1 Kö 3₈ff.₁₆ff. 5₁₂f.) sowie die Geschichtsschreibung. Vor allem aber hat die Weisheitslehrer das
Problem der Arbeit und ihres Erfolges beschäftigt. Sie stellen
zunächst eine weitgehende Gesetzmäßigkeit fest, nach der dem
Fleiß Erfolg, der Faulheit aber Armut beschieden ist. Prv 10₄:
    Arm macht die lässige Hand,
        doch der Fleißigen Hand macht reich.
Reichtum wird nicht als etwas Gegebenes angesehen, sondern
als etwas, das unter den Händen des verantwortlichen Menschen entstehen kann[6]. Die sozialen Gegensätze von arm und
reich sollen jedenfalls auch auf den Anteil von Arbeitsamkeit
und Lässigkeit hin befragt werden, wenn man nicht an der
Wirklichkeit des Menschen vorbeisehen will. Prv 13₄:

---

[6] Vgl. GvRad, Weisheit 166ff. ḥārūṣ (fleißig) kommt ausschließlich in Prv
(fünfmal), ʿāṣēl (faul) 14 mal in Prv und einmal in Qoh vor, ʿaṣlā und
ʿaṣlūt (Faulheit) je einmal in Prv. Wir stehen also bei einem ganz speziellen Thema der Spruchweisheit.

Es sehnt sich, doch vergebens, ["]7 der Faule,
aber der Fleißigen Trachten wird befriedigt.
Selbst Freiheit und Knechtschaft, Überlegenheit und Unter-
drückung hängen auch vom Arbeitseinsatz ab (Prv 12_24):
Der Fleißigen Hand wird herrschen,
doch Lässigkeit führt zur Zwangsarbeit.
Zahlreiche andere Sprüche stellen ähnliche Regeln fest: Prv 11
16b 12_27 14_23 21_5. Vgl. noch Qoh 10_18:
Bei Faulheit[8] senkt sich das Gebälk,
bei lässigen Händen trieft es ins Haus.
Da die Lehrer Israels den Menschen kennen, suchen sie nach
Kräften der Faulheit zu wehren. So geschieht es in Prv 24_30-34,
wo persönliche Erfahrungen geschildert werden:
Am Feld eines Faulen ging ich vorüber,
und am Weinberg eines Unverständigen.
Und siehe, es war ganz von Unkraut überwuchert,
seine Fläche war bedeckt von Wildwuchs,
seine Mauer von Steinen war eingerissen.
Ich schaute und wurde aufmerksam,
ich sah und nahm eine Warnung mit:
»Ein wenig noch schlafen, ein wenig noch schlummern,
ein wenig die Arme verschränken zum Ruhen!« –
so kommt wie ein Wegelagerer deine Armut
und wie ein Bettler deine Not.
Die Beobachtungen lehren, daß das Faulenzen den Menschen
um die Schenkungen Jahwes bringt. In der Entschlußlosigkeit
zum rechtzeitigen Beginn wurzelt das Übel. Die Schlafsucht ist
der Genosse der Faulheit (Prv 19_15):
Faulheit versenkt in Tiefschlaf,
und lässiges Wesen muß hungern.
Dieselbe Gefahr sieht der Rat in Prv 6_6-11:
Du Fauler, geh zur Ameise hin,
sieh ihr Verhalten und werde weise!

---

[7] S. BHK.
[8] S. BHK.

Sie hat keinen Aufseher,
  keinen Ordner, keinen Herrscher.
Doch besorgt sie im Sommer ihr Brot,
  sie sammelt ihr Futter zur Erntezeit.
Wie lange noch, Fauler, liegst du,
  wann stehst du von deinem Schlafe auf?
»Ein wenig noch schlafen, ein wenig noch schlummern,
  ein wenig die Arme verschränken zum Ruhen!« –
so kommt wie ein Wegelagerer deine Armut
  und wie ein Bettler deine Not.

Sinnvoll arbeiten, das heißt auch: die Gunst der Stunde erkennen, die rechte Zeit nicht versäumen. Ohne einen Antreiber
sollte der vernünftige Mensch von sich aus termingerecht ans
Werk gehen und sich nicht vom Tier beschämen lassen (vgl.
Jer 8₇). Die Kennzeichen der Faulheit hat der Weise genau
studiert. In Prv 26₁₃₋₁₆ werden sie aufgereiht:

Der Faule sagt: »Ein Leu auf der Straße!
  Ein Löwe mitten auf den Plätzen!«
¹⁴Die Tür dreht sich in der Angel,
  so der Faule auf seinem Bett.
¹⁵Steckt der Faule seine Hand in die Schüssel,
  schon ist er zu müde, sie zum Munde zu führen.
¹⁶In seinen eigenen Augen ist der Faule weiser
  als sieben, die verständig antworten.

Hiernach sind die wesentlichen Merkmale der Faulheit: fade
Entschuldigungen und erfundene Ausreden (vgl. 22₁₃), übermäßiger Schlaf (vgl. 6₉f. 19₁₅ 24₃₃), Trägheit sogar beim Essen
(vgl. 19₂₄), Selbstüberschätzung. Daß der Faule sich von seiner
augenblicklichen Lust treiben läßt, das fördert seinen Untergang (Prv 21₂₅). So verkennt er die rechte Stunde und die ihm
gegebenen Möglichkeiten. Die Arbeit bringt den vom Schöpfer
bereitgestellten Segen ein (Prv 14₂₃):

Bei jeder Mühe gibt's Gewinn,
  aber bloßes Geschwätz führt nur zum Entbehren.

So ist der Mensch vor zwei Möglichkeiten gestellt: gewinnen

oder versäumen, das Angebot des Ackers aufnehmen oder liegen lassen (Prv 20₄):

> Wenn der Winter kommt, will der Faule nicht pflügen,
> zur Erntezeit sucht er, doch nichts ist da.

Auf diese Weise führen die Weisheitslehrer aus, was der Jahwist zu lehren begonnen hat: Indem der Mensch zur Arbeit berufen ist, soll er das Angebot seines Schöpfers aufnehmen. Sie legen darüber hinaus ihre Erfahrungen dar, wie die Arbeit zum Ertrag, die Lässigkeit aber zum Mangel führt.

3. Doch ihre Erfahrungsregel ist kein Gesetz. Wer die menschliche Wirklichkeit sehen will, muß mit der freien Einwirkung Jahwes rechnen lernen. Sonst verkennt er die Tatsachen, daß weder der menschliche Arbeitsfleiß an und für sich zum Erfolg führt, noch daß der Reichtum als solcher ein eindeutiger Wert ist. Die Mehrdeutigkeit der Phänomene und der Widerfahrnisse muß bedacht werden[9].

Dem selbstsicheren Denken, das meint, zwingend vom Fleiß auf den Erfolg schließen zu können, wird kategorisch der Satz entgegengestellt (Prv 10₂₂):

> Allein Jahwes Segen macht reich,
> die eigene Mühe fügt nichts hinzu.

Die allgemeine Erwartung, daß Arbeit Gewinn bringt, verwirklicht sich konkret nie ohne Jahwes Segensentscheid. Auch in der Differenz zwischen des Menschen Wollen und Vollbringen ist Jahwe am Werk (Prv 16₁):

> Beim Menschen stehn die Entwürfe des Willens,
> doch von Jahwe kommt die Antwort der Zunge.

Allem eigenmächtigen Übereifer kann ein kaltes Umsonst begegnen (Ps 127₁f.):

> Wenn Jahwe das Haus nicht baut,
> so mühn sich die Bauleute vergeblich.
> Wenn Jahwe die Stadt nicht beschützt,
> so wacht der Wächter umsonst.

---

[9] GvRad, Weisheit 167f.

Umsonst steht ihr auf vor Tag,
   und müht euch bis spät in die Nacht,
und esset der Mühsal Brot.
Seinem Freunde schenkt er's im Schlaf.

Auch darin spricht sich Erfahrungsweisheit aus, daß der Selbständigkeit und Eigenwilligkeit des Menschen Grenzen gezogen sind. Wer das mögliche Umsonst nicht bedenkt, verkennt den Menschen als Menschen.

Doch nicht nur der Arbeitseifer bleibt fragwürdig, sondern auch Reichtum und Erfolg sind zweideutig. Armut und Entbehrung können wertvoller sein als Reichtümer (Prv 15₁₆):

Besser weniges in der Furcht Jahwes,
   als reiche Schätze und Unfriede dabei.

Wie Fleiß ohne Jahwes Segen nichts wirken kann, so wird Reichtum ohne die Bereitschaft zum Gehorsam und Vertrauen gegen Jahwe[10] nichtig (Prv 11₄):

Am Tage des Zorns nützt Reichtum nichts,
   doch Gerechtigkeit rettet vom Tode.

Reichtum führt leicht zur Falschheit (Prv 19₁) oder zum Streit (17₁):

Besser ein Brocken trockenen Brots mit Ruhe
   als ein Haus voll Opferfleisch mit Zank.

Haß fürchtet Prv 15₁₇:

Besser ein Gericht Gemüse, wo Liebe ist,
   als ein gemästeter Ochs und Haß dabei.

Vor allem aber verleitet der Erfolg zu einem falschen Vertrauen (Prv 11₂₈):

---

[10] Zum Verständnis der »Gottesfurcht« als Gehorsam und Vertrauen vgl. GvRad, a.a.O. 92 und die dort genannte Literatur. Auch die Prophetie und ihre Stellung zur Armut könnte hier bedacht werden; vgl. HWWolff, BK XIV/2, 126.200ff. HUvonBalthasar, Herrlichkeit III/2/1, 119 sagt: »Israel wurde durch die Prophetie und die darin verkündeten und vollzogenen großen Untergangsgerichte hineinzogen in eine durchgehende Existenzhaltung: Die Armut, die, durch Gottes Gericht bis auf den Grund beraubt und entrechtet, alles Recht und alles Gut nur von Gott erhoffen kann.«

Wer auf seinen Reichtum vertraut, der fällt,
  aber wie grünes Laub sprießen die Gerechten.
So lehrt die Weisheit Israels das rechte Verständnis der Arbeit.
Der Mensch soll die Regel erkennen, vor allem aber den Herrn
der Regel. So wird der Mensch davor bewahrt, durch Faulheit
unter das Tier (die Ameise!) zu sinken oder in Selbsttäuschung
an Gottes Stelle zu treten.

15

SCHLAFEN UND RUHEN[1]
1. Schlaf und Ruhe – 2. Sabbat

Des Menschen Zeit ist vor allem anderen geschenkte Zeit. Nutzlos und sinnlos wird sein Schaffen, wenn er das vergißt. Ruft die alttestamentliche Weisheit zwar deutlich aus der Faulheit heraus, so warnt sie doch noch strenger vor dem Mißverständnis, der Mensch werde erst durch seine eigenen Werke beschenkt[2].

1. Der *Schlaf* kann provokativ als die Gelegenheit gerühmt werden, bei der Jahwe seine Freunde mit jenem Brot ausrüstet (Ps 127₂b), das die Übereifrigen nur höchst kummervoll genießen, ohne ihre Ziele trotz selbstquälerischer Überstunden zu erreichen (1-2a)[3]. Sachlicher beschreibt die Spruchdichtung den Wert der Weisheit im Leben, der u. a. im erquickenden Schlaf dessen zu finden ist, der mit ihr lebt; Prv 3₂₄ spricht dem, der Weisheit gefunden hat, zu:

'Setzt'[4] du dich nieder, so brauchst du nicht bangen,
legst du dich nieder, so schläfst du wohl.

Der Schlaf wird dann angenehm, wenn er im rechten Verhältnis zur Arbeit steht, betont Qohälät (5₁₁):

---

[1] *Literatur:* GvRad, Ruhe. – AAlt, Recht. – AJHeschel, Sabbath. – EJenni, Sabbatgebot. – ELohse, *sábbaton.* – ARHulst, Sabbatgebot. – VFritz, Israel 42–48. – NEAndreasen, Sabbath. – HWSchmidt, Dekalog. – MTsevat, Sabbath.
[2] Prv 10₂₂ s. o. S. 195.
[3] S. o. S. 196.
[4] S. BHK.

Süß ist der Schlaf des Schaffenden,
  ob er wenig oder viel gegessen;
den Reichen läßt doch die Sattheit
  keinen Schlaf finden.

Der Überfluß raubt die Ruhe ebenso wie der Übereifer (Qoh 2₂₃). Der gute Schlaf wird zum Merkmal des Menschen, der im Takt des Schenkens und Rufens Jahwes lebt. In der Ruhe zeigt sich die Lebenskunst, d. h. jene Weisheit, deren Kopfstück die Furcht Jahwes ist[5]. Sie weiß das Umsonst der vergeblichen Mühen des Arbeitsfanatikers durch das Umsonst der Gabe Jahwes im Schlaf (Ps 127₁f.) endgültig abgelöst[6]. In der Prophetie betont Jesaja die Ruhe (*šḳṭ* hi.) als ein wesentliches Kennzeichen des Glaubens. Mahnt er in 7₄ den König Ahas während der Bedrohung Jerusalems zur Ruhe, so bietet er ihm jene Haltung an, die Jahwes angekündigte Rettungstaten erwartet und beobachtet und so furchtlos wird (₅₋₉). Es ist die gleiche Einstellung, zu der Mose nach Ex 14₁₃f. die Israeliten in der Stunde der Verfolgung durch die Ägypter am Meer auffordert. Solche Ruhe ist unlöslich mit Vertrauen verknüpft, zu dem auch ganz Israel durch Umkehr neu hinfinden sollte (Jes 30₁₅; vgl. 32₁₇). Sie sollte politische Konsequenzen in einer strikten Neutralitätspolitik Jerusalems reifen lassen. Ruhe folgt aus der Gewißheit, daß Jahwe handelt[7]. Das Deuteronomium und die deuteronomistische Geschichtsschreibung thematisieren die Ruhe (*mᵉnūḥā*) als das große,

---

[5] Dazu o. S. 196.

[6] JMoltmann, Freigelassene 39: »›Es ist doch alles *umsonst*‹, sagt der *Nihilist* und verzweifelt. ›Es ist wirklich alles *umsonst*‹, sagt der *Glaubende* und freut sich der Gnade, die es *umsonst* gibt, und hofft auf eine neue Welt, in der alles *umsonst* zu geben und zu haben ist. ›Wohlan alle, die ihr durstig seid, kommt her zum Wasser. Und die ihr kein Geld habt, kommt her und kauft ohne Geld und umsonst beides, Wein und Milch‹, verheißen die Propheten des Alten und des Neuen Testaments (Jes 55,1; Off. Joh. 22, 17)«.

[7] CAKeller, Das quietistische Element 89, stellt fest, daß »nach Jesaja ein Aspekt der Sünde in einer frenetischen Aktivität besteht, in einer Betriebsamkeit, die an Gott vorbeilebt«. Vgl. HWWolff, Frieden 18ff.

dem Volke Gottes verheißene Heilsgut[8]. Es meint sowohl die
Ruhe nach der unsteten Wanderzeit als auch die Ruhe vor allen
Feinden ringsum (Dt 12$_{9f.}$. 25$_{19}$ Jos 21$_{43ff.}$. 2 S 7$_{1.11}$ 1 Kö 8$_{56}$).
Ps 95$_{7-11}$ sieht für die Einzelnen die Gabe der Ruhe an das
Hören auf die Stimme Jahwes gebunden (vgl. Hb 3$_{7ff.}$).
Auf vielfältige Weise bezeugen demnach verschiedene Schich-
ten des Alten Testaments in je anderer Sprache, daß die Ruhe
des Menschen ein hohes Gut und eine nicht selbstverständliche
Fähigkeit ist, die zutiefst mit dem Vertrauen zu Jahwe ver-
bunden ist.

2. Von daher verwundert es nicht, daß im Alten Testament
das *Sabbatgebot* als eine Ordnung des Ruhetages eine große
Rolle spielt. Es ist breiter bezeugt als jedes andere Gebot und
nimmt innerhalb des Dekalogs den größten Raum ein. In je
andersartiger Form findet es sich im sog. jahwistischen Dekalog
in Ex 34 und in der bekanntesten Dekalogform in Ex 20, im
Bundesbuch und im Deuteronomium, im Heiligkeitsgesetz und
in der Priesterschrift. Sehr verschiedenartige Propheten wie
Amos und Hosea, Jeremia und Ezechiel nehmen zum Sabbat
das Wort. Schließlich erscheint der Ruhetag in mancherlei Erzählungen vom ersten Schöpfungsbericht über die Manna-Ge-
schichte bis zur Denkschrift Nehemias. Die Statistik unterstreicht die breite Streuung: unter den gezählten Tagen kommt
»der siebente Tag« weitaus am häufigsten vor[9].
Was sagt das Alte Testament über die Durchführung des Sabbat? Die vielleicht älteste Form des Gebotes lautet in Ex 34$_{21a}$:
  Sechs Tage kannst du schaffen,
    aber am siebenten Tage sollst du aufhören!
Das Hebräische bietet einen Doppeldreier mit Endreim:
    šḗšät jāmím ta^{ca}bṓd / ūbajjṓm haššᵉbī'í tišbṓt.
Damit fällt das Stichwort, das dem Ruhetag im Alten Testament seinen Namen gibt: *šbt* = aufhören von der Arbeit, die

---

[8] Vgl. GvRad, Ruhe.
[9] E Jenni, *jōm* 710.

Tätigkeit einstellen[10]. Demnach ist der Sabbat mit Arbeitsruhe durchzuführen.

Doch gewinnt nicht das Sabbatgebot im Dekalog eine positive Fassung? Ex 20₈ heißt es:

Gedenke des Sabbattages, ihn zu heiligen!

Dt 5₁₂ wandelt nur leicht ab und erweitert:

Beachte den Sabbattag, ihn zu heiligen,
wie Jahwe, dein Gott, dir befohlen hat[11].

Auch heißt nun in beiden Texten der siebente Tag ausdrücklich »Sabbat für Jahwe, deinen Gott« (Ex 20₁₀ Dt 5₁₄). Fragt man aber weiter, wie denn jenes »Gedenken«, »Beachten«, »Heiligen« an einem »Sabbat für Jahwe« vollzogen werden soll, so lautet die Antwort eindeutig und ausschließlich:

Du sollst keine Arbeit tun!

So ist es durchaus möglich, ja wahrscheinlich, daß die positive Dekalogform auf einen kategorischen Verbotssatz zurückgeht, wie er außer in Ex 34₂₁ₐ auch im Bundesbuch Ex 23₁₂ und im Heiligkeitsgesetz Lv 19₃ belegt ist. In demonstrativer Arbeitsniederlegung soll sich die Heiligung des siebenten Tages vollziehen.

Nur ganz späte und schwach belegte Opferordnungen für das tägliche Morgen- und Abendopfer zeichnen den Sabbat kultisch durch die doppelte (Nu 28₉f.) oder dreifache Zahl (Ez 46 4f.; vgl. Nu 28₃) der darzubringenden Lämmer mit zugehörigem Speis- und Trankopfer aus. Insofern sie an die alltäglichen Ordnungen anknüpfen, bestätigen sie fast, daß der Sabbat in aller Regel keine qualitativ besondere kultische Auszeichnung erfuhr. »Der Sabbat war von Haus aus lediglich durch das Verbot aller Arbeit charakterisiert und hatte in altisraelitischer Zeit mit dem positiven Kultus Jahwes nichts

---

[10] Vgl. *šbt* in anderen Zusammenhängen Gn 8₂₂ Jos 5₁₂ Jes 14₄ und VFritz, Israel 44.

[11] *leḵaddeʿšō* könnte in Dt 5₁₂ sekundär aus Ex 20₈ aufgenommen sein; vgl. ARHulst, Sabbatgebot 153f.

zu tun.«[12] Nach je sechs Tagen soll alle Geschäftigkeit für einen ganzen Tag unterbrochen werden.

Sollte der Ruhetag vielleicht gerade so für den Jahweglauben bezeichnend sein? War dieser regelmäßige Streik gegen alle Arbeitszwänge eine prinzipielle Demonstration für Jahwe, den Gott Israels? Zur Klärung der Frage beobachten wir die verschiedenen Fassungen des Sabbatgebotes.

a) Wir setzen mit der *deuteronomischen* Fassung ein. Dt 5₁₅ verknüpft das Sabbatgebot mit der altisraelitischen Exodus-überlieferung:

> Denke daran, daß du im Lande Ägypten Sklave warst, und Jahwe, dein Gott, dich mit starker Hand und ausgestrecktem Arm herausführte. Darum gebot dir Jahwe, dein Gott, den Sabbattag zu feiern.

Damit findet der Ruhetag seine Begründung in dem für Israel schlechthin grundlegenden Bekenntnis der Befreiung durch Jahwe aus Ägypten. Jeder siebente Tag soll Israel daran erinnern, daß sein Gott ein Befreier ist, der mit harten Sklavenhaltern fertig wurde und der allen Machthabern gewachsen sein wird, die sein Volk noch drangsalieren wollen. Hat die frühe Christenheit nicht genau das erfaßt, wenn sie den Ruhetag mit der Erinnerung an die Auferstehung Jesu Christi verband? Der Befreier des Menschen wird von keiner Macht und keinem Tode mehr besiegt. Im Blick auf das Versöhnungswerk Jesu soll kein Leistungszwang den Menschen mehr quälen, keine Verfehlungen dürfen ihn verklagen, auch nicht die Halbheiten und Fragmente einer vergangenen Woche.

Grundlegender Sinn der Arbeitsruhe am siebenten Tage nach deuteronomischer Auffassung ist also, an geschenkte Freiheit zu erinnern. Nicht an kultische Pflichten, sondern an Gottes Taten für den Menschen ist zu denken. Im alten Israel hatten wohl zuerst die Eltern die Aufgabe, dies einzuschärfen. Viel-

---

[12] AAlt, Recht: BAL 71f. = KlSchr I 331 = Grundfragen 256.

leicht ist im Heiligkeitsgesetz Lv 19₃ deshalb das Gebot der Ehrfurcht vor den Eltern mit dem Sabbatgebot zusammengeschlossen, wie es ja auch im Dekalog unmittelbar folgt. Mutter und Vater (so die Reihenfolge in Lv 19₃!) sind die ersten Tradenten der Heilsgeschichte. Eben als solche verdienen sie die Aufmerksamkeit der Kinder. Die deuteronomischen Prediger werden darauf nicht als erste hingewiesen haben; vgl. Dt 6 20ff.

Das Sabbatgebot ist ein leuchtendes Zeichen dafür, daß die Grundgebote, die Israel gegeben wurden, lauter Wohltaten sind. Sie sind nicht eigentlich Forderungen, sondern befreien von Forderungen. Als Gebote sind sie Angebote. Der Sabbat verdeutlicht das Geschenk freier Zeit. Die Ordnung des Sabbatjahrs für das Land nach Lv 25₁₋₇ kann den Sachverhalt klären. Der verfügte Verzicht auf die Bearbeitung des Ackerlandes in jedem siebenten Jahr bekundet, daß das Land Geschenk Jahwes ist. Dem ist die »Zeitbrache des siebenten Tages«[13] zu vergleichen. Indem das Ruhetagsgebot den »gierigen Griff nach aller Zeit« zurückweist und zum »Nutzungsverzicht« anleitet, wird Jahwe als Herr und Geber auch aller übrigen Tage bezeugt. Die exemplarische Begehung der Freizeit erinnert daran, daß alle Zeit Israels aus dem Ereignis der Befreiung herrührt, wie es die deuteronomische Gebotsfassung am klarsten aussagt.

b) Die zweite Hauptbegründung des Sabbatgebots ist mit dem Denken der *Priesterschrift* verbunden. In Ex 20₁₁ wird der Befehl zur Arbeitsruhe damit motiviert,

> daß in sechs Tagen Jahwe Himmel und Erde gemacht hat und das Meer und alles, was darinnen ist, und ruhte am siebenten Tage. Darum segnete Jahwe den Sabbattag und heiligte ihn.

---

[13] Vgl. WZimmerli, Weltlichkeit 80, auch zum folgenden; ferner MTsevat, Sabbath 451ff.

Danach soll der Ruhetag den Menschen darauf hinweisen, daß
er in eine Welt hineingestellt wurde, die mit allem Nötigen
und vielem Schönen reichlich ausgestattet ist. Der Wortlaut erinnert an den ersten Schöpfungsbericht (Gn 2₁-₃), der in seiner
altertümlichen Weise schildert, daß der erste Lebenstag des
Menschen der große Ruhetag war. Gott hatte sechs Werktage
hinter sich. Nun liegt ein vollendetes Werk bereit. Erst nach
dem Ruhetag Gottes mit seinem Blick auf die Schöpfungsfülle
wird der erste Werktag des Menschen beginnen. Die junge
Christenheit erwies theologische Weisheit, wenn sie statt des
siebenten Tages den ersten Tag der Woche als Ruhetag ordnete.
Für den von Gott befreiten und beschenkten Menschen schließt
die Woche nicht mit dem Ruhetag, sondern sie beginnt mit
ihm[14]. Die Werktage können etwas mehr Spielcharakter gewinnen, auch Protestcharakter gegen Leistungsprinzip und
Leistungsdruck. Was kann der Mensch in seiner Arbeit mehr
tun als dafür zu sorgen, daß das vom Schöpfer Bereitgestellte
recht eingebracht und genutzt und nicht verdorben, sondern
vor dem Verderben durch menschlichen Mißbrauch geschützt
wird? Ohne den Blick auf Gottes vorangegangenes Werk findet der Mensch weder das rechte Verhältnis zur Arbeit noch
zur Ruhe.

Ex 20₁₁ betont ausdrücklich, daß am siebenten Tag »Gott
ruhte«. In Ex 31₁₇ wird dem *šābat* noch hinzugefügt: *wajjin-
nāpaš*: er atmete auf. Diese Ruhe Gottes bedeutet wohl zweierlei: er *kann* ruhen, denn das ganze Werk, alles, was der Mensch
benötigt, ist vollendet. Die Erweiterung »er atmete auf«, »er
erholte sich«, deutet daneben noch leise anthropomorphistisch

---

[14] Vgl. KBarth, III/4, 51–79. Am Sabbat wendet sich der Mensch von der
Welt der Schöpfung ab und der Schöpfung der Welt zu, sagt der jüdische
Ausleger AJHeschel, Sabbath 10: The meaning of the Sabbath is to cele-
brate time rather than space ... It is a day on which we are called upon
to share in what is eternal in time, to turn from the results of creation to
the mystery of creation; from the world of creation to the creation of the
world. Jes 66₂₃ kündigt den Sabbat (neben dem Neumondtag) als Tag
der Anbetung vor Jahwes Angesicht an.

an: er *muß* ruhen, er hat sich in seinem Schöpfungswerk erschöpft. Voll zu verstehen ist das erst bei der »Erschöpfung«
des Gekreuzigten: *tetélestai,* »es ist vollbracht« (Joh 19₃₀). Der
Gott der Bibel hat dem Menschen alles in der Hingabe seiner
selbst gegeben.

»Darum segnete Jahwe den Sabbattag«, fährt Ex 20₁₁ fort
und nimmt damit Gn 2₃ auf. Zuvor hatte Gott in Gn 1₂₂.₂₈ die
Wassertiere, die Vögel und den Menschen gesegnet mit dem
Ergebnis, daß sie Kraft zur Fruchtbarkeit und zur Vermehrung erhielten[15]. Nun wird der Ruhetag gesegnet; auch er wird
also mit belebenden Kräften ausgestattet, damit von ihm aus
auch die Zeit des Menschen Frische und Fruchtbarkeit erhalte.
Dazu »heiligte« er ihn. D. h. er sonderte ihn von den Werktagen ab. Diese Scheidung des Ruhetags von den Werktagen
will sich als ebensolche Wohltat erweisen wie die Trennung
von Licht und Finsternis.

c) Im *Bundesbuch* bietet Ex 23₁₂ eine der ältesten Fassungen
des Sabbatgebots. Sie gibt eine weitere Motivation zu bedenken:

> Sechs Tage sollst du dein Werk tun, aber am siebenten Tage
> sollst du aufhören, damit dein Rind und dein Esel Ruhe
> haben und deiner Sklavin Sohn und der Fremdling auf-
> atmen[16] können.

Es ist höchst beachtenswert, was hier als einziger Zweck des
Ruhetages erwähnt wird: die abhängigen Arbeitskräfte sollen
Erholung finden. Bewegend ist schon die Fürsorge für das geplagte Vieh, das an erster Stelle genannt wird. Dann aber
werden nicht irgendwelche Abhängige genannt, sondern »der
Sohn der Sklavin und der Fremde«. Sie sind Menschen, die
gegen Befehle besonders wehrlos sind. Wagt ein Herr nicht,
der erwachsenen Sklavin oder dem israelitischen Sklaven eine

---

[15] S. o. S. 144.
[16] *wᵉjinnāpeš* wird hier vom erholungsbedürftigen Sklavenkind und vom
Fremdarbeiter gesagt wie in Ex 31₁₇ vom Schöpfer; s. o. S. 204.

Arbeit am Sabbat zuzumuten, so doch viel eher ihrem Sohn
oder dem Gastarbeiter, den man allzu leicht außerhalb des
Freiheitsraums der Jahwegebote sieht. Grenzfälle greift also
diese Gebotsfassung auf: der besonders Geplagten und Abhängigen wegen ist der Sabbat eingesetzt.

Übrigens wird im Bundesbuch unmittelbar vorher (Ex 23₁₀f.)
die Brache von Acker, Weinberg und Ölbaum im Sabbatjahr,
die mit völligem Ernteverzicht verbunden ist, damit begründet, daß der Ertrag den Armen und der Rest dem Wild des
Feldes zukommen soll.

Die großen Fassungen des Ruhetagsgebots in den Dekalog-
reihen nehmen den Gedanken an die Abhängigen auf und
führen ihn weiter aus. Ex 20₁₀ heißt es:

> Da sollst du keine Arbeit tun, auch nicht dein Sohn, deine
> Tochter, dein Sklave, deine Sklavin, dein Vieh, auch nicht
> dein Fremdling, der in deiner Stadt lebt.

Dt 5₁₄ fügt in der parallelen Fassung noch bedeutsam hinzu:

> damit dein Knecht und deine Magd ruhen gleich wie du!

kāmṓkā! »Gleich wie du!« So eröffnet das Ruhetagsgebot eine
Gleichstellung aller Menschen vor Gott. Wenigstens am Feier-
tag sollen die Eltern aufhören, ihren Söhnen und Töchtern
Befehle zu erteilen, geschweige denn ihren Untergebenen.

Den Gedanken, daß der Ruhetag vor allem den schwachen
Gliedern der Gesellschaft zugute kommen soll, nimmt das
Neue Testament auf. An einer der wenigen Stellen, an denen
es den ersten Tag der Woche erwähnt (1 Kor 16₂), soll dieser
Tag dem Sammeln und Sparen von Geldern für die Hilfsbe-
dürftigen in Jerusalem dienen. Jesus schärfte ein, daß der
Sabbat um des (hilfsbedürftigen!) Menschen willen gemacht
ist und nicht der Mensch um des Sabbats willen (Mk 2₂₇).

d) *Prophetische* Stimmen wehren gezielt die Geschäftigkeit
am Sabbat ab. Der Prophet Amos verurteilt die Getreide-
händler, die das Ende des Sabbats nicht abwarten können, weil
sie wieder Korn verkaufen und die Käufer mit schlechter Ware,

falschen Gewichten und überhöhten Preisen betrügen wollen (8₅). Man beachte, daß derselbe Prophet, der gegen das Wallfahrtswesen und sonstige kultische Aktivitäten im Opfer- und Gebetsdienst leidenschaftlich polemisiert (vgl. 4₄f. 5₂₁ff.), den Sabbat gehalten wissen will. Er ist offenbar auch in seiner Sicht ein kräftiger Zeuge dafür, daß der Mensch nicht aus seinen eigenen Werken, sondern von den Taten Gottes lebt. Ein deuteronomistisch überarbeitetes Jeremiawort (17₂₁ff.) warnt davor,

> wenn euch euer Leben lieb ist,
> am Sabbattag Lasten zu tragen.

Mag das Wort schon in die Richtung späterer Kasuistik weisen, so wird es doch zunächst noch getragen von der Freude am freien Leben, mit dem Jahwe Israel beschenkt hat, das aber mit eigener Sorge verspielt wird. Aufs schönste zeigt das ein Wort Tritojesajas (Jes 58₁₃f.):

> Wenn du am Sabbat deinen Fuß zurückhältst, deine Geschäfte an meinem heiligen Tag zu betreiben, wenn du den Sabbat eine Wonne nennst[17] und den heiligen Tag Jahwes verehrungswürdig, wenn du ihn dadurch ehrst, daß du an ihm nicht deine Gänge machst noch deiner Arbeit nachgehst und keine leeren Reden führst, dann wirst du deine Freude haben an Jahwe; ich lasse dich auf den Höhen des Landes einherfahren und das Erbteil deines Vaters Jakob genießen. Denn der Mund Jahwes hat gesprochen.

Die konkreten Mahnungen werden nicht mit Angst vor Strafe bekräftigt, sondern mit Lust zur Freude. Die prophetischen Worte widerstehen alle der Neigung des natürlichen Menschen, durch pausenloses Durcharbeiten das Leben zu sichern oder gar zu steigern.
Diesem Irrtum begegnet schon eine Ergänzung des kurzen alten Gebotstextes in Ex 34₂₁b[18]. Der überkommene Wortlaut heißt in geprägter Form (21ₐ):

---

[17] 'ōnäg = ein Behagen, eine Lust!
[18] S. o. S. 200.

> Sechs Tage kannst du schaffen,
>   aber am siebenten Tage sollst du aufhören!

Dem wird hinzugefügt (21b):

> – auch in der Zeit des Pflügens und Erntens!

Vielleicht geht die alte Kurzfassung noch in nomadische Zeiten zurück[19]. Die Ergänzung aber verdeutlicht sie für die Verhältnisse im Kulturland, indem sie an jene Zeiten im bäuerlichen Leben erinnert, in denen die Arbeit besonders drängt und sich häuft. Eben dann braucht der Mensch den Ruhetag.

Den rastlosen Übereifer kritisiert die Mannageschichte in Ex 16 auf eine fast humorvolle Weise. Schon die eingearbeiteten jahwistischen Fragmente kennen die Sabbatruhe und führen sie anscheinend wie eine längst vertraute Begehung ein[20]. Ausführlich verknüpft der priesterschriftliche Hauptfaden die Mannaerzählung mit dem Sabbatmotiv. Jeden Tag läßt Gott frisches Brot fallen; da das gestrige stinkt, will es täglich neu gesammelt sein. Doch am sechsten Tage fällt die doppelte Menge. Was davon für den siebenten Tag bestimmt war,

> das wurde nicht stinkend und war auch kein Wurm darin.

(22-24). Doch einige Leute können es auch am siebenten Tage nicht unterlassen, hinzugehen um zu sammeln;

> – aber – sie fanden nichts,

sagt der Erzähler (27), nicht ohne leichten Hohn. Die Geschäftigkeit am Sabbat wird schlicht als umsonst verspottet. Sie verachtet Gottes Vorsorge. Es bleibt dabei: der Mensch lebt nicht von seiner Unermüdlichkeit, sondern vom Wirken Gottes.

Dieses Evangelium hat auf seine Weise auch Nehemia einschärfen wollen; vgl. Neh 13₁₅f. Er sah am Sabbat Leute die Kelter treten, Getreide verladen, Wein, Feigen und andere Lebensmittel verkaufen; Tyrer bringen Fische auf den Markt. Da schilt er die Verantwortlichen:

> Was ist das für eine schlechte Sache! ...
>   So haben eure Väter Gottes Zorn gemehrt.

---

[19] Vgl. ELohse, *sábbaton* 3f. und WHSchmidt, Dekalog 208f.
[20] VFritz, Israel 47f. zu 4ₐ.ᵇα. 5.29f.

Daraufhin läßt er die Stadttore Jerusalems an jedem Sabbat schließen. Viele werden das für eine Schädigung ihres wirtschaftlichen Erfolges gehalten haben. Andere werfen denen, die den Sabbat halten, Faulheit vor, wie schon Tacitus den Juden (Hist. V 4). Doch »der Sinn des Menschenlebens ist höher als der Existenzkampf. Jeder Sabbat schenkt denen, die unter der Königsherrschaft (Gottes) stehen, neu die Freiheit der Kinder Gottes, wenn auch zunächst nur in beschränktem Maße, so doch mit dem erneuerten Versprechen der vollkommenen Erfüllung«.[21]

e) Daß der Ruhetag ein Vorspiel und Anspiel endgültiger und völliger Freiheit einleitet, wird im Neuen Testament vorausgesetzt. Nach dem Kolosserbrief (2₁₇f.) sind die Sabbate als »Schatten des Künftigen« zu verstehen, das in Christus leibhaftig geworden ist. Innerhalb des Alten Testaments bahnt sich diese Bedeutung des Sabbats auf Zukunft hin in der Zeit des Exils an. Hier wird er nicht nur wie die Beschneidung zum Konfessionszeichen, sondern zum Unterpfand des dauerhaften Gottesbundes. Ezechiel hat zunächst in der Übertretung gerade auch des Sabbatgebotes den Grund des gegenwärtigen Exilsgerichtes aufgewiesen (Ez 20₁₃.₁₆.₂₄ 22₈.₂₆ 23₃₈). Er stellt den Sabbat aber zugleich in seiner zeichenhaften Bedeutung heraus (20₁₂.₂₀):

Meine Sabbate sollt ihr heiligen, daß sie ein Zeichen seien zwischen mir und euch, damit ihr wißt, daß ich, Jahwe, euer Gott bin.

In dieser Hinsicht nimmt die *Priesterschrift* die Sabbatordnung noch eindeutiger und eindringlicher auf (Ex 31₁₂-₁₇). Hier fällt zuerst auf, daß der Sabbatschänder mit der Todesstrafe bedroht wird (₁₄; vgl. 35₂!). Von einer Durchführung der Todesstrafe berichtet Nu 15₃₂-₃₆. Dabei ist zu beachten, daß auch die Priesterschrift nicht die geringste Leistung zur Heiligung des Sabbats fordert. Genau durch Nichtstun, durch

---

[21] W Vischer, Nehemia 609.

Ruhehalten wird er geheiligt. Denn eben damit bekundet der Israelit, daß Jahwe für ihn eintritt. Als »Zeichen« eines »Bundes« »für immer« gilt der Sabbat (Ex 13.16f.)[22]. Wie das Zeichen des Bogens in den Wolken für Noah (Gn 9) und das Zeichen der Beschneidung für Abraham (Gn 17), so bedeutet das Zeichen des Sabbats für Israel eine *b*^e*rīt* (16), d. h. eine »immerwährende Verpflichtung« Jahwes für Israel[23], und zwar betontermaßen eine Zusage »für immer«, »auf fernste Generationen hin« (13.16). Damit wird Israel Freiheit in Hoffnung geschenkt, die jeder Israelit in der Annahme des konkreten Angebotes einer Lebensordnung schon vorläufig verwirklichen kann. Wer Jahwes Zusage nicht akzeptiert und also nicht wenigstens am siebenten Tage Ruhe halten kann, liefert sich dem Tode aus[24].

Schon im Alten Testament also wird der Sabbat ein eschatologisches Ereignis mitten in des Menschen Vorläufigkeit. Im Strömen der Zeit darf der Mensch Anteil gewinnen an der Ruhe, die bei Gott ist[25]. Die junge Christenheit hat den Ruhetag am ersten Tage der Woche als dem Tag der Auferstehung Jesu begangen (Mt 28₁ Apk 1₁₀). Mit dieser Erinnerung begründet sie die Hoffnung auf die neue Welt, die dem Menschen verheißen ist (Apk 21₄). Ohne diese Zielrichtung ist der siebente Tag in seiner grundlegenden Bedeutung für des Menschen Zeitverständnis nicht voll begriffen.

---

[22] Zum Gebrauch von *l*^e*ʿōlām* 17 in der Rechtssprache s. o. S. 136.

[23] Vgl. EKutsch, Sehen 170 und ders., Verheißung 76.

[24] Vielleicht hat die Priesterschrift den siebenten Tag auch als den großen Offenbarungstag gedacht. Denn sie stellt das grundlegende Sinai-Ereignis in Ex 24₁₅₋₁₈ so dar: Sechs Tage bleibt Jahwes Herrlichkeit in einer Wolke verhüllt; aber am siebenten Tag ruft Jahwe aus der Wolke heraus Mose an, und den Israeliten stellt sich die Herrlichkeit Jahwes dar wie ein verzehrendes Feuer auf dem Gipfel des Berges. So wird der Priesterschrift der siebente Tag als Tag der vollendeten Schöpfung auch der Tag der vollendeten Offenbarung. Vgl. CWestermann, BK I 236f.

[25] Vgl. GvRad, Ruhe 109f. = 107f. – »The Seventh day is the sign of the resurrection and the world to come« (Vita Adae et Evae 41.1, nach AJHeschel, Sabbath 114; vgl. 73ff.: »The Sabbath is an example of the world to come.«).

16

KRANKHEIT UND HEILUNG[1]

1. Krankheiten – 2. Arzt und Arznei – 3. Der Herr der
Krankheit

Die Zeit des Menschen ist auch bedrohte, gefährdete Zeit.
Durch Rettung und Befreiung kann sie je neu geschenkt werden. Der Gefährdung durch Krankheit entspricht die Rettung
durch Heilung.

1. *Krankheiten* hat Israel in Fülle erlitten. Die wichtigste und
häufigste Wortwurzel zu ihrer Bezeichnung ist *ḥlḥ*[2]. Fast immer[3] bezeichnet sie einen Zustand der Schwäche, der Schlaffheit und Erschöpfung, also der irgendwie gebrochenen Lebenskraft. Dabei kann neben den allgemeinen Erkrankungen ebenso eine Verletzung durch Unfall (2 Kö 1₂), ein altersbedingtes
Fußleiden (1 Kö 15₂₃) wie ein psychischer Ausnahmezustand
(Ct 2₅ 5₈ »krank vor Liebe«) gemeint sein. Daneben tritt (Jes
1₅ Dt 7₁₅) die Wurzel *dwh*, die die psychischen Wirkungen von
Mattigkeit in Kummer und Unwohlsein reflektiert, wie sie für
die monatliche Regel der Frau typisch sind (Lv 12₂ Ps 41₄).
Daneben treten mehrere Ausdrücke für Verwundungen (*mak-*

---

[1] *Literatur:* LKöhler, Mensch 33–47. – JScharbert, Schmerz. – GvRad,
TheolAT I 285–293. – JHempel, Arzt. – Ders., Heilung. – PHumbert,
Maladie. – ThStruys, Ziekte. – KSeybold, Krankheit (BiKi). – Ders.,
Krankheit (Habil.). – CWestermann, Heilung. – FStolz, *ḥlḥ*. – ENeufeld,
Hygiene. – TCollins, Tears. – VHamp, *bākāh*.
[2] Nach FStolz, *ḥlḥ* 568, 110mal im Alten Testament in allen verbalen
Stammformen und mehreren Nominalbildungen, von denen die häufigste
ḥºlī 24mal belegt ist. Vgl. JScharbert, Schmerz 36ff.
[3] Nur nicht in der Wendung *ḥillā pānīm* = besänftigen (15 mal).

kāh, wörtlich »Schlag«, Wurzel *nkh,* 1 Kö 22₃₅ 2 Kö 8₂₉ Jes 1₆)
und Seuchen (*maggēpā* 2 S 24₂₁.₂₅; *nǎgǎp̄* Nu 17₁₁f.; beide
Nominalbildungen von *ngp* = schlagen; *nǎgaʿ* = Berührung
Dt 24₈, am häufigsten *dǎbär* für die Beulenpest Ex 5₃, etwa
50 mal).

Am weitesten verbreitet waren offenbar die verschiedensten
Arten von *Hautkrankheiten* wie Aussatz, Geschwürbildungen,
Hautentzündungen, schwärende Ekzeme und Krätze. In den
Fluchlisten in Dt 28₂₁.₂₇ stehen sie jeweils an erster Stelle. Die
bekannten Krankheitsgeschichten Einzelner erzählen immer
von quälenden und gefährlichen Geschwürbildungen, die den
ganzen Körper befallen, so bei Hiob (2₇), bei Hiskia (2 Kö
20₇ = Jes 38₂₁) und bei Naeman (2 Kö 5₁.₆f.), im Neuen Testament Lazarus im Gleichnis Lk 16₂₀f.[4]. Massenhaft treten Hauterkrankungen, sofern sie infektiöser Art sind, als Seuchen auf
(Lv 26₂₅ Dt 28₂₁ 2 S 24₁₃). Da sie meist tödlich verlaufen,
werden sie als *dǎbär* oft in Reihen neben dem Schwert genannt (z. B. Ex 5₃ Jer 14₁₂ Ez 5₁₇). Besonders grauenhaft kündet Sach 14₁₂ eine Massenerkrankung an:

> Es verfault sein Fleisch, während er noch auf seinen Füßen
> steht, seine Augen verfaulen in ihren Höhlen, seine Zunge
> verfault in ʿseinemʾ[5] Munde.

Auch *Augenkrankheiten* waren sehr häufig. Gegen 30 mal
spricht das Alte Testament direkt von Blindheit (ʿ*iwwēr,*
ʿ*iwwārōn,* ʿ*awwǎrät*), darüber hinaus aber oft vom Nicht-
mehr-sehen-können (z. B. Gn 48₁₀), vom Trübe-werden der
Augen (z. B. Gn 27₁), von ihrem Erlöschen (z. B. Lv 26₁₆).
Blindheit drohen die Fluchlisten an (Dt 28₂₈f.), in Lv 26₁₆ als
Folge von Schwindsucht und Fieber, die in Dt 28₂₂ gesondert
erwähnt werden.

Neben Blindheit werden in Dt 28₂₈ *Geisteskrankheiten* genannt: Wahnsinn und Verwirrung des Geistes[6]. Vom kranken

---

[4] Zum ungelösten Problem der genauen Diagnose vgl. FHorst, Hiob 26f.;
JHempel, Heilung 250f.   [5] S. BHS.
[6] *timhōn lēbāb*; zur Bedeutung von *lēbāb* s. o. S. 80.

Kopf und zugleich vom siechen *Herzen* spricht Jes 1₅. Über
Kopfschmerzen aufgrund eines Sonnenstichs mit tödlichem
Ausgang berichtet 2 Kö 4₁₈ff. (vgl. Ps 121₆). Einen Herzanfall
schildert Jer 4₁₉f.[7], Lähmungserscheinungen nach »Herztod«
(Gehirnschlag[8]) 1 S 25₃₇.

Wie die hängenden Schenkel des Lahmen,
so ein Weisheitsspruch im Munde des Toren,

sagt Prv 26₇. Auch Unfälle bringen Lähmung (2 S 4₄) mit
sich, ferner Knochenbrüche (Lv 21₁₉) und Verwundungen
(1 Kö 22₃₅ im Krieg).

Die körperlichen Gebrechen, die zum Priesteramt untauglich
machen, stellt Lv 21₁₈-₂₀ zusammen:

Kein Blinder, kein Lahmer, keiner, bei dem ein Körperglied
zu kurz oder zu lang ist, keiner mit Beinbruch und keiner
mit Armbruch, kein Buckliger oder Schwindsüchtiger, keiner
mit einem Fleck im Auge noch einer mit Krätze, mit Flechte
oder Hodenbruch

darf zum Opferdienst antreten. Eine Fülle von Krankheitsbe-
schwerden führt das Klagelied Ps 38 an: Nichts Heiles an
Fleisch und Gebein (₄), faulende Wunden (₆), Ermattung, Zer-
schlagenheit, Herzensqual (₉), Herzjagen, Schwäche, Augen-
flimmern (₁₁), Schwerhörigkeit und Sprachlosigkeit (₁₄f.). Le-
benslanges Siechtum »von Jugend auf« (₁₆) und nun akute
Todesgefahr (₄ff.) beklagt Ps 88⁹. Leiden, die einen Kranken
körperlich entstellen, lassen ihn »unmenschlich« erscheinen und
können zur völligen Isolation durch Abscheu, Verachtung oder
gar Verstoßung führen (vgl. Jes 52₁₄ 53₂f.). Im Stöhnen und
Weinen ist nicht nur eine Gemütsbewegung zu sehen, sondern
mit den aus inneren Quellen hervorströmenden Tränen verlassen Kräfte den Körper und mit dem Röcheln der Kehle ent-
weicht Leben (Ps 6₇ 31₁₁ 42₄ 116₈ 126₅ Thr 2₁₁)[10].

---

[7] S. o. S. 70f.; vgl. Ps 38₁₁.
[8] S. o. S. 69f.
[9] S. o. S. 160.
[10] Vgl. TCollins, Tears; auch VHamp, *bākāh.*

2. Welche menschlichen Möglichkeiten der *Heilung* von Krankheiten kennt das Alte Testament? So weit wir sehen, beschränken sie sich im wesentlichen auf Verwundungen. Der *rōpä'* ist denn auch ausschließlich der Heilkundige als Wundarzt. Der Sprachstamm *rp'*, jetzt meist im Sinne von »heilen« verwendet, bedeutet ursprünglich flicken, zusammennähen, vereinigen[11]. Die Wunden werden »ausgedrückt«, mit Öl[12] beträufelt oder mit Balsam gesalbt[13] und verbunden (Jes 1₆ Jer 8₂₂). Auch wird einem zerbrochenen Arm ein Verband angelegt (*ḥbš* Ez 30₂₁ 34₄). So ist der *ḥōbēš* wie der *rōpä' der* Wundarzt (Jes 3₇ Hos 6₁). Generell sollte der Heilkundige den durch Krankheit Geschwächten wieder »zu Kräften bringen« (*ḥzk* pi. Ez 30₂₁ 34₄).

Für andere Krankheiten ist der Priester zuständig, insbesondere für die häufigen Hauterkrankungen. Lv 13f. bietet ausführliche Bestimmungen. Doch geht es hier nicht um Heilung, sondern um die Feststellung, ob der Kranke rein oder unrein ist, d. h. ob er in der Gemeinde kultfähig oder auszusondern ist. Die Isolierung kann probeweise für sieben oder vierzehn Tage erfolgen oder auch je nach den Indizien endgültig (vgl. Dt 24₈ und Lk 17₁₂₋₁₄). Der mit bösartigem Geschwür von der Fußsohle bis zum Scheitel geplagte Hiob kann nichts anderes tun als in der Asche sitzen, sich mit einer Scherbe schaben und dieses Böse wie zuvor das Gute von seinem Gott annehmen (Hi 2₈₋₁₀). Heilverfahren werden in solchen Fällen anscheinend nur ausnahmsweise von Charismatikern eingeleitet. So läßt der Prophet Elisa den aussätzigen aramäischen Heerführer Naeman siebenmal im Jordan baden;

> da wurde sein Leib wieder so rein wie der Leib eines kleinen Kindes[14]

---

[11] Vgl. KBL und JHempel, Arzt 810.
[12] Zur reinigenden, heilenden und kräftigenden Wirkung des Öls, wie sie der Alte Orient kennt, vgl. EKutsch, Salbung 1–6; FHesse, *mšḥ* 485.
[13] Daß Salben auch zur Insektenbekämpfung hergestellt wurden, ist wahrscheinlich; vgl. Gn 37₂₅ Ex 30₂₃f. 1 Kö 10₁₀ und ENeufeld, Hygiene 59–62.
[14] Zu der Anweisung Elisas (2 Kö 5₁₀ff.) bemerkt GvRad, Naaman 299:

(2 Kö 5₁₄). Jesaja verordnet dem von Geschwüren geplagten König Hiskia Packungen mit Feigenkuchen (2 Kö 20₇ = Jes 38₂₁).

Das Krankenbett wird Ps 41₄ und Ex 21₁₈ erwähnt, ist aber auch beim kranken Hiskia vorausgesetzt (vgl. 2 Kö 20₂ = Jes 38₂ mit 1 Kö 21₄). Die Geistesstörung Sauls, bei der Schwermut und Neid zu gewalttätigen Wutanfällen führen, soll durch Davids Saitenspiel gebessert werden; Musik dient der Therapie (1 S 16₁₄₋₂₃ 18₇₋₉.₁₀f. 19₈₋₁₀)[14a]. Bei leidenschaftlicher Liebe als psychischer »Krankheit« werden Rosinenkuchen und Äpfel als »Heilmittel« begehrt[15] (Ct 2₅); die von den ersten Liebeserfahrungen mitgenommene Geliebte bedarf solcher Stärkungs- und Erfrischungsmittel[16].

Bei Verwundeten wird der Schadenersatz geregelt, wenn Verschulden vorliegt. In Ex 21₁₈f. ist vorausgesetzt, daß ein Mann von einem anderen im Streit so mit einem Stein oder mit einer Hacke verletzt wurde, daß er zu Bett liegen mußte. Dann hat der Schuldige für die Zeit, die der Betroffene sein Haus nicht verlassen und nicht arbeiten kann, eine materielle Abfindung zu leisten und außerdem für die Heilkosten aufzukommen.

Ein eigentlicher Ärztestand ist innerhalb des Alten Testaments für Israel nicht eindeutig belegt[17]. Doch im 2. Jahrhundert v.

»Den vollen Affront dieser Szene begreift man erst, wenn man bedenkt, daß der Jordan und sein Wasser für das alte Israel auch nicht die Spur einer sakralen Wertung genoß.« Vgl. die heilende und belebende Kraft der Wasser aus dem Heiligtum in Ez 47₁f. (8f.), auch Joh 5₇.

[14a] Vgl. WFKümmel, Melancholie.

[15] Vgl. GGerleman, BK XVIII 119 mit Hinweis auf ägyptische Parallelen. Als »krank« gelten also auch besonders kräftige Begleiterscheinungen des Liebeserlebens, ebenso wie die der Menstruation, die wir als durchaus ›gesunde‹ Indispositionen bezeichnen würden. Die Phänomene entscheiden.

[16] Vgl. WRudolph, KAT XVII/2, 131.

[17] Anders in Babylon und Ägypten. Im Zweistromland sind die den Handwerkern zugerechneten Chirurgen von den Internisten zu unterscheiden, die Heilpflanzenlisten und Rezepttafeln studieren und zu den Priestern gehören; vgl. EEbeling, Arzt. In Ägypten ist das zu den größeren Heiligtümern gehörende »Lebenshaus« wahrscheinlich als Ärzteschule zu deuten; vgl. HBonnet, RÄRG 417f. mit HdeMeulenaere, Ärzteschule.

Chr. finden wir Jesus Sirach (38₁₋₁₅) ausführlich mit dem Arzt
und dem Apotheker beschäftigt:

> Ehre den Arzt, seinen Diensten gemäß,
>   denn auch ihm hat Gott sein Teil zugewiesen[18].
> ²Von Gott ist der Arzt unterrichtet,
>   und vom König erhält er Geschenke.
> ³Das Wissen des Arztes erhöht sein Haupt
>   und bei Fürsten hat er Zutritt.
> ⁴Gott bringt aus der Erde die Heilmittel hervor,
>   und ein verständiger Mensch verschmäht sie nicht.
>
> . . .
>
> ⁷Durch sie beruhigt der Arzt den Schmerz,
>   der Apotheker bereitet die Mischung.
>
> . . .
>
> ⁹Mein Sohn, in der Krankheit säume nicht,
>   bete zu Gott, denn er macht gesund.
> ¹⁰Fliehe den Frevel und reinige die Hände,
>   von allem Bösen reinige dein Herz.
> ¹¹Spende Weihrauch und ein Gedächtnisopfer,
>   mache reichlich die Gabe, so gut du vermagst.
> ¹²Doch auch dem Arzt gewähre Zutritt,
>   nicht soll er weichen, denn auch er ist nötig.
> ¹³Denn es gibt Zeiten, da hat seine Hand Erfolg,
>   ¹⁴denn auch er betet zu Gott,
>   daß er ihm die Untersuchung gelingen lasse
>   und die Heilung zur Erhaltung des Lebens.
> ¹⁵Wer gegen seinen Schöpfer sündigt,
>   der fällt in die Finger des Arztes.

Daß die innere Medizin in Israel nicht entwickelt wurde, dürfte zwei
Gründe haben: 1. Man scheute das Sezieren wegen Verunreinigung durch
die Leiche (s. o. S. 159); 2. Analogieschlüsse vom Tier auf den Menschen
erscheinen wegen dessen Sonderstellung in der Schöpfung nicht zwingend
(Gn 2₁₈₋₂₃ 1₂₆f.). Vgl. JHempel, Heilung 244f., ferner PHumbert, Maladie
1ff. 23ff.
[18] Vgl. GvRad, Weisheit 178.

Wie nüchtern ist hier der Beruf des Arztes gesehen! Er hat
ebenso seine Weisheit und Kunst von Gott, wie die Heilmittel
Gaben des Schöpfers aus der Erde sind. Er kann die richtige
Diagnose treffen, kann Schmerzen lindern und vielleicht das
Leben erhalten. Aber seine Gaben haben Grenzen, und er verfügt darüber nicht jederzeit. So ist er selbst wie der Kranke
auf das Gebet zu Gott angewiesen. Es kann auch eine Strafe
sein, in die Hand eines Arztes zu fallen. So merkwürdig und
vielfältig werden Gott und der Arzt zusammengesehen.

3. *Jahwe* allein ist Herr der Krankheit und der Heilung. Das
ist die ungebrochene biblische Gewißheit. Natürliche und wun-
derbare Heilungen werden im Alten Testament grundsätzlich
nicht unterschieden. Ob menschliche Verordnungen und An-
wendungen mitwirken oder nicht, wesentlich ist durchweg,
daß der Kranke in seiner Krankheit und der Genesende in
seiner Heilung dem Gott begegnet, der Krankheit und Heilung vermittelt oder unvermittelt schickt[19]. Während selbst
Asklepios, der hervorragende Gott der Heilkunst, die Kon-
kurrenz Apollos und dieser wieder die der Asklepiossöhne
Machaon und Podaleirios neben sich dulden muß[20], ist der
Umgang mit der Krankheit für Israel Jahwes exklusives
Monopol. Er selbst wird nicht krank oder verwundet wie die
Götter, etwa Horus in Ägypten, den Thot vom Skorpionstich
heilen muß[21].
Nach seinem freien Willen hält er Krankheiten fern, oder er
schickt sie (Hi 5₁₈ Dt 7₁₅). Auch wenn der aussätzige Naeman
mit Elisa oder der König Hiskia mit Jesaja als Heilkundigen
zu tun haben, so wird dabei doch von vornherein der wesent-

---

[19] Vgl. CWestermann, Heilung III. Selbst Sauls Wahnsinnsausbrüche hat
»der böse Geist von Jahwe« bewirkt (1 S 16₁₄ 18₁₀ 19₉). – Zu den Krank-
heits- und Heilungs-Psalmen vgl. KSeybold, Krankheit. Zu 2 Kö 5₆f. vgl.
GvRad, Naáman 298f.
[20] Vgl. JHempel, Heilung 282f.
[21] JHempel, Arzt 820.

liche Dialog mit Gott eröffnet, wie bei Hiob. Naeman bekennt am Ende:

Nun weiß ich, daß es auf der ganzen Welt keinen Gott gibt
außer in Israel

(2 Kö 5₁₅), und er trifft Maßnahmen zu seiner dauerhaften
Verehrung (17ff.); und Hiskia:

Er selbst hat es getan.

Ich will dir lobsingen alle meine Jahre . . .

(Jes 38₁₅). Aber auch ohne die persönliche Erkenntnis können
die Prozesse um Krankheit und Heilung nie vom Wirken Jahwes abstrahiert werden. Es ist Sache des Betroffenen, ob er die
besondere Erfahrung mit Jahwe durchsteht und in die Dauer
seines Lebens hineinnimmt[22].

Der Umgang mit Jahwe beginnt mit dem Gebet in der Krankheit, wie es Jesus Sirach (38₉) empfiehlt und wie es in den
Klagepsalmen vielfach aufklingt (Ps 6₃):

Erbarme dich meiner, Jahwe, denn ich sieche hin,
    heile mich, meine Gebeine sind verstört!

Vgl. 38₂ff. 88₂ff. Oft ist die körperliche Not Anlaß zur Selbst-
prüfung. Hiobs Dialog wird davon immer neu aufgepeitscht,
obwohl bei ihm die Schuldfrage das Rätsel nicht löst; die Antwort muß ihm schließlich von Jahwe selbst kommen. In der
Regel entdeckt ein Leidender sein voraufgehendes Verfehlen
und Versäumen (Ps 38₅ 39₉.₁₂ 41₅ u. ö.); daß er sein Vergehen
verdrängte und verschwieg, das zehrte seine Kräfte auf, bis es
schließlich zur Aussprache kam (Ps 32₃₋₅ 107₁₇₋₁₉). Jahwes
vergebender Zuspruch leitet auch die Heilung ein (Ps 32₅ᵦ
107₂₀; vgl. Mk 2₅₋₁₂).

Ebenso wie zur Prüfung von Geschehenem kann die Krankheit auch zur Meditation des Kommenden anleiten; so bekommt sie in Elihus Reden warnende und erziehende Funktion (Hi 33₁₉ff.). In Nu 21₄₋₉ (E) wird die Heilung mit einer
Probe des Vertrauens zu Jahwes Verfügung verbunden: Jah-

---

[22] Vgl. C Westermann, a.a.O. III.

we hat gegen das murrende Volk in der Wüste feurige Schlangen losgelassen. Sie beißen das Volk. Es bekennt seine Schuld und bittet Mose um Fürsprache. Darauf ordnet Jahwe die Errichtung einer ehernen Schlange an (8):

> Jeder, der gebissen ist und sie anschaut, soll am Leben bleiben.

Wer nun als Gebissener Jahwes Anweisung traut, wird vom tödlichen Gift geheilt.

Zu der kurzen älteren Notiz in Ex 15₂₃₋₂₅, nach der Mose auf Jahwes Weisung die ungenießbar bitteren Wasser zu Mara süß machte, trägt ein Deuteronomist einen Konditionalsatz nach, der den strikten Zusammenhang zwischen Gehorsam und Genesung lehrt (26):

> Wenn du der Stimme Jahwes, deines Gottes, gehorchst und das tust, was in seinen Augen recht ist, und auf seine Anweisungen lauschst und alle seine Satzungen beachtest, dann will ich dir keine der Krankheiten auferlegen, die ich Ägypten auferlegt habe; denn ich, Jahwe, bin dein Arzt.

Der Schlußsatz von Jahwe, dem Arzt, klingt zugleich programmatisch und polemisch[23]. Er bekundet, daß menschliches Leben mit all seinen Störungen vor Gott seine Einheit findet, und er wehrt dem Gedanken, daß Zukunft anders als im Dialog mit ihm zu gewinnen sei. Monologisch bei sich selbst zu bleiben oder auch *statt* Jahwe die Ärzte zu suchen (2 Chr 16 12), wo sie doch nach Jesus Sirach allenfalls *wegen* Jahwes zu befragen wären[24], zeigt eine hoffnungslose Verkennung des Menschen.

Die Texte geben zu erkennen, wie vielfältig sich Israel durch Krankheit und Heilung in das Gespräch mit Jahwe hineingezogen sah. Jeder Betroffene hat neu hinzuhören. Am Ziel wird vor allem das Lob Jahwes laut, das ein gesundes Leben signalisiert[25]. Es dankt weithin für Heilung und Vergebung

---

[23] GvRad, TheolAT I 287.
[24] Sir 38₁.₁₂ff., vgl. aber auch 15 und o. S. 216f.
[25] S. o. S. 161.

zugleich (Ps 30₃.₆.₁₂f. 32₂-₁₁ 103₃; vgl. Jes 53₄). Eine prophetische Stimme führt ihre Hörer einem künftigen Zion entgegen, von dem es heißt (Jes 33₂₄):

Kein Einwohner sagt mehr: Ich bin krank.
Denn dem Volk, das drin wohnt, ist die Schuld vergeben.

17

DES MENSCHEN HOFFNUNG[1]
1. Erwartung von Zukunft - 2. Verschlossenheit von Zukunft - 3. Jahwe, die Hoffnung - 4. Die Gabe der Hoffnungen

Da Jahwe dem Menschen die Zeiten zuweist, kann das Menschenauge Zukunft wohl erwarten, aber nicht absehen. Die Entscheidung zwischen Bangen und Hoffen findet nicht im Menschen oder in den Umständen ihren zureichenden Grund, sondern im Zuspruch des die Zukunft heraufführenden Gottes.

1. *Zukunftserwartung gehört zum Wesen des Menschen,* so gewiß er als Geschöpf mit Aufgaben betraut ist, die Zukunft gestalten[2]. Auch die Strafworte über den sich vergehenden Menschen verschließen die Zukunft nicht, betreffen sie doch die Geburt von Kindern (Gn 3₁₆), die künftige Arbeit und Ernährung (17-19), die Schutzzusage gegen gefürchtete Blutrache (4 14f.), den unaufhörlichen Wechsel von Saat und Ernte (8₂₁f.). So hat der Jahwist schon den Menschen schlechthin, auch den vor und neben Israel lebenden, als das Wesen erkannt, das bewußt der Zukunft entgegenleben kann. Die Priesterschrift hat mit dem Noahbund den Bogen in den Wolken als unübersehbares Zeichen dafür verkündet, daß trotz aller Bedrohungen Vernichtung der Lebewesen nicht das Ende der Wege Gottes ist (Gn 9₁₄-₁₆).

---

[1] *Literatur:* CWestermann, Hoffen. – ThCVriezen, Hoffnung. – Jvander Ploeg, L'espérance. – WZimmerli, Hoffnung (1966). – Ders., Hoffnung (1968). – HDPreuß, Zukunftserwartung. – CWestermann, *jhl.*
[2] Zu Gn 1₂₆.₂₈ und 2₅.₁₅ 3₂₃ s. o. S. 190ff.

Dem entspricht beim späten Qohälät die Reflexion über das menschliche Subjekt (3₁₁):

Auch die ferne Zeit hat er ihnen ins Bewußtsein gegeben[3].

Der Prediger lehrt also, daß das Bedenken der Zukunft unentrinnbares Menschenlos ist, obwohl der Mensch das Gesamtwerk Gottes vom Anfang bis zum Ende nicht überschauen und begreifen kann. Weil Zukunft im einzelnen auch gefährdet ist, wird Hoffen generell von Fürchten begleitet.

Nur wer den Lebenden zugesellt ist,
für den ist noch Hoffnung,

sagt Qoh 9₄. Darum wird Zukunft mit Spannung erwartet. Die wichtigsten hebräischen Wörter für des Menschen Verhalten zur Zukunft bringen das zum Ausdruck. Am häufigsten ist die Wurzel *ḳwh* im Sinne der Zukunftserwartung belegt (pi. 39 mal, ḳ. 6 mal, *tiḳwāh* 32 mal, *miḳwäh* 5 mal, insgesamt 82 mal). Die spezielle Bedeutungsnuance klärt das wurzelverwandte Nomen *ḳaw*, das die (ausgespannte Meß-)Schnur bezeichnet (2 Kö 21₁₃ Jes 34₁₇), sowie das nur Jes 18₂.₇ vorkommende *ḳawḳaw* für die Spannkraft. Demgemäß meint *ḳiwwāh* Hoffen als gespanntes Erwarten (vgl. Jes 5₂.₄.₇). So hofft Jesaja in Spannung auf Jahwe, der sein Angesicht jetzt vor Jakobs Haus verborgen hat (8₁₇b). Das Wort bringt gesteigert jene Haltung zum Ausdruck, die im ersten Teil des Jesajawortes mit *ḥkh* pi. beschrieben wird (17a). Diese Vokabel (ḳ. 1 mal, pi. 13 mal, keine Nominalbildung) meint ein eher zaghaft zauderndes (2 Kö 9₃) oder geduldiges (Da 12₁₂) Zuwarten (Jes 64₃). Häufiger erscheint *jḥl* (pi. 24 mal, hi. 15 mal, ni. 2 mal, *tōḥälät* 6 mal, *jāḥīl* 1 mal, insgesamt 48 mal), das Hoffen als ein ausdauernd harrendes Warten versteht; typisch dafür ist Gn 8 10.12, wo Noah jeweils »weitere sieben Tage wartete«, bis er die Taube noch einmal aus der Arche fliegen ließ. Schließlich ist noch *śbr* zu nennen (pi. 6 mal, Nomen *śēbär* 2 mal). Hier schwingt das Moment des Prüfens in einem ausspähenden Er-

---

[3] S. o. S. 138.

warten mit, wie denn *śbr ḳ.* (Neh 2₁₃.₁₅) untersuchen bedeutet
und in Ps 145₁₅ die Augen Subjekt derartigen Hoffens sind:
> Aller Augen spähen nach dir aus,
> du gibst ihnen Speise zur rechten Zeit.

So zeigen schon die sprachlichen Möglichkeiten des Hebräers
einige modifizierte Weisen des Verhaltens zur Zukunft: Hoffnung artikuliert sich als gespanntes Erwarten (*ḳwh*), als geduldiges Zuwarten (*ḥkh*), als spähendes Ausschauen (*śbr*) oder
als ausdauerndes Harren (*jḥl*)[4]. So verschiedenartig der Mensch
als solcher auf Zukunft aus ist, so unterschiedlich ist der Erfolg (Prv 10₂₈):
> Der Gerechten Hoffnung mündet in Freude,
> doch zunichte wird die Erwartung der Frevler.

Dabei wird die Einstellung der Gerechten als *tōḥǟlät*, d. h. als
ausdauerndes Harren beschrieben, die der Frevler als *tiḳwāh*,
d. h. als gespannte (selbstsicher oder bangend zudringliche, un-
geduldige[5]) Erwartung. Vgl. Prv 11₂₃. Jeder hofft auf seine
Weise, solange er lebt.

2. So gewiß der Mensch in der Vorausschau lebt und berufen
ist, mit »Vorsicht« Zukunft zu gestalten, *so wenig verfügt er*
doch über die Zukunft. Er plant wohl und muß es auch tun –
darin unterscheidet er sich vom Tier[6] –, aber er kann der Erfüllung seiner Pläne nie sicher sein. Prv 21₃₁:
> Das Roß wird gerüstet für den Tag der Schlacht,
> doch der Sieg steht bei Jahwe.

Prv 16₉:
> Des Menschen Geist plant seinen Weg,
> doch Jahwe lenkt seinen Schritt.

Gerade der besonnene Mensch rechnet die unausrechenbare
Differenz zwischen Zukunftsplanung und geschichtlicher Verwirklichung mit ein. Wer die Differenz nicht ganz bewußt

---

[4] Vgl. WZimmerli, Hoffnung (1968) 12ff.; CWestermann, *jḥl* 727f.
[5] Vgl. Prv 10₂₇ »die Jahre der Frevler sind verkürzt«.
[6] Doch vgl. Prv 6₈.

offenhält, steht in Gefahr, des Menschen Menschsein zu verkennen und den Menschen selbst an die Stelle Gottes zu setzen. Er bleibt nicht wahrhaft säkularer, weltlich begrenzter
Mensch, sondern stabilisiert mit irgendeinem Ideologie-Glau-
ben die Herrschaft des Unglaubens. Qohäläts Skepsis wehrt
am kräftigsten der Sicherheit, daß der Mensch der Zukunft
mächtig sei. Aus doppeltem Grunde kann er es nicht sein. Zum
ersten kann er der Umstände in der Zukunft nicht sicher sein
(Qoh 8₇):

> Man weiß nicht, was kommen wird.
> Denn wer könnte vorhersagen, wie es kommen wird?

Nur der Tor macht viele Worte darum (10₁₄):

> Dabei weiß doch kein Mensch, was sein wird.
> Wer sollte ihm auch kundtun, was nach ihm sein wird?

Zum andern und zur Hauptsache weiß er nicht einmal um
seine eigene Zukunft (8₈):

> Kein Mensch hat Macht über den Lebensatem (. . .),
>   und keiner ist Herr über den Tag des Todes.
> Es gibt keine Entlassung im Kriege,
>   auch rettet Reichtum[7] seinen Besitzer nicht.

Kein Planer hat seine eigene Verfassung zur Stunde der Verwirklichung seiner Pläne in der Hand (9₁ᵦ):

> Ob dann Liebe oder ob dann Haß sein wird,
>   der Mensch weiß nicht darum.

Hiob prägt ein, daß es vor allem Gott selbst ist, an dem die
Sicherheit menschlicher Erwartung zuschanden wird (14₁₉f.).
Positiv formuliert vor jenem negativen Satz (9₁ᵦ) Qohälät
(9₁ₐ):

> Die Gerechten und die Weisen und ihre Werke
>   sind in der Hand Gottes.

3. Daraus folgt für das ganze Alte Testament, daß grundlegend und zur Hauptsache *Jahwe die Hoffnung des Menschen*

---

[7] Vgl. BHK und WZimmerli, Prediger 216.

ist. Schon die Statistik zeigt, daß von allem, was der Mensch erhoffen kann, weitaus am häufigsten Jahwe selbst der ist, auf den in Israel die Erwartung gerichtet ist oder sein sollte. *ḳiwwāh* ist 26 mal auf Jahwe und nur 19 mal auf alles andere bezogen, *jḥl* pi. und hi. 27 mal auf Jahwe und 15 mal nicht auf Jahwe[8]. Fragt man nach dem Grund dieses personalen Bezuges der Hoffnung, so darf man nicht nur das Vorkommen der Haupt-termini für die Erwartung untersuchen, sondern muß deren Begründung erkennen. Israel versteht seine Anfänge und seine fortgehende Geschichte wesentlich als Erfüllungen von Ver-heißungen Jahwes: die Volkwerdung, die Landgabe, seinen Auftrag inmitten der Völker, das Königtum und die Fort-dauer des Davidhauses, die Katastrophen der Richter- und der Königszeit und dann besonders das babylonische Exil, die Heimkehr aus dem Exil, die neuen Anfänge in Jerusalem und vor allem die Vollendung aller Verheißungen im neuen Bund für Israel, in der Einbeziehung der Völkerwelt und der völli-gen Welterneuerung. Auch die Hoffnungen des Einzelnen ha-ben Grund, Bestand und Kraft nur, indem sie von diesen Ver-heißungen für Israel und die Völker umschlossen sind. Die Erwartungen aller genannten Veränderungen aber sind be-gründet ausschließlich in Jahwes Wort, das als Versprechen an die Väter und dann vor allem als Gerichtsankündigung und Heilsverheißung durch die Propheten in Israel laut wurde[9]. Die Deuteronomisten haben auf Grund der Erfahrungen von Generationen »das Funktionieren des Wortes Jahwes in der Geschichte« herausgestellt[10].

So ist es verständlich, daß begründete Hoffnung vor allem anderen eine Erwartung ist, die sich auf Jahwe selbst gründet. Schon die Erklärung seines Namens in Ex 3₁₄ stellt ihn als den

---

[8] Nach CWestermann, Hoffen (1952/53) 21 = ThB 24 (1964) 221.
[9] Die Begründung der Zukunftserwartung Israels im Glauben an Jahwe selbst und nicht in irgendeinem Trieb nach Vollendung oder einer Flucht in die Zukunft kraft geschichtlicher Enttäuschungen hat HDPreuß, Zu-kunftserwartung umfassend dargestellt.
[10] GvRad, Theol AT I 355.

heraus, der »sich erweist«[11]. Es ist aber nicht nur die Treue
Jahwes als solche, die Hoffnung begründet, sondern genauer
die Verläßlichkeit seiner Zusage.

Von daher erklärt es sich auch, daß die expliziten Hoffnungs-
aussagen des einzelnen Menschen in Israel ihren eigentlichen
Sitz im Leben in den individuellen Klagepsalmen haben[12], und
zwar im Element der Vertrauensaussage (Ps 39₈):

> Nun, was soll ich erwarten, Herr?
>> Meine Hoffnung gilt dir, dir allein.

Vgl. Jes 8₁₇ Mi 7₇ Ps 69₄ Jes 64₃. Ps 33₂₀ verdeutlicht, wieso
Jahwe Grund der Hoffnung ist:

> Unsere Seele harrt auf Jahwe,
>> er ist unsere Hilfe und unser Schild.

Daß die Zuversicht in der Zusage gründet und auf deren Verwirklichung traut, betont Ps 130₅f.:

> Ich harre auf Jahwe, ich harre mit Verlangen[13],
>> auf sein Wort warte ich.
> Mein Verlangen[13] geht auf Jahwe,
>> mehr als das der Wächter auf den Morgen.

(Vgl. Ps 119₈₁). Dem schließt sich in Ps 130₇ die Mahnung an:

> Israel, harre auf Jahwe,
>> denn bei Jahwe ist die Treue,
>> und reichlich Befreiung bei ihm.

Der Mahnung fehlt weder hier noch anderwärts die Begründung in Jahwes Verläßlichkeit. Vgl. die Selbstvermahnung des
Beters in Ps 42₆.₁₂ 43₅. Die Weisheit rät auch deshalb zum
Warten auf Jahwe, weil es die eigene Planung korrigiert und
insofern eine Konsequenz der Gottesfurcht ist (Prv 20₂₂):

> Sage nicht: Ich will das Böse heimzahlen!
>> Hoffe auf Jahwe! Er wird dich retten.

---

[11] Vgl. HWWolff, Jahweglaube 59–71; ders., Jahwe (1969) 399f. = ThB
22 (²1973) 420f.; WvSoden, Jahwe; EJenni, *Jhwh*.
[12] Zum folgenden vgl. CWestermann, Hoffen 39ff. = 237ff.; ders., *jhl*
727ff.
[13] Zur Bedeutung von *näpäš* s. o. S. 33ff.

Wie Gottesfurcht und Hoffnung auf Jahwe parallele Begriffe werden können und einander stützen, zeigt Ps 147₁₁:

Gefallen hat Jahwe an denen, die ihn fürchten,
an denen, die auf seine Treue warten.

Damit erscheint der Hoffende zugleich als Empfänger neuer Zustimmung Jahwes. Jes 40₃₁ sagt zu, daß das Harren auf Jahwe im Ergebnis den natürlichen Lebenserwartungen überlegen ist[14]. Einer, dessen Hoffnung schon völlig erschöpft war (Thr 3₁₈), vernimmt den Zuspruch (₂₅):

Gut ist Jahwe dem, der auf ihn hofft,
der Seele, die nach ihm fragt.

Solche Hoffnung auf Jahwe breitet sich nach Deuterojesaja bis zu den fernen Erdteilen und Inseln aus (Jes 42₄ 51₅).

Charakteristisch für diese in Jahwe begründete Hoffnung ist es, daß sie nicht nur formgeschichtlich zunächst den Platz der Vertrauensaussage in den Klageliedern einnimmt[15], sondern daß das Hauptwort für Vertrauen (*bṭḥ*) in Parallele zu harren (*jḥl*) (z. B. Ps 33₂₀.₂₁) und hoffen (*ḳwh*) (z. B. Ps 40₂.₄f. 52₁₀.₁₁) stehen kann, ebenso *ḥsh* (Zuflucht suchen) zu *ḳwh* (Ps 25₂₀.₂₁). Die annähernde Synonymität hat die Septuaginta verstanden, wenn sie *bṭḥ* 47 mal und *ḥsh* 20 mal mit *elpizein* wiedergibt[16].

So ist also die Hoffnung nicht ein Nebenthema des Alten Testaments, vielmehr ist es unlöslich mit Jahwe als dem Gott der Väter und der Propheten, dem Gott angekündigter Drohungen und Verheißungen, dem Gott der großen Veränderungen und des endgültigen Heils, aber auch mit dem Gott der Beter und der Weisen verknüpft. Wie Hören und Sprechen spezifische Kennzeichen des Menschen sind[17], so ist Zukunftserwartung charakteristisches Merkmal menschlichen Lebens in der Zeit. Als begründete Hoffnung ist die Zukunftserwartung

---

[14] S. o. S. 188f.
[15] Vgl. z. B. Ps 22₅f.₉f. (37₃.₅) mit Ps 39₈.
[16] Vgl. WZimmerli, Hoffnung (1968) 17.
[17] S. o. S. 118ff.

für das Alte Testament nicht zu trennen vom Hören auf den Gott, der sich selbst Israel und den Völkern versprochen hat.

4. Sofern Jahwe selbst die Hoffnung ist, sind die *Hoffnungen* Gabe Jahwes. In der Tat sind mit den Zusagen Jahwes auch bestimmte Zukunftserwartungen verbunden. Wir erinnern hier nur an diejenigen, die aus den partikularen Erfahrungen Israels ins Universale hinauswachsen und so den Menschen aus allen Völkern in sich hineinnehmen. Zuerst muß hier die Abrahamverheißung des Jahwisten genannt werden, nach der in Abraham-Israel alle Sippen der Erde Segen finden sollen (Gn 12₃ᵦ). Solcher Segen wird an Modellen des Umgangs der Väter Israels mit Fremden verdeutlicht als Einsatz für die Untergangsreifen (Gn 18₁₇ff.), als Bereitschaft zur Verständigung mit Erzfeinden (Gn 26₂₈ff.), als Wirtschaftshilfe für Notleidende (Gn 39₅ 41₄₉.₅₇)[18]. Jes 19₂₃-₂₅ zeigt, wie Israel als dritte Kraft zum Segensvermittler für die Großmächte Assur und Ägypten werden soll. Paulus bezeugt Gal 3₈, daß von Jesus her der Abrahamsegen den Völkern wahrhaft zukommen wird. Die Prophetie nimmt insbesondere die Friedenszusage auf. Jes 9₅f. erwartet zunächst von einem neuen Davididen einen »Frieden ohne Ende«. Nach Jes 2₂-₄ bleibt er nicht auf Israel beschränkt. Eine Völkerwallfahrt zum Zion hat zum Ziel, daß alle Fremden die Anweisung Jahwes vernehmen und ihr gesamtes Kriegspotential zu Geräten der Lebenshilfe umschmieden und alle kriegerischen Manöver unterlassen. Jahwe selbst zerbricht die Waffen nach Hos 1₄ 2₂₀ Jer 49₃₅ Mi 5₉-₁₃ Sach 9₁₀. Darum besingt Israel (Ps 46₁₀) den Gott, der Bogen zerbricht, Speere zerschlägt und Wagen mit Feuer verbrennt[19]. Zum neuen Friedensweltreich gehört nicht zuletzt

---

[18] Vgl. im einzelnen HWWolff, Jahwist 88–95 = 361–370.
[19] Vgl. Ps 76₇ und RBach, Bogen 26: »Aus einem der Zentren des Jahweglaubens heraus hat schon das Alte Testament in Jahwe den ›Gott des Friedens‹ (Rm 15₃₃ 16₂₀) gesehen. So gewiß menschliche Friedenssehnsucht ernst zu nehmen ist, so klar gilt es doch zu erkennen, daß nach dem Zeug-

Gerechtigkeit und Hilfe für alle Unterdrückten, wie sie vom messianischen Herrscher erwartet werden (Ps 72 vgl. Jes 11 2ff.). Solche Veränderungen zum wahrhaft umfassenden Heil, in dem alle unbefriedigte Bedürftigkeit, alle gewalttätige Zerstrittenheit und alle bedrückende Rechtlosigkeit überwunden sind, geschehen nie ohne das Wirken des Gottes Israels, wie sie denn auch im Neuen Testament unlöslich mit der Sendung Jesu verbunden werden (Apk 21).

Daraus sind Folgerungen für die Anthropologie zu ziehen. Wer den Gott der Hoffnung (Deus spei) als Begründer der Hoffnungen in der Geschichte Israels, seiner Väter, seiner Propheten und Jesu von Nazareth, verläßt und dem Abgott Hoffnung (Deus spes) mit dem Humanum als selbständigem Inhalt huldigt[20], der überfordert entweder den Menschen in unmenschlicher Weise, oder aber er relativiert die Erwartung der neuen Welt kläglich. Die Hoffnung, der die Bibel entgegengeht, verheißt eine Neuschöpfung, die radikal die eigenen Möglichkeiten des Menschen transzendiert. Damit ermuntert sie ihn aber zugleich, die ihm möglichen Schritte auf dieses Ziel hin zu tun und Schritte in entgegengesetzer Richtung zu unterlassen. Wer die neue Welt jenseits des Ozeans erreichen will, wird mit eigenen Füßen und den ihm in dieser alten Welt verfügbaren Fahrzeugen zum Hafen aufbrechen, in dem klaren Bewußtsein, daß es noch ganz anderer Kräfte bedarf, damit er in der neuen Welt landen und ihr Bürger werden kann. Die Verheißung des Gottes der Hoffnung ist die Kampfkraft gegen eine doppelte Enttäuschung: die einen vertrösten auf ein Jenseits und enttäuschen, indem sie die Gegenwart für hoffnungslos unveränderlich erklären; die anderen geben vor, den Himmel des ganzen Heils mit eigenen Kräften realisieren zu können und enttäuschen, indem sie die Gegenwart unmensch-

---

nis des Alten Testaments der aus Jahwes Eiferheiligkeit entspringende Friedenswille Jahwes aller menschlichen Friedenssehnsucht vorangeht.«

[20] Vgl. die Diskussion WZimmerlis (Hoffnung, 1968, 163–178) mit Ernst Bloch.

lich ruinieren[21]. Dagegen kann der seinem Wesen nach auf Zukunft ausgerichtete Mensch im Trauen auf das Verheißungswort radikal Hoffender in der Relativität der kleinen Schritte bleiben. Er reduziert weder das total Neue auf kümmerliche Neuerungen, noch belastet er den Menschen unerträglich mit dem, was nur der Unvergleichliche wirken kann. Allein der Mensch der Zuversicht erfährt als Hörer der Verheißung schon den Vorgeschmack der neuen Welt. Er breitet ihn auch aus.

---

[21] Vgl. JMoltmann, Mensch 58.

III. DES MENSCHEN WELT
Soziologische Anthropologie

18

GOTTES BILD - DER WELTVERWALTER[1]
1. Gottesebenbildlichkeit des Menschen - 2. Mensch und Menschheit - 3. Herrschaft über die Schöpfung

Des Menschen Welt ist Gottes gesamte Schöpfung. So bezeugen es die beiden Schöpfungsberichte der Genesis[2] und verwandte Aussagen wie der 8. Psalm. Die Priesterschrift bringt die Sonderstellung des Menschen in der Welt auf die Kurzformel, daß er als »Bild Gottes« (*ṣäläm ʾᵃlōhím*) erschaffen und geschützt sei (Gn 1₂₆f. 9₆). Was besagt diese Wortprägung?

1. In welchem Sinne ist der Mensch »*Bild Gottes*«? Die Wendung für sich genommen weist zunächst und grundlegend auf eine Entsprechung des Menschen zu Gott hin. Die Eigenart des Menschen in der Schöpfung soll aus seinem besonderen Verhältnis zu Gott begriffen werden. Im Zusammenhang wäre besser noch von Gottes Verhältnis zum Menschen zu sprechen als der Voraussetzung zum Selbstverständnis des Menschen. Denn der Begriff erscheint zuerst in dem Wort der Selbstberatung und des Selbstentschlusses Gottes in 1₂₆:
> Wir wollen Menschen machen nach unserem Bilde,
> uns ähnlich!
Wie ist das Entsprechungsverhältnis zwischen Gott und den Menschen näher zu verstehen?

---

[1] *Literatur*: JJStamm, Imago. - OLoretz, Mensch. - HWildberger, Abbild. - WHSchmidt, Schöpfungsgeschichte. - OLoretz, Gottebenbildlichkeit. - CWestermann, BK I 197-222. - FMaass, ʾādām. - WZimmerli, Weltlichkeit 45-57.
[2] Vgl. schon § 11 (o. S. 141ff.) und § 14 (o. S. 190ff.).

a) Der Mensch kommt nach jenem Wort des Selbstentschlusses
von einer *Anrede* Gottes her. Das ist nicht nur formal zu
sehen, zumal die Segensanrede 1₂₈ in ihrem ersten Teil dem
Wort an Fische und Vögel in 1₂₂ gleicht. Singulär ist die Fortsetzung im Wort an die Menschen. Sie bringt die den Menschen
auszeichnende Amtsübertragung. Ps 8₆ versteht sie als »Krönung« mit Hoheit und Erhabenheit. Auch nach dem Jahwisten übertrug der Schöpfer dem Menschen mit der Übereignung der Geschöpfe verantwortliche Aufgaben (2₁₅₋₁₇)[3] und
Entscheidungsbefugnis (2₁₈₋₂₃) in der Schöpfung. Dem Selbst-
entschluß Gottes, dem Menschen eine ihm entsprechende Hilfe
zu verschaffen (2₁₈), entspricht das menschliche Wort der Benennung der Tiere und des Bräutigamjubels (2₁₉f.₂₃). Die Zu-
weisung der Bäume des Gartens in 2₁₆f. gab nicht nur das
Thema der ersten Diskussion unter den Geschöpfen ab (Gn 3
1ff.), sondern führte auch zum ersten Dialog zwischen Gott
und den Menschen. Die jahwistischen Erzählungszüge veranschaulichen die Implikationen von Gn 1₂₆₋₂₈. Demnach ist das
Entsprechungsverhältnis, auf das die Wendung »Bild Gottes«
hinweist, zuerst darin zu sehen, daß der Mensch im Hören und
dann auch im Gehorchen und im Antworten dem Worte der
Anrede Gottes entspricht.

b) Der Zweck des göttlichen Selbstentschlusses zur Erschaffung
eines »Bildes Gottes« wird sofort so bestimmt, daß der Mensch
in ein besonderes Verhältnis zu den zuvor erschaffenen Lebewesen eingesetzt wird (1₂₆b):

> damit[4] sie herrschen über die Fische des Meeres, über die
> Vögel des Himmels, über das Vieh, über alle 'Landtiere'[5]
> und über alle Kriechtiere, die auf Erden kriechen.

Auch nach Ps 8₇ werden dem Menschen die Werke der Hände
Gottes übereignet. Beim Jahwisten werden sie ihm zur Arbeit,
als Nahrung oder als Hilfen zugewiesen (2₁₅.₁₆.₁₉). Immer sind

---

[3] S. o. S. 190f.
[4] Zur finalen Satzstruktur vgl. 1₁₄f. und WHSchmidt, Schöpfungsgeschichte 142 mit Anm. 4.   [5] S. BHS.

es Geschöpfe Gottes, mit denen es der Mensch zu tun bekommt. Tritt der Mensch in Beziehung zu den Dingen der Welt, sei es in seinem Tagewerk oder bei seiner Mahlzeit oder bei seinen Entdeckungen, so tritt er objektiv immer auch in Beziehung zu Gott als deren Schöpfer, der ihm die Dinge zugewiesen hat. Demnach ist das Entsprechungsverhältnis, auf das die Bestimmung »Bild Gottes« hinweist, auch darin zu sehen, daß der Mensch in der Welt mit den gleichen Dingen zu schaffen hat, die Gott erschaffen hat.

c) Warum aber wird das Entsprechungsverhältnis mit *»Bild Gottes«* bezeichnet? Hier ist das spezielle Verhältnis zu den übrigen Geschöpfen zu beachten, in das nach der Priesterschrift der Mensch von Gott versetzt wird, wenn er mit Absicht ein »Bild Gottes« macht: es ist das *Herrschafts*verhältnis (1_{26b}: w^ejirdu). Im Segenswort 1_{28} wird dem Menschen noch vor der Beherrschung der Tiere generell die Unterwerfung der Erde befohlen. Ähnlich wird der Sinn der Krönung des Menschen in Ps $8_{6f.}$ darin gesehen, daß er »herrscht« ($m\check{s}l$) über die Werke göttlicher Schöpfermacht[6] und ihm »alles unter seine Füße« gelegt wird. Genau als Herrscher ist er Bild Gottes. Im Alten Orient bedeutet die Errichtung eines Standbildes des Königs die Bekundung seiner Herrschaft im Bereich der Errichtung (vgl. Da $31_{.5f.}$). Ließ im 13. Jahrhundert v. Chr. der Pharao Ramses II. an der Mündung des Hundsflusses ins Mittelmeer nördlich von Beirut sein Bild aus den Felsen hauen, so besagte dieses Bild, daß er der Beherrscher dieses Gebietes sei. Dementsprechend wird der Mensch als Standbild Gottes in die Schöpfung eingesetzt. Er dokumentiert, daß Gott der Herr der Schöpfung ist; er praktiziert aber auch die Herrschaft Gottes als sein Verwalter. Nicht in selbstherrlicher Willkür, sondern als verantwortlicher Geschäftsträger nimmt er die Aufgabe wahr. Sein Herrschaftsrecht und seine Herrschaftspflicht sind nicht autonom, sondern abbildhaft.

---

[6] Zur Bedeutung von $j\bar{a}d$ = Hand = Macht s. o. S. 108f.

Neben der Rede vom »Bild Gottes« steht in 1₂₆ noch die von
der Ähnlichkeit (*kidmūtēnū*; vgl. 5₁). Sie will vielleicht vor
dem Mißverständnis schützen, daß Entsprechung nur Identi-
tät und nicht auch Unterschiedenheit in der Ähnlichkeit an-
deute. Aber sie kann auch die Nähe und Verwandtschaft
unterstreichen, wie auch der Doppelausdruck in Gn 5₃ in um-
gekehrter Reihenfolge als in 1₂₆ von Adam sagt, daß er einen
Sohn zeugte, der »ihm ähnlich, nach seinem Bilde« war; damit
ist das enge Verhältnis unterstrichen[7]. Man wird also bei der
Aufgabe der Weltverwalterschaft die besondere Nähe Gottes
zum Menschen, die hervorragend in der Wortverbundenheit
zum Ausdruck kommt, nicht vergessen dürfen. Jedoch bleibt
nach dem spezifischen Sinn vom Bild des Herrschers im Zusammenhang der Aussage von 1₂₆ₐ.ᵦ festzuhalten, daß das
Entsprechungsverhältnis im Beherrschen der übrigen Schöpfung durch den Menschen zu sehen ist.

2. In welchem Sinne ist *der Mensch* als Bild Gottes der Weltverwalter? Ganz deutlich ist in Gn 1, daß nicht ein hervorragender Einzelmensch gemeint ist, wie etwa der König in
Ägypten; z. B. kann von König Rahotep (17. Dynastie) gesagt werden: »Er hat dich als sein Bild eingesetzt.«[8] Wie aber
ist in dem Satz 1₂₆ₐ

wir wollen ʾādām machen nach unserem Bilde
ʾādām zu verstehen?
a) Der Zusammenhang klärt, daß überhaupt kein Einzelmensch gemeint ist. Die Fortsetzung in 1₂₆ᵦ »(wir wollen

---

[7] So OLoretz, Gottebenbildlichkeit 62ff. Ps 8₆ drückt zugleich die Nähe
und die Unterschiedenheit von Gott und Mensch mit dem Satz aus: »Du
machtest ihn wenig geringer als göttliche Wesen.«
[8] EOtto, Mensch 345. Dort (342ff.) auch Einzelheiten zur Bedeutung der
Lehre für Merikare, nach der die Menschen als solche singulär »Abbilder«
Gottes heißen. Bei dieser Wendung scheint in Ägypten entweder an die
Rolle von Göttern gedacht zu sein, die Priester im Kult spielten, oder aber
an ein innerliches, moralisches Ergriffensein von einer Gottheit, nie jedoch
an Herrscherfunktionen, die dem König als Bild Gottes vorbehalten sind.

'*ādām* machen), damit *sie* herrschen«, weist einen Plural auf.
So ist '*ādām* fraglos kollektiv zu verstehen: eine *Menschheit*
will Gott schaffen. Nicht großen Einzelnen wird die Welt-
herrschaft übergeben, sondern der Gemeinschaft der Menschen.
Psalm 8 hat als den zur Herrschaft über alle Geschöpfe Ge-
krönten gerade den bezeichnet, bei dem man sich angesichts
der himmlischen Riesenwerke des Schöpfers (4) zuvor wun-
dern muß (5):

> Was ist der Mensch, daß du seiner gedenkst,
> und des Menschen Sohn, daß du dich um ihn kümmerst!

Gerade den kleinen Menschen[9] hat Gott umsorgt und ihn zu
seinem Bevollmächtigten ernannt. Keiner soll in der Menschheit ausgeschlossen sein von solcher Vollmacht.

b) Doch Gn 1₂₇ antwortet noch genauer auf die Frage, in welchem Sinne die Menschheit Weltverwalter in Gottes Auftrag
sein soll:

> Und Gott schuf den Menschen nach seinem Bilde,
> nach Gottes Bilde schuf er ihn,
> männlich und weiblich schuf er sie.

Dem doppelten Bericht der Ausführung von Gottes Entschluß
wird eine Erklärung hinzugefügt, wie die nach Gottes Bild
erschaffene Menschheit gestaltet war: zweigeschlechtlich. Karl
Barth[10] hat die Explikation in 27b eine »fast definitionsmäßige«
Erklärung des Textes von 27a genannt. Die Menschen dürfen
sich liebevoll ergänzen. Daß sie so und nicht im Krieg miteinander leben, ist eine wesentliche Voraussetzung des Gelingens
der ihnen anvertrauten Weltverwalterschaft. Gerade indem
sie miteinander eins sind, sind sie Bild Gottes. Doch diese
Deutung ist nicht unbestritten, insbesondere wenn sie mit
moralischen Implikationen vorgetragen wird, die die Einsicht
in das Aufeinanderangewiesensein der Menschen fordern. Man

---

[9] '*änōš* (in Ps 8₅ₐ) bezeichnet vielleicht entsprechend akk. *enēšu* (schwach,
hinfällig sein) den Menschen als das schwächliche, sterbliche Wesen (Ps
103₁₅). Vgl. aber FMaass, '*änōš* 373f.
[10] III/1, 219.

wird höchstens festhalten dürfen, daß die Menschen ihren Schöpfungsauftrag als Bild Gottes nur wahrnehmen können, indem sie einander zugewandt sind und einander ergänzen wie Mann und Frau.

c) Unbestreitbar aber ist jene Deutung, die mit dem Vermehrungsauftrag in 1,28 angeschlossen wird:

> Seid fruchtbar und vermehret euch,
>   füllet die Erde und beherrscht sie!

Hier wird nachträglich klar, warum die Menschen als Bilder Gottes männlich und weiblich erschaffen werden: sie sollen Kinder zeugen können und so die Menschheit vergrößern. Das Wachstum der Menschheit und die Beherrschung der Erde und der Tiere sind unmittelbar miteinander verbunden. Einer großen Menschheit mit der Vielzahl ihrer Glieder ist also die Weltverwalterschaft anvertraut. Daß sie alle an der Herrschaft über die Schöpfung teilnehmen, ist damit vorausgesetzt.

3. *Wie* übt die Menschheit als Bild Gottes diese *Herrschaft* aus?

a) *Voraussetzung* ist eine entmythisierte Welt, so wie sie der Schöpfungsbericht im ganzen und teilweise polemisch gegen die Mythen der Umwelt zeigt. Indem alles und jedes, was in der Welt zu finden ist, als Schöpfung Gottes enthüllt wird, gibt es für den Menschen, der dies verstanden hat, weder eine göttliche Erde noch göttliche Tiere noch göttliche Gestirne oder sonstige göttliche, dem Menschen grundsätzlich unzugängliche Bereiche. Die ganze entmythisierte Welt kann zur Umwelt des Menschen werden, zu seinem Lebensraum, den er gestalten kann[11]. »Für uns, aber auch für die Antike, scheint das eine Paradoxie: Je konsequenter die Welt als Schöpfung gesehen wird, um so konsequenter kann von ihrer Welthaftigkeit geredet werden.«[12]

---

[11] WHSchmidt, Gebot 29.
[12] GvRad, Christliche Weisheit? 151.

b) Die *Art* menschlicher Weltverwalterschaft ist unbedingte Überlegenheit. Sie wird durch die Befehlsworte in 1₂₈ grell angeleuchtet. *kibšuhā* gibt eine völlige Unterwerfung der Erde frei; *kbš* kann sonst die Unterwerfung eines Landes durch Krieg (Nu 32₂₂.₂₉), die Unterjochung von Völkern (2 S 8₁) und insbesondere von Sklaven (Neh 5₅), aber auch die Vergewaltigung von Frauen (Est 7₈) bedeuten. Immer meint es eine Handlung, in der der Mensch sich mit dem Einsatz seiner Kraft etwas dienstbar macht (Jos 18₁). So ist die Menschheit als Bild Gottes mit Fähigkeiten ausgestattet und bevollmächtigt, über die Welt zu verfügen. Der andere Imperativ *rᵉdū* nimmt das Stichwort des Anfangs von 1₂₆b auf. *rdh* wird Ps 72₈ 110₂ Jes 14₆ Ez 34₄ vom Herrschen eines Königs ausgesagt. Hier aber wird die Würde absoluten königlichen Herrschens allen Menschen in ihrer Vielzahl zuerkannt. Die Bedeutung »herrschen« ist vielleicht aus der Bedeutung »treten« erwachsen, die sich für *rdh* in Jl 4₁₃ zur Beschreibung des Tretens der Kelter findet. Damit wird auf ein umgestaltendes Wirken hingewiesen, wie es sich in der Kelter beim Verarbeiten der Trauben zu Most ereignet. Der Mensch ist zu vergleichbaren nützlichen Veränderungen ermächtigt.

c) Als *Objekt* der Herrschaft werden zunächst die Erde als ganze genannt und dann insbesondere die Tiere. Warum werden sie herausgehoben? Sie allein kommen als Rivalen des Menschen in Betracht. Pflanzen zur Nahrung einzubringen (₂₉), ist ein Kinderspiel neben der Überwältigung von Tieren. Weltbeherrschung zeigt sich für die Alten zunächst und eindrucksvoll im Züchten und Zähmen. An Töten ist vielleicht in Gn 1 nicht gedacht, da als Nahrung den Menschen und Tieren zugleich ausdrücklich die Pflanzenwelt angewiesen ist (₂₉f.). Das wird in 9₁ff. anders.

Auch Ps 8 bezieht die Jagd ein. Hier ist die Reihenfolge der aufgezählten Tiere gegenüber Gn 1 verändert. Eine Klimax zeigt in 8f. das wachsende Staunen über die Hoheit des kleinen Menschen: »Zunächst nennt der Dichter die zahmen Tiere,

dann, umfassender, das Getier des Feldes. Den Landtieren
folgen Vögel und Fische; auch diese werden, obwohl sie dem
Himmel und dem nicht weniger geheimnisvollen Element,
dem Meer, zugehören, vom Menschen mit Fallen und Netzen
gefangen. Um das Verwunderliche dieser Tatsache zu unterstreichen, gibt V. 9b eine nähere Beschreibung der Fische; es ist
doch wohl beinahe göttlich, daß der Mensch beherrscht, was
auf jenen so geheimnisvollen Pfaden der Meere hinzieht.«[13]
So ist dem Menschen grundsätzlich »alles unter die Füße getan« (Ps 86b). Nur der Mensch selbst soll nicht Objekt der
Unterwerfung sein (Gn 96!), wie denn alle Menschen die Schöpfung verwalten, gestalten und über sie verfügen sollen[14].

Ludwig Köhler[15] hat im Anschluß an Gn 128 den Auftrag an den Menschen im Sinne der frühen Zeiten und bis in die Gegenwart hinein schön
skizziert:
»Das ist der *Auftrag zur Kultur.* Er geht an alle Menschen; er umfaßt alle
Zeiten; kein menschliches Tun, das nicht ihm unterstellt ist. Jener erste
Mensch, der, mit den Seinen auf schutzloser Steppe eisigem Winde ausgesetzt, ein paar Steine aufeinanderlegte und so die Mauer, die Grundlage
aller Architektur erfand, erfüllte diesen Auftrag. Jene erste Frau, die
einen harten Dorn oder eine Fischgräte durchbohrte und ein Stück Tier-
sehne hindurchzog, um ein paar Fetzen Fell aneinanderfügen zu können,
und die so die Nadel, das Nähen, den Anfang aller Kleiderkunst, erfand,
erfüllte diesen Auftrag. Bis heute ist jede Unterweisung eines Kindes, jede
Art von Schule, jede Schrift, jedes Buch, alle Technik, Forschung und Wissenschaft und Lehre mit ihren Methoden, Instrumenten und Institutionen
nichts anderes als die Erfüllung dieses Auftrags. Die ganze Geschichte,
alles menschliche Streben steht unter diesem Zeichen, unter diesem Bibel-
wort.
Das ist seine objektive Seite. Es gibt auch eine subjektive Seite. Jeder

---

[13] NHRidderbos, Psalmen 139. Erst in der messianischen Endzeit wird
das Verhältnis der Tiere untereinander und auch das der Menschen zum
Tier nicht mehr durch Herrschaft und Kampf, sondern durch friedliches
Spiel bestimmt (Jes 116-8).
[14] S. u. S. 279ff. Das »Bild Gottes« wird also lediglich zur Herrschaft über
die gesamte außermenschliche Schöpfung eingesetzt und nicht zur Herrschaft über Menschen; vgl. FHerzog, Menschenbild 516! Andererseits soll
der Mensch als »Ebenbild des schöpferischen Gottes« eben »nicht ein Ebenbild der Natur und ihrer Mächte sein« (JMoltmann, Zukunft 315, vgl.
319!).
[15] Mensch 112f.

Mensch muß, das liegt unverlierbar in seiner Natur, mit dem Leben fertig werden. Er muß zu dem, was ihm widerfährt, sei es, daß ihm ein Stäubchen ins Auge weht, sei es, daß eine Wasserflut ihn und die Seinen am Leben bedräut, nichts ist zu klein und nichts ist zu groß, der Mensch muß mit ihm innerlich fertig zu werden suchen ... An der Art, wie ein Mensch mit den Dingen innerlich fertig wird, wird sein Wesen erkannt.«

Fraglos ist der Auftrag an den Menschen noch nicht zu seinem Ziel gekommen. Wohl aber ist der Mensch als Bild Gottes gefährdet, indem ihm die Herrschaft durch Verkennung der Herrschaftsaufgaben zu entgleiten droht[16]. Schon die Begründung des Verbots, Menschenblut zu vergießen, mit dem Hinweis auf die Erschaffung des Menschen als Bild Gottes, wies grundlegend auf solche Grenzen hin. Heute sind wenigstens zwei Konkretionen zu beachten: 1. Die Unterwerfung der Welt darf nicht zur Gefährdung des Menschen führen, wie sie in der Umweltverschmutzung bedrohliche Ausmaße annimmt; Herrschaft des Menschen über Menschen verfälscht das Abbild Gottes. 2. Die Unterwerfung der Welt darf nicht zum Beherrschtwerden des Menschen durch einen Mythos der Technik führen, der das technisch Machbare um seiner Machbarkeit willen produziert und damit Menschen technisch-ökonomischen Zwängen unterwirft. Der Kolosserbrief, der Jesus Christus »das Bild des unsichtbaren Gottes« nennt (1₁₅; vgl. 2 Kor 4₄), sieht die Notwendigkeit, den neuen Menschen anzuziehen, »der sich erneuern läßt, um Erkenntnis zu gewinnen nach dem Bilde seines Schöpfers« (3₁₀; vgl. 2 Kor 4₁₋₆). Gn 1₂₈ erhielt durch Mt 28₁₈f. »eine völlig neue, eschatologische Interpretation«[17] in den Worten des erhöhten Christus: »Mir ist alle Macht übertragen im Himmel wie auf Erden. Darum geht hin und macht alle

---

[16] Vgl. E Jüngel, Grenzen.
[17] M Hengel, Mensch 125ff. An Jer 31₃₁f. zeigt M Hengel (126), wie »das Alte Testament über sich selbst hinausweist«, »daß der Mensch, in die Partnerschaft Gottes gerufen, überfordert war«, daß »die Gottebenbildlichkeit« ein »Auftrag« ist, »an dem der Mensch in der konkreten Situation je und je scheiterte«. Doch Jer 31₃₁₋₃₄ »gibt Hoffnung«. Vgl. auch Jes 61₁₋₃.

Völker zu meinen Jüngern!« Es ist zu bedenken, wie in der Herrschaftsweise des Gekreuzigten die Weltverwalterschaft der Menschheit von ihrer Selbstzerstörung zurückgerissen wird und das Bild Gottes in seiner Freiheit wieder hervortritt.

§ 19

MANN UND FRAU[1]
1. Grundzüge des Eherechts – 2. Das Liebesverhältnis –
3. Störungen der Liebe

Die Priesterschrift bestimmte das »Bild Gottes« in der Welt
als die zweigeschlechtliche Menschheit (Gn 1₂₇)[2]. Was sagt das
Alte Testament im einzelnen über das Verhältnis von Mann
und Frau? Wir fragen nach der äußeren Ordnung, der inneren Glut und nach den Störungen des Verhältnisses.

1. Wer das Alte Testament nach *Grundzügen des Eherechts*
untersucht, wundert sich zunächst darüber, daß es ein eigenes
und geläufiges Wort für die Institution der Ehe nicht kennt.
Das ist bezeichnend. Denn Mann und Frau sind in der Regel
dem Familienverband (*bēt 'āb* = Großfamilie) eingeordnet,
zu der im allgemeinen vier Generationen gehören[3]. Der Fort-
bestand des »Vaterhauses« soll gesichert werden. In der Regel
tritt die Frau in die Wohngemeinschaft der Familie des Mannes ein (z. B. Gn 24₅₋₈.₅₈f.); aber auch andere Ordnungen erscheinen möglich (Gn 31₂₆₋₄₃ 2₂₄)[4].

---

[1] *Literatur*: FHorst, Ehe. – RdeVaux, Lebensordnungen I 52–74. – Jvan
Seters, Childlessness. – RGoeden, Sexualität. – UNembach, Ehescheidung.
– WZimmerli, Weltlichkeit 35–44. – NPBratsiotis, *'iš*. – JKühlewein, *'iššā*.
– GJWenham, *bᵉtūlāh*.
[2] S. o. S. 237f. Damit ist schon die Grunderkenntnis herausgefordert, nach
der eine biblische Anthropologie ohne eindringende Behandlung der sozialen Komponente verfehlt wäre; vgl. §§ 20–25.
[3] Vgl. KElliger, Leviticus 239 zu Lv 18₆₋₁₇, ferner HRinggren, *'āb* 8f.,
Hoffner, *bájit* 636f. und u. S. 310.
[4] Vgl. aber CWestermann, BK I 317f.

Rechtlich gilt der Mann als »Besitzer« der Frau (*báʿal ʾiššá* Ex 21₃.₂₂ Dt 24₄ 2 S 11₂₆), die Frau als »Besitz« des Mannes (*bᵉʿūlát báʿal* Gn 20₃ Dt 22₂₂). Wie kommt es zu diesem Rechtsverhältnis? Der Mann, der eine Frau für sich gewinnen will, hat in der Regel an den Brautvater ein Heiratsgeld (*mōhár*) zu zahlen (Gn 34₁₂ Ex 22₁₆ 1 S 18₂₅). Seine Höhe ist nach Ex 22₁₆ allgemein geregelt und bekannt gewesen; die Ausführungsbestimmungen in Dt 22₂₉ setzen den Betrag auf 50 Silberschekel fest. Hier handelt es sich um eine Strafsache bei Zwangsheirat nach Mißbrauch eines nicht verlobten Mädchens. In solchem Falle kann der Mann es auch der betroffenen Familie freistellen, die Höhe des Heiratsgeldes zu bestimmen (Gn 34₁₁f.). In Lv 27₄f. ist der allgemeine Wert einer weiblichen Person 30 Schekel, wenn sie über 20 Jahre alt ist, 10 Schekel bei jüngerem Alter[5]. An die Stelle der Silberzahlung können Dienstleistungen im Hause des Schwiegervaters treten (Gn 29₁₅-₃₀). Es wird von Fällen berichtet, in denen die Forderungen im Laufe der Zeit gesteigert werden. Jakob beklagt sich vor Rahel und Lea (Gn 31₇):

Euer Vater hat zehnmal den Preis geändert!

Der König Saul fordert für seine Tochter Michal von David kriegerische Leistungen, nämlich die Ablieferung von hundert Philistervorhäuten (1 S 18₂₅). Ebenso wie der junge Mann selbst kann auch ein Vater für seinen Sohn aktiv werden, um eine Frau für ihn zu gewinnen (Ri 14₁-₃; vgl. Ex 21₉); auch kann ein Vater für seine Tochter einen Mann suchen (Jer 29₆; vgl. 2 Kor 11₂ nach 1 Kor 4₁₅!). Mit der Erstattung des Heiratsgeldes ist die »Verlobung« besiegelt und der Rechtsanspruch des Bräutigams in Kraft. Hebr. *ʾrś* pi., gewöhnlich mit »verloben« übersetzt, bedeutet darum »rechtlich zu eigen gewinnen«[6].

---

[5] S. o. S. 180f. und vgl. Hos 3₂, dazu H W Wolff, BK XIV/1, 76f.

[6] 2 S 3₁₄ Hos 2₂₁f.; vgl. BK XIV/1, 64. *bᵉtūlā* heißt nicht unbedingt »Jungfrau« im engeren Sinne, vielmehr das Mädchen im heiratsfähigen Alter, wie G J Wenham, *bᵉtūlā* gezeigt hat; vgl. vor allem S. 331f. zu Dt 22₁₃-₂₁.

Deutlich von der »Verlobung« unterschieden ist der nächste Akt der »Heirat«, die Heimführung (vgl. Dt 20₇ 28₃₀), das »Nehmen« (*lḳḥ* Ex 21₁₀ Lv 21₇ Dt 20₇ 22₁₃ Hos 1₂, auch 1 S 25₄₃ₐ, vgl. Gn 4₁₉ 6₂), auch »In-Besitz-nehmen« (*bᶜl* Dt 21₁₃ 24₁) der Frau (vgl. auch *bw'* Gn 29₂₁); von Seiten der Frau heißt heiraten »dem Manne zuteil werden« (*hājᵉtā lᵉ'īš* Nu 30₇) oder »ihm zur Frau werden« (*hājᵉtā lō lᵉ'iššā* 1 S 25₄₃ᵦ). Alle Wendungen erwecken den Eindruck, daß die Frau zum Sachbesitz des Mannes gehört. Doch spiegelt sich die Möglichkeit eines partnerschaftlichen Verhältnisses schon in der Ablösung der Anrede »mein Herr« (*baᶜlī*) durch »mein Mann« (*'īšī*) in Hos 2₁₈; vgl. Gn 2₂₃![7] Eine Hochzeitsfeier wird erst spät mit dem Wort *ḥᵃtunná* belegt (Ct 3₁₁), und zwar für höfische Kreise:

Kommt heraus und seht, Zions Töchter, den König Salomo, mit dem Kranze, mit dem seine Mutter ihn bekränzte, am Tage seiner Hochzeit, am Tage seiner Herzensfreude.

Gelegentlich wird die Verbindung von Mann und Frau eine *bᵉrīt* genannt: in Mal 2₁₄ wird die »Frau der Jugend«, an der der Mann treulos gehandelt hat, als »Gefährtin« (*ḥᵃbārät*) und Frau seines Bundes(versprechens) (*'ēšät bᵉrītăka*) bezeichnet. Jahwe wird als Zeuge des Ehebundes eingeführt. Dabei ist zu bedenken, daß mit *bᵉrīt* auch jede feste Freundschaftsverpflichtung bezeichnet werden kann (1 S 18₃). Ez 16₈ schildert als Allegorie die Liebes- und Ehegeschichte Jahwes mit Israel:

Siehe, deine Zeit war gekommen, die Zeit des Liebesgenusses. So breitete ich meinen Gewandzipfel über dich und deckte deine Blöße zu. Ich band mich durch einen Schwur an dich und ging eine Bundesverpflichtung (*bᵉrīt*) mit dir ein, spricht Jahwe, und du wurdest mein.

Das Ausbreiten des Gewandzipfels (vgl. Rt 3₉) stellt das Gegenstück zur Bloßstellung der Ehebrecherin dar (Hos 2₅). Der

---

[7] Zu Hos 2₁₈, wo das Verhältnis Israels zu Jahwe gemeint ist, vgl. NPBratsiotis, *'īš* 248, zu Gn 2₂₃ s. u. S. 251f.

Bundesgedanke faßt die zwischenmenschliche Beziehung als
gültigen Vertrag. Prv 2₁₇ spricht von der fremden Frau,

> die den Freund ihrer Jugend verläßt
> und den Bund ihres Gottes vergißt.

Wahrscheinlich meint *bᵉrīt ᵃlōhāhā* nicht den vor Gott ge-
schlossenen Ehebund, sondern die Verpflichtung zur ehelichen
Treue auf Grund des in Israel verkündeten Gottesrechts[7a].
Nach der Heirat ist der Mann nach Dt 24₅ für ein Jahr frei
vom Kriegsdienst und ähnlichen Verpflichtungen; seinem
Hauswesen soll er sich widmen können und der »Freude an
seiner Frau«. Im allgemeinen wird damit gerechnet, daß der
Bund zwischen der »Frau der Jugend« (Prv 5₁₈ Jes 54₆ Mal 2
14f.) und dem »Mann der Jugend« (Jl 1₈[8]) in der Einehe als
Grundform gewahrt wird. Nebenfrauen (*pilāgäš*) und die
Zuführung von Sklavinnen durch die Hauptfrau werden vor
allem aus der Väterzeit bezeugt. Von Abrahams Nebenfrauen
spricht Gn 25₆, wobei an Hagar und Ketura gedacht sein wird.
Hagar wurde nach Gn 16₁f. (J) dem Abraham von Sara zugeführt; als Hauptfrau übergab sie ihm ihre Sklavin mit den
Worten (₂):

> Jahwe hat mir Kinder versagt; so gehe doch zu meiner Skla-
> vin ein, vielleicht komme ich durch sie zu einem Kind.

Ähnlich spricht Rahel zu Jakob (Gn 30₃ J):

> Hier ist meine Sklavin Bilha, gehe zu ihr ein, daß sie auf
> meinen Knien gebäre und ich durch sie zu einem Kind
> komme.

Weiter heißt es:

> Sie gab ihm Bilha, ihre Sklavin, zur Frau (*lᵉ'iššā*).

Ri 8₃₀f. begründet die Zahl von 70 Söhnen Gideons damit,
daß »er viele Frauen hatte«. Ri 19₁ff.₂₄ff. 20₄ff. berichtet ausführlich das Liebesdrama eines Leviten mit seiner Nebenfrau.
David hatte nach 2 S 5₁₃ mehrere Nebenfrauen, und Salomo
besaß neben 700 »offiziellen Frauen« 300 Konkubinen (1 Kö

[7a] Vgl. EKutsch, Verheißung 134ff.
[8] Vgl. HWWolff, BK XIV/2, 34f.

11₃); hier handelt es sich um abgerundete Zahlen, wobei vielleicht die Summe aller Frauen geschätzt wird, die im Laufe der vierzigjährigen Regierungszeit durch den Harem des Königs gegangen waren[9]. Die Vielzahl gehört zur Repräsentation. Bei einfachen Leuten erfahren wir in der Königszeit kaum etwas von Mehrehe. Elkana in 1 S 1₂ hatte zwei Frauen, Hanna, die zunächst kinderlose, und Peninna.

Nach Ex 21₇₋₁₁ kann ein Mann seine Tochter als Sklavin zum ehelichen Verkehr verkaufen. Sie darf vom Käufer jedoch nicht mehr als Sklavin weiterverkauft werden. So ist sie davor geschützt, als Ware behandelt zu werden. Wenn der Besitzer sie seinem Sohn zuordnet, muß er sie wie eine Tochter behandeln. Nimmt er selbst zu der ersten Sklavin noch eine weitere hinzu, darf er ihr »Nahrung, Kleidung und Beiwohnung« nicht schmälern. Kann er das nicht leisten, so darf sie frei weggehen[10].

Für die Großfamilie ist der eheliche Verkehr außerordentlich sorgfältig geregelt, wie Lv 18 zeigt[11]. Die Ordnung der Leviratsehe (Dt 25₅₋₁₀), die die Brüder eines ohne männlichen Nachkommen verstorbenen Mannes verpflichtet, die Ehe mit der Witwe fortzusetzen, geht davon aus, daß die Brüder zusammen wohnen, daß also die Großfamilie besteht und daß sie auch in Zukunft Bestand haben soll, wobei die Zusammenhaltung des Familienbesitzes bei der Abwehr eines fremden Mannes nicht unwichtig gewesen sein mag.

Im ganzen haben sich neben der regulären Hauptehe mancherlei Zuordnungsmöglichkeiten von Frauen zu Ehemännern gezeigt. Man muß zur Würdigung der altisraelitischen Soziologie der Ehe beachten, »daß es ursprünglich bei dem engen Zusammenleben besser ist, jede ehefähige Frau sei in geordnetem Verhältnis mit einem Manne verbunden, als daß ungeordnete Verhältnisse einreißen, wobei namentlich die Kinder aus sol-

---

[9] MNoth, BK IX/1, 241.247f.
[10] Vgl. weiter u. S. 291.
[11] Dazu KElliger, ZAW 1955; ders., Leviticus 229ff.

chen Verbindungen zu leiden hätten, weil niemand für sie
zuständig ist«[12]. Im Blick auf die alttestamentlichen Regelun-
gen ist zu sehen, daß hier die in der Neuzeit oft quälenden
Probleme der unverheirateten Frauen, der kinderlosen Ehen
und auch des in der Ehe zeitweilig unbefriedigten Mannes gelöst waren. Auf der anderen Seite muß für viele Frauen die
Eifersucht auf eine oder mehrere andere Frauen und deren
Kinder zur Qual geworden sein (z. B. 1 S 1); auch die Zuordnung und das Erbrecht der verschiedenen Kinder konnte
schwierige Probleme mit sich bringen, wenn zwei Frauen ungleich von ihrem Manne geliebt waren, was die Regel gewesen
sein dürfte (davon geht die Bestimmung Dt 21$_{15-17}$ aus).
Schließlich mußte vielen Frauen jene dauerhafte Geborgenheit
fehlen, die eine strikte Einehe gewähren kann. (Von daher
versteht sich das Ringen in Ex 21$_{7-11}$.)

2. Das *Liebesverhältnis* von Mann und Frau spielt selbst in
den Rechtstexten durchaus keine nebensächliche Rolle, hat sie
vielmehr zu einem erheblichen Teil erst herausgefordert, wie
der Anspruch einer Sklavin auf Liebe in Ex 21$_{7-11}$ oder die
Abwehr der Bevorzugung von Kindern einer geliebten Frau
gegenüber denen einer zurückgesetzten in Dt 21$_{15-17}$ demon-
strieren. Weiter fehlt es nicht an ergreifenden Schilderungen
brennender Liebe. Jakob liebte Rahel weit mehr als Lea (Gn
29$_{16-18.20}$):

> So diente Jakob um Rahel sieben Jahre. Sie waren in seinen
> Augen wie ein Tag. So lieb hatte er sie.

Elkana sucht seine neben Peninna kinderlose Frau Hanna
(1 S 1$_5$) zu trösten ($_8$):

> Hanna, warum bist du betrübt? Bin ich dir nicht mehr wert
> als zehn Kinder?

Nebenher ist hier zu erkennen, daß der Sinn der Ehe durchaus
nicht nur in der Geburt von Kindern gesehen wird.

---

[12] LKöhler, Mensch 78f.

Die Liebe kann durchaus auch von der Frau ausgehen. Ein Faden in der Aufstiegsgeschichte Davids zeigt das in dramatischer Weise. Es beginnt 1 S 18₂₀ mit der Bemerkung:

Michal, Sauls Tochter, verliebte sich in David.

Tückisch will Saul sie ihm nur für hundert Philistervorhäute anvertrauen (21-25). Später gibt Saul in seinem Haß gegen den flüchtigen David gerade diese Tochter einem gewissen Paltiel (1 S 25₄₄). Als David nach Sauls Tod König geworden war, verlangt er Michal, die ihm rechtlich zugesagt war und die ihn nach wie vor heiß liebt, von Sauls Sohn Ischbaal für sich. 2 S 3₁₅ berichtet sodann:

Da schickte Ischbaal hin und ließ sie ihrem Manne Paltiel wegnehmen.

Jetzt ergibt sich auf der anderen Seite bei Paltiel eine ergreifende Liebesszene; in 2 S 3₁₆ heißt es:

Ihr Mann aber ging mit ihr; in einem fort weinend folgte er ihr bis nach Bahurim. Da sagte Abner zu ihm: »Mach, daß du heimkommst!« Darauf kehrte er um.

Ein Mann, dem man die Frau nimmt, verzehrt sich in Liebe; und eine Frau, die in einen Mann heiß verliebt ist, findet endlich zu ihm, nachdem sie der Haß des Vaters getrennt und die Liebe eines anderen Mannes sie gebunden hatte. So viel Menschlichkeit vermag der frühisraelitische Humanismus einzufangen! Da nicht selten die Verheiratung durch den Vater bestimmt wurde, stellte sich die Liebe oft erst nach der Hochzeit ein. Dafür bietet Isaaks Verhältnis zu der ihm aus der Ferne zugeführten Rebekka ein Beispiel (Gn 24₆₇):

Isaak brachte sie in sein Zelt, . . ., er nahm Rebekka und sie wurde seine Frau. Da gewann Isaak sie lieb, so daß er über (den Verlust) seine(r) Mutter getröstet war.

Als Liebesehe tendiert die altisraelitische Ordnung viel kräftiger zur Einehe denn als Rechtsinstitut. Die Spruchsammlungen zeigen es. Prv 5₁₈-₂₀:

Deine Quelle sei gesegnet!
Freue dich an der Frau deiner Jugend!

Die liebliche Hinde, die anmutige Gemse,
  ihre Brüste mögen dich allezeit berauschen,
    in ihrer Liebe sei trunken immerfort!
Was sollst du dich an einer Fremden berauschen, mein Sohn,
  den Leib einer andern umfangen?

Wie unendlich entfernt von jeder Verteufelung der Sexualität
sind solche Sätze! Und wie deuten sie zugleich die Sinnlosig-
keit eines Partnerwechsels an! Altwerden mit der Geliebten
aus Jugendtagen, nur das bringt wahrhaft wachsenden Genuß
in immer neuen Bezügen und Umständen. In Prv 31₁₀₋₃₁, dem
großen Hymnus auf die tüchtige Frau, ist dieser fortschreiten-
de Gewinn Zug um Zug ergriffen; wir stellen nur wenige Sätze
heraus:

¹⁰Eine tüchtige Frau – wer findet sie?
    Weit über Korallen geht ihr Wert.
¹²Sie tut ihm Gutes und nie Böses
    alle Tage ihres Lebens.
¹⁴Sie gleicht den Kaufmannsschiffen,
    von fernher holt sie ihre Nahrung.
²⁰Sie öffnet ihre Hand dem Bedrückten,
    und streckt die Arme dem Bedürftigen hin.
²³Hochgeschätzt ist ihr Mann in den Toren,
    wenn er sitzt bei den Ältesten des Landes.
²⁶Ihren Mund tut sie auf mit Weisheit,
    von ihrer Zunge kommt freundliche Weisung.
³⁰Anmut ist trügerisch, Schönheit vergänglich, –
    eine weise Frau, sie soll man rühmen.

Weit über flüchtige Jugendlichkeit hinaus wirken Geist und
Güte der erfahrenen Frau in das Leben des Mannes hinein.
Sie kann in der Zweisamkeit führende und grundlegende Be-
deutung gewinnen. Sie kümmert sich selbständig um verbor-
gene Nöte, trägt aber auch zur öffentlichen Bedeutung ihres
Mannes bei. Selbst von Qohälät, der die Hinfälligkeit aller
Dinge durchschaut, wird der Genuß des Miteinander für kei-

nen noch geschenkten Zeitabschnitt verdrängt; vielmehr öffnet
er die Sinne dafür (9₉):

> Genieße das Leben mit der Frau, die du liebst,
>> alle Tage deines flüchtigen Lebens,
>>> die er dir unter der Sonne gegeben hat.

Auch die jahwistische Paradieserzählung setzt ein beglücktes
Liebesverhältnis von Mann und Frau voraus. Dieser Aspekt
läßt sich durchgehend aufzeigen. 1. Das Alleinsein wird ausdrücklich von Jahwe als ungut für den Menschen festgestellt
(2₁₈ₐ). 2. Der Partner wird von vornherein als die dem Menschen entsprechende Hilfe definiert (18b); damit ist der soziale
Charakter der Geschlechtsdifferenzierung vorausgesetzt[13]. 3.
Solche Hilfe ist in der Tierwelt nicht zu finden; von ihr unterscheidet sich der Mensch in seiner Überlegenheit durch die
Sprache (Namengebung); er bleibt in ihr einsam (19f.). 4. Der
dem Menschen wahrhaft entsprechende Partner wird nicht wie
der erste Mensch (7) und die Tiere (19) aus Ackererde erschaffen, sondern aus der Rippe des Menschen selbst; so gehören
der Mann und die Frau qualitativ völlig anders zueinander
als zu den übrigen Geschöpfen; erst Mann und Frau zusammen stellen den ganzen Menschen dar (vgl. 24b *bāśār 'äḥād*[14]).
5. Bei einzigartiger Zusammengehörigkeit stehen Mann und
Frau einander doch echt gegenüber. Während des Tiefschlafs
des Menschen (21) wird die Frau gestaltet und erst als vollendet
eigene Person dem Menschen zugeführt (zu *bw'* hi. in 22b als
Terminus der Brautführung vgl. Ri 12₉[15]). 6. Während der
Mensch den Tieren nur Namen gibt (20), kommt er über der
Entdeckung seiner Frau dazu, sich wahrhaft auszusprechen;
mit dem Bräutigamsjubel zitiert der Jahwist zum ersten Male
Sprache des Menschen; neben der Verwandtschaftsformel[16]
steht die Herleitung der Benennung *'iššā* (»Frau«) vom *'iš*

---

[13] NPBratsiotis, *'iš* 243.
[14] S. o. S. 141.
[15] NPBratsiotis, a.a.O.
[16] Zu 23ₐ s. o. S. 53.

(»Mann«), die Wesenseinheit und Geschlechtsverschiedenheit
zugleich zu Gehör bringt[17]. Der Jubelton – »die nun endlich!«
– kündet die Erfüllung längst ersehnten Glückes. 7. Die Liebe
ist wesentlich durch persönliches Hingezogensein ausgezeichnet; selbst die kräftigen Bande der angestammten Familie werden gesprengt (24a), und indem der Mann »an seiner Frau
klebt«, verwirklicht sich neu die ursprüngliche körperliche Einheit (24b). 8. Scham als Verlegenheit und Hemmung kommt
erst als Folge des Mißtrauens gegen Gott und des Ungehor-
sams gegen sein Wort in die Zweisamkeit hinein (vgl. 25b mit
3_7-11)[18].

Wie einmalig das Liebesverhältnis ist, besingen die Liebeslieder des Hohenliedes. Der Einzigartigkeit der Liebe entspricht die Einzigkeit des Geliebten (Ct 6_9):

> Einzig ist meine Taube, die Einzige ihrer Mutter.

So gehört einer dem anderen wechselseitig und ausschließlich
(Ct 6_3):

> Ich gehöre meinem Geliebten
>   und mein Geliebter gehört mir.

Die Gegenseitigkeit der Liebe spricht sich auch darin aus, daß
wir im Hohenlied neben zwei Beschreibungsliedern von jungen Mädchen eines haben, in dem die Liebende den geliebten
jungen Mann beschreibt: 5_10-16[19]. Die erotische Lebendigkeit,
die Freude an sinnlicher Schönheit und am Liebesgenuß mag
das Sehnsuchtslied Ct 8_1-4 zeigen:

> O wärest du mir wie ein Bruder
>   an der Brust meiner Mutter genährt!
> Träfe ich dich auf der Straße,
>   ich könnte dich küssen,
>   und niemand dürft's mir verargen.

---

[17] Vgl. die sachliche Herleitung des *'ādām* von der *'adāmā* in 2_7; s. o. S.
143f.
[18] Ebenso die »Herrschaft« des Mannes über die Frau, vgl. 3_16b.
[19] S. o. S. 112f. Das alte Besitzrechtsdenken (s. o. S. 244f.) ist hier völlig
überwunden.

Ich würde dich führen, dich bringen
  ins Haus meiner Mutter.
Du würdest mich lehren,
  ich gäbe dir Würzwein zu trinken,
    meinen Granatapfelmost.
Seine Linke (greift) unter mein Haupt,
  seine Rechte umfängt mich.
Ich beschwöre euch, Töchter Jerusalems,
  was wollt ihr wecken und stören die Liebe,
    ehe ihr selbst es gefällt.

Kein Moralisieren darf die Zuneigung trüben. Wie der Brot-
und Weingenuß so gehören auch die Liebesfreuden zu den
Gaben Gottes in dieser unausrechenbaren Welt, sagt Qohälät
(9₇-₉).

3. Für gefährliche *Störungen des Liebesverhältnisses* war Israel
allerdings auch nicht blind. Das Alte Testament sah sie deutlicher als seine Umwelt. Hier hatte das geschlechtliche Leben
wie der Tod[20] eine umfassende Mythisierung erfahren. Dadurch wurde das Liebesleben tief ins Kultische hineingezogen.
Die Öffnung des Mutterschoßes erfolgte im heiligen Hain im
Umgang mit Priestern oder Fremden (Hos 4₁₃f.); zahlreiche
Liebhaber umwarben die Geliebte (Hos 2₄-₁₅)[21]. Für Israel ist
dieses Treiben Ehebruch und Hurerei. Die Einzigkeit des Liebesverhältnisses Jahwes zu Israel verbietet grundsätzlich den
Ehebruch (Ex 20₃.₁₄). Schon an den Vätergeschichten wird
Israel vor Augen geführt, daß es sich in seinem Sexualethos
von seinen Nachbarn unterscheiden sollte (vgl. Gn 12₁₀-₂₀ 19
1-11 26₇-₁₁ 34₁-₁₂)[22]. Auch die Weisheit warnt streng vor der
fremden Frau (Prv 5₂-₅):

---

[20] S. o. S. 155ff.
[21] Vgl. HWWolff, BK XIV/1, 106ff.
[22] Sehr bezeichnend für das israelitische Bewußtsein solcher Unterscheidung ist die in verschiedenartigen Zusammenhängen belegte Wendung
»eine Schandtat in Israel« oder »So etwas tut man nicht in Israel!«.
Vgl. Gn 34₇ Dt 22₂₁ Ri 20₆.₁₀ 2 S 13₁₂ Jer 29₂₃.

(Achte nicht auf ein schlechtes Weib!)[23]
Denn von Honig triefen die Lippen der Fremden
    und glätter als Öl ist ihr Gaumen.
Doch zuletzt ist sie bitter wie Wermut,
    scharf wie ein Schwert mit zwei Schneiden.
Ihre Füße steigen zum Tode hinab,
    ihre Schritte erstreben die Unterwelt.

In Prv 7₄-₂₇ zeigt einerseits der Hinweis auf Opfer und Ge-
lübde (₁₄!) die Verbindung dessen, was in Israel Unzucht
heißt, mit kultischem Brauchtum, andererseits werden die psychischen Vorgänge beim Verführten scharf gesehen (₂₁f.):

Sie brachte ihn herum mit großer Überredung,
    mit ihren glatten Lippen verleitete sie ihn.
Er folgte ihr verwirrt,
    wie ein Ochs zur Schlachtung geht.

Signal der Verführung wird die Scham. Wir sahen sie in Gn
3₇.₁₁ (nach 2₂₅) durch ein Mißtrauen ausgelöst, das zur An-
fertigung von Feigenblattschurzen und zum Verstecken führte.
Wird in einer Welt des Mißtrauens die Scham dem willkür-
lichen und herrischen Begehren des einen gegenüber dem anderen (vgl. 3₁₆) wehren können? Daß Scham vor dem Zerbrechen
des ganzen Menschen schützen könnte, wenn er dem »Rumo-
ren des Ichs unterhalb des Nabels«[24] nachzugeben in Gefahr
gerät, setzt etwa Prv 11₂₂ voraus:

Ein goldener Ring im Rüssel der Sau,
    – eine Frau, die schön, aber schamlos ist.

sārát ṭáʿam wäre wörtlicher statt mit »schamlos« zu übersetzen: »fern von feinem Empfinden«; so wird der Mensch
schutzlos vor herausgeputzter Gier. Ham-Kanaan, der die
Blöße seines Vaters Noah aufdeckt, wird eben wegen solcher
Schamverletzung unter den Fluch gestellt (Gn 9₂₂-₂₅). Die Priester, die auf den Altar steigen, sollen nach Ex 28₄₂ (vgl. Ez 44
₁₈) Leinenhosen tragen, wohl »mit Rücksicht auf die Gefähr-

---

[23] Nach LXX und Vulgata.
[24] Vgl. KBarth, III/4, 154.

dung der Priester, die von der Heiligkeit besonders des Altars
auf den von unheimlichen Mächten umwitterten Teil des
menschlichen Körpers ausgehen könnte«[25]. Solche Unheimlich-
keit wird auch anthropologisch erklärt werden müssen. Ein
Blick auf die Genitalien könnte falsches Begehren zu falscher
Stunde am falschen Ort auslösen und die Zerspaltung des
Menschen fördern.

Daß Scham der Auslösung von Gewalttätigkeit wehren sollte,
kann 2 S 13₁₋₁₅ zeigen. Der Davidsohn Amnon ist krankhaft
verliebt in seine Halbschwester Tamar. Sein unrechtes Verlangen löst zunächst eine doppelte Lüge aus: er stellt sich krank
und möchte aus den Händen seiner Schwester zu essen haben.
Endlich mit ihr allein, faßt er sie an und erwartet ihren Beischlaf (11). Darauf sagt sie (12):

»So etwas tut man nicht in Israel. Begehe nicht solche
Schandtat!«

Er aber wollte nicht auf ihre Stimme hören, sondern verge-
waltigte sie, schändete sie und wohnte ihr bei (14).

Dann aber empfand Amnon einen sehr tiefen Widerwillen
gegen sie, so daß der Widerwille, den er gegen sie empfand,
noch heftiger war als die Liebe, die er zu ihr gehabt hatte.
Darum sprach Amnon: »Mach, daß du fortkommst!« (15).

Meisterhaft wird so der Umschwung von unbändiger Lust zum
Ekel beschrieben. »Es gibt kaum ein tieferes Wort psycholo-
gischer Einsicht in das Wesen und die Unbeständigkeit bloß
sinnlichen Verlangens.«[26] Begehren und Widerwillen liegen in
der unbeherrschten Lust unmittelbar nebeneinander. Der Widerwille stellt das falsche Begehren als solches bloß. So geschieht es, wenn der Liebe die Ganzheit fehlt, wenn nur etwas

---

[25] MNoth, ATD 5, 185f. Vgl. in Jes 6₂ die Seraphen als Dienerschaft Jahwes, von deren sechs Flügelpaaren je zwei die »Beine« bedecken, wobei
auch vor allem an die Genitalgegend zu denken ist (s. o. S. 102 Anm. 5).
[26] LKöhler, Mensch 78. Die Erzählung von Davids Ehebruch mit Bathseba (2 S 11) zeigt mit exemplarischer Schärfe, wie das rein körperliche
Verlangen (2f.) mit dem Ehebruch (4f.) eine Kette von Verbrechen nach sich
zieht (6f.). Vgl. auch Ez 23₁₄₋₁₇ₐ mit 17b!

am Mann und etwas an der Frau, aber nicht der Mann selbst und die Frau selbst eins werden, wenn die volle Partnerschaft fehlt, die als solche immer auch ausschließlich ist. »Koitus ohne Koexistenz ist eine dämonische Angelegenheit.«[27] Im kanaanäischen Kult war solcher Dämonismus institutionalisiert.

Die alttestamentliche Rechtsordnung rechnet mit der Zerspaltung des Menschen und also auch der Ehe (Lv 18 7ff. 20 10ff.). Im Verhältnis der Geschlechter zueinander gilt die unbedingte Priorität des Personenrechts vor dem Sachbesitzrecht; gerade auch schwächere Glieder der Gesellschaft bedürfen des Schutzes gegenüber männlicher Willkür (Am 2 7). Hat ein Mann in schwacher Stunde eine nicht verlobte junge Frau zur Beiwohnung verführt, so muß er dann auch bereit sein, sie fürs ganze Leben zur Frau zu nehmen (Ex 22 15); nach Dt 22 28f. darf er sich lebenslang nicht von ihr scheiden. Dt 24 1-4 sieht im übrigen einen Scheidebrief seitens des Mannes vor. Durch menschliches Versagen verschuldete und unerträglich gewordene Verhältnisse sollen nicht festgeschrieben werden. Andererseits wird einem launischen Hin und Her gewehrt. Hat die geschiedene Frau inzwischen eine neue Ehe geschlossen, so ist danach die Rückkehr zum ersten Mann ausgeschlossen. Fürsorglich wird verheerende Willkür eingegrenzt, so daß menschliches Unglück nicht schrankenlos fortwirkt. Gestörte und enttäuschte Liebe bringt namenloses Leid. Einmal sehen wir einen Leviten seiner aus Wut entlaufenen Frau nachlaufen, ihr zu Herzen reden und sie aufs neue umwerben, doch bei ihm zu bleiben (Ri 19 1ff.). So wird die Mahnung zur Beständigkeit in der Liebe zur heilenden Wohltat in den menschlichen Spaltungen (Mal 2 15):

An der Frau deiner Jugend handle nicht treulos!

Ein Priester soll eine geschiedene Frau ebenso wenig heiraten wie eine Hure oder eine entjungferte junge Frau (Lv 21 7). Ehelosigkeit gilt als Schande, ist doch mit ihr dem Menschen versagt, ein ganzes Leben zu verwirklichen. So werden nach

---

[27] KBarth, III/4, 148.

Jes 41 in den Tagen des Gerichts, in dem die Männer massenhaft im Kriege fallen (325), sieben Frauen sich an einen Mann klammern und sagen:

> Wir wollen uns selbst ernähren und selbst für unsere Kleider sorgen, nur laß uns deinen Namen führen, nimm unsre Schmach hinweg.

Von einem Manne verschmäht zu werden, das bedeutet für eine junge Frau eine erschütternde Störung, die sich selbst bei späterer Heirat noch auswirkt; eine solche Person gilt als ebenso unerträglich wie ein Sklave, wenn er König wird oder ein Tor, wenn er im Überfluß lebt (Prv 30₂₁₋₂₃). Muß Jeremia zum Zeichen für Israel ehelos bleiben, so signalisiert er damit die lebensbedrohende Störung zwischen Jahwe und Israel (Jer 16₁ff.; vgl. 15₁₇).

Auch vor abnormen geschlechtlichen Verhaltensweisen wird als vor Zerspaltungen des ganzen Menschen gewarnt. Lv 20₁₃ sagt zur Homosexualität:

> Wenn einer bei einem Manne liegt, wie man bei einer Frau liegt, so haben beide ein Greuel verübt.

Vgl. Lv 18₂₂. Die Geschlechtsdifferenzierung wird verkannt und damit die Grundweise, in Überwindung der Selbstliebe zum fruchtbaren Leben zu kommen. Ebenso wird der Sodomie widerstanden (Lv 18₂₃):

> Du sollst nicht mit irgendeinem Tier Umgang haben und dich so an ihm verunreinigen. Und keine Frau soll sich vor ein Tier hinstellen, um sich mit ihm zu begatten. Das wäre eine große Schandtat.

Da die Bejahung des eigenen Geschlechts nicht immer selbstverständlich ist, fällt auch ein Wort gegen den Transvestismus (Dt 22₅):

> Eine Frau soll nicht Männertracht tragen und ein Mann soll nicht Frauenkleider anziehen.

Homosexueller Umgang soll auch nicht auf solche Weise erschlichen werden.

So werden die verschiedensten Störungen und Bedrohungen

geschöpflicher Menschlichkeit und des darin begründeten Liebesverhältnisses ebenso deutlich beim Namen genannt wie das Entzücken an gänzlicher Liebesvereinigung. Es ist immer die Störung des Gottesverhältnisses, die sich – auf unterschiedlichste Weise – in den Störungen des gemeinsamen Lebens von Mann und Frau zeigt. In der gebotenen Ausschließlichkeit der Liebe steht nicht weniger als das Schöpfungsgeschenk der Ganzheit der Liebe auf dem Spiel.

20

ELTERN UND KINDER[1]
1. Gabe Jahwes - 2. Erziehung - 3. Spannungen -
4. Verantwortung

Da im alten Israel die Großfamilie, die Sippe und der Stamm
die wichtigsten sozialen Gebilde darstellen, kommt dem Verhältnis der Eltern und der Kinder zueinander eine grundlegende Bedeutung zu. Mit dem Generationenproblem stehen
die Wirklichkeit des Menschen und zugleich die Zukunft Israels
in Frage.

1. Daß Kinder als *Gabe Jahwes* anzusehen sind, ist eine notwendige Voraussetzung für das Verständnis der mannigfachen
Beziehungen zwischen Vätern und Müttern, Söhnen und Töchtern. Die Zuordnung von Mann und Frau hat sicher nicht nur[2],
aber doch zu einem wesentlichen Teil ihren Sinn darin, Kinder
zu zeugen. Nach der Priesterschrift kann die Menschheit ihre
Kulturaufgabe auf der Erde nur wahrnehmen, wenn sie sich
vermehrt[3]. Nach dem Jahwisten geht die Zusage an Abraham,
daß er zum großen Volk wird, der Zielsetzung voran, daß in
ihm alle Sippen der Erde Segen finden (Gn 12₂f.; vgl. 28₁₄!).
Hier wie dort aber ist die Vermehrung eine Wirkung des Segens Jahwes (Gn 1₂₈ 12₂). Seither hofft Israel, zahlreich zu
werden wie die Sterne am Himmel und der Sand am Meer

---

[1] *Literatur:* LLöw, Lebensalter 130–134. – LDürr, Erziehungswesen. –
JConrad, Generation. – HRinggren, ᵓāb. – EJenni, ᵓāb. – JKühlewein,
ᵓēm. – Ders., bēn.
[2] S. o. S. 248.
[3] Zu Gn 1₂₈ s. o. S. 238.

(Gn 15₅ 26₄ 22₁₇ Hos 2₁). Rebekka wird Gn 24₆₀ aus ihrem
Elternhaus entlassen mit dem Wunsch:

O unsre Schwester, werde du zu tausendmal Zehntausenden!
Doch wie menschliches Planen nicht selbstverständlich und
reibungslos zur Verwirklichung übergeht, so zeigt sich auch
zwischen dem Willen zum Kind und der Verwirklichung in
seiner Geburt eine erhebliche Spannung. Über die Differenz
zwischen dem Wunsch zur Vermehrung und seiner Erfüllung
verfügt der Mensch nicht frei. Die Vätergeschichten bezeugen
in einer extremen Weise, daß Israel seine Volkwerdung nur
von Jahwe als dem Herrn dieser Differenz her begreifen kann.
Israels Stammütter galten als unfruchtbar. Sara, die wegen
ihrer Kinderlosigkeit Abraham schon ihre Sklavin zugeführt
hatte (Gn 16₁f.), lacht schließlich im Alter über die Verheißung
eines Sohnes (Gn 18₉ff.). Die Unfruchtbarkeit Rebekkas wird
erst nach einem besonderen Gebet Isaaks aufgehoben (Gn 25
21). Auch Jakobs geliebte Rahel verzweifelt zunächst wegen
ihrer Kinderlosigkeit.

Schaffe mir Söhne, oder ich sterbe!
ruft sie aus (Gn 30₁). Bezeichnend ist Jakobs Antwort (₂):
Bin ich denn an Gottes Statt, der dir die Leibesfrucht versagt hat?
Später sieht die dezimierte Exilsgeneration ihre Nachkommenschaft noch einmal neu aus der Kraft der Verheißung Jahwes
hervorkommen (Jes 54₁):
Juble, du Unfruchtbare, die nicht gebar,
frohlocke und jauchze, die nicht in Wehen lag!
Denn mehr sind die Söhne der Einsamen
als die Kinder der Ehefrau, spricht Jahwe.
So werden denn in Ps 127₃ generell Söhne ein Erbgeschenk
Jahwes und in Ps 128 ein Segen der Jahwefurcht genannt. Ps
113 lobt Jahwe, der der Kinderlosen Freude über Kinder
schenkt (₉; vgl. Ps 144₁₂f.). Für die Eltern sind sie Ehre und
Stolz (Ps 144), Freude (Ps 128) und spürbare Hilfe (Ps 127₄f.).
Besonders männliche Nachkommen werden hoch geschätzt (Jer

20₁₅ 1 S 4₂₀ Gn 30₂); ihre Arbeitskraft gilt als wertvoller[4], sie bleiben im väterlichen Familienverband und mehren ihn. Doch für Qohälät ist auch die Fülle von Kindern kein Wert an sich (6₃):

Zeugte ein Mann auch 100 Kinder . . ., kann aber am Guten nicht satt werden, so sage ich: Glücklicher als er ist eine Totgeburt.

2. Die *Erziehungsaufgabe* fällt Mutter und Vater zu. Beider erzieherisches Wirken heißt hebräisch *jsr* pi. (Dt 8₅ Prv 31₁), womit sowohl Anleitung (Hi 4₃) wie Züchtigung (1 Kö 12₁₁) bezeichnet werden. In den ersten Lebensjahren nimmt vornehmlich die Mutter die Erziehung wahr. Ihr ist das Kleinkind anvertraut. Mose verliert nach Ex 2₃₋₉ mit drei Monaten seine Mutter, erhält sie dann aber durch List als Amme zurück. Bis zur Entwöhnung, vielleicht erst im dritten Jahr[5], versorgt die Mutter in der Regel das Kleinkind ganz (vgl. 1 S 1₂₁₋₂₈). Weiterhin nimmt sie sich besonders der Tochter an. Anlagen wie Erziehung führen zu der sprichwörtlichen Beobachtung (Ez 16₄₄):

Wie die Mutter so die Tochter.

Auch der Sohn ist gut beraten, wenn er sich an die Lehren seiner Mutter neben denen des Vaters hält (Prv 1₈f. 6₂₀). Lemuel, der König von Massa, überliefert speziell die Mahnworte seiner Mutter; zum Umgang mit Frauen, mit alkoholischen Getränken und mit Hilfsbedürftigen hat sie Besonderes zu sagen (Prv 31₁₋₉). Die tüchtige Frau, die gut beraten kann, wird nicht zuletzt von ihren Söhnen gepriesen (Prv 31₂₆.₂₈). Die Königinmutter übte als »Gebieterin« (*geḇīrā* 1 Kö 15₁₃) und »Beraterin« (2 Ch 22₃) einen starken Einfluß aus[6].

Die Rolle des Vaters in der Erziehung wird im allgemeinen um so wichtiger, je älter das Kind wird. Der junge Mann muß

---

[4] Vgl. Lv 27₁f. und o. S. 181.
[5] S. o. S. 180.
[6] Vgl. JKühlewein, *'em* 176; dort weitere Literatur.

in der Regel in den Beruf des Vaters hineinwachsen. Erziehung und Berufsausbildung liegen in einer Hand, ob die Söhne nun wie meistens Ackerbauern und Viehzüchter, Handwerker, Priester oder Richter werden. Wenn Gn 4₂₀-₂₂ den »Vater« der Zeltbewohner, den »Vater« der Zither- und Flötenspieler und den der Erz- und Eisenschmiede nennt, so weist das eher auf »Familien-Innungen« mit Berufsvererbung als auf gewerbliche Zünfte, wie sie Ägypten kannte, hin. Die beiden Beispiele der Söhne Elis (1 S 2₁₂ff.) und der Söhne Samuels (1 S 8₁ff.) zeigen, daß gerade auch in den hohen Berufen der Priester und der Richter ein Mißraten der Erziehung durchaus nicht ausgeschlossen war. Elis Söhne »kümmerten sich weder um Jahwe noch um das, was ihnen als Priestern gegenüber dem Volk zustand«; mit großer Gabel holen sie sich aus dem noch kochenden Opferfleisch, was sie gelüstet. Und die Söhne Samuels suchten als Richter »ihre Vorteile, nahmen Bestechungsgelder und beugten das Recht«. Daß David gegenüber seinen Söhnen versagte, wird wiederholt betont. Amnons schweres Vergehen gegen Tamar[6a] erzürnt ihn zwar sehr, aber er wagt nicht, seinem Sohn wehe zu tun (2 S 13₂₁). Und der Aufsässigkeit Adonjas »war sein Vater sein Lebtag nicht entgegengetreten, daß er ihm etwa gesagt hätte: Warum tust du so etwas?« (1 Kö 1₆).

Das handwerkliche Können, in das der Vater einweist, ist nicht zu trennen vom Umgang mit den Dingen in Stadt und Land, mit den Tieren und vor allem mit den anderen Menschen und mit sich selbst. Der junge Mensch soll ebenso mit Wetter und Unwetter zu leben lernen wie mit den wechselnden Tages- und Jahreszeiten, mit den Rechtsordnungen und Leidenserfahrungen, mit den ungelösten Rätseln des Lebens und mit seinem Gott. Die meisten Gegenstände solcher Pädagogik werden in den Sammlungen der Sprüche behandelt. Andere sind in Erzählungen und Psalmen aufbewahrt. Hier

---

[6a] S. o. S. 255.

zeigt sich, daß sich ein gutes Stück der Erziehung in der Berichterstattung der Väter über ihre Erlebnisse und Widerfahrnisse vollzog (Ps 44₂ₐ. 78₃ₐ. Ri 6₁₃). Das Erzählen konnte durch Fragen der Jugend ausgelöst werden. Sie entzündeten sich an Gegenständen wie jenen zwölf Steinen am Jordan bei Gilgal, die an den Durchzug durch den Jordan und die rettende Tat Gottes am Schilfmeer erinnerten (Jos 4₂₀₋₂₄), oder am Passaritual, das die Frage provozierte: »Was habt ihr da für einen Brauch?« (Ex 12₂₄₋₂₇), oder an anderen Bestimmungen, die nach Rückfrage der Kinder die Väter zum Erzählen der wichtigsten Taten Gottes in der Heilsgeschichte anregten (Dt 6₂₀₋₂₅ Ex 13₁₄ₐ.). Natürlich kann die Unterweisung auch vom Vater ausgehen (Ex 13₈ Dt 4₉ Ps 71₁₈).

Nicht zufällig wird »Vater« auch zum Titel des Weisheitslehrers (Prv 4₁), dessen Schüler sein Sohn ist (Prv 13₁ 1₁₀.₁₅ u. ö.)[7]. In den Elia- und Elisaüberlieferungen finden wir auch den Propheten von seinen Jüngern (2 Kö 2₁₂) wie von anderen (6₂₁ 13₁₄) »mein Vater« angesprochen. Die Prophetenjünger sind ihre »Söhne« (1 Kö 20₃₅ 2 Kö 2₃.₅.₇ 4₁.₃₈ 5₂₂ 6₁ 9₁). Hiob wird von Bildad ermahnt (8₈ₐ.):

Frage doch das frühere Geschlecht,
    merke dir, was die Väter erforschten,
denn wir sind von gestern und wissen nichts,
    wie Schatten sind unsre Tage auf Erden.

Wesentliches Mittel der Erziehung ist es, auf Grund der Erfahrungen die Tatfolgen aufzuweisen, wie es die Struktur zahlreicher Sprüche zeigt, die den Zusammenhang von Tun und Ergehen darlegen[8], z. B. Prv 30₃₃:

Pressen von Milch bringt Butter,
    Pressen der Nase bringt Blut,
        Pressen des Zorns bringt Streit.

---

[7] Zu der Möglichkeit, die weisheitliche Mahnrede (z. B. in Prv 22₁₇–24₂₁ und 31₃₋₉) von einer Weisung der Eltern, speziell der Mutter, herzuleiten, vgl. GLiedke, Rechtssätze 199. Paulus vergleicht sein Verhältnis als Apostel zur korinthischen Gemeinde mit dem des Vaters zu seinen Kindern (1 Kor 4₁₄ₐ. 2 Kor 6₁₃ 11₂).   [8] Vgl. GvRad, Weisheit 165–181.

So wird Einsicht geweckt. Doch es gibt auch Torheit, von der körperliche Züchtigung heilt (Prv 29₁₅):

Rute und Rüge gibt Weisheit,
  aber ein zuchtloser Knabe bringt seiner Mutter Schande.

Prv 23₁₃f.:

Halte die Zucht vom Knaben nicht fern!
Er stirbt nicht, wenn du ihn schlägst mit dem Stock.
Du schlägst ihn zwar mit dem Stock,
  doch du rettest sein Leben vor der Totenwelt.

(Vgl. 13₂₄ 22₁₅). Das letzte, was Väter ihren Kindern zuwenden können, ist der Segen, der Freiheit und Fruchtbarkeit von Gott herbeifleht (Gn 27₂₇₋₂₉ 48₁₅f. 9₂₇). Sir 3₉:

Der Segen des Vaters baut das Haus der Kinder,
  doch der Mutter Fluch reißt die Fundamente aus.

3. *Spannungen* zwischen Eltern und Kindern haben mancherlei Ursache. Sie kann in den »Sünden der Väter« liegen, von denen das Alte Testament außerordentlich oft spricht, vor allem seit Jeremia[9] (2₅ 3₂₅ 11₁₀ u. ö.). Schon Hosea fordert die Söhne auf, ihre ehebrecherische Mutter zu verklagen (2₄f.). Der eigentliche Erzieher Israels ist Jahwe, so wie ihn Hosea verkündet, wie ihn aber auch die Weisheit lehrt[10]. Infolge der Tatsache, daß die Eltern nicht oberste Instanz, sondern wie die Kinder dem Wort Jahwes unterstellt sind, kann es auch eine Pflicht zum Ungehorsam der Söhne gegenüber den Forderungen und Sitten der Väter geben, wie es Ez 20₁₈ in einem Jahwewort heißt:

Ich sprach zu ihren Söhnen in der Wüste:
Wandelt nicht in den Satzungen eurer Väter
  und befolgt nicht ihre Gebräuche
    und mit ihren Götzen verunreinigt euch nicht!

---

[9] Vgl. E Jenni, '*āb* 13.
[10] Hos 5₂ 7₁₂.₁₅ 10₁₀ und Prv 3₁₁f. Hi 5₁₇ 33₁₂ff. Ps 118₁₈; vgl. HJKraus, Erziehung 268f. und HWWolff, BK XIV/1, 125.

Das Alte Testament weiß um die Auswirkung der Vätersünden in alle vier zugleich lebenden Generationen hinein (Ex 20₅f. 34₆f. Dt 5₉f.). Es sieht die Söhne darunter leiden, z. B. im Exil (Thr 5₇):

Unsere Väter haben gesündigt, doch sie sind nicht mehr,
wir aber müssen ihre Schulden schleppen.

Da geht ein »Wort zynischen Aufbegehrens«[11] unter den Leuten in der Exilszeit um (Ez 18₂ Jer 31₂₉):

Saure Trauben aßen die Väter,
den Kindern werden die Zähne stumpf.

Doch dagegen hat Ezechiel eine neue Botschaft zu verkündigen. Im Namen Jahwes sagt er (Ez 18₄):

Alles Leben ist mein, das Leben des Vaters wie das des Sohnes. Sie sind mein. Nur wer sündigt, der soll sterben.

Danach ist jede Generation unmittelbar zu Jahwe in der Freiheit angebotener Entscheidung.

Der Sohn soll nicht die Schuld des Vaters tragen und der Vater nicht die Schuld seines Sohnes

(18₂₀). Der neuen Generation wird die Chance neuen Lebens eröffnet.

Doch auch von der Schuld der Söhne ist zu sprechen. Ezechiel hört Jahwe klagen (20₂₁):

Auch die Söhne zeigten sich widerspenstig gegen mich!

Vgl. Jer 5₇. Von der Einzelfamilie weiß die Spruchweisheit zu sagen, wie ein törichter Sohn seiner Mutter Kummer und seinem Vater Verdruß bereitet (Prv 10₁ 15₂₀ 17₂₅ 19₁₃). Prv 15₅.₃₂:

Ein Tor verschmäht die Warnung des Vaters,
aber klug wird, wer Rüge beachtet.
Sein Leben wirft weg, wer Warnung in den Wind schlägt.
Doch wer auf Rüge hört, gewinnt Vernunft.

Das Deuteronomium behandelt einen äußersten Fall (Dt 21 18-21): Ein Sohn ist so störrisch, daß er weder auf den Vater

---

[11] WZimmerli, BK XIII 402.

noch auf die Mutter hört und auch bei wiederholter Zurecht-
weisung nicht von seiner Widerspenstigkeit läßt. In diesem
Streit haben die Eltern keine Rechtsgewalt über die Zurecht-
weisungen hinaus. Die Ältesten als Ortsrichter müssen sich der
Sache annehmen, und beide Elternteile müssen ihre Klage gemeinsam vorbringen. Den Eltern ist die Verfügungsgewalt
entzogen. Ihre und des Sohnes Not gehört zu dem »Bösen«,
das »ganz Israel« betrifft (21).
Es kann also sowohl von den Eltern wie von den Kindern her
zu äußersten Spannungen kommen. Ihr wirkliches Ende erwartet der Prophet Maleachi (3₂₄) erst von der Wiederkunft
des vollmächtigen Propheten Elia[12]:

> Er wird das Herz der Väter den Söhnen zuwenden und das
> Herz der Söhne ihren Vätern, daß ich nicht komme und das
> Land mit dem Bann schlage.

Im Blick auf die Gegenwart Christi in seinem Wort sucht
schon der Kolosserbrief von beiden Seiten her die Gegensätze
zu überwinden (3₂₀f.):

> Ihr Kinder, seid euren Eltern in allem gehorsam, denn das
> ist wohlgefällig im Herrn. Ihr Väter, verbittert eure Kinder
> nicht, damit sie nicht den Mut verlieren.

Solche Wendung setzt schon – »in dem Herrn« – ein völlig
erneuertes Leben aus Dankbarkeit gegen erfahrene Vergebung
voraus.

4. Auf die *Verantwortung* der Generationen füreinander weist
schon das Alte Testament zur Überwindung der Spannungen

---

[12] In 1 Kö 19₄ begründet der mehr »gottesmüde« als lebensmüde (GvRad,
GPM 20, 1966, 290) Elia seine Bitte, sterben zu dürfen:
  Ich bin nicht besser als meine Väter.
Der Eiferer ist in Angst geraten (₃) und vermag sich daher nicht mehr von
seinen Vätern abzuheben, gerade auch, wenn damit präzis seine Vorgänger
im Prophetenamt gemeint sein sollten. Zum Titel »Vater« für den
Propheten s. o. S. 263. Unter den früheren »Propheten« zeigt uns nur der
Jahwist Mose in ähnlicher Verzagtheit und Sterbenswilligkeit (Nu 11₁₅).
Zu den Schwierigkeiten der Deutung von 1 Kö 19₄ vgl. OHSteck, Elia-
Erzählungen 27.

hin. Der Väter Sache ist es nicht nur, den jungen Menschen Antworten auf ihre Fragen zu geben, sondern vor allem, ihnen eine stete Zuflucht zu bieten, in der sie wie selbstverständlich alles finden, was sie zum gesicherten Leben benötigen (Prv 14₂₆):

> Wer Jahwe fürchtet, hat starke Sicherheit,
> auch seine Kinder haben Zuflucht.

Die Waisen werden deshalb besonders dem allgemeinen Schutz empfohlen (Dt 14₂₉ Hi 31₁₇ Prv 23₁₀). Auch ein törichter Vater kann seinen Söhnen keine Hilfe bieten (Hi 5₄). In der Familie ist der Vater die verantwortliche Hauptperson; darum heißt Familie im Hebräischen »Vaterhaus« (*bēt 'āb*) (Ex 12₃ 1 Ch 7₂). Des Vaters Autorität hat Gewicht für den Sohn (Mal 1₆).

Solche Autorität ist nicht für alle zu allen Zeiten selbstverständlich. Die positive Fassung des Elterngebots im Dekalog kann mit der Aufgabe der Eltern zusammenhängen, daß sie Jahwes Heilstaten erzählen; es wird nicht wie das Sabbatgebot begründet, sondern mit einer Verheißung versehen, die den langen Genuß der Landgabe Jahwes (Ex 20₁₂) in Aussicht stellt, wozu Dt 5₁₆ noch das Wohlergehen im Lande hinzufügt. Demgemäß heißt das den Eltern gegenüber befohlene Verhalten, sie wichtig zu nehmen (*kabbēd*). Im Heiligkeitsgesetz (Lv 19₃) findet sich eine kürzere Fassung. Auch sie kann mit den gottesdienstlichen Lehrverpflichtungen der Eltern zusammenhängen, da sie am Kopf kurzer Reihen steht, die weiter von der Beachtung des Sabbats, vom Fremdgötter- und Bilderverbot handeln. Hier wird den Kindern Gehorsam (*jr'*)[13] befohlen. Dabei fällt besonders auf, daß nicht nur wie in allen Formen des Elterngebots die Mutter ausdrücklich *neben* dem Vater genannt wird, sondern *vor* ihm.

Altertümlich wirken die Sätze des Todesrechts im Bundesbuch, die dem, der Vater oder Mutter schlägt oder sonstwie ver-

---

[13] S. o. S. 196.

ächtlich bzw. als verflucht behandelt (*kallēl*), unter Todesstrafe stellt (21₁₅.₁₇). Denn wer die Eltern schmäht, lädt Blutschuld auf sich (Lv 20₉). Im sichemitischen Fluchdodekalog
(Dt 27₁₆) wird ein solcher Mensch selbst mit dem Fluch belegt.
Offenbar sind in diesen letzten Fällen nicht nur die jugendlichen Menschen angesprochen, sondern gerade auch die erwachsenen Kinder, die in der Großfamilie mit den hilfsbe-
dürftig werdenden Eltern zusammenleben.
Die Spruchweisheit zeigt deutlicher, wie im Verhalten zu den
Eltern konkrete Probleme der Altersversorgung[14] gelöst werden müssen (Prv 23₂₂.₂₄f.):

> Höre auf deinen Vater, er hat dich gezeugt,
>> verachte nicht deine Mutter, weil sie alt geworden ist.
> Jubeln kann der Vater eines Gerechten,
>> wer einen Weisen gezeugt, freut sich an ihm.
> Dein Vater möge sich an dir freuen,
>> und jubeln soll, die dich gebar!

Wenn die Eltern altern, sind die Kinder nicht mehr zuerst nach
Gehorsam oder Ungehorsam gefragt, sondern danach, ob sie
die Eltern beachten oder verachten, ob sie ihnen Freude oder
Kummer bereiten (Prv 10₁ 15₂₀):

> Ein weiser Sohn erfreut den Vater,
>> doch ein törichter ist seiner Mutter Herzeleid.

Die Sprüche sehen der Tatsache ins Auge, daß die Alten zur
Last werden können. Gegen den Wunsch, sie vorzeitig zu beerben, heißt es Prv 19₂₆:

> Wer den Vater mißhandelt, die Mutter verjagt,
>> ist ein schmachvoller, schandbarer Sohn.

Häufiger ist die Versuchung, das Eigentum der Eltern nicht zu
achten (Prv 28₂₄):

> Wer seinem Vater oder seiner Mutter etwas raubt und sagt:
>> – der ist des Verderbers Genosse. [Das ist kein Vergehen!

---

[14] Das alte Ägypten sprach vom »Stab des Alters« und dachte dabei an
die Aufgabe des Sohnes, dem alternden Vater zu helfen; vgl. WHelck,
Altersversorgung 158.

Schon der verächtliche Blick, der den Eltern zugeworfen wird, bringt den Kindern Unheil (Prv 30₁₇):

> Ein Auge, das den Vater verspottet
> und die greise Mutter verachtet,
> das hacken die Raben am Bache aus,
> und die jungen Adler fressen es.

Ganz besonderen Schutzes bedarf die Witwe, ebenso wie die elternlosen Kinder. Für beide setzen sich die Propheten und das Deuteronomium mit Betonung ein (vgl. z. B. Ex 22₂₁ Dt 16 11 27₁₉ Jes 1₁₇ Jer 7₆ Ez 22₇ Sach 7₁₀). Unerträglich ist das Leben geworden, wenn

> der Sohn den Vater verachtet, die Tochter sich gegen die Mutter auflehnt, die Schwiegertochter gegen die Schwiegermutter, und des Menschen Feinde seine eigenen Hausgenossen geworden sind (Mi 7₆).

Diese chaotische Not scheint unabweisbar, wo Menschen – sei es als die alte oder als die junge Generation – sich selbst als letzte Instanz ansehen und sich an Gottes Stelle setzen, anstatt mit seinem guten Wort zu leben. Mit dem Eintritt Jesu Christi in die Menschheitsgeschichte und dem damit eröffneten Angebot bedingungsloser Versöhnung ist jedes Zerwürfnis höchstens als vorletzte Phase im Verhältnis der Generationen anzusehen und zu behandeln.

21

BRÜDER, FREUNDE, FEINDE[1]
1. Leibliche Brüder – 2. Bruderschaft des Gottesvolkes – 3. Nächstenliebe – 4. Feindesliebe

Nicht nur die verschiedenen Generationen haben Pflichten füreinander und Nöte miteinander, sondern auch die zwischenmenschlichen Beziehungen einer und derselben Generation wollen gelöst sein. Wie verhält sich der Bruder zum Bruder ($'\bar{a}h$) und zur Schwester ($'\bar{a}h\bar{o}t$), der Mensch zu seinem Nachbarn und Gefährten ($r\bar{e}^{a\text{'}}$)[2], zum Freund ($'\bar{o}h\bar{e}b$) und zum Feind ($'\bar{o}j\bar{e}b$)? Wie also sieht das Alte Testament den Menschen als Mitmenschen?

1. *Leibliche Brüder* werden in der Josephsgeschichte definiert als »Söhne eines Mannes« (Gn 42₁₃) oder als »Söhne desselben Vaters« (32). Das Deuteronomium, das den Begriff des Bruders im allgemeinen erweitert, bestimmt den leiblichen Bruder als »Sohn deiner Mutter« (13₇). Die Josephsgeschichte thematisiert Haß zwischen Brüdern auf Grund von Eifersucht (Gn 37₃₋₁₁) und zeigt, wie die Feindseligkeiten auf Grund von Gottes Führungen zur Vergebung hingeleitet werden (50₁₅₋₂₁). Das Deuteronomium sieht ernsteste Gefahr der Verführung zu fremden Göttern aus dem Kreise der allernächsten Angehörigen heraufziehen (Dt 13₇₋₁₁). Bruder und Schwester gehören zur engsten Verwandtschaft wie Vater und Mutter,

---

[1] *Literatur:* CHGordon, Fratriarchy. – JFichtner, Nächsten. – FMaass, Selbstliebe. – RdeVaux, Lebensordnungen I 45.72–74.96–98. – ThCVriezen, Liebesgebot. – WZimmerli, Weltlichkeit 98–110. – HRinggren, $'\bar{a}h$. – EJenni, $'\bar{a}h$.

[2] Zur Wortbedeutung vgl. JFichtner, Nächsten 24ff. = 89ff.

Sohn und Tochter. Deshalb darf sich auch ein Priester bei der Besorgung ihres Leichnams für die Bestattung »verunreinigen« (Lv 21₂f.)³.

Unter besonderen Umständen, am ehesten beim vorzeitigen Tode des Vaters, entwickelten sich Formen des Fratriarchats⁴; sie zeigen sich in der Benennung von Geschwistern nach dem Bruder statt nach dem Vater (z. B. Gn 4₂₂ 36₂₂ 1 Ch 24₂₅), aber auch in der Rolle, die Laban bei der Verheiratung seiner Schwester Rebekka in Gn 24₂₉ff. spielt (der Vater Bethuel wird nur ₅₀ neben Laban erwähnt und ist dort wahrscheinlich sekundär), weniger eindeutig in der Verhandlung Sichems über Dina mit deren Vater und mit ihren Brüdern in Gn 34₁₁f. Isaak setzt Jakob zum »Gebieter« über seine Brüder ein (Gn 27₂₉; vgl. ₄₀ und 49₈). Auch 1 Ch 26₁₀ zeigt, daß der Vater einen anderen als den Erstgeborenen zum Haupt ($r\bar{o}'\check{s}$) der Familie (s. u. S. 310) einsetzen kann, vor allem, wenn dieser gestorben ist. Im ganzen sind die Spuren des Fratriarchats im Alten Testament dem Patriarchat eingeordnet.

Eine Verpflichtung der jüngeren Brüder gegenüber dem älteren zeigt sich in der Ordnung der Leviratsehe⁵ in Dt 25₅-₁₀. Danach soll eine Witwe ohne Sohn ihren Schwager (hebr. *jābām,* lat. *levir* = Bruder des Mannes) heiraten. Der Erstgeborene aus dieser Ehe wird den Namen des verstorbenen Bruders führen. Die Geschichte der Tamar, der Schwiegertochter Judas (Gn 38), gewährt einen Blick in die Praxis; danach geht die Verpflichtung an den nächsten Schwager weiter, wenn auch die Ehe mit dem ersten Schwager kinderlos blieb (vgl. Mt 22 24-27). Ruth, die nach dem Tode ihres Mannes keinen Schwager mehr hat, wird von dem nächsten Verwandten geheiratet (Rt 1₁₁f. 2₂₀ 3₁₂ 4₄f.₁₀.₁₇). Im übrigen ist der geschlechtliche Verkehr mit der Schwägerin ebenso streng untersagt (Lv 18₁₆ 20₂₁) wie der mit der eigenen Schwester (Dt 27₂₂ Lv 18₉ 20₁₇).

---

³ Vgl. MNoth, ATD 6, 134.
⁴ CHGordon, Fratriarchy; vgl. RdeVaux, Lebensordnungen I 45.
⁵ S. o. S. 247.

Im Erbrecht ist der erstgeborene Bruder dadurch ausgezeichnet, daß er den doppelten Anteil erhält (Dt 21₁₇). Im übrigen dürfen die Brüder nicht unterschiedlich bedacht werden, auch wenn der Vater eine seiner Frauen der anderen vorzieht (Dt 21₁₅f.). Die Töchter übernehmen in älterer Zeit nur dann ein Erbe, wenn sie keine Brüder haben (Nu 27₁₋₈). Stirbt ein Mann kinderlos, dann beerben ihn seine Brüder (₉), hat er auch keine Brüder, so folgen die Brüder seines Vaters, danach sonstige Blutsverwandte (₁₀f.). Daß Hiobs Töchter ebenso wie deren Brüder erben, spiegelt vielleicht jüngeres Recht (Hi 42₁₅)[6]. Nach Prv 17₂ wird sogar ein mit Einsicht begabter Sklave den Söhnen seines Herrn beim Erbe zugerechnet und in den Kreis der Brüder einbezogen:

> Ein kluger Sklave wird Herr über den schandbaren Sohn
> und inmitten der Brüder erhält er ein Erbteil.

Damit wird schon im engsten Kreis der Familie sichtbar, daß es stärkere Bindungen gibt als leibliche Bruderschaft und Blutsverwandtschaft[7].

2. Israel lernte, sich als eine *Bruderschaft des Gottesvolkes* zu verstehen. Gewiß sprachen sich im Alten Orient auch verbündete Könige verschiedener Völker als »Bruder« an, wie der König von Tyrus, Hiram, den König Salomo (1 Kö 9₁₃); Verträge zwischen fremden Staaten hießen »Bruderbund« (Am 1 9)[8]. Insbesondere sah Israel die Edomiter als Brudervolk an (Nu 20₁₄ Dt 24₈ 23₈ Ob 12) und fand schon die beiderseitigen Stammväter Jakob und Esau als Söhne Isaaks und also als Brüder zusammengehörig (Gn 27f.). Jedoch wußten sich die Stämme Israels als Jahwevolk besonders eng miteinander verbunden, vor allem auf Grund der gemeinsamen Heilsgeschichte und der Willenskundgabe Jahwes (Jos 24). Als »Söhne Israels« waren sie ein Volk von Brüdern, das sich von zwölf

---

[6] RdeVaux, a.a.O. 97.
[7] S. o. S. 270 zu Dt 13₇ff.
[8] Weitere Belege bei HWWolff, BK XIV/2, 193f.

Brüdern als ihren Stammvätern herleitete (Gn 29f.)[9]. Das Wort »Bruderschaft« (*'aḥᵃwā*) erscheint ein einziges Mal im Alten Testament (Sach 11₁₄) für die bedrohte Verbindung der beiden getrennten Staaten Juda und Israel.

Das Grundverständnis Israels als eines Brudervolkes hatte Folgen für das zwischenmenschliche Verhältnis seiner einzelnen Glieder. Das belegen schon die älteren Rechtssammlungen. In hervorragender und auch terminologisch präziser Weise lehrt jedoch erst das Deuteronomium, wie sich ein Israelit als des anderen Bruder zu verhalten habe. Es fällt auf, daß es ältere Bestimmungen des Bundesbuches nicht aufnimmt, ohne jeweils den betroffenen Volksgenossen ausdrücklich als »Bruder« zu bezeichnen[10]. Jeder Gläubiger soll in seinem Schuldner seinen[11] Bruder sehen und demnach im siebenten Jahr Erlaß gewähren (15₁ff.). Angesichts des armen Volksgenossen heißt es: »Du sollst dein Herz nicht verschließen vor deinem Bruder, und deine Hand nicht verschließen« (7). Das alte Zinsverbot, im Bundesbuch zugunsten des Armen formuliert, wird mit dem Hinweis auf die Bruderschaft gegenüber allen Volksgenossen in Kraft gesetzt (vgl. Dt 23₂₀f. mit Ex 22₂₄). Es erscheint auch in anderen Schichten des Alten Testaments und hebt Israel von seiner Umwelt ab, die zum Teil sehr hohe Zinsen bis zu einem Viertel oder Drittel des Darlehens kannte[12]. Im Gottesvolk dagegen soll sich keiner an der Not des anderen bereichern. Nur vom Ausländer darf Zins genommen werden. Besonders beachtlich und von weittragenden Folgen ist es, daß

---

[9] Auch Halbbrüder gelten als Brüder, so wie in 2 S 13₄ Amnon von seinem »Bruder« Absalom sprach, obwohl sie nach 2 S 3₂f. zwei verschiedene Mütter hatten. So verbindet die Kinder der Lea, der Rahel, der Silpa und der Bilha der gemeinsame Vater Jakob als Brüder. Zur Amphiktyonie-These MNoths und ihrer Bestreitung vgl. RSmend, Amphiktyonie.

[10] Vgl. GvRad, Gottesvolk 12f. Dazu vgl. Ex 21₂ mit Dt 15₁₂, Ex 21₁₆ mit Dt 24₇, Ex 22₂₄ mit Dt 23₂₀f.

[11] Das Deuteronomium unterstreicht die Verbundenheit der Glieder des Gottesvolkes in der Regel durch Beifügung eines Suffixes zu *'āḥ*, meist in der Anredeform »dein Bruder«.

[12] Vgl. Lv 25₃₆f. Ex 18₈.₁₃.₁₇ 22₁₂ Ps 15₅ und WZimmerli, Weltlichkeit 102.

auch die Personen an den äußersten Grenzen der altisraelitischen Gesellschaft in die Bruderschaft einbezogen sind. So spricht das Deuteronomium einerseits vom Sklaven und andererseits vom König als Bruder unter Brüdern. Das Sklavengesetz erkennt den abhängigsten Gliedern der Gesellschaft nicht nur einen leeren Titel zu, sondern schärft eine wahrhaft brüderliche Verhaltensweise ein (15₁₂-₁₈)[13]. Andererseits soll der König »sein Herz nicht über seine Brüder erheben« (17₂₀)[14]. Vom König bis zu den Sklaven lebt »ganz Israel« auf dem gemeinsamen »Erbbesitz« des Landes, das Jahwe ihm geschenkt hat (Dt 12₉ 15₄ 19₁₀ u. ö.)[15]. Darum ist einer des anderen Bruder. Das in Jahwe begründete Verhältnis hat Vorrang vor leiblicher Bruderschaft (Dt 13₇ff.; vgl. Ex 32₂₉).

3. Andere Schichten des Alten Testaments richten die Aufmerksamkeit auf Bruderschaft als ein allgemein menschliches Phänomen. Der Jahwist faßt es in der Erzählung von Kain und Abel in Gn 4₁-₁₆ scharf ins Auge; dort kommt das Motivwort »Bruder« siebenmal vor[16] (2.8a.b 9a.b 10.11). Das Universalproblem menschlichen Miteinanders wird an den Söhnen einer Mutter verdeutlicht, die in den beiden grundverschiedenen Berufen des Ackerbauern und des Kleinviehhirten leben und also auch zwei verschiedenen Sozialstrukturen zugehören. Der sich benachteiligt sieht, wird zum Erzfeind und Mörder des Bruders. Er muß sich nach seinem Bruder fragen lassen, wehrt aber mit der Gegenfrage ab, ob er seines Bruders Hüter sei. So wird er von dem Ackerboden, aus dem das Bruderblut aufschreit, ins Unstete hinausgeschickt, steht jedoch auch als Brudermörder noch unter Gottes Schutzzeichen vor wilder Blutrache. Das menschliche Generalthema der feindlichen Brüder wird ferner variantenreich an Esau und Jakob (Gn 27ff.) und an Joseph und seinen Brüdern (Gn 37.39ff.) unter Israels

---

[13] Vgl. 21₂-₆ und u. S. 292f.
[14] S. u. S. 286.   [15] Vgl. GvRad, Gottesvolk 50.
[16] Vgl. CWestermann, Erträge 49f. 53f.; ders., BK I 381ff.

Vätern weitergeführt. Die Genesis verdeutlicht grell, daß Israel moralisch nicht besser ist als alle Welt.

Aber es erfährt ein weiterführendes Wort, das seine Kreise über Israel hinaus zieht. Lv 19₁₇f. lautet:

> Du sollst deinen Bruder in deinem Herzen nicht hassen. Du kannst deinen Mitbürger sorgfältig zurechtweisen, aber du sollst ihm eine Verfehlung nicht zur Last legen[17]! Räche dich nicht und trage deinen Volksgenossen nichts nach, sondern liebe deinen Nächsten wie dich selbst! Ich bin Jahwe.

Und ₃₄ ergänzt:

> Wie ein Einheimischer von euresgleichen soll euch der Fremde gelten, der bei euch Gastrecht genießt, und du sollst ihn lieben wie dich selbst, denn Fremde seid auch ihr gewesen im Lande Ägypten. Ich bin Jahwe, euer Gott.

Jeder dieser Sätze ringt mit dem allgegenwärtigen Kain, mit Jakob und mit Esau, mit Joseph und mit seinen Brüdern, mit jedem aufkeimenden Haß, mit jedem Bedürfnis zur Anklage, zur Rache oder doch zum Nachtragen. Sie stoßen vor zu dem Gebot der Nächstenliebe, das in der vorliegenden Form in Israels Umwelt noch keine Parallele fand[18] und das im Neuen Testament zentrale Bedeutung gewinnt. Schon hier schließt es im Nachtrag ausdrücklich den Nichtisraeliten ein, der als Schutzbürger in Israel lebt[19]. Grund ist allein, daß Jahwe sich als der heilige und huldvolle an Israel erwiesen hat, vor allem an seiner Fremdlingschaft in Ägypten. Ist in dem überragenden Gipfelsatz:

> Du sollst deinen Nächsten lieben wie dich selbst,

das letzte Wort *kāmōkā* richtig übersetzt? Moderne jüdische Auslegung wollte es wiedergeben: »(Du sollst deinen Nächsten lieben) er ist wie du«[20]. Doch haben wiederholte Studien ge-

---

[17] So übersetzt MNoth, ATD 6 V. 17bβ.
[18] JFichtner, Nächsten: WuD 40 = Gottes Weisheit 103.
[19] Dem durchziehenden Ausländer gilt die Gastfreundschaftspflicht (Gn 18₁f. 19₁f. Ri 19₁₁f.).
[20] LBaeck, Judentum 211; vgl. MBuber, Glaubensweisen 69 = 701: ». . . als gelte es dir selber«.

zeigt, daß der Satz nicht den Fremden mit dem Angesprochenen vergleichen will, sondern die Nächstenliebe mit der
Selbstliebe[21]. Dabei wird die Selbstliebe nicht etwa als geboten
vorausgesetzt, sondern sie dient als »Umschreibung für das
Maß der Liebe«[22]; die Besinnung auf die eigenen Wünsche
wird zum Antrieb liebevollen Handelns am anderen und damit im Blick auf Jahwes Tat an Israel zur Überwindung der
Selbstliebe[23]. Vielleicht streitet dieses »wie dich selbst« sogar
gegen die Selbstliebe als »unheimliche Macht«, »als gefährliche
Versuchung zur Untreue gegen Jahwe«[24]. Jedenfalls ist hier
alle gesetzliche Maßregelung mitmenschlichen Lebens überwunden und eine persönliche Brüderlichkeit mit Nahen und
Fernen begründet.

Neben dem singulären Gebot der Nächstenliebe im Heiligkeitsgesetz findet sich im Bereich der Spruchweisheit ein kon-
kretes Ringen mit täglichen Fragen des Zusammenlebens. Zu
den Verhaltensweisen, die Jahwe verabscheut, gehört es,

> zwischen Brüdern Streit zu entfesseln

(Prv 6,19), die doch in Eintracht in der Sippe zusammen woh-
nen müssen, wenn ihr Leben unter Jahwes Segen gelingen soll
(Ps 133). Aber der verarmende Bruder wird leicht verstoßen
(Prv 19,7):

> Alle Brüder eines Armen hassen ihn,
> wievielmehr halten sich seine Freunde von ihm fern.

Der Spruch setzt noch voraus, daß Brüder dem Manne näher
stehen als andere Volksgenossen. Anders Prv 27,10b:

> Besser ein Nachbar in der Nähe als ein ferner Bruder.

Aber auch bei gleicher Nähe gilt (Prv 18,24b):

> Mancher Freund ist anhänglicher als ein Bruder.

Genauer unterscheidet Prv 17,17:

> Zu jeder Zeit liebt der Freund,
> doch ein Bruder wird für die Not geboren.

---

[21] Vgl. JFichtner, FMaass, ThCVriezen.
[22] JFichtner, Nächsten 41 = 104.
[23] Vgl. Mt 7,12 und KBarth, I/2, 426f.   [24] FMaass, Selbstliebe 113.

Die Weisheit rät, auch mit dem besten Freund und nächsten
Nachbarn behutsam umzugehen (Prv 25₁₇):
> Mach selten deinen Fuß im Hause deines Nächsten,
> sonst bekommt er dich satt und haßt dich.

Nächstenschaft und Freundschaft können weit mehr bedeuten
als leibliche Bruderschaft. Das schönste Bild zu diesem Thema
zeichnet das Alte Testament mit der Freundschaft von David
und Jonathan. Zwischen ihnen ereignet es sich, daß einer den
anderen lieb gewinnt »wie sich selbst« (1 S 18₁). Sie können
miteinander weinen und füreinander schweigen, was sie aber
miteinander reden, da steht Jahwe als Zeuge zwischen beiden
(1 S 20₄₁f.). Am Ende beklagt David den Tod des Freundes
(2 S 1₂₆):
> Mir ist es weh um dich, mein Bruder!
> Jonathan, du warst mir lieb gar sehr!
> Deine Liebe war mir wunderbar,
> mehr sogar als Frauenliebe.

So vollendet sich menschliche Bruderschaft unter Männern, die
nicht eines Vaters Söhne sind.

4. Kommt das Alte Testament über die Bruder-, Nächsten-
und Freundesliebe hinaus zur Feindesliebe? Wenigstens zwei
Texte sind zu dieser Frage zu beachten. Schon das alte Bundesbuch verordnet (Ex 23₄f.):
> Wenn du das Rind deines Feindes oder seinen Esel verirrt
> antriffst, dann sollst du es ihm unbedingt wieder zuführen.
> Wenn du siehst, daß der Esel dessen, der dich haßt, unter
> seiner Last zusammenbricht, so sieh davon ab, ihn sich selbst
> zu überlassen; du sollst ihm unbedingt Hilfe leisten[25].

Wie es im Kontext um den hilflosen Armen geht, so hier um
das hilfsbedürftige Tier. Mit dessen Gefährdung aber drohen
auch seinem Besitzer erhebliche Schäden. Das Gottesrecht will,
daß jedem Israeliten für sein Handeln die Not des Tieres

---

[25] S. BHK.

wichtiger ist als die Feindseligkeit seines Besitzers. Er soll sich
über dem drohenden Unglück mit ihm zusammenfinden. So
konkret überwindet das Bundesbuch den Haß und das Ver-
geltungsdenken.

Noch einen Schritt weiter führt Prv 25₂₁f., wo der Feind selbst
in Not gerät und unmittelbarer Hilfe bedarf:

> Hungert dein Hasser, so gib ihm Brot zu essen!
> Leidet er Durst, so laß ihn Wasser trinken!
> Dann häufst du Glutkohlen auf sein Haupt,
> und Jahwe wird dir vergelten.

Da wird die Hilfsbedürftigkeit des Feindes zur Gelegenheit,
die Feindschaft zu überwinden. Aus ägyptischen Texten geht
hervor, daß feurige Kohlen in einem Bußritual wirklich aufs
Haupt gehäuft wurden, als Zeichen der Beschämung und Reue
eines schuldig gewordenen[26]. So darf der Weise, der in der Not
die Feindesliebe zu üben beginnt, erwarten, daß auch seinem
Hasser die Feindseligkeit leid wird und er zur Aussöhnung
willig wird. Von Jahwe darf er erhoffen, daß er den Akt für
ihn »vollständig macht« (*šlm* pi.)[27]. So kann Paulus das
alttestamentliche Weisheitswort genau aufnehmen (Rm 12
17-21).

Klar und kraß zeigt das Alte Testament die zwischenmenschlichen Zerwürfnisse. Ebenso deutlich sieht es den Menschen
sich selbst verfehlen und zerstören, wenn er nicht auf dem
Weg zur Überwindung des Hasses fortschreitet, hat doch
Israels Gott selbst damit begonnen und die Vollendung verheißen. Nur auf diesem seinem Weg wird der Mensch mitten
im Gewirr seiner Empfindungen und Begegnungen sich selbst
nicht verlieren. Der Mensch ist das zur Bruderschaft berufene
Wesen.

---

[26] SMorenz, Kohlen.
[27] Vgl. KKoch, Vergeltungsdogma 4f. 7 = 134f. 137f.

HERREN UND KNECHTE[1]
1. Kritik am Königtum – 2. Kritik des Sklavenrechts – 3. Unterwegs zur Freiheit

Das Alte Testament kennt die volle Schärfe des Gegensatzes zwischen Herrschenden und Beherrschten, Ausbeutern und Unterdrückten. Die Reichen und vor allem die Könige gelten als die frei verfügenden Besitzer ihrer Untergebenen. Die Abhängigen aber und vor allem die Sklaven haben oft nahezu den Stellenwert von Sachbesitz; sie gelten wie bares Geld (Ex 21₂₁); man kann sie wie Grundbesitz vererben (Lv 25₄₆).
Israel lebt in diesem Gegensatz wie in der Luft seiner Umwelt. Doch begegnet ihm schon in den älteren Überlieferungen des Alten Testaments heftige Kritik. Sie wird durch die klassische Prophetie verschärft und zu einem grundsätzlichen Umdenken weitergeführt. Man kann von einer Revolution in der Zuordnung von Herren und Knechten sprechen. Sie gehört zu den Voraussetzungen neutestamentlicher Christologie und Anthropologie. Wenn sie recht gehört wird, muß sie sich als bewegende Unruhe in der Menschheitsgeschichte auswirken, bis sie zum Ziel kommt. Wir befragen den alttestamentlichen Aufbruch nach seinen Motiven, Formen und Zielen.
Das anthropologische Problem der Freiheit des Menschen unter Menschen steht damit an. Der späte Qohälät formuliert es genau (8₉):

---

[1] *Literatur:* JHempel, Ethos 124–135. – AAlt, Anteil. – AJepsen, Ama\ʰ. – KHBernhardt, Königsideologie 114–177. – NLohfink, Sicherung. – WHSchmidt, Königtum. – JPMvanderPloeg, Slavery.

Dies alles sah ich, als ich meinen Sinn auf alles Tun richtete,
das unter der Sonne geschieht, wenn der Mensch über den
Menschen herrscht (*šālaṭ hā'ādām be'ādām*) zu seinem Unheil.

Eben solche Herrschaft des Menschen über den Menschen sahen
wir mit der priesterschriftlichen Lehre vom Menschen als dem
Bilde Gottes ausgeschlossen[2]. Wie sie trotzdem sich vollzieht
und überwunden wird, soll beispielhaft an den beiden extremen Institutionen des Königtums und des Sklaventums beobachtet werden.

1. a) Die altorientalischen Großreiche leiten ihre Anfänge von
einem *Königtum* her, das vom Himmel herabstieg oder das im
göttlichen Pantheon gezeugt war. Israel hingegen ist das Königtum als ein mythisch-kosmisches Urdatum völlig fremd.
Die Nachbarn Israels, die ihm soziologisch und ethnologisch
verwandt waren, die Edomiter, Moabiter, Ammoniter und
Aramäer, führten das Königtum lange vor Israel ein. Die
alten kanaanäischen Stadtstaaten und die übers Mittelmeer
zugezogenen Philister hatten seit je eine dynastische Verfassung. Das alte Israel jedoch kennt in seinen ersten Jahrhun-
derten das Königtum höchstens als eine Versuchung.
Das zeigt beispielhaft die Fabel des Jotham in Ri 9₈₋₁₅. Es ist
ein antimonarchisches Dokument hohen Alters, das im jetzigen
literarischen Zusammenhang dem ersten Versuch eines Königs-
tums in Israel, dem des Abimelek in Sichem, zugeordnet wird[3].
Diese politische Satire sucht ihresgleichen:

> Einst zogen die Bäume aus, um über sich einen König zu
> salben. Sie sprachen zum Ölbaum: sei über uns König! Aber
> der Ölbaum sprach zu ihnen: Soll ich meine Fettigkeit las-
> sen, darum mich Götter und Menschen ehren, und hingehen,
> um über den Bäumen zu schweben?

---

[2] S. o. S. 240.
[3] Vgl. HJBoecker, Beurteilung 27, vgl. 98.

Da sprachen die Bäume zum Feigenbaum: Komm du und
sei über uns König! Aber der Feigenbaum sprach zu ihnen:
Soll ich meine Süßigkeit lassen und meine guten Früchte
und hingehen, um über den Bäumen zu schweben?
Da sprachen die Bäume zum Weinstock: Komm du und sei
König über uns! Aber der Weinstock sprach zu ihnen: Soll
ich meinen Most lassen, der Götter und Menschen erfreut,
und hingehen, um über den Bäumen zu schweben?
Da sprachen alle Bäume zum Dornstrauch: Komm du, sei
König über uns! Da sprach der Dornbusch zu den Bäumen:
Wollt ihr wirklich mich zum König über euch salben, so
kommt, bergt euch in meinem Schatten! Wo nicht, so gehe
Feuer aus vom Dornstrauch und verzehre die Zedern des
Libanon!

Diese Fabel gibt das Königtum dem schallenden Gelächter
preis. Welche Ironie, wenn der Dornstrauch seinen Schatten
anpreist und zugleich die Zedern, die den schönsten Schatten
geben, bedroht! Selbst hat er nichts zu bieten, und er will
die vernichten, die viel zu spenden haben. Demnach erstrebt
das Königtum »nur ein Lump, nur wer zum Wohl des Ganzen
wirklich gar nichts beitragen kann«[4]. Motiv der Kritik ist die
Herrschsucht des Königtums, die das Beste im Leben zerstört,
die Form ist die Satire und das Ziel die Verhinderung des
Königtums, damit die Kräfte, die das Leben fördern, sich frei
entfalten können.

Hier wirkt sich konkret der spezifische Ansatz frühisraeliti-
scher Geschichte aus. Israel leitet seine Geschichte statt von
einem mythisch gefeierten und politisch erprobten Königtum
von einer Sklavengruppe her, die aus Ägypten befreit wurde.
Für Jahwe, dem diese Rettung verdankt wird, ist bezeichen-
derweise in der Frühzeit nicht einmal der Titel König typisch[5].

---

[4] GvRad, Weisheit 63f.
[5] Erst später gewinnt er für eine gegen die Umwelt gerichtete polemische
Theologie eine begrenzte Bedeutung; vgl. vor allem die Jahwe-Königs-
Psalmen 47.93.96–99 und die in Jes 6₅ erkennbare Tradition.

Hauptsächlich und in aller Regel wird Jahwe als der Befreier aus Ägypten verstanden. Daß er Israel aus Ägypten herausgeführt hat, ist der häufigste und wichtigste Bekenntnissatz[6]. Schon insofern Jahwe von Anfang an als Befreier den Geknechteten zugeordnet ist, kann er nicht eigentlich einem altorientalischen König verglichen werden. Es bleibt deshalb höchst beachtenswert, daß die Polemik gegen das Königtum in Israel älter ist als seine Institution und daß diese differentia specifica zur Umwelt mit dem Glauben an Jahwe unlöslich verbunden ist[7].

b) Eingang findet das Königtum in Israel erst unter Saul und David, und zwar zunächst zur Abwehr der immer bedrohlicher werdenden Philistergefahr. Schon das Königtum Sauls aber findet Kritik (1 S 10₂₇ 13₇-₁₅), dann in anderer Weise David (2 S 12₁ff. 15₁ff. 24₁ff.)[8] und schließlich recht kräftig Salomo. Die Dynastie Davids gerät bereits in der zweiten Generation in eine Krise, die zum Zerbrechen des Großreichs führt.

Ausgelöst wird die Revolte durch harte Fronarbeit, die Salomo den Männern des Hauses Joseph zumutete (1 Kö 11₂₆ff.). Durch Bedrohung ihres Anführers Jerobeam und dessen Flucht nach Ägypten wird sie zunächst niedergehalten. Aber nach Salomos Tod folgt Rehabeam nicht dem Rat der Alten, die zur Erleichterung der Fronarbeiten mahnen; nach dem Wortlaut des Berichts in 1 Kö 12₇ empfehlen sie ihm sogar, »diesem Volk ein ʿäbäd (Sklave)« zu sein, ihm »zu Diensten zu stehen« und »auf sie einzugehen« (vgl. Mk 10₄₃f.). Doch Rehabeam hört lieber auf seine forschen Altersgenossen und erklärt: »Mein Kleiner ist dicker als die Hüften meines Vaters ... ... Ich will euer Joch noch mehr belasten. Mein Vater hat

---

[6] Vgl. KGalling, Erwählungstraditionen 5ff.; MNoth, ÜP 50ff.
[7] Vgl. KHBernhardt, Königsideologie 116ff.
[8] Vgl. auch LDelekat, Tendenz.

euch mit Peitschen gezüchtigt, ich aber will euch mit Skorpionen züchtigen« (1 Kö 12₁₀ₓ.)⁹.

Darauf antwortet das Volk in Sichem rebellisch (₁₆):

> »Was haben wir für Anteil an David?
>
> Auf, Israel, zu deinen Zelten!«

Dann wird der aus Ägypten heimgekehrte Jerobeam als Mann der Fronarbeiter zum Gegenkönig über das Zehnstämmevolk erhoben. Rehabeam behält nur Juda. So wird der Herrschaftsbereich der Davididen genau wegen der Versklavung der freien Männer Israels dezimiert. Davids Großreich zerbricht daran, daß der König die Freiheit der Männer Israels nicht respektiert.

c) Aber auch das Königtum des Nordreichs bleibt von Kritik nicht verschont, und das um so weniger, je mehr es sich dem Königsrecht der Umwelt anpaßt. Der König Ahab steht durch seine Ehe mit der phönizischen Königstochter Isebel in besonderer Versuchung. Seine Ansprüche widerstreiten dem altisraelitischen Bodenrecht¹⁰. Nach 1 Kö 21 grenzt Naboths Weinberg an das königliche Palastareal in der Winterresidenz zu Jesreel. Der König möchte den Weinberg gegen angemessenen Ersatz als Gemüsegarten erwerben. Aber Naboth sagt (₃):

> Jahwe bewahre mich davor, daß ich das Erbe meiner Väter abtrete!

Der Satz ist ein großartiges Dokument der Unabhängigkeit eines israelitischen Bauern vom König. Diese Freiheit gründet in Jahwes Schenkung an die Väter. Der König, der um Israels Proprium weiß, weicht in ohnmächtiger Wut. Aber seine Frau,

---

⁹ Der ganze Erzählungszusammenhang 11₂₆₋₂₈.₄₀ 12₁ₓ. geht offenbar auf Jerusalemer (»Ältesten«?–) Kreise zurück, »die bei grundsätzlicher Bejahung des Davidsreiches doch mit Unbehagen den tatsächlichen Verlauf der Ereignisse unter David und seinen Nachfolgern angesehen und ihre Bedenken auch zum Ausdruck gebracht haben« (MNoth, BK IX, 271). Zur Texterklärung vgl. auch o. S. 186.

¹⁰ AAlt, Anteil 356ff. = 375ff.

die als phönizische Prinzessin erzogen ist, legt die absolutisti-
schen kanaanäischen Maßstäbe an und begegnet ihm ironisch
(7):

>»Übst du denn jetzt das Königtum in Israel aus?«

Sie versteht es, Naboth als Lästerer Gottes und des Königs
auf die Seite zu schaffen. Doch damit fordert sie alsbald das Ge-
richtswort des Propheten Elia heraus. Er kündigt das Ende der
Dynastie an. Das Königtum wird am Maß der Freiheit gemessen, das es den Befreiten Jahwes beläßt. Fortan bleibt das
Königtum von der Kritik der Jahwepropheten begleitet, das
Nordreich am treffendsten durch Amos. Bei seinen heftigen
Anklagen gegen die Unterdrücker und seiner Androhung von
Jahwes Gericht (z. B. 2₆₋₈ 4₁ 5₁₁f.) ruft jedoch weder er noch
einer der anderen Propheten die Bedrängten zur Aufsässigkeit auf. Immer sind die Schuldigen direkt angegriffen (vgl.
1 Kor 7₂₀₋₂₄).

d) Aus der Geschichte der davidischen Dynastie sei nur das
Beispiel des Prophetenspruches Jeremias gegen den König
Jojakim erwähnt (22₁₃₋₁₉):

Weh dem, der sein Haus mit Unrecht baut, der seinen
Volksgenossen umsonst arbeiten läßt ... Dein Vater hat
dem Bedrückten und Armen zum Recht verholfen. Heißt
nicht das: mich kennen? Aber deine Augen und dein Herz
gehen nur auf deinen Gewinn.

In eigenem Gewinnstreben und in selbstischer Genußsucht
dem Arbeiter den Lohn vorzuenthalten, statt dem Unterdrückten und dem Besitzlosen zur Freiheit zu verhelfen, das ist eine
Verkennung des vor Jahwe einzig legitimen Königsamtes in
Israel. Es widerspricht Jahwes Recht, das die Freiheit aller
schützt und aus jeglicher Knechtschaft herausführen will. Darum erinnert Jeremia den König Jojakim an das Vorbild seines
Vaters Josia. Er proklamiert das Gottesrecht neu in der Form
der Anklage und der Androhung eines ehrlosen Begräbnisses
für den Ausbeuter (18f.). Wer seinem Mitmenschen die Freiheit

raubt, ihn um den gerechten Verdienst bringt und ihn quält, und sei er der König, der hat sich selbst der Zukunft und der Ehre beraubt[11].

e) Aus der prophetischen Kritik am Königtum entsteht bei den deuteronomischen Reformtheologen ein Bild, das im Königsgesetz Dt 17₁₄-₂₀ seine literarische Fassung findet. Zunächst wird der König gemahnt, seine Streitwagenmacht klein zu halten und »das Volk nicht wieder nach Ägypten zu bringen« (₁₆); man sieht offenbar die Gefahr, daß Jahwes Herausführung aus Ägypten rückgängig gemacht wird dadurch, daß man sich politisch von Ägypten abhängig macht (Jes 30₁ff.) oder gar israelitische Soldaten im Tauschgeschäft gegen Streitwagengespanne nach Ägypten schafft (vgl. 1 Kö 10₂₆-₂₉)[12]. Zum zweiten wird dem König ein großer Harem untersagt (₁₇ₐ); wie der Regent durch zahlreiche Frauen von Jahwe abgelenkt wird, dafür steht Salomo Modell (1 Kö 11 1-13). Schließlich darf der König seinen Kronschatz nicht mehren (₁₇ᵦ). Hier ist sicher an die starken »sozialen Belastungen« gedacht, »die eine übertriebene Prachtentfaltung des Königshofes für das Volk bedeutet«[13]. Demnach darf genau das, was Macht und Ansehen eines orientalischen Herrschers begründet, den israelitischen König nicht interessieren.

Stattdessen soll sich seine Aufmerksamkeit dem Studium der Thora zuwenden. »Alle Tage seines Lebens« soll er darin lesen (₁₉ₐ). Dabei ist zweierlei bemerkenswert. Einmal soll er sich für dieses tägliche Studium eine Zweitschrift der Thora anfertigen lassen; die Urschrift ist und bleibt in der Hand der levitischen Priester, die ihm insofern übergeordnet sind (₁₈). Zum anderen ist das Ziel des Thorastudiums die eigene Lebensführung des Königs (₁₉ᵦ) und nicht etwa die königliche Rechtsprechung in Israel.

---

[11] Vgl. WHSchmidt, Königtum.
[12] Vgl. GvRad, ATD 8, 85f.
[13] HJBoecker, Beurteilung 30.

Die Bedeutung dieser Anweisungen wird erst voll verständlich, wenn man bedenkt, wie das Königtum im Zusammenhang der Gesetze über die leitenden Gewalten gesehen wird[14]. Man kann Dt 16₁₈–18₂₂ »als zusammengehörigen Verfassungsentwurf« interpretieren. Dabei ist interessant, daß die Ämter nicht vom König her entwickelt werden; vielmehr werden ihm typisch königliche Aufgaben (vgl. 1 S 8₂₀!) abgenommen: die Rechtsprechung wird dem »Richter« aus dem Kreise der levitischen Priester (17₈₋₁₃ 16₁₈₋₂₀) und die Kriegsführung dem Heerbann mit den Priestern (20₁ff.) übergeben. Für die lebendige Interpretation der Thora sind Propheten als Nachfolger des Mose zuständig (18₁₅ff.).

Was aber bleibt dann noch für den König? Er soll nichts anderes als der vorbildliche Israelit sein (17₁₉b!), ihr »Repräsentant«. »Aus der Mitte der Brüder« (15) ist er gewählt, und er soll »sein Herz nicht stolz über seine Brüder erheben« (20). Eigentlicher Herrscher in Israel ist Jahwe durch seine Thora, die Priester hüten sie, die Propheten legen sie aus und die Richter wenden sie an. Der König aber sollte als Bruder unter Brüdern der Musterisraelit sein, der nach Jahwes Willen lebt. Die Herrschaft der aufgeschriebenen Thora Jahwes ist durch die skizzierte Gewaltenteilung gesichert. Welche Umfunktionierung des Königtums durch Depotenzierung seiner üblichen Herrschergewalt und durch die indirekte Erhebung der Volksgenossen zu Brüdern des Königs! Eine wahrhaft revolutionäre Sicht des Königtums.

f) Noch von einer anderen Seite her zeigt sich die Umgestaltung des Königsbildes in Israel. In der Fürbitte für den König (am Tage seiner Thronbesteigung?) in Ps 72 werden hohe Erwartungen ausgesprochen. Gewiß erhofft man die weltweite Segensfülle seiner Herrschaft, aber besonders kennzeichnend ist es, wie konkret die allgemeine Gerechtigkeitsforderung

---

[14] Das folgende nach NLohfink, Sicherung.

zugespitzt wird. Die Fürsorge für alle Unterdrückten (2-4) erscheint als die hervorragende Aufgabe des Königs (4):

Er schaffe Recht den Gebeugten des Volkes,
    er helfe den Kindern der Bedürftigen
    und zermalme den Unterdrücker.

12-14:

Er reiße heraus den Armen, wenn er aufschreit,
    den Bedrückten, dessen sich keiner erbarmt.
Der Niedrigen und Bedürftigen nehme er sich an,
    das Leben der Bedürftigen rette er.
Von Unterdrückung und Gewalt befreie er ihr Leben;
    ihr Blut sei kostbar in seinen Augen.

Der König, der Jahwes Recht in Israel verwalten soll (1), wird genau an seinem Einsatz für die gemessen, die am meisten der Hilfe bedürfen. Entweder ist der König der König der Schwächsten oder er ist kein rechter König in Israel.

g) Eine letzte Textgruppe bezeugt die Unruhe, die alttestamentliche Dokumente in die etablierten Herrschaftsverhältnisse hineinbringen. Es sind die Gottesknechtslieder aus Deuterojesaja. In ihnen zeigt sich der wahre Herrscher als der, der selbst seinen Rücken den Schlagenden darbietet, seine Wange den Raufenden (50₆), der verachtet ist, von Menschen gemieden, ein Mann der Schmerzen, leiderfahren (53₃), durch Gewalt und Gericht ergriffen, um dessen Rechtsfall sich keiner kümmert (53₈), dem man ein Grab unter Verbrechern gibt (9). Er schleppt die Schmerzen für die anderen (53₄f.):

Zu unserem Heil wurde er gezüchtigt.
    Seine Verwundung schafft uns Heilung.

Dieser Mann steht also nicht nur wie der König von Dt 17 als Bruder unter Brüdern, nicht wie der von Ps 72 an der Seite aller Bedrückten, sondern er vollzieht den Rollentausch: er tritt an die Stelle der anderen, er trägt die Strafe und Not, und sie kommen frei. Gerade auf diesem Wege aber wird auch er, der ganz Erniedrigte, den man nicht zählte (3), derjenige,

vor dem am Ende die Könige der Erde ihren Mund verschließen (52₁₃). Das letzte Gottesknechtslied beginnt:
  Siehe, es siegt mein Knecht! (52₁₃).
Warum? Es ist nicht eine leere Paradoxie, die doziert wird:
der zutiefst geschändete Knecht ist der wahre Herr. Sie ist
erfüllt. Er ist der, dem Jahwe das Ohr geöffnet hat, der den
Konsequenzen seines Willens nicht widerspenstig auswich (50
₅), das geknickte Rohr nicht zerbrach, den glimmenden Docht
nicht löschte. So führte er das Barmherzigkeitsrecht Jahwes
in Treue aus (42₃) und war deshalb Schmähung und Bespei-
ung ausgesetzt (50₆). Der als Knecht nicht sein eigenes Recht
suchte, den hat Gott zum Herrn gemacht und wird ihn als
Herrn erweisen. Wer könnte es vermeiden, von diesen Knechts-
liedern zu Phil 2₅-₁₁ hinüberzuschauen? Die explizite und
implizite Kritik am Königtum hat hier im Alten Testament
ihren unübertrefflichen Gipfel erreicht.
Vielleicht wäre noch anzufügen, wie der einsame, fast ver-
zagende Prediger von fern vergleichbare Weisheit in den All-
tag des Menschen überträgt (Qoh 10₄):
  Wenn der Zorn des Herrschers gegen dich aufsteht,
      so verlaß deinen Posten nicht!
  Denn Gelassenheit bringt zur Ruhe
      große Verfehlungen.
Der stille Sieg über das Aufbrausen der Großen kommt aus
dem Wissen um die abgründigen Verkehrtheiten der Herr-
schaftsverhältnisse (Qoh 10₅-₇):
  Es gibt ein Böses, das ich unter der Sonne sah:
      wie ein Mißgriff, der ausgeht vom Herrscher.
  Der Tor wird in höchste Stellung befördert,
      und Vornehme sitzen in Niedrigkeit.
  Ich sah Knechte hoch auf Rossen,
      und Fürsten gingen zu Fuß wie Knechte.
Es ist ein ungeheuer vielfältiges Nachdenken, das der Glaube
an den Gott Israels in der Kritik am Königtum anstiftet.

2. In der Gegenprobe ist nun die Auseinandersetzung des Alten Testaments mit dem Institut des *Sklaventums* an wesentlichen Beispielen zu beobachten. Auch die Sklaverei gehört zur Sozialstruktur des alten nahen Ostens. Sie hat grundsätzlich zwei Wurzeln: große Zahlen von Sklaven wurden in Kriegen als Gefangene eingebracht; daneben steht die kleinere Zahl derer, die im eigenen Lande in Schuld gerieten und deshalb Leib, Leben und Arbeitskraft in Schuldsklaverei verkaufen mußten. Lv 25₆ zählt vier Typen von abhängigen Arbeitskräften auf: den Sklaven (*'äbäd*), die Sklavin (*'āmā*), den Lohnarbeiter (*śākīr*) und den Fremdarbeiter (*tōšāb*). Dazu ist noch als ein zweiter Typ weiblicher Sklaven die *šiphā* zu erwähnen, das noch unberührte, unfreie Mädchen, das vor allem im Dienst der Hausfrau steht[15], während die *'āmā* dem Hausherrn zugeordnet ist.

a) Das Sklavengesetz in Ex 21₂₋₆ denkt an einen Sklaven, der sich aus wirtschaftlicher Not selbst verkaufen mußte. Nach sechs Jahren soll seine Schuld als abgeleistet gelten. Er ist dann zu entlassen (₂). Codex Hammurapi § 117 sieht schon nach drei Jahren die Entlassung vor[16]. Kam der Sklave als Verheirateter, so wird seine Frau mit ihm entlassen (₃). Gab ihm der Herr eine Frau aus dem Kreise der im Hause geborenen Sklavinnen und hatte sie Kinder, dann bleibt sie mit den Kindern im Hause (₄; die Kinder bleiben bei der Mutter). Der Unterschied des Sklaven vom Sachbesitz des Herrn wird erst mit dem in ₅f. erörterten Kasus deutlich, wo ein Sklave erklärt:

Ich liebe meinen Herrn, meine Frau und meine Kinder.
Ich will nicht als Freigelassener gehen.

Daraufhin kann der Herr ihm das Ohr am Türpfosten des Hauses durchbohren und mit diesem archaischen Rechtsakt

---

[15] Vgl. Gn 16₁.₆ Ps 123₂ Prv 30₂₃ Jes 24₂, dazu AJepsen, Amaʰ.
[16] AOT 392; ANET 170f.

besiegeln, daß der Sklave auf Dauer im Hause bleibt. Die Begriffe des Freien und der Liebe in 5 kündigen den Einbruch des Menschlichen in das Sachbesitzdenken an.

b) Deutlicher wird es in den Bestimmungen zur Körperverletzung von Sklaven. Ex 21₂₀f. sagt:

> Wenn jemand seinen Sklaven oder seine Sklavin mit dem Stock schlägt, daß sie unter seiner Hand sterben, so muß dies gesühnt werden (*nāḳōm jinnāḳēm*; Sam: *mōt jūmat!*). Bleibt der Betreffende aber noch einen oder zwei Tage am Leben, so soll ihn keine Strafe treffen, weil es sein eigener Besitz ist (*ki kaspō hū'!*).

Beide Fälle handeln von Stockhieben. Der Stock setzt zunächst die Absicht der Züchtigung und nicht die der Tötung voraus. Nur wenn der Tod sofort eintrat, ist sicher, daß der Herr zu weit ging; dann wird beabsichtigte oder doch fahrlässige Tötung angenommen. Der Tod des Totschlägers wird gefordert. Wahrscheinlich muß die Rechtsgemeinde die Strafe vollziehen. Das Leben des Sklaven gilt demnach grundsätzlich nicht weniger als das Leben des Herrn. Stirbt der Sklave erst später, so wird die Absicht der Tötung nicht angenommen; der Herr trägt den Schaden, da er zum Verlust des eigenen Kapitals (*kaspō*) beigetragen hat. Hier gilt der alte Gedanke des Besitzrechts.

Anders in Ex 21₂₆f.:

> Wenn jemand seinem Sklaven oder seiner Sklavin ins Auge schlägt und es zerstört, so soll er sie zur Entschädigung für das Auge freilassen.

Das gleiche gilt schon, wenn er nur einen Zahn ausschlägt! Hier tritt das Besitzrecht ganz hinter das Personrecht zurück. Die Unfähigkeit eines Herrn zum menschlichen Umgang mit einem Sklaven mag die Bestimmung der Freilassung motiviert haben. Hier geht das Bundesbuch entschieden weiter zugunsten des Sklaven als der Codex Hammurapi. Nach § 199 hat der Herr dem Sklaven beim Zerbrechen eines Knochens oder bei Zerstörung eines Auges die Hälfte seines Kaufwerts zu zahlen. Von Freilassung ist nicht die Rede, geschweige denn davon, daß sie schon für einen ausgeschlagenen Zahn erfolgen solle. In Israel findet das Besitzrecht des Herrn an einem Sklaven eindeutig da seine Grenze, wo er körperlich versehrt wird.

c) Noch stärker wird die Menschlichkeit bedacht beim Gesetz über die Sklavin in Ex 21₇-₁₁. Eine Entlassung nach sechs Jahren wie beim Sklaven ist grundsätzlich nicht vorgesehen (7). Gilt sie mehr als Sachbesitz auf Dauer oder wird die persönliche Verbindung und Verpflichtung stärker gesehen? Das zweite ist wahrscheinlicher. Denn 8 geht in der Fortsetzung von dem Fall aus, daß der Herr der Sklavin überdrüssig wird; dann kommt zunächst Loskauf durch die Sippe der Sklavin in Betracht; an Fremde darf sie nicht weiterverkauft werden; hier dominiert offensichtlich die Personbeziehung. Als Alternative erscheint in 9 die Übergabe an den Sohn; in diesem Falle muß die bisherige Sklavin nach Tochterrecht behandelt werden. 10 setzt weiter voraus, daß die Sklavin zunächst als einzige im Hause war. Denn es wird der Fall erwogen, daß der Herr sich noch eine zweite hinzunimmt. In diesem Falle darf er der ersten weder Nahrung noch Kleidung noch Beischlaf schmälern. Kann er das Nötige für zwei Sklavinnen nicht leisten, so darf die erste Sklavin ohne Entschädigung frei weggehen. Aufs ganze gesehen ist also keineswegs eine lieblose, sondern eine geradezu fürsorgliche Intimbeziehung vorausgesetzt. Offenbar deswegen darf die Sklavin grundsätzlich nicht wie der Sklave nach sechs Jahren entlassen werden. Die Mann-Frau-Beziehung wird selbst bei der Sklavin vorrangig als dauerhaft gedacht. Endet sie, dann immer nur in Freiheit. Die Ausnahmebestimmungen denken alle an die Interessen der Sklavin und nicht an die ihres Herrn.

d) Das Deuteronomium bringt wie zum Königtum so auch zum Sklaventum ganz neue Gedanken zur Geltung. In Dt 15 12-18 wird verfügt, daß man den »Bruder«[17] nach sechs Jahren (13f.)

> nicht mit leeren Händen ziehen lasse. Du sollst ihn mit Gaben von deinem Kleinvieh, deiner Tenne und deiner Kelter reichlich versehen; entsprechend dem Segen, mit dem Jahwe, dein Gott, dich segnete, sollst du ihm geben.

Demnach soll sich das Verhalten zum Sklaven nicht durch den Zwang eines Gesetzes bestimmen lassen, sondern vom Empfang der Geschenke Gottes her. Dazu werden dem Herrn noch zwei Tatsachen eingeschärft, damit ihm die Entlassung seiner Hilfskraft nicht als unbillige Härte erscheine (18a): einmal soll er daran denken, daß er selbst im Lande Ägypten Sklave war und daß Jahwe ihm die Freiheit gab (15b); so konstituiert die Solidarität mit den Vätern zugleich die volle Solidarität mit dem Sklaven. Zum anderen wird eine klare Rechnung vorgelegt: sechs Jahre Sklavendienst sind dem Lohn eines Lohnarbeiters gleich (18a)[18]. Noch einmal fügt der Deuteronomiker hinzu (18b):

> Zudem segnet dich Jahwe, dein Gott, in allem was du tust.

Auf diese Weise ringt der Prediger nicht nur um einen kalten Gehorsam, sondern um eine klare Gewissensentscheidung und eine innere Zustimmung aus Dankbarkeit und in letzter Verbundenheit mit dem Sklaven vor Jahwe.

In diesem Zusammenhang sei kurz an die deuteronomische Fassung des Sabbatgebotes erinnert[19]. Sie betont wiederholt, daß vor allem der Sklave und die Sklavin Ruhe haben sollen. Grund ist wieder die Erinnerung an Israels Sklavenschaft in Ägypten (514f.). Wörtlich wird betont, daß

> dein Sklave und deine Sklavin Ruhe haben sollen gleich wie du (*lᵉmaʿan jānūᵃḥ ʿabdᵉkā waʾᵃmātᵉka kāmṓkā!*).

---

[17] S. o. S. 273f.
[18] *mišnā* meint nicht das Doppelte, sondern das Äquivalent; so GvRad, ATD 8, 77.   [19] S. o. S. 202.

Damit ist einer der ersten Anstöße des Gleichberechtigungs-
gedankens zur Überwindung der sozialen Gegensätze zur
Sprache gebracht.

Viel zu wenig Aufsehen erregt hat bisher die deuteronomische
Bestimmung für entlaufene Sklaven in Dt 23₁₆f.:

> Du sollst einen Sklaven, der sich vor seinem Herrn zu dir
> flüchtet, nicht seinem Herrn ausliefern. Bei dir soll er blei-
> ben dürfen an dem Orte, den er sich in einer deiner Ort-
> schaften, wo es ihm gefällt, aussucht. Du darfst keinen
> Druck auf ihn ausüben!

Dieses Gesetz ist im alten Orient, soweit wir sehen, einzig-
artig[19a]. Überall sonst ist die Auslieferung entlaufener Sklaven
selbstverständliche Regel; vgl. auch 1 S 30₁₅. Der freie Israelit
aber, der der heilsgeschichtlichen Taten seines Gottes einge-
denk ist, soll eher mit dem entlaufenen Sklaven sympathi-
sieren als mit dessen Dienstherrn. Hier ist nicht nur der Trend
zur Beachtung menschenwürdiger Behandlung des Sklaven
spürbar, den wir schon im Bundesbuch[20] beobachten konnten,
sondern eine offensichtlich wachsende Tendenz zur Gleichstellung des Sklaven mit den Freien und also hin zur Sklaven-
befreiung.

So führt im Deuteronomium die ständige Erinnerung daran,
daß Jahwe Israel aus der Sklavenschaft Ägyptens befreite, zu
klaren Konsequenzen: der Sklave soll reichlich beschenkt entlassen werden und so am »Segen« des Freien teilnehmen, er
soll ruhen »gleich wie du«, und ein Entlaufener soll keinerlei
Druck ausgesetzt werden.

Eine andere Begründung der Gleichstellung von Sklaven und
Herren, vor allem vor Gericht[21], findet sich später in Hiobs
Reinigungseid Hi 31₁₃.₁₅:

[19a] JPMvanderPloeg, Slavery 83.
[20] Auch im Codex Hammurapi, s. o. S. 290f.
[21] Vgl. dazu schon die Warnungen des Richterspiegels im Bundesbuch,
weder der Masse (Ex 23₂f.) noch dem Reichen zuliebe (₆–₈) das Recht zu
beugen.

Habe ich meines Sklaven Recht (*mišpaṭ ʿabdī*) mißachtet,
    und meine Magd, wenn sie Anklage gegen mich erhob
    . . .   [(*berībām*[22] *ʿimmādī*).
Hat nicht auch ihn erschaffen, der mich im Mutterleibe
Hat nicht der Eine uns im Mutterleib bereitet?   [schuf?
Hier weckt der Schöpfungsglaube den Gleichheitsgedanken.

e) Das Heiligkeitsgesetz führt einen bestimmten Schritt über
das Deuteronomium hinaus. Es zieht eben aus dem Bekenntnis
der Herausführung der Sklaven aus Ägypten eine weitere
Konsequenz (Lv 25₃₉f.):

Wenn einer deiner Brüder neben dir verarmt und sich dir
verkauft, dann sollst du durch ihn keinesfalls Sklavenarbeit
verrichten lassen (*lōʾ taʿabōd bō ʿabōdat ʿäbäd*), (sondern)
wie ein Lohnarbeiter (*śākīr*), wie ein Fremdarbeiter (*tōšāb*)
sei er bei dir.

Die Begründung lautet in ₄₂:

Denn *meine* Sklaven sind sie, die ich aus dem Lande Ägypten herausgeführt habe. Sie dürfen nicht wie Sklaven verkauft werden.

Und ₄₃ zieht die psychologische Folgerung:

Du sollst nicht mit Härte über sie herrschen, sondern dich
vor deinem Gott fürchten!

Der notwendige Bedarf an Sklaven darf durch Kauf bei den
Nachbarvölkern gedeckt werden, auch durch Kinder der Gastarbeiter (*tōšābīm*) und deren Nachkommen, die im Lande geboren sind[23].

f) Auch der Lohnarbeiter (*śākīr*) findet seinen Schutz. Sein
Tagesverdienst soll ihm regelmäßig und pünktlich ausgezahlt
werden. Jeremia warf dem König Jojakim vor, daß er dem
Lohnarbeiter den Lohn vorenthielt (Jer 22₁₃)[24]. Dt 24₁₄f. ord-

---

[22] Vielleicht ist mit BHK *berībāh* zu lesen.
[23] Vgl. die ähnliche Regelung zur Erhebung der Darlehenszinsen in Lv
25₃₅ff. Dt 23₂₀f.; s. o. S. 273.
[24] S. o. S. 284f.

net an, daß einem armen und bedürftigen Tagelöhner, ob er aus dem eigenen Volke oder aus der Fremde ist, am gleichen Tage, ehe die Sonne untergeht, der Verdienst ausgezahlt werden muß.

Denn er ist arm und verlangt sehnsüchtig danach. Sonst ruft er Jahwe gegen dich an und auf dir lastet Schuld.

Wieder versetzt sich der deuteronomische Prediger in die Psyche des Bedürftigen. Lv 19₁₃b warnt kategorisch davor, den Lohn des Arbeiters bis zum folgenden Morgen zurückzuhalten. Ein solches Verhalten steht im Textzusammenhang auf der gleichen Stufe wie Übervorteilung und Raub (13a). Mag der Zahlungstermin dem Dienstherrn unwichtig sein, – der Gesetzgeber denkt an das Bedürfnis des Arbeiters.

g) Die Botschaft der Freiheit findet im Heiligkeitsgesetz in Lv 25₈ff. noch eine merkwürdige Form in der Ausrufung eines großen Jahres der Freilassung (*dᵉrōr*). Es ist das 50. Jahr, in dem nach sieben mal sieben Jahren jeder zu seiner Sippe frei zurückkehren soll und auch jeder wieder den Besitz seines Grundeigentums zurückerlangen darf. Es ist das große Erlaßjahr, das Jobel-Jahr heißt, weil es durch das Blasen des Widderhorns (*jōbēl*) zu eröffnen ist. Als Unterpfand der Freiheit ist es – gerade als utopische Ordnung – ein Zeichen dafür, daß Israel alle Unfreiheit nur als etwas Vorübergehendes betrachten und ertragen kann.

Die Hoffnung auf Freiheit bricht sich in immer neuen Formen Bahn, auch in Zeiten größter allgemeiner Bedrängnis wie in und nach dem babylonischen Exil. Jes 61₁ff. sagt den Freudenboten an, der den Unfreien Befreiung ankündigt und das Jahr der Gnade von Jahwe ausruft, um alle Traurigen zu trösten. In Jl 3₁f. erfaßt die eschatologische Geistausschüttung zur unmittelbaren freien Gotteserkenntnis nicht nur Junge wie Älteste, Frauen wie Männer, sondern auch Sklaven und Sklavinnen ebenso wie die Freien. Schließlich enthält in den Klagepsalmen der Begriff des Armen und Unterdrückten (ʿānī) mehr und mehr »geradezu einen Rechtsanspruch an Jahwe«[25], weil er sich ihnen vor allem zugeschworen hat (vgl. Ps 22,25 12,6 u. ö.). Drängt hier nicht alles dem Ziel entgegen, an dem in Christus Jesus der Gegensatz von Sklaven und Freien aufgehoben ist (Gal 3,28)?

3. In zwei gegenläufigen Beobachtungsreihen haben wir kritische Impulse in der Auffassung vom Königtum und vom Sklaventum in der alttestamentlichen Verkündigung aufgewiesen. Folgende Grundzüge der Auffassung vom Menschen inmitten der Abhängigkeitsverhältnisse sind festzuhalten:

a) Die Gleichstellung von Herren und Knechten wird in der Erkenntnis des Gottes Israels als des Befreiers der Sklaven aus Ägypten begründet, beiläufig auch in der Erkenntnis des einen Schöpfers aller Menschen (Dt; Hi 31).

b) In der Regel liegt der Gedanke an eine politisch-ökonomische Revolution als eine bloße Umkehrung der Herrschaftsverhältnisse völlig fern. Der Abfall des Nordreichs von der davidischen Dynastie unter Rehabeam-Jerobeam (1 Kö 12) ist eine Ausnahme. Sie zeigt, daß im Reich der Rebellen die gleichen Probleme auftreten wie unter der abgeschüttelten Herrschaft (1 Kö 21; Amos). Der sich selbst behauptende Mensch kann sich in Wahrheit nicht selbst befreien.

c) Grundlegend für den wahren Umsturz ist die Einsicht, daß jeder von Hause aus selbst ein Sklave ist, der durch Gottes Tat befreit wurde. Im Wissen um des Sklaven Herz gründet die doppelte Revolution von oben: in der veränderten Einstellung zur Psyche des Sklaven und in der Veränderung seiner äußeren Verhältnisse (Dt; Heiligkeitsgesetz).

d) Der wahre Herr aller Herren ist der beispielhafte Bruder (Dt 17), der die Unterdrückten befreiende Herrscher (Ps 72), der die Last der anderen auf sich nehmende Knecht (Dtjes).

e) Charakteristisch für das Alte Testament ist das Nebenein-

[25] GvRad, TheolAT I 413.

ander konkreter Maßnahmen und utopischer Entwürfe (vgl.
z. B. die Sklavengesetze und den Richterspiegel im Bundesbuch mit dem Königsgesetz im Deuteronomium und der Jobel-
jahrsordnung im Heiligkeitsgesetz). Vorläufige relative Ver-
besserungen und die Erwartung der vollen Freiheit schließen
einander nicht aus, sondern gehören zusammen[26].

f) Im ganzen wollen die verschiedenartigen alttestamentlichen
Entwürfe Veränderungen der vorgefundenen Verhältnisse im
Sinne der befreienden Gottesherrschaft, die sich in der Gottes-
knechtschaft vollendet. Die Verkündigung der grundlegenden
und der kommenden Gottestaten bringt Bewegung in die be-
stehenden Verhältnisse.

g) Das Ziel ist die Gemeinschaft der durch Ausschüttung des
Geistes Gottes befreiten Herren und Knechte. Denn beide be-
dürfen der Befreiung durch unmittelbare Gotteserkenntnis
(Jl 3₁f. Mal 3₂₃f. Gal 3₂₈ Kol 3₂₂—4₁).

So sieht das Alte Testament den Menschen inmitten der So-
zialspannungen unterwegs zur Freiheit, zwischen den Bekun-
dungen von Jahwes frühen heilsgeschichtlichen Taten und den
künftigen, die die Prophetie ansagt.

---

[26] S. o. S. 290ff. Vgl. im Neuen Testament den Philemonbrief, 1 Kor 7₂₁-₂₄
Kol 3₂₂—4₁ Eph 6₅-₉ 1 Tim 6₁f. Tit 2₉f. 1 Pt 2₁₈ff. Dazu ESchweizer, Sklavenproblem; GEicholz, Paulus 278—283.

WEISE UND TOREN (LEHRER UND SCHÜLER)[1]
1. Schule – 2. Lebensführung – 3. Weisheit und Macht –
4. Erkenntnis und Gottesfurcht

Unterwegs zur Freiheit ist der Mensch, solange er ein Lernen-
der ist. Weisheit im Umgang mit der Welt und den Mitmenschen will lebenslang erworben werden. So geschieht Erziehung
nicht nur zwischen Eltern und Kindern[2]. Wir fragen, wo in
Israel Weisheit vermittelt wird und wie sich Weisheit zur
Lebensführung des einzelnen, zur öffentlichen Macht und zur
Gottesfurcht verhält.

1. Sofern der Weise der gelehrige und kundige Mensch ist,
setzt Weisheit Schule voraus. Wie sie in Israel aussah, läßt das
Alte Testament nur vermuten. Vielfach wird weise genannt,
wer sich auf bestimmte Fertigkeiten versteht, auf die Technik
von Metallbearbeitung (1 Kö 7₁₄), auf Goldschmiedekunst und
Schnitzerei (Ex 31₃), aufs Spinnen (Ex 35₂₅), auf die Seefahrt
(Ez 27₈ Ps 107₂₇), auf Staats- und Kriegsführung (Jes 10₁₃).
Für die meisten Berufe wird »das Vaterhaus« die »Schule«
gewesen sein[3].
Doch verwendet Israel die Bezeichnung des »Weisen« (ḥākām)
auch für den Lehrer. So erwähnt ihn Jer 18₁₈ neben den Be-
rufsständen des Priesters und des Propheten. Als Überlieferer

---

[1] *Literatur:* MNoth, Bewährung. – USkladny, Spruchsammlungen. –
HHSchmid, Weisheit. – GFohrer, Weisheit. – HJHermisson, Spruchweisheit. – GvRad, Weisheit. – MSaebø, *ḥkm.* – NCHabel, Wisdom.
[2] S. o. S. 261ff.
[3] S. o. S. 262f.

von Lehrstoff finden wir Lehrer am Kopf von Spruchsammlungen erwähnt (Prv 22₁₆ 24₂₃). Daß diese Art von »Weisen«
am Königshof ihre Schule hatte, geht aus Prv 25₁ hervor, wo
eine Sammlung von Sprüchen Salomos auf »die Männer Hiskias, des Königs von Juda« zurückgeführt wird. Diese Weisen
sind also zuerst »Schreiber« (Prv 22₂₀ Qoh 12₁₀), dann »Forscher«, die den Überlieferungen der Väter nachgehen (Hi 8₈),
die aber auch selbst die Zusammenhänge untersuchen (Qoh 8
1.5.17 12₉); so werden sie »Lehrer« (Prv 8₁₀ Hi 15₁₈ Qoh 12₉),
und »Berater« (Jer 18₁₈ 2 S 16₂₀.₂₃ 17₁-₁₄). Ihre Hörer sind
also nicht nur »Schüler« (*limmūd*), die Morgen für Morgen
»hören« und das rechte Antworten lernen (Jes 50₄), sondern
auch Könige (2 S 14₂ff.), Königssöhne (2 S 16₁₅ff.), königliche
Beamte (2 S 20₁₆) und allerlei Menschen, die einen Rat benötigen (2 S 20₂₂).
Die Frage nach den Schulen in Israel ist für die Königszeit auf
Grund ägyptischer und babylonischer Parallelen, aber auch
ausreichender Andeutungen innerhalb des Alten Testaments
mit Sicherheit dahin zu klären, daß mit dem Jerusalemer Hof
eine Schule für die Prinzen, die Beamten und die Söhne der
Vornehmen verbunden war, die vielleicht in nachexilischer
Zeit als Tempelschule weiter existierte[4]. Aus den Spruchsammlungen des Proverbienbuches geht aber hervor, daß die Arbeit
der Lehrer nicht nur höfischen und priesterlichen Kreisen galt[5],
sondern daß sie grundsätzlich allen etwas zu sagen hatten[6].
Darum bleibt zu erwägen, ob sich nicht in manchen Land-
städten Israels jene Ältesten, die die Rechtsprechung im Tor
wahrnahmen, auch in der allgemeinen Bildung der Jugend
und in der Beratung des Volkes als »Weise« erwiesen[7]. Wo

---

[4] Das ist das Ergebnis der Untersuchungen von HJHermisson, Spruchweisheit 113–136.
[5] USkladny, Spruchsammlungen 66 sieht in Prv 28f. einen »Regenten-
spiegel«.
[6] Vgl. GvRad, Weisheit 112.
[7] HJHermisson, Spruchweisheit 88ff.; GvRad, Weisheit 31ff.

immer es sei: nur durch Einkehr bei der Weisheit wird der un-
erfahrene, verleitbare, einfältige Mensch (*pātī*) ein Kundiger
(Prv 9₄.₁₆). Prv 13₂₀ lehrt:

> Wer mit Weisen umgeht, wird weise,
> > wer sich mit Toren einläßt, dem geht's übel.

So ist bei den Lehrern weit mehr als ein Berufswissen zu
lernen.

2. Weisheit umfaßt die ganze Lebensführung. Weisheit und
Weg (*dāräk* = Lebenswandel, Verhalten) gehören zusammen[8].
So finden sich denn auch Weise wie Toren in allen Ständen.
Prv 14₈ sagt:

> Des Klugen Weisheit ist, seinen Weg zu bedenken,
> > doch der Toren Dummheit ist Trug.

Solche Lebensweisheit nährt sich nicht nur von der eigenen
Einsicht (Prv 28₂₆):

> Wer auf seinen Verstand vertraut, ist ein Tor,
> > wer aber in der Weisheit wandelt, wird gerettet.

Der Kluge verzichtet nicht auf die Wegweisung der Erfahrenen (Prv 10₂₁):

> Die Lippen des Gerechten weiden viele,
> > aber die Dummen sterben durch Unverstand.

Hier werden die Weisen die Gerechten genannt. Das entspricht
einem Grundzug in der alten Sammlung Prv 10–15, wo weithin der Gerechte als der Weise erscheint[9]. Denn (10₈)

> wer weisen Herzens ist, nimmt Gebote an,
> > aber wer törichte Lippen hat, kommt zu Fall.

Und (Prv 14₁₆):

> Der Weise fürchtet sich und meidet das Böse,
> > doch der Tor läßt sich gehen und fühlt sich sicher.

Das Wissen dieser Lebensweisheit ist eben »mehr Sache des
Charakters als des Intellekts«[10]. Es geht das ganze Leben an.

---

[8] Vgl. NCHabel, Wisdom 135ff.
[9] USkladny 7–13; vgl. OPlöger, Sentenzensammlungen 404f.
[10] GvRad, Weisheit 89.

Alles unbesonnene, übereilte Draufloshandeln ist hier ver-
dächtig (Prv 19₂ᵦ):
> Wer mit seinen Schritten hastet, der tritt fehl.

So wird auch schnell erworbener Besitz beargwöhnt (Prv 13₁₁):
> 'Erhastetes'¹¹ Vermögen schwindet dahin,
> doch wer Hand für Hand sammelt, vermehrt.

Vgl. auch 21₅ 28₂₀.₂₂. Am wenigsten bekommt Schnelligkeit
dem Reden (Prv 29₂₀); der Weise ist sparsam mit Worten
(10₁₉):
> Bei vielem Reden bleibt Sünde nicht aus,
> doch wer die Lippen zügelt, handelt verständig.

Im rechten Wort zeigt sich die Weisheit immer am genauesten.
Klarer Sinn kann sich kurz fassen (Prv 17₂₇):
> Wer sparsam spricht, hat klare Kenntnis,
> kühlen Geist hat der Mann der Vernunft.

Dagegen bereitet sich der Tor mit Geschwätzigkeit den Untergang (Prv 18₇):
> Dem Toren bringt sein Mund Verderben,
> seine Lippen sind eine Falle für sein Leben.

Mit der Behutsamkeit und der Zurückhaltung ist auch die
Freundlichkeit des Redens ein Kennzeichen und eine Wohltat
des Weisen (Prv 16₂₄):
> Eine Honigwabe sind freundliche Worte,
> süß der Seele und Heilung dem Gebein.

So entscheidet sich gerade auch am Wort des Weisen oder Toren Heil und Unheil, ja Leben und Tod des ganzen Menschen¹².
Wer Mensch werden und bleiben will, der sollte in Besonnenheit auf seinen Weg und auf seine Zunge achten, vor allem
aber auf die Worte der Weisheit, die eine praktische Lebenskunst ist. Der Lebensbezug der Sentenzen zeigt sich sogar
darin, daß sie mit ihrer Form oft unmittelbar erfreuen und
mit ihren zuweilen witzigen Vergleichen belustigen, etwa Prv
26₁₁:

---

¹¹ S. BHK.
¹² Vgl. o. S. 171f.

Wie ein Hund, der zurückkehrt zu seinem Gespei,
  ist der Tor, der seine Dummheit wiederholt.
Oder Prv 27₁₅:
Wie ein undichtes Dach beim Platzregen vertreibt,
  genau so ist ein zänkisches Weib[13].

3. Die Weisheit hat öffentliche Bedeutung. Sie ist die wahre
Vormacht im Sozialgefüge und zeigt sich der Gewalt wie dem
Reichtum überlegen. Vgl. Prv 24₁₋₆:
Sei nicht eifersüchtig auf Männer der Bosheit,
  begehre nicht, bei ihnen zu sein!
²Denn Gewalttat plant ihr Verstand,
  und Unheil reden ihre Lippen.
³Durch Weisheit wird ein Haus gebaut,
  und durch Einsicht wird es gefestigt.
⁴Durch Kenntnis werden die Kammern gefüllt
  mit aller Habe, die wert und begehrt.
⁵Ein Weiser ist mächtiger als ein Starker,
  ein Verständiger mehr als ein Kraftmensch[14].
⁶Denn mit Lenkungskunst führst du deinen Krieg;
  und Rettung kommt durch viele Berater.
Solchen Einsichten entspricht es, daß die israelitische Weisheit
keine Erziehung zu eigentlich soldatischen »Tugenden« und
Leistungen, keine Anleitung zum kriegerischen Verhalten
kennt[15]. Stattdessen will sie die Einsicht in die Verächtlichkeit
und Unsinnigkeit aller Gewaltakte fördern (Prv 16₃₂):
Besser ein Langmütiger als ein Kriegsheld,
  und der sich selbst beherrscht, als wer eine Stadt erobert.
Die kritische Minderbewertung des Kriegerischen zieht sich
jedoch nicht in eine privatisierende Innerlichkeit zurück. Vielmehr ist sie gewiß, die öffentlichen Ziele besser zu erreichen
(Prv 21₂₂):

[13] Vgl. GvRad, TheolAT I 436f.
[14] Zum Text vgl. BHK.
[15] GvRad, Weisheit 115.

Eine Stadt von Helden ersteigt ein Weiser
und stürzt das Bollwerk ihres Vertrauens.

Wahre Siege sind immer nur durch »weise« politische Lösungen und nie durch militärische Einsätze zu erzielen. Das gilt auch für das wirtschaftliche Haushalten (Prv 16₁₆):

Erwerb von Weisheit ist besser als Gold,
Erwerb von Einsicht mehr wert als Silber.

Wie ein Haus seine Festigkeit nicht der Größe der Quadersteine und nicht dem Krafteinsatz der Bauarbeiter verdankt, sondern der Statik des Architekten und der Besonnenheit der Maurer (Prv 24₃), so setzt alles Wirtschaften zunächst Kenntnis dessen voraus, was sinnvoll und ohne Wertminderung gelagert werden kann (24₄), auch Verzichtleistung auf Zeit (Prv 21₂₀):

Kostbarer Schatz (und Öl) ist in der Wohnung des Weisen,
ein törichter Mensch vergeudet es.

Josephs Kunst zu wirtschaften erwies sich als Wohltat für Ägypten und für alle Welt (Gn 41₃₉ff.). Der Weise kennt die aufbauende Kraft des Guten und die zerstörende Gewalt des Bösen. »Gut ist das, was gut tut.«[16] Darum hat die Entscheidung des Besonnenen für das Bessere eine hohe soziale Bedeutung.

Die Herrschenden müssen deshalb vor allem anderen die Einsicht der Weisen erwerben[17]. Recht und Gerechtigkeit sind der Sockel ihres Throns (Jes 9₆). Wie der kluge Bauer im Dreschverfahren Spreu und Weizen scheidet, so (Prv 20₂₆)

worfelt ein weiser König die Frevler aus
und läßt das Rad[18] über sie gehen.

Zur Paradoxie der Weisheit gehört es, daß nicht die Starken und Reichen den Thron eines Königs sichern, sondern die Hilf-

---

[16] GvRad, Weisheit 106.
[17] Vgl. zu Salomos Regierungskunst 1 Kö 3 und o. S. 79. Einander Rätsel aufzugeben, ist nicht nur königliches Spiel. Die Königin von Saba prüft mit Rätselfragen (ḫīdōt), ob die Weisheit Salomos dem Gerücht von ihm entspricht.
[18] Vgl. Jes 28₂₇ und GDalman, AuS III 88f.

losen und Armen, wenn nämlich der König für sie eintritt
(Prv 29₁₄):

> Ein König, der den kleinen Leuten verläßlich Recht schafft,
> dessen Thron hat für immer Bestand.

Führen die Lehrer der Hofschule damit nicht eine geradezu
messianische Komponente in die Regierungskunst ein?[19] Sie
wissen, daß Weisheit ein stets aktuelles Politikum ist. Gewiß
ist das eigentliche Territorium von Jahwes Weisheit das
»Herz« als Verstand und Wille[20] des Einzelnen, aber gerade
so wirkt sie ins Große der Geschichte hinein. Der Verfasser
der Geschichte von Davids Thronfolge weiß dieses Phänomen
darzustellen[21]. Die Stimmen weiser Frauen werden ins Geschehen eingeschaltet (2 S 14₂ff. 20₁₆ff.). Davids und seiner
Söhne Versagen und Scheitern wird an weisheitlichen Kategorien erkannt: Davids geheimer Ehebruch wirkt weit in die
große Politik hinein (2 S 11f.), ebenso seine Schwäche in der
Erziehung der Söhne Amnon und Adonja (2 S 13₂₁ 1 Kö 1₆)[22]
und der Hochmut von Absalom und Adonja (2 S 15₁ 1 Kö
1₅). Absalom läßt sich im Kampf gegen den Vater von zwei
Weisen beraten, von Ahithophel und von Huschai (2 S 16₂₀–
17₁₂). Weisheit vollzieht sich wohl im Privatissimum, ist aber
gerade damit das Herz der Weltbeherrschung, die dem Menschen aufgetragen ist.

Will der Mensch sich als Gottes Ebenbild und also als guter
Verwalter von Schöpfung und Geschichte erweisen, so bedarf
er der Absage an die Untaten von Dummheit und Torheit und
der Aufklärung durch eine alle Lebensentscheidungen durch-
dringende Weisheit. Doch inmitten solcher Erkenntnis tut sich
ein Dunkel auf. Nach 2 S 17₁₄ entscheiden sich Absalom und
die Männer Israels für den Rat Huschais, weil Jahwe den besseren Rat des Ahithophel vereitelte, um Unheil über Absalom

---

[19] S. o. S. 286f. zu Ps 72; vgl. Jes 11₃f.
[20] S. o. S. 77ff.
[21] Vgl. zum folgenden HJHermisson, Weisheit 137–148.
[22] S. o. S. 262.

zu bringen. So kann Jahwe auch die hervorragende Weisheit der Ratgeber Pharaos verwirren (Jes 19₁₁-₁₄). Über die politische Zukunft Salomos kann die Entdeckung »Jahwe liebte ihn« (2 S 12₂₄) mehr entscheiden als alle Klugheit seiner Konkurrenten miteinander. Doch liegen gerade solche unaufklärbaren Dunkelheiten nicht außerhalb der Weisheit Israels.

4. Denn nach oft eingeschärfter Erfahrung ist das Kopfstück der Erkenntnis die Gottesfurcht (Prv 1₇ 9₁₀ 15₃₃ Hi 28₂₈ Ps 111₁₀). Das gilt für berufliches Können, für verständige Lebensführung wie für die sozialen und politischen Entscheidungen. Wer den Menschen in seinen Möglichkeiten recht beurteilen will, muß die Bedeutung der Gottesfurcht für seine Einsichten ermessen.

Wie kann das geschehen? Ausgangspunkt für die Lehrer Israels war die Gewißheit, daß die Gegenstände der Erkenntnis, also die ganze Welt des Menschen Schöpfung Gottes ist. In dieser Schöpfung aber walten Ordnungen, die dem vernehmenden Menschen ihre Regeln kundtun (Ps 104₂₄):

Alle deine Werke hast du in Weisheit gemacht.

Vgl. Ps 145₁₀-₁₂:

Es loben dich, Jahwe, alle deine Werke,
 deine Getreuen preisen dich.
Sie sprechen vom Glanz deines Reiches
 und reden von deiner Kraft,
damit sie den Menschen kundtun 'deine'[23] Kraft,
 Glanz und Hoheit 'deines'[23] Reiches.

Die Gottesfurcht als Anfang der Erkenntnis weckt also zuallererst ein Vertrauen, sich der Lehre und dem Anruf aus der Welt der Phänomene aufzuschließen (Prv 8 Hi 28 12₇-₉)[24].

---

[23] Mit LXX u. a.
[24] Daß die Welt eine Wahrheit aus sich entläßt und daß die Weisheit des Weisen darin besteht, sich von den in den Dingen waltenden Ordnungen zurechtbringen zu lassen, da er darin dem Schöpfungsgeheimnis vertrauen darf, hat GvRad im Kernstück seines Buches »Weisheit in Israel« neu

Daß Welterkenntnis Weisheit für den Menschen werden kann,
liegt objektiv in der Welt als Schöpfung begründet.
Aber auch subjektiv ist Gottesfurcht Anfang der Einsicht (Prv
2₆):
> Denn Weisheit verleiht Jahwe,
>> aus seinem Munde kommen Erkenntnis und Einsicht.

Woher anders als aus seinem Wort sollte der Mensch den Verstand dafür gewinnen, daß die Welt seine Schöpfung ist?
Woher sonst könnte er den Mut gewinnen, sich den Regeln
anzuvertrauen, die er hier vernimmt? Wer sollte ihm die
Offenheit für die ihm begegnende Wirklichkeit und die Unabhängigkeit von allen in sich verkrümmten Torheiten gewähren? Erkenntnisvermögen ist ebenso eine Schöpfung Jahwes wie alle Erkenntnisgegenstände es sind.
Damit aber bringt die Gottesfurcht dem Menschen zugleich die
Einsicht in die Grenzen seiner Erkenntnis (Hi 38f.!; Prv 25₂):
> Gottes Ehre ist es, eine Sache zu verbergen.

Wer der dunklen Ränder der Wirklichkeit und der undurch-
dringlichen Hüllen der Zusammenhänge nicht gewahr wird,
hat die tatsächliche Welt gegen ein selbstgefertigtes Trugbild
ausgetauscht. Hiob bleibt darin der Lehrmeister aller Weisen.
Er bekennt (Hi 26₁₄₋₁₆):
> Die Meere peitscht er auf durch seine Kraft,
>> und schlägt durch seine Einsicht Rahab nieder.
> Durch seinen Wind fegt er den Himmel blank,
>> und seine Hand durchbohrt die flüchtge Schlange.
> Doch das sind nur die Säume seiner Wege.
>> Welch Flüsterwort nur hörten wir von ihm!
>>> Den Donner seiner Taten, wer versteht ihn?

Gottesfurcht ist Kopfstück der Weisheit, weil Weisheit zuerst
und zuletzt Weisheit Gottes ist, an der der Mensch auf Grund
weniger vernommener Flüsterworte partizipiert. Nächst Hiob

---

sehen gelehrt; vgl. 189–228: »Die Selbstoffenbarung der Schöpfung«,
auch 376f. 382ff. 404f. Darauf sei mit Nachdruck hingewiesen, da hier nur
Andeutungen möglich sind.

weiß Qohälät um die Grenzen, die dem Weisen gezogen sind: die Zukunft ist ihm verschlossen (8₇), den Gesamtzusammenhang aller Geschehnisse vom Anfang bis zum Ende kann er nicht aufdecken (3₁₁), und er vermag nicht herauszufinden, was in allem, was unter der Sonne geschieht, das Werk Gottes ist (8₁₆f.). So wird der wahrhaft Weise vom »Inkognito Gottes« bedrängt und doch zugleich ein »Hymniker der göttlichen Geheimnisse«[25] (Prv 30₁₋₄):

> Ich mühte mich ab mit Gott,
>> ich mühte mich ab mit Gott,
>>> daß ich's erfaßte.
> Denn dümmer bin ich als irgendeiner
>> und habe nicht Menschenverstand.
> Ich habe nicht Weisheit gelernt,
>> daß ich Kenntnis des Heiligen habe.
> Wer stieg zum Himmel und wieder herab?
>> Wer sammelte den Wind in seine Fäuste?
> Wer band die Wasser in ein Gewand?
>> Wer setzte die Enden der Erde fest?
> Was ist sein Name und der seines Sohnes?
>> Weißt du es wohl?

Demut ist die unentbehrliche Begleiterin der Weisheit (Prv 18₁₂):

> Vor dem Sturz ist stolz eines Mannes Herz,
>> doch der Ehre geht Demut voran.

So zeichnet auch der Erzähler der Thronfolgeerzählung David auf der Flucht vor Absalom als einen demütigen Menschen (2 S 15₂₅f.₃₀ 16₁₀₋₁₂)[26], der als solcher Sieger bleibt. Hingegen belegen Absalom und Adonja[27] die Wahrheit (Prv 16₁₈):

[25] GvRad, Weisheit 372f.; vgl. auch 146: »Gottesfurcht befähigte eben nicht nur zur Erkenntnis, sie hatte auch eine eminent kritische Funktion, indem sie in dem Erkennenden das Bewußtsein wach hielt, daß sich sein Erkenntnisvermögen einer Welt zuwendet, in der das Geheimnis dominiert.«
[26] HJHermisson, Weisheit 140f.
[27] S. o. S. 304.

> Vor dem Zusammenbruch Hochmut,
>   und Anmaßung vor dem Fall.

Stolz ist ein Zwilling der Torheit. Denn der Hochmut, der die Gottesfurcht fahren läßt, beraubt den Menschen zugleich seiner Zukunft. Mensch bleiben kann nur der Demütige, den die Weisheit in der Furcht Jahwes zurechtbringt[28].

---

[28] Vgl. KBarth, IV/4, 31: »Es gibt keinen intimeren Freund des gesunden Menschenverstandes als den Heiligen Geist und keine gründlichere Normalisierung des Menschen als die im Widerfahrnis seines Werkes.« Dazu HGollwitzer, Holz 361: »Das Hören des Wortes Gottes bewahrt die Freiheit der Vernunft vor den aus unerfüllten Glaubensbedürfnissen ständig drohenden Dogmatisierungen und Überforderungen der Wissenschaft und hindert den Menschen, von der Wissenschaft mehr zu erwarten, als sie geben kann.«

§ 24

DER EINZELNE UND DIE GEMEINSCHAFT[1]
1. Der Einzelne in der Gesellschaftsordnung Israels – 2. Der Einzelne als Verstoßener – 3. Der Einzelne als Berufener

Der Einzelne lebt im alten Israel durchweg fest eingegliedert in den Verband seiner Familie und damit seines Volkes. Wo er abgesondert wird oder vereinsamt, geschieht etwas Ungewöhnliches, wenn nicht Bedrohliches, zuletzt jedoch auch etwas für die Menschwerdung des Menschen Notwendiges.

1. In einer *kleinen altisraelitischen Soziologie* fragen wir zunächst nach den Gemeinschaftskreisen, von denen der einzelne umschlossen ist. In der Erzählung von Achans Diebstahl erfahren wir anschaulich, wie Josua im Losverfahren innerhalb des ganzen Volkes durch stufenweise Auslese auf den einen Schuldigen stößt. Zunächst läßt er das ganze Volk (Jos 7₁₆-₁₈) Israel antreten nach Stämmen; da wurde der Stamm Juda getroffen. Darauf ließ er die 'Sippen'[2] Judas antreten, da 'wurde' die Sippe des Serach 'getroffen'[2]. Darauf ließ er die Sippe des Serach nach 'Familien'[2] antreten, da wurde die 'Familie'[2] des Sabdi getroffen. Darauf ließ er dessen Familie Mann für Mann antreten, da wurde getroffen Achan, der Sohn Karmis, des Sohnes Sabdis, des Sohnes Serachs vom Stamme Juda.
Der Text verdeutlicht die Gliederung.

---

[1] *Literatur*: LRost, Vorstufen. – LWächter, Gemeinschaft. – RdeVaux, Lebensordnungen 20–107. – HSeidel, Einsamkeit. – HJZobel, *bādād*. – Hoffner, *bájit*. – EJenni, *bájit*.
[2] S. BHK.

a) Der Einzelne ist Glied seiner Familie; sie heißt »*Haus*«
(*bajit*) oder »Vaterhaus« (*bēt 'āb*) (Gn 24ₛ₈.₄₀). Jos 7₁₇ₜ. zeigt,
daß damit die Großfamilie gemeint ist; denn nicht Achans
Vater Karmi, sondern der Großvater Sabdi verleiht dem
»Haus« den Namen. Er ist das »Oberhaupt« (*rō'š*) der Großfamilie (vgl. 1 Ch 24₃₁ Nu 25₁₅). Da Achan als erwachsen anzusehen ist, kann er selbst Kinder haben, so daß vier Generationen in der Großfamilie zusammenleben; zu den Männern
kommen die angeheirateten Frauen und die unverheirateten
Töchter, ferner Sklaven und Sklavinnen, Beisassen und Fremdarbeiter[3]. Bedenkt man, daß die Kinderzahlen groß waren,
daß ein Israelit leicht mit 20 Jahren Vater, mit 40 Großvater
und mit 60 Urgroßvater wurde[4] und daß die jüngeren Brüder
des Familienoberhauptes mit ihren Nachkommen zur Großfamilie gehören konnten, so wird gut verständlich, daß eine
solche Großfamilie eine »Fünfzigschaft« zum Heerbann stellte
(1 S 8₁₂)[4a].

b) Die Großfamilien sind Glieder einer Sippe (*mišpāḥā*), so
wie in Jos 7₁₇ das »Haus« Sabdi zur Sippe Serach gehört. Da
die Sippe eine Tausendschaft zum Heerbann stellt (Mi 5₁ 1 S
8₁₂; vgl. Am 5₃ 1 S 10₁₉), mögen im Schnitt etwa 20 Großfamilien die Sippe gebildet haben. Die Sippe siedelt gemeinsam, so wie die Sippe Ephrata, zu der David aus der Großfamilie Isais gehört, gemeinsam in Bethlehem wohnt (Mi 5₁).
Die Leitung liegt in den Händen der Ältesten, die auch die
Gerichtsbarkeit ausüben (1 Kö 21₈ₜ.).

c) Die Sippen sind im Stamm (*šēbāṭ*, später *maṭṭā̈*[5]) zusam-
mengeschlossen. So gehörte die Sippe Serach (Jos 7₁₆ₜ.) wie die
Sippe Ephrata (Mi 5₁) zum Stamm Juda und Sauls Sippe
Matri zum Stamm Benjamin (1 S 10₂₁); vgl. Nu 26₅ₜ.₅₇ₜ. Die
Stämme bildeten in halbnomadischer Zeit eine Wandergemein-

---

[3] Vgl. Hoffner, *bájit* 636 und EJenni, *bájit* 7.
[4] Vgl. LKöhler, Mensch 48ff.
[4a] Vgl. MNoth, GI 103.
[5] Seit der Priesterschrift, vgl. LRost, Vorstufen 41ff.

schaft, wie noch die Wanderung des Stammes Dan aus dem Hügelland zwischen Gebirge und Küstenebene westlich von Jerusalem in die Gegend der Jordanquellen zeigt[6]. Die Stämme wohnten dann mit ihren Sippen in einer Landschaft; diese Landschaft gab zuweilen dem Stamm den Namen, wie Juda wahrscheinlich nach dem Südteil des westjordanischen Gebirges und Ephraim nach dessen Mittelteil benannt wurde[7]. An der Spitze jeden Stammes stand ein Stammesfürst (*nāśī'*) (Nu 7₂ 31₁₃ 32₂ Ex 22₂₇). Sein Name erinnert vielleicht an seine Funktion, im Stämmebund als Sprecher aufzutreten, der »die Stimme erhob« (*nś' ḳōl*)[8].

d) Die Gemeinschaft der Stämme heißt »*Israel*« oder »*Haus Israel*«; als »*Volk Jahwes*« bildet es eine Einheit (Jos 24₉f.₃₁ Ri 5₁₁ 2 S 1₁₂)[9]. Die Kriegführung scheint in älterer Zeit mehr Sache der einzelnen Stämme und kleinerer Stämmegruppen gewesen zu sein, während »Israel« im wesentlichen als Gottes Volk durch das gemeinsame Bekenntnis zu Jahwes Heilstaten (Ri 5₁₁) und durch die Verkündigung des Gottesrechts zusammengeschlossen war. An der Spitze des Stämmebundes stand in vorstaatlicher Zeit wahrscheinlich der »Richter Israels« (Mi 4₁₄), der nach der Liste der sog. »kleinen Richter« in Ri 10₁₋₅ 12₇₋₁₅ vermutlich reihum aus den Stämmen durch den Amphiktyonenrat der Stammessprecher gewählt wurde[10]. Der »Richter Israels« hatte wahrscheinlich schwierige, vom tradierten Recht noch nicht geklärte Fälle zu entscheiden und für die periodische Verkündung des Gottesrechts in Israel zu sorgen (vgl. Dt 31₉₋₁₃ 1 S 7₁₅₋₁₇). Doch diese Verhältnisse sind historisch nicht exakt zu klären.

---

[6] Vgl. Ri 1₃₄f. 18₂.₂₇ff. und MNoth, GI 66f. 150f.

[7] Vgl. MNoth, GI 56f. 60f.

[8] So MNoth, GI 95; vgl. ders., System 151ff. und LRost, Vorstufen 69ff.

[9] Zum Problem der Zahl der Stämme, die zwischen zehn (Ri 5) und zwölf schwankt, und vor allem zum Problem der Funktion des Stämmebundes vgl. RSmend, Jahwekrieg.

[10] Vgl. MNoth, Richter. Zum folgenden vgl. GChMacholz, Gerichtsverfassung 180f.

e) In *staatlicher* Zeit scheint der König mehr und mehr oberste Rechtsinstanz geworden zu sein (2 S 15₂ff. Jer 26₁₀ff.₂₀ff.). Doch zeigt die Überlieferung, daß in der Königszeit vor allem eine Reihe von Propheten als Ankläger das Gottesrecht zur Sprache brachten, gerade auch den Königen gegenüber (Hos 7₃ff. 8₄ff. Jes 1₂₁ff. 3₁₃ff. Jer 22).

f) In nachexilischer Zeit ist Israel als »*Gemeinde*« (ʿēdā) konstituiert[11]. Neben den vom fremden Großreich als Besatzungsmacht eingesetzten Statthalter leiten die Gemeinde der Hohepriester (Hag 1₁) und ein Ältestenrat (Jl 1₂).

In den einzelnen Abschnitten der Geschichte Israels wie in den großen Umbrüchen von der vorstaatlichen Zeit zur Königszeit und weiter zum babylonischen Exil und der nachexilischen Zeit entsprach das Geschick des einzelnen Israeliten wesentlich dem seines Volkes. Bezeichnend ist das Bekenntnis, das nach Dt 26₅₋₁₀ der Bauer bei der Ablieferung der Erstlingsfrüchte im Heiligtum ablegt, wobei der Wechsel vom Ich zum Wir und wieder zum Ich typisch dafür ist, daß die Geschichte des Einzelnen mit der des Gottesvolkes zusammenfällt, in ihrem Wandel, in der Not und im Gewinn:

> Ein abgesprengter Aramäer war *mein* Ahn. Er ging hinab nach Ägypten. . . . Die Ägypter mißhandelten und bedrückten *uns* . . . Da schrien *wir* zu Jahwe, dem Gott *unserer* Väter . . . und Jahwe führte *uns* aus Ägypten heraus . . . Er brachte *uns* an diesen Ort und gab *uns* dieses Land . . . Und jetzt bringe *ich* hier die Erstlinge der Früchte des Landes, das du, Jahwe, *mir* gegeben hast.

Es war immer ein ungewöhnlicher Vorgang, wenn aus dem Ganzen des Volkes, des Stammes, der Sippe, der Familie ein Einzelner gesucht und besonders genommen wurde. Es konnte ein besonderes Unheil sein wie bei der Suche des Verbrechers Achan (Jos 7₁₀₋₁₈) oder auch eine besondere Erwählung Jahwes, wie bei dem Losverfahren, das Saul zum König bestimmte

---

[11] Vgl. LRost, Vorstufen 32ff.

(1 S 10₁₇₋₂₄). Die beiden Möglichkeiten der Absonderung eines Einzelnen vom Ganzen oder für das Ganze sind zu bedenken.

2. Der Einzelne als *Ausgestoßener* begegnet zuerst dort, wo er sich wie Achan gegen Grundsätze des Gottesrechts vergeht und damit »eine Schandtat in Israel« begeht, von der man sagen muß: »So etwas tut man nicht in Israel.«¹² Ebenso kennzeichnend ist die im Deuteronomium vielfach wiederkehrende Wendung, daß Israel »das Böse aus seiner Mitte wegschaffen« solle, z. B. 17₁₂:

> Der Mensch, der in Vermessenheit handelt und auf den Priester, der dort im Dienste Jahwes, deines Gottes steht, oder auf den Richter nicht hört, – ein solcher Mensch soll sterben. So sollst du das Böse aus Israel wegschaffen.

Hier geht es am Ort, den Jahwe erwählt (17₈ff.), um höchstinstanzliche Entscheidungen des Zentralgerichts, die in der Ortsgerichtsbarkeit nicht getroffen werden konnten (16₁₈ff.). Vgl. ferner Dt 13₆ 17₇ 19₁₉ 22₂₂ u. ö. Um die Lebensgemeinschaft im ganzen zu schützen, muß der, der sie mit Unrecht gefährdet, als Einzelner festgestellt und ausgesondert werden. Das Gottesrecht hat schon in seinen ältesten Fassungen wie im Fluchdodekalog Dt 27₁₅₋₂₆ den Einzelnen angesprochen.

Nun gibt es aber auch Einsamkeit wegen fälschlicher Anklage. Der Beter des 25. Psalms, der sich von Feinden umzingelt sieht (2.19), die seine Unschuld in einer bestimmten Sache bestreiten und ihm darum Schlingen legen (15.21), ruft Jahwe an (15f.):

> Meine Augen blicken stets auf Jahwe,
>   denn er führt meine Füße aus der Schlinge heraus.
> Wende dich zu mir und erbarme dich meiner,
>   denn ich bin einsam und elend.

Das Wort »einsam« (*jāḥīd*) meint hier die Not der Vereinzelung und Isolierung¹³, die Jammer und Elend bedeutet, wie

---

¹² Vgl. o. S. 253 Anm. 22.
¹³ Vgl. HSeidel, Einsamkeit 32.

überhaupt Einsamkeit als eine ersehnte und beglückende
Wohltat dem Alten Testament fremd ist. Allein zu sein und
niemanden bei sich zu haben, führt in Gefahren, die besonders
der Flüchtige kennt. Als David, durch Saul verfolgt, beim
Priester Achimelek in Nob einkehrt, fragt ihn dieser (1 S 21₂):

Warum bist du allein und hast niemanden bei dir?

»Allein« (*lᵉbad*) bedeutet hier soviel wie getrennt, versprengt,
denn *bad* ist das vom Ganzen abgetrennte Teilstück[14]. Der
Vereinzelte ist leicht zu überwältigen. Darum zielt Ahitophels
Rat an Absalom darauf, David in der Nacht mit 12000 Mann
zu überfallen, so daß die Begleiter Davids in Panik die Flucht
ergreifen (2 S 17₂ᵦ):

Dann werde ich den König allein (*lᵉbaddō*) erschlagen.

Klagelieder sprechen oft von der Not der Einsamkeit. Am er-
greifendsten betet in Ps 102 ein von Feinden verhöhnter (9)
Todkranker (24.7-8):

Ich gleiche der Dohle[15] in der Wüste,
    ich bin wie eine Eule in Ruinen.
Ich finde keinen Schlaf und ich 'klage'[16]
    wie ein einsamer (*bōdēd*) Vogel auf dem Dache.

Die Wüste, die Ruinen, der einsame Vogel vergegenwärtigen
die Existenz völliger Verlassenheit. Sie ist das gesetzlich ge-
regelte Geschick der Aussätzigen (Lv 13₄₆):

Während der ganzen Zeit, in der er die Seuche hat, ist er
unrein. Da er unrein ist, soll er abgesondert (*bādād*) wohnen; außerhalb des Lagers ist sein Wohnplatz.

Obwohl Einsamkeit nie gepriesen, auch nicht zur Meditation
oder Askese gesucht wird, findet der auf Jahwe vertrauende
Mensch doch ein Ja zu solcher Not. Thr 3₂₈ führt den Ein-
samen mit den gleichen Worten ein, mit denen Lv 13₄₆ vom
Aussätzigen spricht (*jēšēb bādād*). Doch nun heißt es von ihm
(Thr 3₂₅-₃₃):

---

[14] Vgl KBL³; HJZobel, *bādād* 511f.
[15] Das hebräische Wort ist ungeklärt; es wird einen »unreinen Wüsten-
vogel« meinen; vgl. HJKraus, Psalmen 694.   [16] S. BHK.

Gut ist Jahwe zu dem, der auf ihn harrt,
zu der Seele, die ihn sucht.
Gut ist es, 'schweigend zu hoffen'[17]
auf Jahwes Hilfe.
Gut ist es dem Manne, daß er trägt
ein Joch in seiner Jugendzeit.
Er sitze einsam (*jēšēb bādād*) und schweige,
weil er es ihm auferlegt.
Er lege seinen Mund in den Staub.
Vielleicht gibt es Hoffnung.

. . .

Denn nicht für immer verstößt der Herr.
Wenn er betrübt, erbarmt er sich wieder
nach der Fülle seiner Heilstaten.
Denn nicht von sich aus[18] drückt er nieder
und betrübt er die Menschenkinder.

Im Ps 42/43 spricht einer, der in die Ferne verschleppt (42₇)
ist. In seiner Verlassenheit entbehrt er besonders die Gottes-
dienste der Gemeinde (42₅). Wenn er in seiner Einsamkeit
nach Gott »dürstet« (42₂f.), so bedeutet das konkret, daß er
wieder an den Wallfahrten zum Heiligtum teilnehmen möchte, um dort des Gottes seiner Freude gewiß werden zu können
(43₃f.). In der Erwartung, daß er eines Tages seinen Gott dort
preisen wird, kann er sich selbst in der Qual der Abgeschiedenheit zum Hoffen ermuntern (42₆.₁₂ 43₅). Auch in dem Gebet
des Angeklagten, das wir in Ps 4 finden, bricht am Ende das
Vertrauen durch (₉):

In Frieden schlafe ich, sobald ich liege,
denn du, Jahwe, – obwohl ich vereinsamt bin (*lᵉbādād*),
läßt mich in Sicherheit wohnen[19].

So zeigt das Alte Testament Einsamkeit als Vereinzelung in
der Folge von gerechten oder falschen Anklagen, von Verfol-

---

[17] Vgl. HJKraus, Threni 51.53.
[18] Zu *millibbō* s. o. S. 92.
[19] Vgl. HSeidel, Einsamkeit 29f.

gungen oder von Krankheiten. Immer bedeutet sie Not. Aber
Jahwe ist auch für den Versprengten, Abgesonderten, Isolier-
ten erreichbar. Mit ihm kann Einsamkeit ertragen und überwunden werden.

3. Auch *Erwählung* kann zur Vereinsamung führen. Hier
zeigt sich Jahwe als der Urheber einer Vereinzelung von Menschen. Dieses Thema gewinnt im Alten Testament eine erhebliche Bedeutung.
Der Jahwist stellt ganz an den Anfang der Vätergeschichte
und damit der Segensgeschichte Israels den Befehl Jahwes an
Abraham zu einer dreifach betonten Trennung (Gn 12₁):
> Ziehe fort aus deinem Land,
>> fort aus deiner Verwandtschaft,
>>> fort aus deinem Vaterhause in das Land, das ich dir zeigen
>>>> werde.

Diese Absonderung aber ist nicht nur kein Fluch, sondern
wird mit einer vielfachen Segenszusage verbunden und kor-
respondiert schließlich mit der Zusage, daß in diesem Abraham
»alle Sippen der Erde Segen gewinnen können« (2f.). Das
Thema wiederholt sich in versprengten Notizen anderweitiger
(elohistischer?) Herkunft: In Gn 15₂ klagt Abraham, daß er
einsam, kinderlos (*ʿᵃrīrī*) dahinzieht, und er erfährt dann
unter dem nächtlichen Himmel, daß seine Nachkommenschaft
zahlreich wie die unzählbaren Sterne sein werde (₅). Noch die
Versprengten im Exil sollen sich in ihrer Einsamkeit und Verlassenheit an die Geschichte Abrahams erinnern (Jes 51₂ᵦ):
> Als einen Einzelnen habe ich ihn berufen,
>> ich habe ihn gesegnet und habe ihn gemehrt[20].

Auch die Geschichte Jakobs weiß von einer großen Einsam-
keit, in der er, getrennt von seinen beiden Frauen, seinen
Mägden und seinen elf Kindern, in der Nacht an der Furt des
Jabbok »allein (*lᵉbaddō*) zurückblieb« (Gn 32₂₅ₐ), um von

---

[20] Zu Jes 54₁ s. o. S. 260.

dem großen Unbekannten, der ihn überfiel (25b), zugleich geschlagen (26) und gesegnet zu werden (30b).

So ist jede Geschichte der Erwählung zunächst eine Geschichte der Absonderung, wie jede Berufung und Offenbarung zuerst in die Einsamkeit holt. Im Rahmen der Sinaioffenbarung betont Ex 24₂:

Nur Mose allein (*lᵉbaddō*) soll zu Jahwe herantreten.
Jene anderen dürfen sich nicht nahen.
Und das Volk soll überhaupt nicht mit ihm hinaufsteigen.

Der Offenbarungsempfänger wird nicht nur weit vom Volk entfernt, sondern auch noch von denen getrennt, die zunächst noch mit ihm auf den Berg stiegen, von Aaron, Nadab, Abihu und 70 Ältesten, wie es der heutige Kontext schildert (1).

Auch die Weitergabe einer Offenbarungsbotschaft an einen, dem ein besonderer Auftrag zugedacht ist, kann unter strengem Ausschluß der Öffentlichkeit erfolgen. So tritt der Prophet Ahia von Silo an Jerobeam heran (1 Kö 11₂₉),

als Jerobeam einmal von Jerusalem fortging ... und die beiden allein (*lᵉbaddām*) auf freiem Felde waren.

Ahia zerreißt in dieser Einsamkeit seinen Mantel in zwölf Stücke und gibt Jerobeam zehn Stücke zum Zeichen dafür, daß er die Herrschaft über jene zehn Stämme Israels antreten soll, die Jahwe dem Hause Davids entreißen will (30ff.).

Daß die Berufung der klassischen Propheten sich nicht nur in der Abgeschiedenheit ungewöhnlicher Widerfahrnisse vollzog, sondern auch in gespannte Isolierung hineinführte, weiß am erregendsten Jeremia zu beklagen. Mit seiner Verkündigung ist er zum Gespött und Gelächter seiner Hörer geworden (20 7f.). Verdächtigungen und Verfolgungen umzingeln ihn (20₁₀ 15₁₀f.₁₅). So sieht er sich aus jeder Gemeinschaft ausgestoßen (15₁₇):

Nie sitze ich fröhlich im Kreise der Lacher.
Unter der Wucht deiner Hand sitze ich einsam da (*bādād*
Denn mit Grimm hast du mich angefüllt.   [*jāšabtī*).

Der Wortlaut (*bādād jāšabtī*) erinnert an die Ausstoßung des

Aussätzigen[21]. Die Not des zum Propheten Berufenen ist aber
noch schlimmer als die des vereinsamten Kranken, der sich
doch an Jahwe wenden kann[22]. Denn er schreit seinem Gott
entgegen (15₁₈b):

> Du erweist dich für mich wie ein Trugbach,
>   wie Wasser, die nicht Wort halten[23].

Auch Ezechiel sieht sich von vornherein durch Jahwes Befehl
einem rebellischen Israel konfrontiert, einem »Haus Widerspenstigkeit« (Ez 2₃-₅); ein Einzelner kann vor solcher Aufgabe nur erschrecken, doch eben das soll Ezechiel nicht (6f.).
Wo der Gott Israels Menschen seinem Botenauftrag unterstellt, da stehen inmitten einer festgefügten Gemeinschaftsordnung einsame Einzelne auf. Dieses Phänomen spiegelt sich
sogar in einer literarischen Konsequenz. Die Sammlung der
Prophetensprüche führt erstmalig zu einem Schrifttum, das
nicht mehr anonym ist, sondern unter dem Namen des einzelnen Propheten tradiert wird.

Doch die Propheten treten nicht nur als einzelne dem Volk
gegenüber, sie sammeln auch Hörer zu einer neuen Gemeinschaft, die von der natürlichen Gemeinschaftsordnung unterschieden ist. So hat Jesajas Gerichtsverkündigung schon in
einer frühen Phase seines Auftretens eine Jüngerschaft gesammelt, der er das von ihm verkündete Wort anvertrauen konnte (Jes 8₁₆). Es bildete sich um ihn eine Oppositionsgruppe,
die im deutlichen Gegensatz zu den offiziellen Jerusalemer
Kreisen stand. Der Prophet mußte sie gegen die im Volk verbreiteten Meinungen wappnen (Jes 8₁₁-₁₃)[24]:

> So sprach Jahwe zu mir, als die Hand mich packte 'und mich
> hinderte', den Weg dieses Volkes zu gehen:
> Ihr sollt nicht alles Verschwörung nennen,
>   was dieses Volk da Verschwörung nennt!

---

[21] Zu Lv 13₄₆ s. o. S. 314; vgl. Thr 3₂₈.
[22] Vgl. die Vertrauensaussagen in den Klageliedern o. S. 226f.
[23] Zum Bild vgl. Hi 6₁₅-₂₀.
[24] Zum Text und zu dem hier anzunehmenden »Kreis von Vertrauten«
als Adressaten vgl. HWildberger, BK X 335ff.

Vor dem, was es fürchtet, fürchtet euch nicht
und erschreckt nicht!
Jahwe der Heere, den 'nennt Verschwörer'!
Er sei eure Furcht, er euer Schrecken!

So festigt der Prophet eine Gruppe, die sich um das Immanuel-
Zeichen (»Mit uns ist Gott«) schart (7₁₄; vgl. 8₁₉f.). Aus dem
Gericht wird eine geläuterte (1₂₅ff.) »Rest«-Gemeinde (Jes 7₃;
vgl. 4₂ff.) hervorgehen[25].

Vor dem Wort Jahwes wird nicht nur der Prophet selbst, sondern auch dessen Hörer zum einzelnen. Solche Individuali-
sierung zeigt sich seit Jeremia deutlich, z. B. 4₄:

Beschneidet euch für Jahwe und entfernt die Vorhaut eures
Herzens!

Noch präziser treibt Ezechiel die Verantwortung eines jeden
einzelnen voran (Ez 18₃₀):

Einen jeden von euch will ich nach seinem Verhalten richten,
spricht Jahwe.

In der deuteronomischen Mahnung wird die persönliche Hingabe kanonisch (Dt 6₄f.):

Höre, Israel! Jahwe ist unser Gott, Jahwe allein.
Du sollst Jahwe, deinen Gott, lieben mit deiner ganzen Hingabe, mit all deinem Begehren und mit all deinen Kräften[26].

So sind die deuteronomischen Prediger mit der Anrede an die
Einzelnen auf eine reformierte Gemeinde aus. Aber wird die
wahrhaft neue Bundesgemeinde anders verwirklicht als durch
die Kraft der Verheißung? Eine Skepsis gegenüber dem deuteronomischen Reformoptimismus mag in Jer 31₃₃f. eingegangen
sein, wo als Jahwes Zusage verkündet wird:

Ich gebe meine Weisung in ihr Inneres und schreibe sie auf
ihr Herz ... Dann brauchen sie sich nicht mehr gegenseitig
zu belehren und einer zum andern zu sagen: Erkennet Jahwe! Denn sie alle werden mich kennen, klein und groß,

---

[25] Zur Unterscheidung von »Volksgemeinde und Glaubensgemeinde im
Alten Bund« vgl. den gleichnamigen Aufsatz von HWWolff.
[26] Zur Bedeutung von »Herz« und »Seele« s. o. S. 87.

spricht Jahwe. Denn ich vergebe ihr Vergehen und bringe
ihre Verfehlung nicht mehr zur Sprache.

So wird das alte, festgefügte Bundesvolk über den Weg der
totalen Vereinzelung in eine neue Gemeinschaft hineingeführt.
Schon innerhalb des Alten Testaments vollzieht sich damit so
etwas wie »die Herauslösung des Einzelnen aus der Suggestion
des Kollektivs, der Polis, der Gens, durch sein Konfrontiert-
werden mit dem Willen Gottes: ihm zugewandte Gottesliebe,
ihm geltende Gottesforderung und Glaubenseinladung. Si
omnes, ego non (wenn auch alle, ich nicht) wird er ermutigt
zu sagen«[27]. Es ist wohl nicht der geringste Beitrag der Bibel
zur Anthropologie, daß der Mensch sich erst dann selbst versteht, wenn er ein Einzelner wird, durch den Anruf der unvergleichlichen Stimme herausgerufen aus angestammten Bindungen und zu einem neuen Bund berufen.

Mit der Botschaft von Jesus Christus verwirklicht sich dann
die Verheißung, daß Menschen aus allen Völkern an solcher
Menschwerdung des Menschen teilnehmen (Gn 12₃b Jes 45₁₄f.
52₁₀ Sach 8₂₃[28]).

---

[27] HGollwitzer, Holz 300.

[28] EEHölscher, Vom römischen zum christlichen Naturrecht (1939) 87:
»Diese Tatsache – man mag sich zu den Lehren Christi und seiner Kirche
stellen wie man will – bedeutet die einzig *wirklich* umwälzende Veränderung der Menschheitsstruktur überhaupt, weil mit ihr die Lehre von
der individuellen Menschenwürde in die Welt gebracht worden ist.«
Hölscher meint die Herauslösung des Einzelnen als »den allergrößten
Einschnitt der Menschheitsgeschichte, den wir vielleicht als den einzig
wirklichen erkennen können« (nach HGollwitzer, a.a.O.).

DIE BESTIMMUNG DES MENSCHEN[1]
1. zum Leben in der Welt – 2. zum Lieben des Mitmenschen
3. zum Beherrschen der Schöpfung – 4. zum Loben Gottes

Nicht wenige alttestamentliche Texte sind von der Frage bewegt, wozu der Mensch eigentlich bestimmt sei. Die entscheidenden Antworten weisen in die gleiche Richtung. Diesen Befund wird man angesichts des Wandels der Sprache, der Unterschiede in den Anschauungsformen und der Vielfalt der Gattungen innerhalb eines Jahrtausends alttestamentlicher Literatur eine geistesgeschichtlich herausragende Erscheinung nennen müssen[2]. Gerade weil dem Alten Testament nichts ferner liegt als eine anthropologische Systematik, ist es reizvoll und klärend, in seinen verschiedenen Schichten verwandte Tendenzen zu finden.

Das Woher der Bestimmung des Menschen steht biblisch außer Frage, mag es anderwärts strittig sein, ob ein Götterkampf, der Spruch des blinden Schicksals oder das eigene Selbst darüber entscheiden. Von den ältesten Hymnen, Rechtsordnungen und Urmenscherzählungen an über die Prophetie, die deuteronomische Mitte und die große Geschichtsschreibung bis zu den Anfechtungen Hiobs, der Skepsis Qohäläts und zur apokalyptischen Eschatologie lassen die verschiedenen theologischen Denkformen keinen Zweifel daran, daß Jahwe, der Gott Israels, der Bestimmende ist, »Jahwe, unser Gott, Jahwe als einziger« (Dt 64). Als Retter und Richter Israels, als Schöpfer

---

[1] *Literatur:* AAlt, Weisheit. – HJStoebe, demütig. – GvRad, Weisheit. – FMaass, *'ādām.*
[2] FMaass, *'ādām* 91.

und Schutzherr des Menschen hat er durch seine menschlichen
Boten nicht unklar gelassen, wozu der Mensch bestimmt ist.

1. Er ist bestimmt, zu *leben* und nicht dem Tode zu verfallen.
So deutlich die jahwistische Urgeschichte das drohende Todes-
verhängnis sieht, so zeigt sie doch Jahwe, der den Menschen
zum »Lebewesen« (Gn 2₇) erschaffen hat, unermüdlich damit
beschäftigt, Menschen durch Warnung (2₁₇), durch Schutzzeichen (4₁₅), durch erbarmende Bewahrung (6₈) vor dem vorzeitigen Tod zu retten; zu dem großen Vernichtungsgericht
der Flut entschließt er sich nur unter Schmerzen (6₆), und er
setzt eine Wiederholung für alle Zeiten aus, trotz unveränder-
ter Bosheit des Menschen (8₂₁ff.). Der Mensch ist zum Leben
bestimmt.

In der so gänzlich andersartigen Josephsgeschichte wird das
gespannte Verhältnis zwischen Joseph und seinen Brüdern
plötzlich allen Dunkelheiten entrissen und unter eine klare
Zielbestimmung gestellt, wenn Joseph sie anspricht (Gn 45₅):

> Jetzt grämt euch nicht und macht euch keine Vorwürfe, daß
> ihr mich hierher verkauft habt, denn um euch das Leben zu
> retten, hat Gott mich euch vorausgesandt.

Am Ende erklärt er noch deutlicher (50₂₀):

> Was ihr gegen mich Böses geplant hattet, hat Gott zum
> Besten eingeplant, um durchzuführen, was jetzt am Tage
> ist: ein großes Volk am Leben zu erhalten.

Die Finalsätze sind eindeutig: den menschlichen Widerwärtig-
keiten zum Trotz ist Israel zum Leben bestimmt.

Dt 30₁₅₋₂₀ faßt die Tendenz aller Jahwegebote zusammen.
Mit ihnen ist Israel Leben und Heil, Tod und Unheil vor
Augen gestellt. Doch die Bestimmung geht nur dahin, »das
Leben zu wählen, daß du und deine Nachkommen am Leben
bleiben« (19).

Die nach leitendem Interesse und Argumentationsweise völlig
andersartige Spruchweisheit weist letzten Endes auf das gleiche Ziel, wenn sie exakt final ihre Absicht kundtut (Prv 13₁₄):

Des Weisen Lehre ist Quelle des Lebens,
damit er entgehe den Schlingen des Todes.

Oder 15₂₄:

Nach oben führt der Lebenspfad den Verständigen,
damit er entgehe der Totenwelt drunten.

In der Prophetie fällt schon bei dem finstersten Gerichtsprediger Amos auf, daß inmitten seiner Botschaft vom Ende Israels das Wort Jahwes aufleuchtet (5₄):

Sucht mich, damit ihr lebt!

Jesaja verdeutlicht, daß alles Gericht »das fremde Werk« Jahwes ist (28₂₁). Und Hosea hat vernommen, daß Jahwe das überfällige Todesurteil über den störrischen Sohn Israel (11₁₋₇) in sich selbst zurücknimmt (₈):

Wie könnte ich dich preisgeben, Ephraim,
wie dich ausliefern, Israel!

Ezechiel legt Tod und Leben seinen Hörern durchaus nicht gleichgewichtig vor. Jahwe erklärt, daß er keinen Gefallen am Tode hat, sondern Leben will. »So kehret um, damit ihr lebt!« (18₃₂). Selbst über das Feld voll von Totengebeinen ergeht der Ruf (37₁₄):

Ich lege meine Lebenskraft³ in euch hinein,
damit ihr Leben bekommt.

Wo wir in den Klageliedern Beter in äußerster Gefahr sahen, da war zu erkennen, daß Jahwe und der Tod weit voneinander geschieden sind⁴. Das Vertrauen bricht sich Bahn (Ps 16 ₁₀):

Du überläßt mein Leben nicht der Totenwelt,
du gibst nicht zu, daß dein Getreuer die Grube schaut.

So wenig grundsätzlich auch das Todesproblem im Alten Testament gelöst wird, so klar ist doch die Tendenz, daß der Mensch bestimmt ist, zu leben. Daß die Hauptrichtung dem neutestamentlichen Lebenswort entgegenstrebt, ist kaum zu

---

³ Zu *rū͑ḥ* s. o. S. 59ff.
⁴ S. o. S. 160ff.

übersehen. In einer Welt, in der das Überleben immer un-
wahrscheinlicher zu werden droht, begründet die biblische
Einsicht in die Bestimmung des Menschen neue Lebenserwartung.
Doch wozu soll der Mensch leben? Nur Antworten, die die
Weltlichkeit dieses Lebens betreffen, sind vom Alten Testament zu erwarten.

2. Er ist bestimmt, zu *lieben* und allen Haß zu überwinden.
Auf dieses Ziel hin ist das Verhältnis des Menschen zu seinen
Mitmenschen ausgerichtet. Die Herrschaft des Menschen über
den Menschen entspricht nicht seiner Bestimmung, sondern ist
sein Unheil, hat Qohälät erkannt (8₉). Der Jahwist hat das
rechte Verhältnis des Menschen zu seinem Mitmenschen im
Urbild der Entdeckung seiner Frau aufgewiesen; im Liebes-
jubel des Mannes hat das ungute Alleinsein sein Ende und die
Hilfe, die ihm entspricht, ihre geschöpfliche Verwirklichung
gefunden (Gn 2₁₈₋₂₃). Doch alsbald zeigt sich, wie schwer es
dem Menschen wird, seine Bestimmung zur Hilfe und zur
Liebe sich nicht entwinden zu lassen durch die Mächte der
Verführung (Gn 3) oder des Neides (Gn 4).
Damit der Mensch seine Bestimmung unter seinen Mitmenschen nicht verfehle, wird Israel durch immer neue Weisungen
angeleitet, recht mit ihnen umzugehen, bis es zu jenem Spit-
zensatz Lv 19₁₇f.[5] kommt, der gebietet, den Nächsten wie sich
selbst zu lieben, auch den Fremdling (₃₄) und gar den Feind
nicht auszuschließen (Ex 23₄f. Prv 25₂₁f.)[6]. Selbst in das Verhältnis zwischen Herren und Sklaven kann Liebe (Ex 21₅)[7] und
ein volles Solidaritätsbewußtsein einkehren (Dt 15₁₂₋₁₈ 23₁₆f.)[8].
Rechter König in Israel ist nur der, dem die Ärmsten kostbar
sind (Ps 72₂₋₄.₁₂₋₁₄)[9]. Lapidar kann Mi 6₈ erklären:

[5] S. o. S. 275f.
[6] S. o. S. 277f.
[7] Vgl. auch Ex 21₇₋₁₁ und o. S. 289ff.
[8] S. o. S. 292ff.
[9] S. o. S. 286f.

Es ist dir gesagt Mensch, was gut ist, und was Jahwe von
dir fordert: nichts als Recht üben und Güte lieben und acht-
sam wandeln mit deinem Gott[10].
Damit ist zugleich der Grund aller prophetischen Anklagen
des sozialen Lebens aufgedeckt. Sie sehen den Menschen zum
Unmenschen werden, wo er dem Mitmenschen die Anerken-
nung, das Recht und die Güte versagt. Die Spruchweisheit
konstatiert nüchtern (Prv 15₁₇):
Besser ein Gericht Gemüse und Liebe dazu,
als ein gemästeter Ochse und Haß dabei.
Das letzte Ziel mitmenschlichen Verkehrs umfaßt aber schon
im Alten Testament das Ganze der Völkerwelt. Unter Jahwes
Weisung vom Zion her sollen sie alle aufhören, das Kriegs-
geschäft zu lernen (Jes 2₂₋₄)[11]. So wird von den verschiedensten Ansätzen her die Richtung des Lebens der Menschen untereinander eindeutig bestimmt: Liebe ist das Ziel. Doch der
Mensch hat nicht nur mit Menschen zu tun.

3. Seine Bestimmung in der außermenschlichen Schöpfung ist
ebenso eindeutig: *herrschen.* Am schärfsten hat dies die Priesterschrift auf einen Begriff gebracht, indem sie die Absicht der
Erschaffung des Menschen zum Bilde Gottes dahin definierte,
daß er über die Erde und darin insbesondere über die ersten
Konkurrenten des Menschen, die Tiere, regieren solle (Gn 1
₂₆.₂₈)[12]. Schon früher hatte der Jahwist in seiner erzählerischen
Weise seine Freude an den menschlichen Fähigkeiten zur Beherrschung der Weltmöglichkeiten ausgesprochen: der Mensch
kann Musikinstrumente herstellen und die Künste des Zither-
und Flötenspiels erlernen (Gn 4₂₁), er kann Erz und Eisen
ausbeuten und gestalten (₂₂). Der Mensch hat als Ackermann

---

[10] Vgl. HJStoebe, demütig. Ähnlich ziehen die Summe mitmenschlichen
Verhaltens zusammen die prophetischen Worte in Hos 4₁f. 6₆ 12₇ Jes 1₁₇
Sach 7₇₋₁₀.
[11] Vgl. weiter o. S. 228f.
[12] S. o. S. 239f.

den Weinbau gelernt und die umwerfende Macht dieses Ge-
wächses erfahren (Gn 9₂₀f.). Er erfand Baumaterialien, die ihm
Riesengebäude ermöglichten (11₃f.). Aber sah nicht schon dieser alte Erzähler die Gefahr, daß der Mensch von den Möglichkeiten der Schöpfung, die er beherrschen sollte, selbst beherrscht wurde, wenn etwa der Wein den Noah willenlos der
Schamlosigkeit seines Sohnes preisgab (9₂₁f.), oder wenn die
ungeahnte Technik des Bauens den Menschen einerseits in den
Rausch des Selbstruhms (11₄ₐ) und andererseits in Angstpro-
jekte (4ᵦ) hineinriß? Wo immer der Mensch von den Dingen,
die er bewältigen soll, überwältigt wird, entsteht der Unmensch.

In der Weisheit Israels wird die Naturbeherrschung zu einer
archaischen Wissenschaft. Von Salomos Naturweisheit berichtet 1 Kö 5₁₃. Danach wurden am Jerusalemer Hof insbesondere die Botanik und die Zoologie studiert:

> die Bäume von der Zeder, die auf dem Libanon steht, bis
> zum Ysop, der an der Mauer herauswächst, die Landtiere
> und die Vögel, die Kriechtiere und die Fische.

Von der enzyklopädischen Listenwissenschaft Ägyptens und
des Zweistromlandes, die lediglich die Namen der Natur-
phänomene zusammenstellte, unterschied sich die israelitische
Weisheit dadurch, daß sie Tiere und Pflanzen nicht nur auf-
zählte, sondern in poetischen Schilderungen Zusammenhänge
darstellte[13].

Den Triumph menschlicher Technik im Bergbau, wo Menschen
das Innerste der Erde aushöhlen, ausleuchten, in Schächten an
Seilen hängen und dort, wohin keines Habichts scharfes Auge
vorzudringen vermag, kostbarste Edelmetalle und Edelsteine
gewinnen, besingt Hi 28₁₋₁₁:

> Silber, wahrlich, hat seinen Fundort,
>   und Gold seinen Platz, da man's wäscht.
> Eisen gewinnt man aus der Erde,
>   aus Steinen schmelzt man Kupfer aus.

---

[13] Vgl. 1 Kö 5₁₂ und AAlt, Weisheit.

Der Finsternis setzt man ein Ende,
   man durchforscht den Fels, in Nacht gehüllt[14].
Leute mit der Lampe höhlen aus den Schacht,
sie baumeln ohne Fußes Halt,
   sie schweben weit entfernt von Menschen.
Es sprießt das Brotkorn aus der Erde,
   doch unter ihr sprengt man mit Feuer.
Der Ort des Saphirs ist ihr Felsen,
   auch Goldstaub findet man darin.
Ein Pfad! – ihn kennt der Geier nicht,
   des Habichts Aug' erspäht ihn nicht.
Kein stolzes Wild betritt ihn je,
   kein Löwe hat ihn noch beschritten.
Ans Felsgestein legt man die Hand,
   durchwühlt die Berge an der Wurzel.
In Felsen höhlt man Stollen aus,
   und Kostbarkeiten schaut das Auge.

Doch wozu wird des Menschen Weltbeherrschung hier so kunstvoll geschildert? Damit um so deutlicher werde, daß der Mensch die Weisheit selbst, »den der Schöpfung eingesenkten Sinn«[15], bei seinen Forschungsunternehmen nicht entdecken kann.

Es kennt nur Gott den Weg zu ihr

(23). So sichert der Schöpfungsglaube die Sachlichkeit der Weltbeherrschung, die sich von einem sakralen Weltverständnis ebenso schroff absetzt[16] wie sie zur Gottesfurcht hinführt (Hi 28₂₈).

In anderer Weise hat der 8. Psalm die Bestimmung des Menschen zum Herrscher über die außermenschliche Kreatur besungen[17]. Er führt zu der letzten, entscheidenden und umfassenden Erkenntnis, indem er herausstellt, daß die Krönung

---

[14] Text unsicher, auch im folgenden.
[15] GvRad, Weisheit 193.
[16] GvRad, a.a.O. 402.
[17] S. o. S. 239f.

des Menschen zum Weltverwalter angesichts seiner Winzigkeit
im All und seiner der Fürsorge bedürftigen Erbärmlichkeit
alles andere als selbstverständlich ist und ganz und gar nicht
in ihm selbst begründet liegt (4f.).

4. Der Mensch ist bestimmt, Gott zu *loben*. Der Mensch des
8. Psalms, der seine Überlegenheit in der Welt entdeckt, kann
sie nicht im Selbstruhm zur Sprache bringen, sondern nur in
der preisenden Anrede Gottes (6f.):

> Du ließest ihm wenig an Göttlichem fehlen,
>   du hast ihn mit Ruhm und mit Hoheit gekrönt.
> Du läßt ihn beherrschen die Werke deiner Hände,
>   du hast ihm gar alles zu Füßen gelegt.

Und der ganze Psalm wird von der Antiphon gerahmt (2.10):

> Jahwe, unser Herrscher,
>   wie herrlich ist dein Name
>   in aller Welt.

Die Bestimmung zum Loben Gottes und also zum dankbaren
Dialog mit dem Schöpfer wird in Psalm 8 deshalb nicht von
einer Selbstfaszination des Menschen durch seine eigenen Fähigkeiten verdrängt, weil er sich selbst auch mit seiner eigenen
Hilfsbedürftigkeit im Auge behält (5):

> Was ist der Mensch, daß du seiner gedenkst,
>   des Menschen Sohn, daß du ihn umsorgst!

Angesichts der in Israel verkündeten Taten Gottes kann er
diese andere Seite seines Wesens nicht verkennen.

Schon die Israels Glauben an Jahwe begründende Rettung am
Meer (Ex 14) mußte zu dem Urhymnus führen (Ex 15₂₁):

> Jauchzet Jahwe, denn erhaben ist Er,
>   Roß und Reiter warf er ins Meer.

Aber auch die prophetische Gerichtsverkündigung hatte Israel
in ihren letzten Intentionen erst dann verstanden, wenn es
mit Doxologien darauf antworten konnte, wie wir sie ins
Amosbuch eingefügt finden (4₁₃ 5₈ 9₅f.), oder mit Dankliedern,
wie sie am Ende einer ersten Sammlung von Jesajaworten

(Kap. 1–11) in Jes 12 angekündigt werden. Wo das Lob Gottes ausfällt, hat der Mensch die Spannung zwischen seiner Bedürftigkeit und seinen Fähigkeiten verkannt. Da ist wieder der Unmensch nicht fern.

Die letzte Bestimmung des Menschen zum Rühmen Gottes hat der Psalter mit seinen Hymnen begriffen, wie er uns als »das Buch der Preisungen«[18] überliefert ist. Wir können hier nur an die Fülle von Aufrufen zum Loben erinnern, die dem Menschen begegnen, der mit seinen Erfahrungen aus der Geschichte und aus der Schöpfung ins Heiligtum einkehrt und der auch noch mit seiner vor Gott ausgebreiteten Klage den einzigen Erbarmer ehrt. Beispielhaft sei abschließend auf die Psalmen 145 und 148 hingewiesen.

Ps 145 sieht den Zusammenhang zwischen den Schöpfungswerken, die der Mensch entdeckt, und der Bestimmung des Menschen zum Lobpreis (5f.):

Deine Wundertaten will ich berichten.

Sie reden von der Macht deiner furchtbaren Taten.

Erzählen will ich von deiner Größe.

Die Werke Gottes, die der Mensch erkundet, sprechen eine Sprache, die den Menschen zum Hymnus herausfordert (10-12)[19]. So werden im Lob torsohafte Erkenntnisse zu einer Einheit und Ganzheit, mitsamt den noch unerforschten Geheimnissen, die immer auch die fundiertesten Erkenntnisse bedrohen[20]. So zeigt sich im Lobpreis nicht nur die letzte Bestimmung des

---

[18] So gibt MBuber die kanonische Überschrift *tehillīm* wieder. Diese Überschrift schließt auch die Klagelieder ein. Sie stellen die »dumpfe Begleitmusik« zu den Hymnen dar. In ihnen klammert sich der Mensch, der seine Not nicht selbst wenden kann, an den bezeugten Gott. Sie dokumentieren nicht weniger als die Loblieder den Widerstand gegen die Versuchung, Gott abzusagen (Hi 2₉); vgl. EGerstenberger, Mensch 64.72.
[19] S. o. S. 305f.
[20] GvRad, Weisheit 256. Nach Phil 2₁₀f. bestimmt die Erhöhung des Gekreuzigten die Geschöpfe zum rühmenden Bekenntnis ›Herr ist Jesus Christus‹ und schließt darin die Himmlischen, die Irdischen und die Unterirdischen zusammen.

Lebens (»was lebt, was lebt, das lobt dich!« Jes 38₁₉), sondern auch die der Weltbeherrschung.

Schließlich aber zeigt der 148. Psalm, wie mit den Werken der Schöpfung von den Gestirnen bis zum Gewürm (3-10) auch die Menschen von den Königen der Erde bis zum Chor der Kinder (11-13) zur Gemeinschaft des Rühmens verbunden werden. Die Bestimmung aller Menschen, die so tief verschieden und so oft geschieden sind, zum Zusammenschluß in der Liebe erfüllt sich in der Vereinigung zum Lobe Gottes:

> Könige der Erde und alle Völker,
>> Fürsten und alle Richter der Erde,
> junge Männer und auch junge Frauen,
>> Greise vereint mit Kindern:
> sie sollen den Namen Jahwes loben,
>> denn sein Name allein ist erhaben.

In dieser Rühmung findet die Bestimmung des Menschen zum Leben in der Welt, zum Lieben des Mitmenschen und zum Beherrschen der außermenschlichen Schöpfung ihre wahrhaft menschliche Erfüllung. Sonst wird der Mensch als sein eigener Abgott zum Tyrannen, oder er verliert im Verstummen zur Sprachlosigkeit seine Freiheit.

LITERATUR

JAistleitner, WB
–, Wörterbuch der ugaritischen Sprache (Hg. OEißfeldt) (^{3}1967)
AAlt, Anteil
–, Der – des Königtums an der sozialen Entwicklung in den Reichen Israel
    und Juda (1955): KlSchr III 348–372 = Grundfragen 367–391
AAlt, Grundfragen
–,– der Geschichte des Volkes Israel. Hg. SHerrmann (1970)
AAlt, KlSchr
–, Kleine Schriften zur Geschichte des Volkes Israel I (^{2}1959) II (^{2}1959)
    III (1959)
AAlt, Recht
–, Die Ursprünge des israelitischen -s: BAL Phil.-hist. Klasse 86/1 (1934)
    = KlSchr I 278–332 = Grundfragen 203–257
AAlt, Weisheit
–, Die – Salomos: ThLZ 76 (1951) 139–144 = KlSchr II 90–99
NEAndreasen, Sabbath
–, The Old Testament –. A Traditio-Historical Investigation. Diss. Van-
    derbilt (1971): Dissertation Abstracts International 32 (1971/72) 2781 A

RBach, Bogen
–, »..., der – zerbricht, Spieße zerschlägt und Wagen mit Feuer ver-
    brennt«: PbTh 13-26
LBaeck, Judentum
–, Das Wesen des -s (^{4}1926)
HUvonBalthasar, Herrlichkeit III/2/1
–,–. Eine theologische Ästhetik. Band III/2 Theologie. Teil 1 Alter Bund
    (1967)
JBarr, Bibelexegese
–,– und moderne Semantik (1965)
JBarr, Time
–, Biblical Words for –: StBTh 33 (1962)

CBarth, Antwort
–, Die – Israels: PbTh 44-56

CBarth, Errettung
–, Die – vom Tode in den individuellen Klage- und Dankliedern des Alten
   Testaments (1947)

KBarth, I/2
–, Die kirchliche Dogmatik I (Die Lehre vom Wort Gottes). Zweiter Halb-
   band (1938)

KBarth, III/1. III/2. III/4
–, Die kirchliche Dogmatik III (Die Lehre von der Schöpfung). Erster Teil
   (1945). Zweiter Teil (1948). Vierter Teil (1951)

KBarth, IV/4
–, Die kirchliche Dogmatik IV (Die Lehre von der Versöhnung). Vierter
   Teil (1967)

FBaumgärtel, *lēb*
–,–, *lēbāb* im Alten Testament: ThWNT III (1938) 609–611

WBaumgartner, Auferstehungsglaube
–, Der – im Alten Orient: Zum Alten Testament und seiner Umwelt (1959)
   124-146

JHBecker, *Nefesj*
–, Het Begrip – in het Oude Testament (1942)

KHBernhardt, Königsideologie
–, Das Problem der altorientalischen – im Alten Testament: VT Suppl 8
   (1961)

WBieder, Geist
–,– im Alten Testament: ThWNT VI (1959) 357-366

EBloch, Atheismus
–,– im Christentum (1968)

HJBoecker, Beurteilung
–, Die – der Anfänge des Königtums in den deuteronomistischen Abschnitten des 1. Samuelbuches: WMANT 31 (1969)

TBoman, Denken
–, Das hebräische – im Vergleich mit dem griechischen (⁵1968)

HBonnet, RÄRG
–, Reallexikon der ägyptischen Religionsgeschichte (1952)

NPBratsiotis, *'îš*
–,–: ThWAT I 238-252

NPBratsiotis, *bāśār*
–,–: ThWAT I 850–867

HBrunner, Erziehung
–, Altägyptische – (1957)

HBrunner, Herz
–, Das hörende –: ThLZ 79 (1954) 697–700

MBuber, Glaubensweisen
–, Zwei – (1950) = Werke I (1962) 651-782

TCollins, Tears
–, The Physiology of – in the Old Testament: CBQ 33 (1971) 18-38.185-197
JConrad, Generation
–, Die junge – im Alten Testament: AzTh I/42 (1970)

GDalman, AuS
–, Arbeit und Sitte in Palästina I-VII (1928-1942)
LDelekat, Tendenz
–,– und Theologie der David-Salomo-Erzählung: Das ferne und das nahe Wort. Festschr LRost: ZAW Beih 105 (1967) 26-36.
LDelekat, Wörterbuch
–, Zum hebräischen –: VT 14 (1964) 7-66
FDelitzsch, Psychologie
–, System der biblischen – (²1861)
Delling, chrónos
–,–: ThWNT IX (1972) 576 ff.
EDhorme, L'emploi
–,– métaphorique des noms de parties du corp en hébreu et en akkadien (1923; Neudruck 1963)
LDürr, Erziehungswesen
–, Das – im Alten Testament und im antiken Orient: MVAG 36/2 (1932)
LDürr, *näpäš*
–, Hebr. – = akk. *napištu* = Gurgel, Kehle: ZAW 43 (1925) 262–269

EEbeling, Arzt
–,–: RLA I (1928) 164f.
GEichholz, Paulus
–, Die Theologie des – im Umriß (1972)
WEichrodt, Heilserfahrung
–,– und Zeitverständnis im Alten Testament: ThZ 12 (1956) 103–125
WEichrodt, Menschenverständnis
–, Das – des Alten Testaments: AThANT 4 (1947)
WEisenbeis, *šlm*
–, Die Wurzel – im Alten Testament: ZAW Beih 113 (1969)
KElliger, BK XI
–, Jesaja II: – (1970ff.)
KElliger, Leviticus
–,–: HAT I/4 (1966)
KElliger, ZAW 1955
–, Das Gesetz Leviticus 18: ZAW 67 (1955) 1–25 = Kleine Schriften zum Alten Testament: ThB 32 (1966) 232–259

KHFahlgren, *ṣedaqā*
–,–, nahestehende und entgegengesetzte Begriffe im Alten Testament
(Diss. Uppsala 1932) 1–32.44–54; zitiert nach KHFahlgren, Die Gegen-
sätze von – im Alten Testament: KKoch, Vergeltung, 87–129
JFichtner, Nächsten
–, Der Begriff des »-« im Alten Testament: WuD N. F. 4 (1955) 23–52 =
Gottes Weisheit (1965) 88–114
GFohrer, Weisheit
–, Die – im Alten Testament: ZAW Beih 115 (1969) 242–274
Freedman-Lundbom, *bāṭän*
–,–: ThWAT I, 616–620
VFritz, Israel
–,– in der Wüste: Marburger Theologische Studien 7 (1970)

KGalling, Bild vom Menschen
–, Das – in biblischer Sicht: Mainzer Universitäts-Reden 3 (1947)
KGalling, BRL
–, Biblisches Reallexikon: HAT I/1 (1937)
KGalling, Erwählungstraditionen
–, Die – Israels: ZAW Beih 48 (1928)
KGalling, Prediger
–, Der –: HAT I/18 (Die fünf Megilloth) (²1969) 73–125
KGalling, Zeit
–, Das Rätsel der –: ZThK 58 (1961) 1–15
BGemser, Sprüche
–,– Salomos: HAT I/16 (²1963)
GGerleman, *bāśār*
–,– Fleisch: ThHAT I (1971) 376–379
GGerleman, BK XVIII
–, Ruth – Das Hohelied: – (1965)
GGerleman, *dām*
–,– Blut: ThHAT I (1971) 448–451
GGerleman, *ḥjh*
–,– leben: ThHAT I (1971) 549–557
EGerstenberger, Mensch
–, Der klagende –: PbTh 64–72
HGese, Psalm 22
–,– und das Neue Testament: ZThK 65 (1968) 1–22
RGoeden, Sexualität
–, Zur Stellung von Mann und Frau, Ehe und – im Hinblick auf Bibel und
Alte Kirche: Diss. Göttingen (1969)
HGollwitzer, Holz
–, Krummes – aufrechter Gang. Zur Frage nach dem Sinn des Lebens
(1970; ⁵1972)
CHGordon, Fratriarchy
–,– in the Old Testament: JBL 54 (1935) 223–231

CHGordon, UT
–, Ugaritic Textbook: AnOr 38 (1965)

NCHabel, Wisdom
–, The Symbolism of – in Proverbs 1–9: Interpretation 26 (1972) 131–157
VHamp, *bākāh*
–,–: ThWAT I (1972) 638–643
WHelck, Altersversorgung
–,–: LÄ I (1972) 158f.
JHempel, Arzt
–, »Ich bin der Herr, dein –«: ThLZ 82 (1957) 809–826
JHempel, Ethos
–, Das – des Alten Testaments: ZAW Beih 67 (1938)
JHempel, Heilung
–,– als Symbol und Wirklichkeit im biblischen Schrifttum (²1965)
MHengel, Judentum
–,– und Hellenismus (1969)
MHengel, Mensch
–, »Was ist der –?«: PbTh 116–135
HJHermisson, Spruchweisheit
–, Studien zur israelitischen –: WMANT 28 (1968)
HJHermisson, Weisheit
–,– und Geschichte: PbTh 136–154
FHerzog, Menschenbild
–, Befreiung zu einem neuen –? Anthropologische Überlegungen zum
   Problem der Lebensqualität: EvKomm 5 (1972) 516–520
AJHeschel, Sabbath
–, The –, its Meaning for Modern Man (1951/52)
FHesse, *mšḥ*
–,– und *māšîaḥ* im Alten Testament: ThWNT IX (1972) 485–500
JHessen, Platonismus
–,– und Prophetismus (²1955)
Hoffner, *bájit*
–,–: ThWAT I 629–638
FHorst, Ehe
–,– im AT: RGG³ II (1958) 316–318
FHorst, Hiob
–,–: BK XVI/1 (1968)
ARHulst, *kol-bāśār*
–,– in der priesterlichen Fluterzählung: OTS 12 (1958) 26–68
ARHulst, Sabbatgebot
–, Bemerkungen zum –: Studia Biblica et Semitica. Festschr. ThCVriezen
   (1966) 152–164
PHumbert, Maladie
–,– et médicine dans l'Ancien Testament: RHPhR 44 (1964) 1–29

H Jahnow, Leichenlied
–, Das hebräische –: ZAW Beih 36 (1923)
E Janssen, Juda
–,– in der Exilszeit: FRLANT 69 (1956)
M Jastrow, jr., Religion
–, Die – Babyloniens und Assyriens II/1 (1912)
E Jenni, *'āb*
–,– Vater: ThHAT I (1971) 1–17
E Jenni, *'āḥ*
–,– Bruder: ThHAT I (1971) 98–104
E Jenni, *'ḥr*
–,– danach: ThHAT I (1971) 110–118
E Jenni, *bájit*
–,– Haus: ThHAT I (1971) 308–313
E Jenni, *jhwh*
–,– Jahwe: ThHAT I (1971) 701–707
E Jenni, *jōm*
–,– Tag: ThHAT I (1971) 707–726
E Jenni, *'ōlām*
–, Das Wort – im Alten Testament: ZAW 64 (1952) 197–248; 65 (1953) 1–35
E Jenni, Sabbatgebot
–, Die theologische Bedeutung des -es: ThSt Zürich 46 (1956)
A Jepsen, Ama[h]
–,– und Schiphcha[h]: VT 8 (1958) 293–297
A Jepsen, Chronologie
– R Hanhart, Untersuchungen zur isr.-jüdischen –: ZAW Beih 88 (1964)
J Jeremias, Kultprophetie
–,– und Gerichtsverkündigung in der späten Königszeit Israels: WMANT 35 (1970)
Die Bibel Jerusalemer Bibel
   Deutsche Ausgabe mit den Erläuterungen der Jerusalemer Bibel, hg. von Diego Arenhoevel, Alfons Deissler, Anton Vögtle (1968)
A R Johnson, Vitality
–, The – of the Individual in the Thought of Ancient Israel (1949; [2]1964)
E Johnson, *'ānap*
–,–: ThWAT I 378–389
E Jüngel, Grenzen
–,– des Menschseins: PbTh 199–205
E Jüngel, ... keine Menschenlosigkeit
–,– Gottes ..., Zur Theologie Karl Barths zwischen Theismus und Atheismus: EvTh 31 (1971) 376–390
E Jüngel, Tod
–,–: Themen der Theologie 8 (1971)

HKees, Pyramidentexte
–,–, Sargtexte und Totenbuch: HdO I, I 2 Ägyptologie. Literatur ([2]1970)
52–68

CAKeller, Das quietistische Element
–,– in der Botschaft des Jesaja: ThZ 11 (1955) 81–97

KKoch, Blut
–, Der Spruch »Sein – bleibe auf seinem Haupt« und die israelitische Auf-
fassung vom vergossenen –: VT 12 (1962) 396–416 = KKoch (Hg.),
Vergeltung 432–456

KKoch (Hg), Vergeltung
–, Um das Prinzip der – in Religion und Recht des Alten Testaments:
WF 125 (1972)

KKoch, Vergeltungsdogma
–, Gibt es ein – im Alten Testament?: ZThK 52 (1955) 1–42 = Vergeltung: WF 125 (1972) 130–180

JKoeberle, Natur und Geist
–,– nach der Auffassung des Alten Testaments (1901)

LKöhler, Mensch
–, Der hebräische – (1953)

HJKraus, Erziehung
–, Geschichte als –: PbTh 258–274 = Biblisch-theologische Aufsätze (1972)
66–83

HJKraus, Gott
–, Der lebendige –: EvTh 27 (1967) 169–200 = Biblisch-theologische Aufsätze (1972) 1–36

HJKraus, Psalmen
–,–: BK XV ([3]1966)

HJKraus, Threni
–,–: BK XX ([3]1968)

JKühlewein, 'ēm
–,– Mutter: ThHAT I (1971) 173–177

JKühlewein, 'iššā
–,– Frau: ThHAT I (1971) 247–251

JKühlewein, bēn
–,– Sohn: ThHAT I (1971) 316–325

WFKümmel, Melancholie
–,– und die Macht der Musik. Die Krankheit König Sauls in der historischen Diskussion: Medizinhistorisches Journal (Hildesheim) 4 (1969)
189–209

EKutsch, Salbung
–,– als Rechtsakt: ZAW Beih 87 (1963)

EKutsch, Sehen
–,– und Bestimmen. Die Etymologie von $b^e r\bar{\imath}t$: Archäologie und Altes Testament. Festschr. KGalling (1970) 165–178

EKutsch, Verheißung
–,– und Gesetz: ZAW Beih 131 (1973)

BLandsberger, Eigenbegrifflichkeit
–, Die – der babylonischen Welt (1965)
GLiedke, 'ốzän
–,– Ohr: ThHAT I (1971) 95–98
GLiedke, Rechtssätze
–, Gestalt und Bezeichnung alttestamentlicher –: WMANT 39 (1971)
LLöw, Lebensalter
–, Die – in der jüdischen Literatur: Beiträge zur jüdischen Altertumskunde
    2 (1875)
NLohfink, Sicherung
–, Die – der Wirksamkeit des Gotteswortes durch das Prinzip der Schrift-
    lichkeit der Tora und durch das Prinzip der Gewaltenteilung nach den
    Ämtergesetzen des Buches Deuteronomium: Testimonium Veritati:
    Frankfurter Theologische Studien 7. Festschr. WKempf (1971) 143–155
ELohse, *sábbaton*
–,–: ThWNT VII (1964) 1–35
OLoretz, Gottebenbildlichkeit
–, Die – des Menschen (1967)
OLoretz, Mensch
–, Der – als Ebenbild Gottes: Anima 19 (1964) 109–120 = LScheffczyk
    (Hg), –, 114–130
DLys, Bâsâr
–, La chair dans l'Ancien Testament. «–» (1967)
DLys, Nèphèsh
–,– Histoire de l'âme dans la révélation d'Israel au sein des religions
    proche-orientales: EHPhR 50 (1959)
DLys, Rûach
–,–. Le souffle dans l'Ancien Testament: EHPhR 56 (1962)

VMaag, Tod
–,– und Jenseits nach dem Alten Testament: SThU 1964, 17–37
FMaass, 'ādām
–,–: ThWAT I 81–94
FMaass, 'änōš
–,–: ThWAT I 373–375
FMaass, Selbstliebe
–, Die – nach Leviticus 19,18: Erlanger Forschungen A 10. Festschr.
    FBaumgärtel (1959) 109–113
GChMacholz, Gerichtsverfassung
–, Die Stellung des Königs in der israelitischen –: ZAW 84 (1972) 157–182
HdeMeulenaere, Ärzteschule
–,–: LÄ I (1972) 79f.
FHvonMeyenfeldt, Hart
–, Het – (*leb, lebab*) in het Oude Testament (1950)
JMoltmann, Freigelassene
–, Die ersten –n der Schöpfung: Kaiser Traktate 2 (1971)

JMoltmann, Mensch
–,–. Christliche Anthropologie in den Konflikten der Gegenwart: Themen der Theologie 11 (1971)
JMoltmann, Zukunft
–, Hoffnung und die biomedizinische – des Menschen: EvTh 32 (1972) 309–326
SMorenz, Kohlen
–, Feurige – auf dem Haupt: ThLZ 78 (1953) 187–192
SMorenz, Religion
–, Ägyptische –: Die -en der Menschheit 8 (1960)
LMorris, Blood
–, The Biblical Use of the Term »–«: JThSt 3 (1952) 216–227; 6 (1955) 77–82
HRMüller-Schwefe, Mensch
–, Der – das Experiment Gottes (1966)
JMuilenburg, Time
–, The Biblical View of –: HThR 54 (1961) 225–271
AMurtonen, Soul
–, The Living –. A Study of the Meaning of the Word naefaeš in the Old Testament Hebrew Language: StudOr XXIII/1 (1958)

UNembach, Ehescheidung
–,– nach alttestamentlichem und jüdischem Recht: ThZ 26 (1970) 161–171
ENeufeld, Hygiene
–,– Conditions in Ancient Israel: BA 34 (1971) 42–66
MNoth, ATD 5
–, Das zweite Buch Mose. Exodus: – (⁴1968)
MNoth, ATD 6
–, Das dritte Buch Mose. Leviticus: – (²1966)
MNoth, ATD 7
–, Das vierte Buch Mose. Numeri: – (1966)
MNoth, Bewährung
–, Die – von Salomos »göttlicher Weisheit«: VT Suppl 3 (1955) 225–237 = GesStud II: ThB 39 (1969) 99–112
MNoth, BK IX
–, Könige: –/1 (1968)
MNoth, GI
–, Geschichte Israels (⁷1969)
MNoth, Richter
–, Das Amt des »-s Israels«: Festschr. ABertholet (1950) 404–417 = GesStud II: ThB 39 (1969) 71–85
MNoth, System
–, Das – der zwölf Stämme Israels: BWANT 52 (1930)
MNoth, ÜP
–, Überlieferungsgeschichte des Pentateuch (1948)

JOelsner, Körperteile
–, Benennung und Funktion der – im hebräischen Alten Testament, (Diss. 1960)
AOhler, Elemente
–, Mythologische – im Alten Testament (1969)
EOtto, Mensch
–, Der – als Geschöpf und Bild Gottes in Ägypten: PbTh 335–348

WPannenberg, Mensch
–, Was ist der –? Die Anthropologie der Gegenwart im Lichte der Theologie (1962)
JPedersen, Israel
–,–, its Life and Culture I–II (1927)
LPerlitt, Mose
–,– als Prophet: EvTh 31 (1971) 588–608
GPidoux, L'homme
–,– dans l'Ancien Testament: Cahiers Théologiques 32 (1953)
HPlessner, Anthropologie
–,– II. Philosophisch: RGG I ([3]1957) 410–414
JvanderPloeg, L'espérance
–,– dans l'Ancien Testament: RB 61 (1954) 481–507
JPMvanderPloeg, Slavery
–,– in the Old Testament: VT Suppl 22 (1972) 72–87
JGPlöger, '^{a}dāmā
–,–: ThWAT I 95–105
OPlöger, Daniel
–, Das Buch –: KAT XVIII (1965)
OPlöger, Sentenzensammlungen
–, Zur Auslegung der – des Proverbienbuches: PbTh 402–416
HDPreuß, Zukunftserwartung
–, Jahweglaube und –: BWANT 87 (1968)

GQuell, Tod
–, Die Auffassung des –es in Israel (1925; Neudruck 1967)

GvRad, ATD 2–4 ([9])
–, Das erste Buch Mose. Genesis Kap. 1–12, 9: ATD 2 (1949); Kap. 12, 10–25, 18: ATD 3 (1952); Kap. 25, 19–50, 26: ATD 4 (1953). – ([9]1972)
GvRad, ATD 8
–, Das fünfte Buch Mose. Deuteronomium: – ([2]1968)
GvRad, Christliche Weisheit?
–,–: EvTh 31 (1971) 150–154
GvRad, Gerechtigkeit
–, »–« und »Leben« in der Kultsprache der Psalmen: Festschrift Alfred

Bertholet (1950) 418–437 = Gesammelte Studien zum Alten Testament: ThB 8 (⁴1971) 225–247
GvRad, Gottesvolk
–, Das – im Deuteronomium: BWANT 47 (1929)
GvRad, Naaman
–,– eine kritische Nacherzählung: Medicus Viator (Festschrift RSiebeck 1959) 297–305
GvRad, Ruhe
–, Es ist noch eine – vorhanden dem Volke Gottes: ZdZ 11 (1933) 104–111 = Gesammelte Studien zum Alten Testament: ThB 8 (⁴1971) 101–108
GvRad, Tag
–, »Der –« im AT: ThWNT II (1935) 945–949
GvRad, Theol AT
–, Theologie des Alten Testaments I (⁶1969), II (⁵1968)
GvRad, Weisheit
–,– in Israel (1970)
CHRatschow, Zeitproblem
–, Anmerkungen zur theologischen Auffassung des -s: ZThK 51 (1954) 360–387
WReiser, Verwandtschaftsformel
–, Die – in Gen. 2, 23: ThZ 16 (1960) 1–4
HGrafReventlow, Blut
–, »Sein – komme über sein Haupt«: VT 10 (1960) 311–327 = KKoch (Hg), Vergeltung 412–431
NHRidderbos, Psalmen
–, Die –: ZAW Beih 117 (1972)
HRinggren, ’āb
–,–: ThWAT I 1–19
HRinggren, ’āḫ
–,–: ThWAT I 205–210
HRinggren, Sprüche
–,– /WZimmerli, Prediger: ATD 16/1 (1962) 1–122
LRost, Leberlappen
–, Der –: ZAW 79 (1967) 35–41
LRost, Vorstufen
–, Die – von Kirche und Synagoge im Alten Testament: BWANT 24 (1938; Neudruck 1967)
WRudolph, Hosea
–,–: KAT XIII/1 (1966)
WRudolph, KAT XVII/1–3
–, Das Buch Ruth. Das Hohelied. Die Klagelieder: – (1962)

MSaebø, ḥkm
–,– weise sein: ThHAT I (1971) 557–567
JScharbert, Fleisch
–,–, Geist und Seele im Pentateuch: Stuttgarter Bibelstudien 19 (²1967)

JScharbert, Schmerz
–, Der – im Alten Testament: BBB 8 (1955)
JHScheepers, gees
–, Die – van god en die – van die mens in die Oud Testament (1960)
LScheffczyk (Hg), Mensch
–, Der – als Bild Gottes: WF 124 (1969) 49–68
HHSchmid, Weisheit
–, Wesen und Geschichte der –: ZAW Beih 101 (1966)
WSchmidt, Begriffe
–, Anthropologische – im Alten Testament: EvTh 24 (1964) 374–388
WHSchmidt, Dekalog
–, Überlieferungsgeschichtliche Erwägungen zur Komposition des – s: VT
    Suppl 22 (1972) 201–220
WHSchmidt, Gebot
–, Das erste –: TheolEx 165 (1969)
WHSchmidt, Königtum
–, Kritik am –: PbTh 440–461
WHSchmidt, Schöpfungsgeschichte
–, Die –: WMANT 17 (^{2}1967)
WSchottroff, Gedenken
–, ›–‹ im Alten Orient und im Alten Testament: WMANT 15 (^{2}1967)
HSchulz, Todesrecht
–, Das – im Alten Testament: ZAW Beih 114 (1969)
Schweizer-Baumgärtel-Meyer, *sarx*
–,– usw.: ThWNT VII (1964) 98–151
ESchweizer, choïkós
–,–: ThWNT IX (1972) 460–468
ESchweizer, Sklavenproblem
–, Zum – im Neuen Testament: EvTh 32 (1972) 502–506
HSeidel, Einsamkeit
–, Das Erlebnis der – im Alten Testament: Theologische Arbeiten 29 (1969)
MSekine, Zeitauffassung
–, Erwägungen zur hebräischen –: VT Suppl 9 (1963) 66–82
MSeligson, *nps mt*
–, The Meaning of – in the Old Testament: Stud Or XV/2 (1951)
JvanSeters, Childlessness
–, The Problem of – in Near Eastern Law and the Patriarchs of Israel:
    JBL 87 (1968) 401–408
KSeybold, Krankheit (Habil.)
–,– und Heilung in den Psalmen. Untersuchungen zur Bestimmung und
    Zuordnung der Krankheits- und Heilungspsalmen. Habilitationsschrift
    Kiel 1971
KSeybold, Krankheit (BiKi)
–,– und Heilung. Soziale Aspekte in den Psalmen: BiKi 20 (1971) 107
    bis 111
USkladny, Spruchsammlungen
–, Die ältesten – in Israel (1962)

RSmend, Amphiktyonie
–, Zur Frage der altisraelitischen –: EvTh 31 (1971) 623–630
RSmend, Jahwekrieg
–,– und Stämmebund: FRLANT 84 (1963)
WvSoden, AHw
–, Akkadisches Handwörterbuch (1965ff.)
WvSoden, GAG
–, Grundriß der akkadischen Grammatik: AnOr 33 (1952)
WvSoden, Jahwe
–,– »Er ist, Er erweist sich: WO 3 (1966) 176–187
JJStamm, Imago
–, Die – Lehre von Karl Barth und die alttestamentliche Wissenschaft:
   Antwort. Festschr. KBarth (1956) 8–98 = LScheffczyk (Hg) Mensch
   49–68
OHSteck, Elia-Erzählungen
–, Überlieferung und Zeitgeschichte in den –: WMANT 26 (1968)
OHSteck, Paradieserzählung
–, Die –. Eine Auslegung von Genesis 2, 4b–3, 24: Bibl Stud 60 (1970)
FJStendebach, Mensch
–, Der –, wie ihn Israel vor 3000 Jahren sah (1972)
HJStoebe, demütig
, Und – sein vor deinem Gott (Micha 6, 8): WuD 6 (1959) 180–194
FStolz, ḥlh
–,– krank sein: ThHAT I (1971) 567–570
FStolz, lēb
–,– Herz: ThHAT I (1971) 861–867
AStrobel, Maße
–,– und Gewichte: BHHW II (1964) 1159–1169
ThStruys, Ziekte
–,– en genezing in het Oude Testament (1968)

MTsevat, Sabbath
–, The Basic Meaning of the Biblical –: ZAW 84 (1972) 447–459

RdeVaux, Lebensordnungen
–, Das Alte Testament und seine – I (²1964)
WVischer, Nehemia
–,–, der Sonderbeauftragte und Statthalter des Königs: PbTh 603–610
WVollborn, Zeitverständnis
–, Studien zum – des Alten Testaments (1951)
JVollmer, Rückblicke
–, Geschichtliche – und Motive in der Prophetie des Amos, Hosea und
   Jesaja: ZAW Beih 119 (1971)

ThCVriezen, Hoffnung
–, Die – im Alten Testament: ThLZ 78 (1953) 577–587
ThCVriezen, Liebesgebot
–, Bubers Auslegung des -s Lev 19,18b: ThZ 22 (1966) 1–11

LWächter, Tod
–, Der – im Alten Testament: AzTh II/8 (1967)
LWächter, Gemeinschaft
–,– und Einzelner im Judentum: Aufsätze und Vorträge zur Theologie
  und Religionswissenschaft 16 (1959)
VWagner, Rechtssätze
–,–in gebundener Sprache und Rechtssatzreihen im israelitischen Recht:
  ZAW Beih 127 (1972)
GJWenham, beṯūlāh
–,– ›a girl of marriageable age‹: VT 22 (1972) 326–348
VWessetzky, Alter
–,–: LÄ I (1972) 154–156
CWestermann, 'āḏām
–,– Mensch: ThHAT I (1971) 41–57
CWestermann, ATD 19
–, Das Buch Jesaja Kap. 40–66: – (1966)
CWestermann, BK I
–, Genesis: – (1966ff.)
CWestermann, Erträge
–, Genesis 1–11: – der Forschung 7 (1972)
CWestermann, Heilung
–,– und Heil in der Gemeinde aus der Sicht des Alten Testaments: Zehntes
  Seminar für christlichen ärztlichen Dienst III/Februar 1971 I–VI
CWestermann, Hoffen
–, Das – im Alten Testament: Theologia Viatorum 4 (1952/53) 19–70 =
  Forschung am Alten Testament: ThB 24 (1964) 219–265
CWestermann, jḥl
–,– pi./hi. warten: ThHAT I (1971) 727–730
CWestermann, kbd
–,– schwer sein: ThHAT I (1971) 794–812
GWidengren, Review
–,– MSeligson, The Meaning of *nps mt* in the Old Testament: VT 4
  (1954) 97–102
JRWilch, Time
–,– and Event (1969)
HWildberger, Abbild
–, Das – Gottes: ThZ 21 (1965) 245–259.481–501
HWildberger, BK X
–, Jesaja: –/1 (1972)
HWWolff, BK XIV/1
–, Hosea: – ([2]1965)

HWWolff, BK XIV/2
–, Joel und Amos: – (1969)
HWWolff, Frieden
–,– ohne Ende: BiblStud 35 (1962)
HWWolff, Geschichtswerk
–, Das Kerygma des deuteronomistischen -s: ZAW 73 (1961) 171–186 = Gesammelte Studien zum Alten Testament: ThB 22 (1964 = ²1973) 308–324
HWWolff, Jahwe
–,– und die Götter in der alttestamentlichen Prophetie: EvTh 29 (1969) 397–416 = Gesammelte Studien zum Alten Testament: ThB 22 (²1973) 418–441
HWWolff, Jahweglaube
–,– und Selbstverständnis Altisraels: Wegweisung. Vorträge zum Bibelverständnis (1965) 54–77
HWWolff, Jahwist
–, Das Kerygma des -en: EvTh 24 (1964) 73–98 = Gesammelte Studien zum Alten Testament: ThB 22 (1964 = ²1973) 345–373
HWWolff, Volksgemeinde
–,– und Glaubensgemeinde im Alten Bund: EvTh 9 (1949/50) 65–82
ASvanderWoude, zᵉrōaʿ
–,– Arm: ThHAT I (1971) 522–524
ASvanderWoude, jād
–,– Hand: ThHAT I (1971) 667–674
EWürthwein, Psalm 139
–, Erwägungen zu –: VT VII (1957) 165–182 = Wort und Existenz. Studien zum Alten Testament (1970) 179–196

WZimmerli, BK XIII
–, Ezechiel: – (1969)
WZimmerli, Hoffnung (1966)
–, Der Mensch und seine – nach den Aussagen des Alten Testaments: Studia biblica et semitica. Festschr. ThCVriezen (1966) 389–403
WZimmerli, Hoffnung (1968)
–, Der Mensch und seine – im Alten Testament: VR 272 S (1968)
WZimmerli, Menschenbild
–, Das – des Alten Testaments: TheolEx N. F. 14 (1949)
WZimmerli, Prediger
HRinggren, Sprüche/ –,–: ATD 16/1 (1962) 123–253
WZimmerli, Weltlichkeit
–, Die – des Alten Testaments: VR 327 S (1971)
HJZobel, bādād
–,–: ThWAT I 511–518

ABKÜRZUNGEN

ABL	RFHarper, Assyrian and Babylonian Letters (1892–1914)
Ag	Apostelgeschichte
Am	Amosbuch
ANET	Ancient Near Eastern Texts Relating to the Old Testament. Hg. JBPritchard (³1969)
AnOr	Analecta Orientalia (Rom)
AOT	HGreßmann, Altorientalische Texte zum Alten Testament (²1926)
Apk	Apokalypse (Offenbarung) des Johannes
ATD	Das Alte Testament Deutsch
AThANT	Abhandlungen zur Theologie des Alten und Neuen Testaments
BA	The Biblical Archaeologist
BAL	Berichte über die Verhandlungen der Sächsischen Akademie der Wissenschaft zu Leipzig
BBB	Bonner biblische Beiträge
BHHW	Biblisch-Historisches Handwörterbuch
BHK	Biblia Hebraica³ (ed. RKittel)
BHS	Biblia Hebraica Stuttgartensia (ed. KElliger-WRudolph)
BiblStud	Biblische Studien (Neukirchen)
BiKi	Bibel und Kirche
BK	Biblischer Kommentar (Neukirchen)
BWANT	Beiträge zur Wissenschaft vom Alten und Neuen Testament
CBQ	Catholic Biblical Quarterly
Ch	Chronikbuch
Ct	Canticum (Hoheslied)
Da	Danielbuch
Dt	Deuteronomium (5. Buch Mose)
E	Elohist
ed.	edidit (ediderunt)
EHPhR	Etudes d'Histoire et de Philosophie Religieuse
Eph	Epheserbrief

Esr	Esra
EvKomm	Evangelische Kommentare
EvTh	Evangelische Theologie
Ex	Exodus (2. Buch Mose)
Ez	Ezechielbuch
FRLANT	Forschungen zur Religion und Literatur des Alten und Neuen Testaments
Gal	Galaterbrief
GesStud	Gesammelte Studien zum Alten Testament
Gn	Genesis (1. Buch Mose)
GPM	Göttinger Predigtmeditationen
Hab	Habakukbuch
HAT	Handbuch zum Alten Testament (Hg. OEißfeldt)
Hag	Haggai
Hb	Hebräerbrief
HdO	Handbuch der Orientalistik (Hg. BSpuler)
Hg	Herausgeber
Hi	Hiobbuch
Hos	Hoseabuch
HThR	Harvard Theological Review
J	Jahwist
JBL	Journal of Biblical Literature
Jer	Jeremiabuch
Jes	Jesajabuch
Jk	Jakobusbrief
Jl	Joelbuch
Joh	Johannesevangelium
Jon	Jonabuch
Jos	Josuabuch
JThSt	The Journal of Theological Studies
KAT	Kommentar zum Alten Testament (Gütersloh)
KBL	LKoehler und WBaumgartner, Lexicon in Veteris Testamenti Libros (1953; ³1967ff.)
Kö	Königebuch (Regum)
Kol	Kolosserbrief
Kor	Korintherbrief
LÄ	Lexikon der Ägyptologie, Hg. WHelck und EOtto (1972ff.)
Lk	Lukasevangelium
Lv	Leviticus (3. Buch Mose)
LXX	Septuaginta
Makk	Makkabäerbücher
Mal	Maleachibuch
Mi	Michabuch
Mk	Markusevangelium
Mt	Matthäusevangelium
MVAG	Mitteilungen der Vorderasiatischen Gesellschaft

N. F.	Neue Folge
Nu	Buch Numeri (4. Buch Mose)
OTS	Oudtestamentische Studiën
PbTh	Probleme biblischer Theologie. Gerhard von Rad zum 70. Geburtstag. (Hg. HWWolff) (1971)
Phil	Philipperbrief
Prv	Proverbien (Buch der Sprüche Salomos)
Ps	Psalmenbuch
Pt	Petrusbrief
lQM	*milḥamat bᵉnē 'ōr bibᵉnē ḥōšäk* = Kampf der Söhne des Lichts gegen die Söhne der Finsternis = »Kriegsrolle« aus der 1. Höhle von Qumran.
Qoh	Qohälät (Prediger Salomo)
lQS	*säräk hajjáḥad* = Sektenregel aus der 1. Höhle von Qumran
RB	Revue Biblique
RGG³	Die Religion in Geschichte und Gegenwart (Hg. KGalling) (³1957–1965)
RHPhR	Revue d'Histoire et de Philosophie Religieuses
Ri	Richterbuch (Judicum)
RLA	Reallexikon der Assyriologie
Rm	Römerbrief
Rt	Buch Ruth
S	Samuelbuch
Sach	Sacharjabuch
Sam	Samaritanus
StBTh	Studies in Biblical Theology
SThU	Schweizerische Theologische Umschau
StudOr	Studia Orientalia (ed. Societas Orientalis Fennica)
ThB	Theologische Bücherei
TheolEx	Theologische Existenz heute
ThHAT	Theologisches Handwörterbuch zum Alten Testament (Hg. EJenni-CWestermann)
ThLZ	Theologische Literaturzeitung
Thr	Threni (Klagelieder Jeremias)
ThSt Zürich	Theologische Studien hg. v. KBarth (Zürich)
ThWAT	Theologisches Wörterbuch zum Alten Testament (Hg. GJBotterweck-HRinggren)
ThWNT	Theologisches Wörterbuch zum Neuen Testament
ThZ	Theologische Zeitschrift (Basel)
Tim	Timotheusbrief
Tit	Titusbrief
VR	Kleine Vandenhoeck-Reihe (Vandenhoeck & Ruprecht)
VT (Suppl)	Vetus Testamentum (Supplements)
WF	Wege der Forschung
WMANT	Wissenschaftliche Monographien zum Alten und Neuen Testament

WO	Die Welt des Orients (hg. v. EMichel, MNoth, WvSoden)
WuD	Wort und Dienst (Jahrbuch der Theologischen Schule Bethel)
ZAW (Beih)	Zeitschrift für die alttestamentliche Wissenschaft (Beihefte zur)
ZdZ	Zwischen den Zeiten
ZThK	Zeitschrift für Theologie und Kirche

REGISTER DER SACHEN UND BEGRIFFE

REGISTER DER BIBELSTELLEN

(Nur die übersetzten Texte werden aufgeführt)